# 大戦後資本主義の
# 変質と展開

米国の世界経済戦略のもとで

井村喜代子 著
北原　勇 協力

有斐閣

# 目　次

本書の課題と分析視角 ———————————————————————— I

## 第Ⅰ部　米国の大戦後世界経済戦略と資本主義経済の再生 — 5

　　序　第Ⅰ部の課題と分析視角　7

### 序　章　第2次世界大戦と資本主義の変質 …………………… 11
　　第1節　経済停滞の慢性化・金本位制崩壊と資本主義の変化　11
　　第2節　第2次世界大戦の全世界への拡大　17
　　第3節　米英首脳による資本主義改革の動き　27
　　第4節　米国の圧倒的な軍事技術開発力・生産能力　33

### 第1章　大戦終了直後，資本主義の再生をめぐる政治的・軍事的状況 ………………………………………… 46

### 第2章　米国の世界経済戦略の基盤──原爆独占と巨大軍事力保有 … 58

### 第3章　ドル＝基軸通貨，IMF・GATT体制の意義，特質，内在的矛盾 …………………………………………… 67
　　第1節　ドル＝基軸通貨，IMF体制の成立　68
　　第2節　IMFの基本的特徴　70
　　第3節　IMFに内在する矛盾　75
　　第4節　IMFに内在する矛盾の現れ　78
　　第5節　米国によるGATT成立　83

### 第4章　米国資本主義の変質と再生・発展 ………………… 87
　　第1節　軍需生産の民需「再転換」政策とその意義　88
　　第2節　民需「再転換」と米国の資本主義的再生　90
　　第3節　大戦後米国経済における民需生産と軍需生産　98

i

第4節 「雇用法」と「国家の恒常的経済政策」策定の登場　102

## 第5章　米国の援助と西欧の資本主義的再生・発展　107
第1節　大戦後の西欧諸国の経済統制・国有化　108
第2節　米国の復興援助の特徴と成果　112
第3節　復興完了，米国にとってのマーシャル援助の成果　119
第4節　米国からの自立，米国への対抗の動き　123

## 第6章　米国の「アジア戦略」とアジアへの介入強化　127
第1節　「アジア戦略」の破綻と日本を拠点とする「アジア戦略」再編　129
第2節　米国のベトナムへの介入強化，アジア・アフリカ会議　134
第3節　日本の資本主義的再生，アジアにおける日本　137

## 第Ⅱ部　大戦後資本主義経済の行詰り——経済停滞化，ベトナム戦争，IMF体制崩壊，変動相場（制），スタグフレーション　143

序　第Ⅱ部の課題と分析視角　145

## 第1章　米国の国際収支悪化と対策——ドル防衛策と「金プール制」　148
第1節　米国のドル防衛策　149
第2節　国際協力の要請・「金プール制」創設　151

## 第2章　米国経済の停滞化，実体経済の行詰り　153
第1節　経済停滞化，成長政策，マイルド・インフレ　153
第2節　多国籍企業の躍進と本国経済への打撃　155
第3節　技術開発の歪みと実体経済の行詰り　160

## 第3章　ベトナム戦争と国際収支危機・ドル信認の失墜　166
第1節　ベトナム介入強化〜ベトナム戦争　167
第2節　ベトナム戦争による米国の貿易収支・国際収支悪化　173
第3節　ベトナム戦争によるドル信認の失墜　180

目次

第4章　金ドル交換停止とIMF体制崩壊，変動相場（制）……… 183
　　第1節　金ドル交換停止〜IMF体制崩壊　184
　　第2節　変動相場（制）の理論と現実　190
　　第3節　「第1次石油危機」　196

第5章　大戦後資本主義経済の行詰り，スタグフレーション …… 202

第Ⅲ部　大戦後資本主義の「一大変質」──「新自由主義」政策への転換 ─────────────────── 209

　　序　第Ⅲ部の課題と分析視角 ……………………………………… 211

第1章　「競争市場原理」と米国製造業の構造変化・衰退 ……… 215
　　第1節　「競争市場原理」，生産・雇用の対外移転，労働慣行の変更　215
　　第2節　米国を脅かした日本の躍進　220
　　第3節　企業合併・買収ブーム（M&A），LBO方式　223
　　第4節　米国の再生産構造の解体，製造業の貿易収支赤字転落　226

第2章　金融の規制緩和・国際化と「実体経済から離れた投機的金融活動」………………………………………………………… 232
　　第1節　金融の規制緩和・国際化　233
　　第2節　「実体経済から離れた投機的金融活動」：「過去の投機」との決定的な違い　239
　　第3節　「投機的金融活動」と金融危機（ブラック・マンデー）　250
　　第4節　政府による「住宅ローンの証券化」の開始　253

第3章　レーガン政策の役割とその帰結 ………………………… 259

第Ⅳ部　冷戦勝利後の世界戦略と米国経済，金融大膨張，金融危機勃発──克服されない金融危機，終わりなき戦争 ─────────────────── 267

　　序　第Ⅳ部の課題と編成 ………………………………………… 269

第1章　米国の冷戦勝利・中東介入・湾岸戦争 ………………… 272

第 2 章　クリントン政権の役割と意義——経済建直し，産軍連繋強化，情報通信技術革新 …………………………… 278

　第 1 節　クリントン政権の経済建直し，産軍連繋強化　278

　第 2 節　先端軍事技術の民間応用，情報通信技術革新　283

　第 3 節　情報通信技術革新による持続的成長とその限界　288

　（補）　EU,「単一通貨ユーロ」の発足　300

第 3 章　「証券の証券化」，投機的金融活動の新展開，「金融の変質」の深化 …………………………………………… 303

　第 1 節　住宅ローンの新展開，「虚（資産価値）」の膨張　303

　第 2 節　「証券の証券化」・CDO の仕組み，サブプライム住宅ローンの登場　310

　第 3 節　CDS の仕組みとその特質・内在的矛盾　322

　第 4 節　「金融活動の大膨張」と「金融危機」の深化　330

第 4 章　2000 年代初めの景気対策，住宅ローン激増・金融大膨張，戦争 ………………………………………………… 342

　第 1 節　対アフガニスタン・対イラク戦争　342

　第 2 節　景気対策，住宅ローン激増，「金融活動の大膨張」　348

第 5 章　金融危機の勃発，異例の金融政策，大量失業，克服されない金融危機 …………………………………… 361

　第 1 節　金融危機の深化　361

　第 2 節　金融危機の勃発　370

　第 3 節　国家の未曾有の金融救済策とその長期化　377

　第 4 節　大戦後最大の長期失業，家計債務増大，消費の冷込み　388

　第 5 節　オバマの景気対策，産学官軍の結集・「先端製造」開発，克服されない経済停滞　397

　第 6 節　「金融規制改革法」，克服されない金融危機　403

　（補）　中国の躍進と米中対決　412

終わりに ——————————————————— 417

目　次

**本書で言及・引用した文献** ───────────── 421
**欧文略語一覧** ───────────────────── 425
**索　引** ───────────────────────── 430
**あとがき** ──────────────────────── 445

本書のコピー，スキャン，デジタル化等の無断複製は著作権法上での例外を除き禁じられています。本書を代行業者等の第三者に依頼してスキャンやデジタル化することは，たとえ個人や家庭内での利用でも著作権法違反です。

# 本書の課題と分析視角

　第2次世界大戦終了から70年を経た現在，資本主義経済は経済停滞の長期化，終わりなき投機的金融活動・金融危機，終わりなき戦争のもとで，混沌を極めている。なぜこのような事態に陥ったかを明らかにするには，第2次世界大戦〜大戦後における資本主義の再生にまで遡ってみる必要がある。

　第2次世界大戦は人類史上経験したことのない全世界にわたる熾烈な戦争で，多大の犠牲者と壊滅的破壊を生み出した。

　大戦によって資本主義経済は変質を重ねた。巨大戦争を戦うための米英首脳による資本主義改革の公約（「大西洋憲章」，米国の「完全雇用」・経済繁栄公約，英国の社会保障計画公表等）があり，また資本主義諸国間の力関係の変化があった。西欧諸国は戦勝国をも含め，国土・経済基盤を破壊され尽くし，経済は麻痺し国民は窮乏に喘いでいた。これに反して米国は多数の死傷者を出したとはいえ，本土を攻撃されることもなく，連合国の兵器廠として大量の先端兵器の開発・生産を続け，軍事作戦面でも戦争を勝利に導く中心的役割を果たし，他国を圧倒して「覇権」を掌握していった。

　米国は世界大戦によって新しい強固な覇権国となって現れ，大戦後の世界経済戦略によって，西欧諸国を資本制的所有に基づく資本主義として再生させ，ソ連との冷戦を戦う中心となる。それゆえ大戦後の資本主義経済の再生・展開は，米国の世界経済戦略によって基本的に規定されることになる。

　著者は世界大戦後の資本主義を「新しい段階の資本主義」と規定する（ただし「競争の支配する資本主義段階」「独占資本主義段階」〔「帝国主義段階」〕との関連，発展段階の全体は，本書の「新しい段階の資本主義」解明の後に明らかにする）。

　本書の課題は，大戦後の「新しい段階の資本主義」の特質と展開を，米国

の世界経済戦略を基軸にして解明することである。

　大戦後資本主義が「新しい段階」である所以は，大戦後における「軍事と経済の新しい関連」と「実体経済と金融の新しい関連」の２つにある。これらに関して解明すべき新しい理論的課題が次々と生じている。

　「軍事と経済の新しい関連」　米国は戦争が終了した後にも原爆独占・巨大軍事力保有を続け，原爆・巨大軍事力保有を大戦後の世界経済戦略の基礎に据えた。歴史に例の無いことである。冷戦のもとで軍事技術開発が最優先され米国の技術開発のほとんどが軍事技術開発に依存するという特質・歪みが生まれ，民需生産と軍需生産との結合の拡がり（「軍産複合体」）も生じた。経済停滞を克服する景気対策は，軍事技術の民間応用等，軍事との関連をもって推進された。

　「実体経済と金融の新しい関連」　米国は大戦後，金本位制に代わって，IMF 体制を構築し資本主義経済を再生した。「実体経済中心」の IMF 体制，資本主義経済再生であるが IMF 体制は崩壊し変動相場（制）のもとで，絶えざる変動・リスクに晒されるようになる。

　IMF 体制崩壊後，資本主義経済の行詰り（スタグフレーション）と，それに対する新自由主義的経済政策とによって大戦後資本主義は「一大変質」（著者の規定）を遂げ，「金融と実体経済の関連」もさらなる変化を遂げる。金融の規制緩和・国際化，「実体経済重視の経済（政策）」から「金融重視の経済（政策）」への転換，新しい証券化＝「証券の証券化」「投機的金融活動の新展開」と，実体経済の衰退が進む。住宅ローンの証券化，住宅資産価値の「虚（資産価値）」の膨張，「証券の証券化」＝CDO・CDS の開発・大膨張，「投資銀行（証券会社・証券業）」の躍進が進み，2000 年代初めには金融活動の一大膨脹の後，深刻な金融危機が勃発した。国家の異例な金融救済策，景気対策が続いていたが，金融危機も経済停滞も克服されずに経済は混迷を一段と深めている。

大戦後資本主義は，資本主義経済一般の基本法則を解明したK. マルクス『資本論』のような理論体系化は不可能である。著者が旧くから考え悩んできたのは，「大戦後の新しい段階の資本主義の理論的解明」はいかなるもので，いかにして可能かということであった。著者が辿り着いたのは「新しい段階」において生じた主要な問題の理論的解明を積み上げるほか無いということであった。本書は大戦後資本主義の理論的解明への新しい挑戦であり，問題提起でもある。もちろん本書はまだまだ不充分ではあるが，本書の挑戦・問題提起がさまざまな検討・批判を通じて大戦後資本主義の理論的解明を深化させる契機となればと願っている。

経済学の多くでは，軍事等の歴史的・現実的諸条件を無視，あるいは捨象して，さまざまな仮定のもと，経済主体，競争市場原理の作用や期待等を「想定」して，「想定した経済領域」での理論的検討が行われているが，これでは現実分析の基礎理論とはなり得ない。2000年代初めの金融危機勃発において多くの経済学が有効たり得ないことを露呈し，経済学への信用が損なわれた。現実分析のための有効な経済理論＝経済学が求められている。

本書の課題はあくまでも米国の世界経済戦略のもとでの大戦後資本主義経済の変質と展開に限定されており，資本主義経済全体，世界経済全体の展開の解明は本書のとうてい及ぶところではない。

なお事実の確認は戦争中のものも複数の資料に当たって正確を期したが，紙数の制約があったし，本書の主題は理論的解明であるので，事実の資料出所，参考文献は省略し，本論で言及した著書，資料を掲示するにとどめた。

# 第Ⅰ部

# 米国の大戦後世界経済戦略と資本主義経済の再生

## 序　第Ⅰ部の課題と分析視角

　1939年ドイツの侵攻によって始まった第2次世界大戦は45年5月7日のドイツの無条件降伏の後，8月14日の日本の「ポツダム宣言」受諾（無条件降伏）通告，9月2日の日本降伏文書調印によって完全に終結した。
　第2次世界大戦は，侵略を進めた枢軸国と連合国双方が世界中にわたって激烈な地上戦と無差別絨毯爆撃によって，非戦闘員・一般市民をも含めて5000万人以上といわれる犠牲者と限りない悲劇を生み出した人類史上かつて経験したことのない世界戦争であった。資本主義はこの第2次世界大戦と大戦終了直後において，重大な変化・変質を重ねていった。
　米国以外の資本主義諸国は戦勝国をも含めてすべて，国土も経済基盤も破壊され尽くし，経済活動は麻痺し国民は住居・家財も失い食糧難・失業・窮乏に喘いでいた。西欧では経済活動の麻痺・生活困窮のもと，反戦，反体制・社会主義勢力が拡がり，資本主義体制の危機が醸成されつつあった。
　西欧資本主義諸国が支配してきた膨大な植民地・従属地域では，枢軸国の侵略～宗主国との戦争，大戦による宗主国の弱体化のもとで，植民地独立・民族解放闘争が世界規模で拡がり植民地体制は崩壊していった。
　米国は多数の戦争犠牲者をだしたとはいえ，本土を攻撃されることもなく，大量の新鋭兵器の開発・生産によって連合軍の兵器廠となり，最後まで軍需生産の拡大・完全雇用・経済発展を続けた。1943年12月には米国陸軍大将アイゼンハワーがヨーロッパ（戦線）連合国軍最高司令官に就任しノルマンディ上陸作戦を計画・遂行して大戦を勝利に導き，アジアでは米国が中心となって日本を敗北に追い込み，原子爆弾を投下して勝利を収めた。米国は第2次世界大戦を通じて強固な覇権を掌握していった。
　米国は戦争が終わった後，圧倒的な技術開発力・生産能力と原爆・巨大軍

事力に基づいて大戦後の世界戦略・世界経済戦略を構築し，それによって資本主義体制の再生を実現し，資本主義全体を，さらには世界全体を動かしていく。

　この世界大戦は米英首脳がソ連首脳と戦略を検討し戦後処理を合意するという予想もできなかった関係を生み出したが，大戦の勝利が明らかになるとともに亀裂が拡がり，大戦後には冷戦が激化し米国を中心とする西側とソ連が対決していく。

　それゆえ，資本主義経済は，米国の大戦後の世界経済戦略によって根底的に規定されていくことになる。

　第Ⅰ部の課題は，世界大戦〜大戦直後における資本主義の混乱・変質を踏まえたうえで，大戦後，資本主義経済が米国の世界経済戦略によっていかにして再生され，いかなる特質・矛盾を抱えるようになったかを，できるかぎり理論的に明らかにすることである。構成は以下のとおりである。

## 序　章　第 2 次世界大戦と資本主義の変質

　1929 年大恐慌後の経済停滞と金本位制崩壊の意義。

　第 2 次大戦の実態，大戦による夥しい戦禍，米英首脳による資本主義改革の動き，米国の新兵器開発・圧倒的な軍需生産能力，資本主義諸国間の「力関係」の変化，米国が覇権掌握。

## 第 1 章　大戦終了直後，資本主義の再生をめぐる政治的・軍事的状況

　米国による西欧諸国の資本主義的再生，西側とソ連の対立深化・米ソ冷戦，植民地・従属地域での独立・民族解放闘争。

## 第 2 章　米国の世界経済戦略の基盤——原爆独占と巨大軍事力保有

　大戦終了後における米国の原爆独占・巨大軍事力保有が米国の世界経済戦略の基盤をなす。米国の大戦終了直後の新軍事機構の構築（国防総省等），米ソの核兵器開発競争，米ソの軍事的共同体制，援助国に対する軍事力保有の

強要，世界大の軍事力保有の恒常化。

## 第3章　ドル＝基軸通貨，IMF・GATT体制の意義，特質，内在的矛盾

IMF体制は大戦後の資本主義経済の安定・発展を支える基礎として米国主導で構築された。IMFの特質，ドルを「金」に代わって機能させるという「理論的無理」，内在的矛盾＝IMF動揺の根源を理論的に解明することは，大戦後資本主義経済の特質とその限界・行詰りを解く鍵となる。

## 第4章　米国資本主義の変質と再生・発展

大戦終了後，米国政府は大戦中に軍需生産に転換させた巨大企業を民需生産に「再転換」させ，自国の資本主義の再生・発展を実現していった。米国経済の発展，基軸産業での独占的支配力，軍需生産と民需生産の関連，軍事技術開発最優先等を解明するとともに，1946年「雇用法」に基づいた国家の経済政策策定の意義と限界を解明する。一般には大戦後の米国経済の発展がケインズ的経済政策によるものだという見解が少なくないが，第4章はこの主張の一面的誤りを明らかにすることになる。

## 第5章　米国の援助と西欧の資本主義的再生・発展

大戦終了後，西欧諸国は経済復興のため国有化・国家管理を進めていた。米国は1947年3月，ギリシャ・トルコ支援を契機に西欧の経済復興支援によって西欧に対する支配力拡張に乗り出していった。この復興支援は西欧の資本主義的再生を根底において規定した。反共的体制の構築，共同的軍事体制NATOの構築，急速な経済復興が進む。だがこの復興過程で，西欧諸国の「結束」・米国から自立する動きが進み，西欧諸国の経済統合への動きも始まる。

## 第6章　米国の「アジア戦略」とアジアへの介入強化

一般には大戦後の対立は西欧での冷戦であり，1949年の中華人民共和国

の成立と50年の朝鮮戦争勃発で冷戦の舞台がアジアに移ったという見解が多い。しかし米国は大戦中（太平洋戦争中）から，大戦後には「単独で」，中華民国を拠点として，豊富な資源を持つアジアに対し軍事的・経済的支配力を拡げる「アジア戦略」を定めていたのである。第6章で著者が提起したのは，この「アジア戦略」を米国の世界戦略の主要な環として位置付け，この「アジア戦略」の強行（ベトナム介入～ベトナム戦争）がIMF体制を崩壊させていく関係を明確にすべきだということである。かかる分析によって，米国の対アジア戦略と西欧復興政策（第5章）との差異が明らかになるし，米国がアジアの「反共の拠点」として復興・発展を促した日本資本主義の特質・歪み，敗戦国ながら急激な発展を遂げた日本と西ドイツとの違いも明らかになる。

### 「実体経済」の再生・発展

最後に注意したいのは大戦後の経済の再生がすべて「実体経済」の再生・発展であったことである。米国が構築したIMF体制は基本的に「経常取引」の規制撤廃・自由化であり，資本取引の国家管理は容認されていた。米国が遂行した自国の資本主義的再生・発展も，西欧支援による西欧の復興・発展も，日本の復興・発展の促進も，すべては「実体経済」の再生であり「実体経済」の発展であった。このことは，1970年代に金ドル交換停止・変動相場（制）移行の後，「実体経済」から離れた投機的金融取引が膨大化し，「新自由主義」が金融重視の政策を打ち出すこと（第Ⅱ部・第Ⅲ部）と基本的に異なる点，あらかじめ注意しておく。

# 序　章

# 第2次世界大戦と資本主義の変質

## 第1節　経済停滞の慢性化・金本位制崩壊と資本主義の変化

　1929年大恐慌後における経済停滞・大量失業の慢性化と金本位制崩壊とは資本主義経済の行詰りの現れであった。これらはニュー・ディール政策，経済ブロック化の後，第2次大戦勃発によって棚上げされる形となったが，しかし大戦中，これらに対する大戦後の対策として，ルーズヴェルト大統領は「完全雇用」・経済繁栄の政策を，ケインズたちは新しい国際通貨システムを検討することになる。大戦後の資本主義の一大変質はこれらを抜きにしては把握できない。本書序章を大戦前の経済停滞化と金本位制崩壊から始める所以である。

### 大恐慌後における経済停滞・大量失業の慢性化

　1929年，ニューヨーク株式市場の大暴落に始まる大恐慌は，金融機関の連鎖倒産とともに，米国の製造業・農業の一大縮小と大量失業を惹起したが，それらは長期化し，32～33年になっても工業生産指数は29年＝100で52，国民所得は29年868億ドルから403億ドルに激減し，失業者は公式統計で1300万人，全労働力の4分の1に達していた。米国の恐慌はヨーロッパ等に波及し，多くの国々で経済停滞・大量失業が慢性化した。大恐慌後におけ

る深刻な経済停滞・大量失業の慢性化は，独占資本主義固有の矛盾の現れである。

　資本主義は20世紀初めから，独占資本が一国経済の中枢部分を支配する独占資本主義となった。独占資本主義では経済の基幹的な主要分野において，「市場集中度の高度化」と「高い参入障壁」を持つ「独占的市場構造」が形成され，少数巨大独占企業が独占的価格支配を通じて独占的超過利潤を長期にわたって最大化することを目指している。このため独占企業は独占企業固有の「慎重な投資行動」をとるようになり，「意図的に」「余裕生産能力」を保有して，景気変動に対しては操業率の操作によって生産・供給額を調整して独占価格を維持しようとする。また導入できる新生産方法（コスト削減）があっても，新生産方法導入によって独占的価格協調を崩さないために，また自らの既存の固定設備の廃棄を避けるために，新生産方法導入・固定設備投資を抑えるようになる。

　本来資本主義経済では，再生産規模・雇用規模の拡大傾向を惹起する基軸は，競争する諸企業が新生産方法導入や新産業開発を競うことによって耐久的な労働手段への固定設備投資が群生することである。耐久的な労働手段では耐久的設備に対する巨額な投資が一挙に行われるので，労働手段・関連生産部門に対して巨大需要を惹起していくし，生産手段（労働手段と原材料）生産部門＝第Ⅰ部門には労働手段・原材料の相互取引の大幅拡大が最終消費から独立して拡大していくメカニズムがあるので，"設備投資が設備投資を呼ぶ"という内容で，社会全体の再生産が急激に拡大し，全般的過剰生産恐慌となっていく。不況から再生産の累積的拡大をもたらすのも，かかる新生産方法導入・新産業開発をめぐって大規模な固定設備投資が群生することによる。

　ところが独占資本主義では一国経済ないし世界経済の中枢を占める大規模な諸産業部門において独占企業が「慎重な投資行動」をとるために，社会全体の再生産を急激に拡大していく起動力も，その誘発・増幅機構も，衰弱している。独占資本主義固有の「停滞基調」である。もっとも独占資本主義で

も巨大独占企業が相手企業を圧倒できる革新的生産技術の開発や革新的な新産業を開発したばあいには，独占的協調を破ってこれら開発を強行し巨大規模の固定設備投資を実施していくので，間歇的に急激な発展が生じ過剰生産恐慌となるのであるが。

恐慌は本来，劣弱な企業・銀行の倒産の連鎖波及によって過剰資本（過剰生産物・過剰生産能力・過剰貨幣資本）を一挙に破壊して，縮小した規模で再生産を開始する条件を準備していくという「機能」を持っている。恐慌は本来資本主義の「諸矛盾の集中的爆発」であると同時に「諸矛盾の一時的な暴力的な解決」でもある（マルクス『資本論』）といわれる所以である。

しかし独占資本主義ではかかる恐慌本来の機能は麻痺する。独占資本主義では恐慌が生じても，巨大独占企業・巨大独占グループは操業率引下げ・生産縮小によってできるかぎり価格暴落を抑制しようとし，大量の「意図せざる過剰生産能力」を抱えたままで生き残るのである。ここでは新しい生産方法の導入・固定設備新設投資を惹起する誘因はきわめて乏しく，再生産拡大を惹起し相互誘発していくメカニズムも麻痺してしまう。恐慌後に独占資本主義固有の「停滞基調」がとくに深刻な形で現れるのである。独占資本主義において深刻な経済停滞・大量失業の慢性化が生じる所以である。大恐慌後の経済停滞・大量失業の慢性化は，独占資本主義固有の矛盾のドラスティックな発現である。以上について詳しくは北原勇『独占資本主義の理論』を参照されたい。

### 金本位制からの離脱，金本位制崩壊

1929年大恐慌は金本位制の動揺・崩壊を余儀なくしていった。

「金本位制（gold standard）」は，金を本位（基準）とする貨幣制度で，貨幣の1単位を金の一定重量と固定的に結び付けることによって，国内通貨と金の等価関係を維持し通貨価値・一般商品価格の安定を図るとともに，他の金本位国との為替相場の安定を図ろうとするものである。資本主義経済に適合する制度といえる。英国において資本主義成立に対応して金本位制への取組

みが始まり，1844年に金本位制が名実ともに確立され，19世紀末にはこれが資本主義諸国に拡がった。金本位制は，中央銀行，とくにイングランド銀行の裁量的な金融政策もあって，一応19世紀には順調に機能していたといえる。

最初の金本位制は通貨と金を強く結び付ける金貨本位制であり，そこでは金貨の自由鋳造と自由溶解，銀行券の金への自由兌換によって，国内貨幣・銀行券と金との等価関係を維持し，金地金・金貨の輸出入自由によって，為替相場を金平価の上下の金現送点までの範囲内に安定させるものであった。

金本位制といってもこのほかに，通貨と金を結び付ける方法が異なるものがある。第1次世界大戦後に大戦で打撃を受けた英国がとった金地金本位制では，金貨の鋳造は廃絶され，銀行券は金地金（一定単位以上）と兌換され，金は対外支払準備として機能する。金の節約と中央銀行への集中を目的にしたものである。その他の諸国は，金本位制をとる国に対して為替（金為替）によって国際取引を行う金為替本位制を採用する。

第1次大戦では各国が金本位制を停止し，大戦後に金本位制復帰が図られるが，英国は大戦によって打撃を受けて経済停滞に陥り，金貨流通・金貨兌換を廃止し金地金での兌換を認める金地金本位制での復帰となり，その他諸国にも金地金本位制が拡がった。金本位制への復帰のさい戦争の被害・経済状況も異なっていたうえ，ドイツ，フランスの平価切下げ，各国の通貨政策の相違もあり，金本位制の国際的調整の機能は作用しなかったといえる。

1929年大恐慌の勃発は各国の金本位制に大きな打撃を与えた。ヨーロッパでは金融機関の連鎖倒産が発生，英国は巨額の対外債権回収不能によりポンド不安，ロンドン市場からの短期資金の引上げに見舞われ，31年金本位制の停止を余儀なくされていった。

### 経済過程への国家の大規模介入，ニュー・ディール政策

大恐慌後の金本位制の崩壊は矛盾の現れであるが，この金本位制の崩壊は国家が財政赤字・財政政策を柱とする公共事業・景気対策・失業救済策を遂

序　章　第 2 次世界大戦と資本主義の変質

行できることを明らかにし，国家が長期停滞・大量失業克服のために経済過程へ本格的に介入する幕を開けたという点で，資本主義の歴史上，国家の経済政策の歴史上，きわめて重要な意味を持っていたといえる。

　米国では 1933 年 3 月，大統領に就任したルーズヴェルトが就任後ただちに全銀行にバンク・ホリデー（銀行休業）を命じ，4 月大統領令で金本位制からの離脱に踏み切るとともに，"新規まきなおし"という意味の「ニュー・ディール（New Deal）」を掲げて，赤字財政に基づく公共事業と失業対策のための多様な改革的政策を実施していった。ニュー・ディールは一貫した経済思想・経済理論があるわけではなく，むしろ多様な政策の試行錯誤の連続であり，かなりの変化を遂げている。33 年以降，「農業調整法（Agricultural Adjustment Act：AAA）」による作付制限・政府保証等の農業救済，「テネシー川流域開発公社（Tennessee Valley Authority：TVA）」による大規模公共投資が実施された。またニュー・ディールの支柱といわれる「全国産業復興法（National Industrial Recovery Act：NIRA）」は経営側に生産制限・価格引上げを容認（独占擁護）する一方，労働者の団結権・団体交渉権を保障，公共事業局による失業救済が実施された。またフーヴァー前大統領が大恐慌後に銀行に証券業務の兼営を禁止したのを継承し，33 年のグラス＝スティーガル法（GS 法）制定によって商業銀行の安定，商業銀行から証券業務の分離を行った。また連邦預金保険公社（FDIC）を設立した（→233・234 頁）。

　NIRA，AAA は独占容認のため憲法違反とされたが，ルーズヴェルトは 1935 年 1 月の予算教書で 350 万人雇用創出を掲げ，より積極的に赤字財政支出に基づいた公共事業拡大による雇用創出を実施し，35 年「全国労働関係法（National Labor Relations Act）」（通称ワグナー法）によって経営側に「不当労働行為」（処罰）規定を設けて NIRA での労働者権利容認を補強したうえ，「社会保障法（Social Security Act）」によってわずかであるが公的扶助と一部の社会保険制度等を実施した。社会不安拡大を防ぐための必死の対応であった。

　ニュー・ディール政策はかなりの成果をあげたものの，1936 年に財政赤字削減・金融引締めを行うと 37 年には頓挫してしまった。

この経済停滞・失業問題を一挙に解決したのは米国の第2次大戦への参戦であった。1933年1283万人であった失業者はニュー・ディール政策実施後でも39年にいぜんとして948万人を数えたが、参戦後の43年107万人、44年67万人とほぼ完全雇用を達成した。戦争こそが経済活性化と完全雇用を一挙に実現したのである。その後第2次世界大戦が終了するまで、米国では経済繁栄と完全雇用が長期にわたって持続される。

他方、ドイツでは金本位制離脱の後の1933年1月、ヒトラーが4年間で農民の救済と失業の克服を実施すると公約して政権を獲得し、独裁制のもとで大規模自動車専用道路をはじめ大規模公共事業を急増していったが、34年以降には軍事費急増・軍需生産拡大が顕著になる。4年間で景気回復、失業克服はほぼ実現されたが、ドイツでは国家の経済過程への介入は早くから準戦時体制という内容で実施されたのである。

その他の資本主義諸国も、一般的公共事業か軍需かの違いや程度の差があるが、赤字財政による景気対策・失業対策を実施していったが、いずれにおいても経済停滞・失業問題は解決できなかった。

### 金本位制崩壊後のブロック経済化、ブロック間対立激化、戦争へ

独占資本主義では、独占資本主義固有の経済停滞化のもとで国内で投下先のない「過剰資本」が累増し、この「過剰資本」を活用して原料資源の独占と本国工業製品の販路独占を行うために激しい対外膨張が展開され、国家は自国の活動権益を守るために植民地・従属地域支配を行っていく。19世紀末以降、植民地・従属地域を拡大する争いが進み、20世紀初頭には、独占資本主義諸国＝帝国主義列強によって地球上がくまなく分割支配されていった。そして第1次世界大戦ではこれら帝国主義列強が自己の支配圏拡大を求めて闘い、自国と支配圏の再分割が行われた。

世界大恐慌・金本位制崩壊の後、資本主義各国は自国の経済停滞・貿易の大収縮のもとで、ダンピング輸出・為替切下げ攻勢と、関税障壁引上げを強め、経済ブロックの形成を進めた。英国は金本位制離脱の後、カナダを除く

帝国内諸国（自治領諸国，非自治植民地・保護領等）を英ポンドと結び付け，ポンド圏（スターリング・ブロック）を形成していった。英国は帝国内特恵制度によって帝国内諸国（カナダ含む）に対して特恵関税を与え，英国と域内諸国相互間では低関税ないし無関税とし，域外に対しては高関税障壁を設ける，広域経済圏を確立していった（これもスターリング・ブロックと呼ばれる）。米国は経済ブロック化に反対してドル圏の保持・強化を図ろうとする。またフランス，ベルギー，オランダ等は他国の金本位制離脱後も，金本位制に執着して「金ブロック」を形成するが，これはブロックという内実を持つことはできなかった。

経済ブロック化のもとで，植民地・支配領域の少なかったドイツ，イタリア，日本は，自国の経済ブロック圏の形成・拡大のため他国の植民地・従属地域への侵略を強行していき，当該地域に権益や支配力を持つ国々との利益の対立・軍事抗争を生み，戦争へと突入していった。

以上，世界大恐慌後の経済停滞・大量失業の慢性化と金本位制崩壊後の現実は，資本主義が行き詰まってしまったこと，国家の大規模な介入によっても経済停滞・大量失業を克服できないうえ，経済のブロック化・ブロック対立激化によって軍事対立・戦争の危険を内包していることを，誰の目にも明らかにしていった。

経済停滞・大量失業の慢性化，金本位制崩壊は，混迷したまま第2次大戦となり，諸問題は棚上げされた形になる。

## 第2節　第2次世界大戦の全世界への拡大

第2次世界大戦は1939年9月1日，ドイツ陸軍のポーランド侵攻によって火蓋が切られ，侵略戦争を進めたドイツ，イタリア，日本の「枢軸国」側と英国，米国，フランス，ソ連，中華民国等の「連合国」側とが世界を巻き

込んで戦った文字どおりの世界大戦である。双方が史上例を見ない大量殺戮・大規模破壊の限りを尽くし，無差別大量殺傷兵器・原子爆弾の投下によって幕を閉じた世界戦争であった。

第2節の課題は資本主義大国が激突した第2次世界大戦を概観し，この世界大戦が資本主義（諸国）をいかに大きく変質させ，大戦後の資本主義の再生のあり方をいかに規定していったかを明らかにすることである。

### 第2次世界大戦の勃発と拡大

ドイツ軍は1939年9月ポーランドに侵攻し，その征服の後，40年5月には西ヨーロッパに向かって電撃作戦を敢行し，瞬く間にオランダとベルギーを制圧し，怒濤の勢いでフランスに侵攻し，英仏軍をイギリス海峡に面するダンケルクに追い詰めた。チャーチル英首相は5月27日，史上最大のダンケルク撤退作戦を敢行してドイツ軍に包囲された英仏軍35万人を救出したが，約3万人は捕虜となり，莫大な艦船・戦車・トラック等を失った。この直後の6月10日，イタリアが英仏に宣戦布告した。

フランス軍はダンケルク敗北後に瓦解していき，1940年6月22日，早くもフランスはドイツに降伏してしまった。ドイツ軍は首都パリを含む北部と西部を直接占領し，南フランスは対独協力政府のヴィシー政権の統治とし，ドイツ軍への経済協力体制を作り上げた（42年11月以降は戦局の悪化によりドイツ軍が全土を完全占領とする）。

ドイツ軍は西ヨーロッパへの電撃作戦によって英国を除く西ヨーロッパのほとんどを制圧し，1940年9月以降英国ロンドンに対して夜間爆撃を始め，2ヵ月間にわたって爆撃を続けた。英国内には悲観と憔悴が支配しつつあった。こうしたもとで，41年8月9～12日，チャーチル首相はまだ参戦していない米国のルーズヴェルト大統領と最初の首脳会談を行い，戦後の世界構想を示した「大西洋憲章（Atlantic Charter）」（「米英共同宣言」ともいう）を世界に公表し，連合国への参加を呼び掛けた（→27頁）。

ドイツは英国を除く西ヨーロッパのほとんどを征服した後，1941年6月

22日にソ連に対し突如奇襲攻撃を敢行した。実はソ連は大戦勃発直前の39年8月23日，反共国ドイツと「独ソ不可侵条約」を締結し（東ヨーロッパとフィンランドに関する独ソの勢力範囲の線引きの密約が後に判明），ドイツのポーランド侵攻に呼応してポーランド東側，さらにフィンランドに侵攻していった。

ドイツのソ連奇襲によって「独ソ不可侵条約」は事実上破棄され，ソ連はただちに27日，連合国に参加し，その後長期にわたって熾烈な独ソ戦を戦うことになる。

米国ではルーズヴェルト大統領がニュー・ディール政策の頓挫した1937年以降，赤字財政による軍事力拡大・軍需生産拡大を進めていたが，国内ではヨーロッパにおける戦争が激化しても「孤立」・「中立」主義が根強かった。

**日米開戦，米国の参戦，連合国共同宣言**

日本は1931年9月の「満州事変」，37年7月の盧溝橋事件により中華民国に対する全面的な戦争を始め長期にわたって対中国侵略戦争を続けていた。ヨーロッパでの世界大戦勃発（39年9月）の後，日本は40年9月27日，日独伊3国同盟を締結したが，この3国同盟はヨーロッパの戦争とアジア・太平洋での戦争を結び付けることになる。

日本は，大戦勃発直後にフランスがドイツに降伏，オランダ（蘭）がドイツに占領された（王室亡命）ので，英仏蘭が植民地支配をしてきた東南アジアに乗り出すこととし，1940～41年仏印（フランス領インドシナ）に武力進駐していった。東南アジアの豊富な資源を獲得するとともに，米国等が中国蔣介石を援助する途（ビルマ・仏印からの"援蔣ルート"）を遮断するためであった。日本の3国同盟と対中国戦争拡大，仏印への武力進駐に対し，米国，英国，オランダは日本に対して資産凍結・石油輸出全面禁止の措置をとり，米国は日本に中国・仏印からの撤退を要求した。

日本はこれに対し，1941年12月8日，海軍が真珠湾を，陸軍が英領マレー半島を奇襲攻撃し，米英に宣戦布告をする。米国・英国は日本に対し宣戦

布告を行う。翌日オランダ（亡命政府）が対日宣戦布告をし，日本軍は蘭領インドネシアに侵攻した。中華民国も9日正式に日本に宣戦布告を行い，連合国に参加してその主要国となる。日本は太平洋戦争に突入し，枢軸国としてドイツ，イタリアとともに世界大戦を戦うことになる。

米国は日本の真珠湾奇襲攻撃によって一夜にして挙国一致態勢となる。米国は日本に対し宣戦布告して第2次世界大戦に参戦し，連合国（軍）の主力となる。12月11日，独・伊が米国に宣戦布告する。

米国が参戦し連合国（軍）へ参加した直後の1942年1月1日，米国，英国，ソ連，中国，オーストラリア，カナダ等の26ヵ国（亡命政府含む）が，米英の「大西洋憲章」を引き継いだ「連合国共同宣言（Declaration by United Nations）」に署名し，これによって正式に連合国（United Nations：UN）が陣容を整えたことを世界に宣言した（45年3月までには47ヵ国署名）。

> 第1次大戦の連合国は「Allies」で，第2次大戦の初期もそれが使われていたが，1941年12月にルーズヴェルトが第2次大戦の連合国を「United Nations」と呼び，「連合国共同宣言」でこの「United Nations：UN」が使われて以来，世界でこれが正式名称として使われることになった。

### ソ連への大戦の拡大，独ソ戦と米英ソの協調体制

ドイツ軍は莫大な兵士・機甲軍団（新精密大型戦車中心）と制空権を奪った空軍による猛爆撃によってソ連軍を圧倒し怒濤の勢いで首都モスクワに迫るが，苛酷な冬のもと1941年12月モスクワ攻撃を断念する。ドイツ軍は翌42年夏，攻撃目標を一転して，スターリングラード総攻撃を始め，長期にわたって巨大規模の両軍が死闘を続けた。ドイツ軍は再び厳しい冬と補給困難のうえソ連の超重装戦車の大量投入によって敗れ，43年1月末にドイツ軍総司令官パウルス元帥以下約9万数千人が降伏した。ソ連軍はドイツ軍を追撃し，44年には国境を越えて東欧のドイツ軍占領下のドイツ・東欧軍を撃破してドイツに迫っていく。独ソ戦でのソ連の犠牲者（戦死・戦病死）は約1128万人といわれ，民間人を加えると推定死傷者は2000万〜3000万人

に達し，第2次世界大戦で最多の犠牲者と，国土の最大の破壊を被った。

　この間米英両国は，連合軍の勝利にとってソ連が独ソ戦でドイツ軍を破ることが不可欠と考えたため，チャーチル英首相は強い反共主義者であったにもかかわらずソ連救援を提唱し，1941年米国は「武器貸与法」をソ連に適用することにし，同11月以降米英はソ連援助を続けた。42年8月にはチャーチルは直接スターリンと会談するためモスクワに向かった。

　その後，ルーズヴェルト，チャーチル，スターリンの3国首脳が軍事戦略を検討・合議していく（1943年11月テヘラン会議）。

### アフリカへの大戦の拡大

　大戦は北・東アフリカにも拡大した。英国は植民地のジブラルタル，エジプト等を拠点とし，地中海，北アフリカ，ギリシャにも進駐していたが，これに対してイタリアは1940年の参戦後ただちに植民地リビアに進駐し，エジプト，ギリシャに対して侵攻していった。劣勢のイタリア軍の支援のため，ドイツのロンメル将軍率いる強力な機甲大部隊（「アフリカ軍団」）がアフリカに侵攻し，急速にドイツ軍のアフリカ占領地域を拡大していき，連合国軍の巨大部隊との激戦において優位を保っていた。

　1942年10月に英軍が反撃を始め，11月には米アイゼンハワー陸軍中将の率いる連合国軍陸海空軍がアルジェリア，モロッコに大規模な上陸作戦を敢行し，翌43年5月にようやく枢軸国軍を包囲・殲滅し，ドイツ軍約10万人，イタリア軍約15万人が降伏し，北アフリカ戦争は連合国軍勝利によって終了した。

### ヨーロッパでの連合国軍勝利・大戦終了

　連合国軍は北アフリカ制圧後ただちに1943年7月イタリア攻撃のためシチリア島に上陸，9月3日イタリア本土に上陸した。同日ムッソリーニ首相がクーデターによって失脚し，バドリオ元帥の臨時政府が9月8日連合国軍に降伏し，ドイツに対して宣戦布告する（11月9日，正式の降伏文書が締結）。

ドイツ軍はムッソリーニを救出してイタリア北部に撤退し，北部地帯で猛反撃を続けた。イタリアではパルチザンがムッソリーニ政権時代から幅広い反ファシズム活動を展開し，ドイツ軍の北部地帯での猛攻に対しても果敢な戦いを展開した。44年6月4日連合国軍が首都ローマに入りローマを解放した。ノルマンディ上陸作戦が敢行される2日前である。パルチザンは45年4月ムッソリーニを銃殺する。イタリアは枢軸国であったが，以上の経過によって大戦終了後ドイツ・日本とは異なり占領統治を免れた。

　米国は大戦参戦とともに連合国すべてに莫大な武器を供給する「兵器廠」となったうえ，軍事面でも中心的な役割を果たし，1943年12月，米国陸軍大将アイゼンハワー（直後に陸軍元帥）がヨーロッパの連合国軍最高司令官に就任し，ノルマンディ上陸作戦を計画，遂行した。44年6月6日，連合国軍は米軍，英軍，カナダ軍，自由フランス軍等の連合大部隊と6000を超える艦艇，上陸用舟艇，大航空部隊を動員して，ドーバー海峡を越えてフランス北部のノルマンディへ上陸作戦を敢行し，多数の死者を出す激戦の後，上陸作戦を成功させた。この史上最大規模の上陸作戦によって，ダンケルク撤退の後，約4年ぶりに連合国軍の西部戦線での拠点が構築されたが，その後も長い間熾烈な戦闘が繰り返された。

　連合国軍は1944年8月パリを解放するが，ドイツ軍と激しい地上戦を展開するとともに，制空権を獲得した米英軍の大規模攻撃・無差別絨毯爆撃によってドイツの占領・支配地域の精油所・工場施設・補給路を破壊し，翌45年3月ライン川を渡ってドイツに侵攻し，ドイツ軍を東側から追撃したソ連軍と挟み撃ちにする。45年4月16日ソ連軍がドイツ首都ベルリンを総攻撃し，30日ヒトラーが自殺，ベルリンは陥落する。ドイツ指導者は5月7日に無条件降伏し，翌8日ベルリンで無条件降伏文書に署名した。ドイツの無条件降伏によってヨーロッパでの戦争は終了した。

　なおフランスではドイツ占領下で反ナチズムのレジスタンス運動がドイツ軍を苦しめ，英国亡命のド・ゴール将軍の率いる「自由フランス」軍がノルマンディ上陸作戦に参戦しパリ解放を行ったため，一応戦勝国とはなったが，

長期にわたる占領と本土での激しい戦闘の結果，破壊は全土にわたり格別に厳しかった。

### アウシュヴィッツ大虐殺

1945年1月ソ連のポーランド進撃によって，ドイツ占領地のポーランド南部のアウシュヴィッツ収容所はじめ多くの強制収容所が明らかになり，世界に衝撃を与えた。ドイツはヒトラーの主張に基づいて39年のポーランド侵攻以降，ヨーロッパ全体から莫大な数に上るユダヤ人，反ナチ政治犯・共産主義者，捕虜，障害者等を財産没収のうえ強制収容所に送り，強制労働，各種の人体実験，処刑等を行い，言語に絶するガス室大量殺害を実施した。人種，思想，障害等に対する差別・迫害・殺戮の極致であった。

### アジア・太平洋での日本と米国の戦争

アジア・太平洋における日本と米国との戦争も史上例のない激しい戦闘の連続であった。日本は開戦後，怒濤の勢いでマレー半島，インドネシア，ビルマ，フィリピン等，東南アジアの多くを占領し，南太平洋諸島にまで侵攻していった。

日本の戦争は，激戦地フィリピンはじめ多くのアジア諸国，中国を戦場とし，これら諸国の人々を戦争に巻き込み，多大の犠牲者と言語に絶する惨害をもたらした。

日本の侵攻は長くは続かなかった。米軍の反撃によって，1942年6月ミッドウェー海戦での大敗北を境に，急速に制海権・制空権を失っていき，43年ガダルカナル島（ソロモン諸島）をはじめとして次々に撤退あるいは全滅していった。44年6月19・20日のマリアナ沖海戦での敗北後，マリアナ諸島のサイパン，グアム島で日本軍は全滅した。この結果，米軍はこれらを基地として日本本土への往復爆撃を行うことが可能となった。

他方，1944年10月，マッカーサー陸軍大将の率いる20万人余の米国陸上部隊は，莫大な航空機と艦砲射撃の支援によってレイテ島に上陸し反撃を

始めた。直後のレイテ沖海戦において日本海軍の艦隊は壊滅した。フィリピンでの死闘でフィリピン人の犠牲は110万人といわれる。日本軍は大量の餓死を含め51万8000人の死亡者を出した。

日本国民は敗北の日まで，侵略戦争の結果として，史上例を見ない苛酷な事態を余儀なくされた。ヨーロッパ戦線での連合軍の勝利の後，米軍の日本に対する攻撃・破壊は格段と激しくなった。1945年4月，沖縄に対して海からの艦砲射撃，空からの無差別爆撃，最後は上陸部隊の地上戦によって徹底的な大量殺戮・大量破壊作戦が実施され，多数の非戦闘員を犠牲にし，6月23日日本軍は全滅した（沖縄戦の犠牲者数は明確でないが，沖縄県関係課調べでは，軍人・軍属計9万4136人，住民9万4000人，米軍1万2520人。実際の住民犠牲者数ははるかに多いといわれている）。

日本本土に対してはマリアナ諸島を基地とし，1944年11月以降，超高層から精密レーダー照準爆撃を行うことのできる高速の四発大型重爆撃機B-29（"超・空の要塞"→41頁）の大編隊による無差別爆撃が始まった。米国は日本の木造家屋焼失のために38発の焼夷弾・子弾を内蔵するクラスター焼夷爆弾を開発して投下したが，これは投下後に低空で分裂しいっせいに焼夷弾の「火の雨」を地上の人間・家屋に降り注いだ。45年3月10日の東京大空襲では一般住宅地を狙った焼夷弾による無差別爆撃で，わずか数時間で死者約8万〜10万人を出したが，これは現在に至る戦争の歴史において短時間での最大規模の殺戮といわれている。その後B-29の編隊は200〜300機，さらに400〜500機と増大し，名古屋，大阪，神戸，北九州をはじめ，日本のほとんどすべての都市を完全に焼き尽くした。B-29の攻撃は延べ約1万3000機に上る。

第2次世界大戦の最後には，米国は人類史上初めて核分裂による無差別大量殺戮兵器＝原子爆弾を1945年8月6日広島に，8月9日長崎に投下した。45年12月までの被爆死亡者は広島約14万人，長崎7万4000人に上り，その後被爆による死亡者・傷病者は増大し，被爆の障害は今なお続いている。

原子爆弾はウランやプルトニウムの核物質の核分裂反応を利用したもので，

放射能障害・汚染は人間および自然界に巨大な有害作用を及ぼすだけではなく，その有害作用は世紀を越えて続く。この原子爆弾の投下によって第2次大戦は終了する。

1945年8月15日，日本はポツダム宣言を受諾して降伏，9月2日に降伏文書に調印し，第2次世界大戦は完全に終結した。

日本降伏の直前の8月8日，ソ連が日本に宣戦布告し，日ソ中立条約を破棄して満州，朝鮮半島，樺太南部，千島列島に侵攻し，日本軍と戦い，日本敗北の後に占領を続けた（1945年2月の米英ソ首脳の「ヤルタ会談」〔→31頁〕において，「ヨーロッパの戦争が終結して2～3ヵ月後」，ソ連が日本に対して参戦すれば，外蒙古の現状維持，ソ連の旧権利回復としてサハリン〔樺太〕南部の返還，大連，旅順港等での権益回復，千島列島のソ連への引き渡し〔shall be handed over〕という「ヤルタ密約」があった）。

### 無差別絨毯爆撃・原子爆弾投下による大量破壊・大量殺戮

第2次大戦の注目される特徴は，各国が大量破壊・大量殺戮の兵器の開発を徹底的に追求し，大量破壊・大量殺戮の戦闘を繰り広げたことであるが，なかでもその特徴を示したのは無差別絨毯爆撃であり，その極致は人類史上初めての原子爆弾投下である。

> 「無差別」という用語は日本では軍事力・軍事施設と非戦闘員の一般居住地との区別なしに行われるという意味で用いられているが，西欧では絨毯を敷くように行われるという意味の「絨毯爆撃」が使われている。ここでは「無差別絨毯爆撃」とする。
> 
> 最初の無差別絨毯爆撃は1937年，内戦中のスペインのゲルニカに対する独空軍によって行われ，非戦闘員＝市民の大量殺戮と一般都市の破壊は国際的な非難を喚起した。日本海軍による39年以降の中国重慶への長期にわたる連続爆撃は無差別爆撃として国際的に非難されている。

無差別絨毯爆撃の目的は，各国の非戦闘員の居住する一般都市を壊滅させ非戦闘員の一般市民を大量殺傷し都市・住居・生活基盤を徹底的に破壊することによって，相手国の戦争遂行力を打ち砕くことであった。このような非

戦闘員の一般市民の大量殺傷を目的とする無差別絨毯爆撃は，第2次大戦において初めて拡がったものである。ドイツ軍は1939年9月ポーランド侵攻（第2次大戦勃発時）において首都ワルシャワに対して徹底的な無差別絨緞爆撃を開始し，ベルギー等の西欧各都市に拡げていった。さらに40年9月7日よりロンドンへの夜間無差別爆撃を2ヵ月連続で敢行，コベントリーはじめ英国地方都市をも無差別爆撃で破壊した。英米空軍はドイツに対しはるかに大規模な無差別爆撃を行い，45年2月13～15日，ドレスデンを徹底的に破壊し尽くし，ベルリン，ハンブルク，ブレーメン等をも大規模に破壊した。徹底的な破壊・殺戮がヨーロッパを覆った。

　米国の沖縄，日本本土に対する無差別攻撃はさらに厳しかった。本土に対しては四発大型重爆撃機B-29の大編隊による無差別絨毯爆撃が行われ，クラスター焼夷爆弾（前出）投下による「火の雨」で膨大な非戦闘員の命を奪い全国の都市・家屋を焼き尽くした。

　ドイツ，日本は他国を侵略して戦争を惹き起こしていき，米英はファシズムに対して戦ったのであるが，しかし戦争が熾烈化するもとで，敵を倒すには一般住民＝非戦闘員を殺戮して戦意を挫くことが有効であるとされ，より大規模な破壊・殺戮の兵器と作戦が追求され，米英軍の無差別絨毯爆撃は規模も範囲もさらに格段と拡大し，最後は原子爆弾の開発・投下になったのである。

　そして大戦終了後にも，米国の原爆投下は戦争終結のためと容認されたばかりか，米国は大戦終了の後にこの原爆を保有し続けるのである。米国は原爆投下の謝罪をいっさい行っていない。

　著者は，日本が侵略戦争を行い，中国，フィリピンをはじめアジア諸国の多大の人命を奪い多くの悲劇と惨害をもたらした戦争責任と罪の重さを充分認識したうえで，第2次世界大戦を"狂気の世界戦争"と命名する。

## 第3節　米英首脳による資本主義改革の動き

　第2次世界大戦中における資本主義の変質においてとくに重要な役割を果たしたのは，ルーズヴェルト米大統領とチャーチル英首相が，大戦勃発直後から資本主義がこのままでは国民の一致団結も世界諸国の連合国への協力・参加も得られないし，戦争終了後の資本主義体制の危機を抑えることもできないという危機意識を強め，資本主義を大胆に改革していく具体策を打ち出したことである。このことは大戦において大きな成果をあげるとともに，大戦後に引き継がれ，大戦後の資本主義の改革を生み出していく基礎になる。
　巨大戦争がかかる資本主義の改革を迫ったのであり，巨大戦争がかかる改革を可能にしたともいえよう。

### 最初の米英首脳会談──「大西洋憲章」，「連合国共同宣言」
　1941年8月9～12日，チャーチル首相は，まだ参戦していない米国のルーズヴェルト大統領と，カナダのニューファンドランド島沖の英国戦艦プリンス・オブ・ウエールズで会談した。両首脳による最初の会談である。チャーチルにとっての緊急課題は，強力なドイツ軍による戦争の激化に対し，周辺諸国の連合軍への協力・参加を得ることであった。両首脳はこの会談で，戦争終了後の世界構想を掲げた「大西洋憲章（Atlantic Charter）」（別称「米英共同宣言」）を世界に公表した。世界構想の柱は，領土拡大意図の否定，領土変更での関係国の国民の意思の尊重，自国の政府形態を選択する権利の容認，自由貿易の拡大，経済協力の発展，恐怖と貧困からの解放，航海の自由，一般的安全保障のための仕組み，であった。
　まず注目されるのは，これまでの領土・植民地分割を柱とする戦後処理を退け，関係諸国の国民の意思を尊重した戦後処理の基本原則を打ち出したことである。もっとも政府形態を選択する権利の容認について，米国は世界全

部に適用するとしたのに対し，英国はドイツ占領下のヨーロッパに限定し植民地へは適用しないとしていた。

また戦争終了後において戦争を再燃させないために，自由な国際活動，国際的経済協力によって，恐怖・貧困のない世界にすることを宣言した。

この「大西洋憲章」は大戦中・大戦後における連合国の基本理念となっていく。米国が参戦した直後の1942年1月1日，米国，英国，ソ連，中国等の26ヵ国（亡命政府含む）が「大西洋憲章」を引き継いだ「連合国共同宣言」に署名し，「連合国」の正式の結束を世界へ宣言したのである。これが大戦末の「国際連合憲章」の基礎となる。

### 英国の社会保障制度（案）

英国では1940年5月，首相に就任したチャーチルが戦争遂行のため戦時挙国連立内閣を作ったが，発足後わずかでダンケルク撤退とフランス降伏の衝撃を受けたので，国民の団結強化のため戦後の社会改革の検討を始めた。労働党党首のアトリー副首相の影響のもと，社会保障制度の検討を依頼された委員会は42年末，膨大な委員会報告書を提出，12月『ベヴァリッジ報告——社会保険および関連サービス（*Social Insurance and Allied Services*. Report by Sir William Beveridge）』が公刊された。これは"揺りかごから墓場まで"というキャッチ・フレーズで国民の熱狂的な支持を受け，各種の翻訳が西欧全体，さらには世界中に拡がっていった。

> それまでの「社会保険（social insurance）」は「保険制度」であるので「拠出」による給付を原則としており，若干の児童手当等のサービスが含まれている。それに対して「社会保障（social security）」は拠出のいかんにかかわらず，「最低限度までの所得」を権利として保障するのが原則である。
> 
> ベヴァリッジ報告は「社会保険」を柱として「社会保障」を目指すものであるので，報告書の題名は「社会保険および関連サービス」となっているが，当時から「社会保障報告書」と呼ばれて国内外に伝えられていった。

ベヴァリッジ委員会報告に続いてその具体化の検討と同時に「雇用の維

持」の検討が行われ，1944年政府白書「雇用政策（Employment Policy）」が公表された。これら両者が戦後の「福祉国家」理念を生み出すことになる。

### 米国の「完全雇用」政策

米国では，ルーズヴェルト大統領は1929年大恐慌後の経済停滞・大量失業の慢性化と社会不安，ニュー・ディール政策の挫折の苦い経験から，資本主義体制の安定のために最も必要なものは雇用の安定であるという強い考えを持っていた。大戦参戦以降，ルーズヴェルトは戦争における国民の団結・戦意高揚を図るために，また戦争終了後の社会不安を緩和するために，国家の責任で「完全雇用」と経済繁栄を持続していくことを国民に公約した。「完全雇用（Full Employment）」は厳密に定義されておらず曖昧な用語であったが，政府関係機関が「完全雇用」という用語を宣伝し，国民はこれを大歓迎した。戦争は米国のそれまでの慢性的な失業・停滞を一挙に解決し，「完全雇用」と経済繁栄を実現していった。

ルーズヴェルトにとっての最大の難題は，戦争が終了した後において，膨大化した軍需生産能力を抱えた米国経済がいかにして大量失業発生を抑えて，「完全雇用」と経済繁栄を維持していくかであった。ルーズヴェルトは大戦中に各種委員会を新設してその検討を命じ，日本の敗北の半年前の1945年1月「完全雇用法（Full Employment Bill）案」が議会に提出された。

この「完全雇用法案」は，「完全雇用」をはじめ，各種の用語・概念に曖昧さがあり，内容にも不充分さがあったが，資本主義の歴史において画期的な意味を持っていた。画期的というのは，ここで初めて「労働する権利」があるという原則，連邦政府がすべての人に雇用の機会を与える責任を負うという原則が法的に明確にされたことである。国家が雇用の機会を与える責任を持つことを法律で明記したのは，資本主義の歴史において初めてのことである。英国の政府白書「雇用政策」の理念も共通している。

まさに戦争遂行と資本主義体制の擁護という至上命令が，資本主義に大きな改革を迫ったのである。そして大戦中にソ連が連合国に加わり，ソ連と協

調していくもとで,ルーズヴェルトは,大戦終了後に,社会主義ソ連に対抗していくために,「完全雇用」と経済繁栄を実現しなければならないという考えを強め,「完全雇用法」策定を急いだのではなかろうか。ルーズヴェルトはドイツ降伏直前の1945年4月に急逝し,「完全雇用法(案)」は戦争が終了した後に修正され46年2月「雇用法」となって成立する。

### 「連合国通貨金融会議」(ブレトン・ウッズ会議)

米英両国の政府関係者は先の「大西洋憲章」の後,戦争終了後の世界経済の安定化について検討を重ねた。両国政府関係者は,金本位制崩壊後の「ブロック経済化・ブロック対立 → 戦争」の過ちを繰り返さないためには,これまでの各国による為替や貿易の規制を撤廃し,為替の安定・貿易の拡大のための新しい国際的協調体制が不可欠であるという点では,基本的に合意していた。しかし国際金融制度の具体的内容では,英国が策定した「国際清算同盟案(通称ケインズ案)」に対し,米国は金ドル交換に基づいてドルを基軸通貨とする「国際安定基金案(通称ホワイト案)」を主張し,対立が続いていた。その後30ヵ国の金融専門委員の検討を経た後,1944年7月,米国のブレトン・ウッズで連合国44ヵ国が参加した「連合国通貨金融会議(United Nations Monetary and Financial Conference,通称ブレトン・ウッズ会議)」が開催されたが,米国は米国案で押し切り,「国際通貨基金協定」(International Monetary Fund:IMF)と「国際復興開発銀行協定」(International Bank for Reconstruction and Development:IBRD,通称世界銀行)が決定された。なお,貿易通商面での規制撤廃は各種の難題があったため,非常に曖昧な形にはなったが一定の合意が成立した。44年7月22日,これらの協定=ブレトン・ウッズ協定が署名され,45年12月にこの協定に基づいてIMF・IBRDが設立され,翌3月に業務を開始する。

ここにおいて米国が英国に代わって世界経済を動かしていくことが明らかではあったが,しかし大戦後,米国がポンドに代わってドルを単一基軸通貨とし,IMFを正式に成立・機能させていくには長い年月が必要であった。

序　章　第2次世界大戦と資本主義の変質

### 首脳会談へのソ連の参加の影響

　第2節で見たように，英米両国は熾烈な独ソ戦に対しソ連支援を行うとともに，米英首脳会談にスターリンを加えるようになり，1943年11月にルーズヴェルト，チャーチル，スターリンの3国首脳がテヘラン会談で戦略を検討した。勝利を目前にした45年2月4～11日には，3国首脳がクリミア半島のヤルタで会談を開催（通称クリミア会談またはヤルタ会談），米英ソ3国によるドイツの占領・管理等を協議し，さらに連合国全体が参加する「連合国会議」を米国が招集し「全般的国際機構」を設立することを合意した。7月17日からの米英ソの3国首脳会談＝ポツダム会談は，日本に無条件降伏を求める「ポツダム対日宣言」（7月26日）を発表した（中華民国は文書での通知で署名，ソ連は日本への参戦後に署名）。だがポツダム会談では，急逝したルーズヴェルトに代わってトルーマン大統領が出席し，この会談中の英国総選挙で保守党が敗北し英国代表は労働党党首アトリー（直後に英首相に就任）に交替した。

　資本主義国の米英首脳が，社会主義国ソ連の首相と大戦の戦略や戦後処理を討議し合意するということは，これまでの資本主義の歴史から見て予想もできないことであった。世界大戦が，米英ソが連合国軍としてともに戦い，米英ソの首脳会談を実現させていったのである。

　このように大戦中にソ連が連合国に加わって米英とともに戦い，ソ連首脳が米英首脳とともに会談したことは，大戦中の反ナチ・反ファシズム闘争において親ソ・社会主義勢力を鼓舞し，大戦後ソ連と連携する動きを促す役割を果たした。スターリンの独裁制の実態や大粛清（大量処刑）は秘匿されていた。

　他方このことが，ルーズヴェルト，チャーチルに対して，資本主義を改革し社会主義体制に対する資本主義体制の優越性を示さねばならないという考えを強める役割を果たしたことは，すでに指摘したとおりである。

## 「連合国会議」,「国際連合憲章」

　連合国の勝利が明らかになった1945年4月25日,ヤルタ会談の合意を受けて,米国サンフランシスコで連合国50ヵ国が集まって「連合国全体会議」(別称サンフランシスコ会議)が開催され,「国際連合」設立のために憲章草案を2ヵ月にわたって審議し,6月26日に完成した「国際連合憲章 (Charter of the United Nations)」に署名した。10月24日に発効し,「国際連合」が正式設立された。「国際連合」では,大戦中の「連合国」の中心であった米国,英国,ソ連,フランス,中華民国が「安全保障理事会」における「常任理事国」となり,拒否権などの特権を与えられた。

>　「国際連合」は機関であるので単数であるが,多数の連合国が集まって設立したという意味を込めて複数の「United Nations」と命名された。
>　日本の公的訳語は「国際連合」,略称「国連」となり,新しい国際組織という語感があるが,大戦中の「連合国」が作った連合であることを注意しておく。

　この「国際連合憲章」の前文では,「われら連合国の人民は,われらの一生のうちに2度まで言語に絶する悲哀を人類に与えた戦争の惨害から将来の世代を救い,基本的人権と人間の尊厳及び価値と男女及び大小各国の同権とに関する信念をあらためて確認し」,「国際の平和及び安全を維持する」という決意が謳い上げられた。ここには世界大戦によるすさまじい惨害への深い悲しみ・怒りと,平和と人権への世界の強い願いが込められている。

　このように世界の50ヵ国が集まり,戦争の抑止,基本的人権,大小各国の同権,国際平和を確認したということは,資本主義の歴史,世界の歴史では例を見ないことである。世界大戦の悲劇が生み出した一大変化であった。

　この人類の切実なる願いは大戦が終わるとすぐ破られてしまうが,しかし「国際連合(憲章)」が掲げた戦争の抑止,人権擁護,世界平和という大戦後の基本原則は,世界の深部に生き残っていったといえる。

　以上,世界大戦の中で,巨大戦争を戦うために,資本主義を変革する動き,

国際協調的体制を作る動きが現れたが，巨大戦争中だからこそこれらが可能となったといえる。大戦終了後に，これらがいかに破られ，またいかに引き継がれるかは，第Ⅰ部第1章以降で明らかにする。

## 第4節　米国の圧倒的な軍事技術開発力・生産能力

　ドイツではヒトラーが1933年に政権を獲得し軍事技術開発・軍需生産増強を進めたのに対し，英国，ソ連等も軍事技術開発と兵器製造拡大を急ぎ，大戦勃発前には軍事技術開発・新鋭兵器開発と軍需生産増大が進んでいた。

　大戦勃発前には米国は先端軍事技術の開発とその実用化においてドイツ，英国にかなりの遅れをとっていた。第2次大戦勃発時，ドイツと日本の高速高性能戦闘機・高速戦略偵察機が実際の戦闘において優位を占めており，英国戦闘機も大戦勃発直後，ドイツ軍機と互角の闘いを展開していた。米国は第1次大戦後，航空機技術の研究を始め，軍は主力軍用機の開発・製造を主力航空機メーカーに委託していたが，1939年には米国航空機の年間生産総計は5856機にすぎず，そのうち3661機が民間機という状態であった。

　他方，ヨーロッパでは高性能戦車・対戦車兵器が陸戦の中心を占めていたが，大戦勃発時，米国の戦車の技術水準は低く生産台数も少なかった。

　ルーズヴェルト大統領は参戦するや翌月の1942年1月6日，航空機6万機，戦車4万5000台を重点目標とする総額500億ドルにのぼる42年軍需生産計画を議会に提出し，43年にはさらにこの計画を格段と拡大すると表明した。そしてそれまでの劣勢を一挙に逆転するため，急遽戦時経済体制を整え，中枢生産部門の民需生産を迅速かつ徹底的に軍需生産に転換させ，急速に軍需生産を激増させていく。

### 民需生産の軍需生産への大転換，乗用車等の個人消費用生産の禁止

　民需生産の軍需生産への転換政策の第1は，個人消費用生産の徹底した制

限・禁止である。参戦後，政府は国内の乗用車とナイロンに対する消費者の購入・消費者用生産を禁止していった。乗用車の生産削減は1941年から始まり，42年4月には個人用購入・生産が完全に停止されてしまい，同7月には自動車・関連産業の軍需生産への転換が終わり，自動車製造の94.5%が軍事用車輛の生産となった。自動車メーカーのビッグ・スリー等は乗用車生産の途を完全に絶たれた。戦前の39年，デュポン社は世界最初の画期的な合成繊維・ナイロンを開発しストッキング等の個人消費需要を爆発的に拡大していたが，個人消費用生産はすべて禁止され，パラシュート，ハンモック，テント，軍用バッグ等の軍需生産が驚異的に拡大していった。電気冷蔵庫，電気掃除機，電気洗濯機などの耐久消費財も41年後半以降生産の大幅削減が進み，43～44年にはまったく生産されなくなった。住宅建設も41年戦時建設規制によって厳しく制限され，一部は禁止された。

国民は半強制的な貯蓄（国債購入）を行い，消費財購入の抑制を余儀なくされていたが，兵士の激増と軍需生産での女性就業の急激な拡大によって，完全雇用状態のもとで米国の消費支出総額は増大していた。

### 戦時労働体制の確立

ルーズヴェルトが参戦直後の1941年12月，労資代表を集めて要望した結果，戦争中にストライキおよびロックアウトに訴えないという「協定」に労働組織代表と経営者代表が合意した。そして労働紛争処理のための政府の調停機関が設けられた。賃金統制も実施された（一応実質賃金上昇を容認）。43年には強制仲裁によってストライキを中止させることのできる「戦時労働争議法（War Labor Disputes Act）」が制定され，戦時労働統制が強化された。

米国ではニュー・ディール期での労働権の容認についても労働組合の不満は残り，1941年初めからは物価上昇に対する賃金引上げをめぐる争議が急増していた。ルーズヴェルトは参戦後一挙に高まった挙国一致態勢の動きを捉えて，参戦後ただちに上のような措置をとって軍需生産の拡大の基礎を固めたのである。ここではルーズヴェルトはワグナー法での労働者の権利容認

を継承するという建前をとったうえで,ストライキ権を行使しない協定を取り付け,戦時労働体制を強化していったのである。戦争勝利まで労資対立・労資紛争は生じなかった。

だが労資紛争が回避された基礎には,ルーズヴェルトが「完全雇用」と経済繁栄の維持を公約し,事実,参戦後米国では急速に「完全雇用」が達成され,戦争終了まで「完全雇用」と経済繁栄が維持されたことがあった。

### 国家による巨大工場・生産設備の建造・供給

米国政府が迅速に民需生産を軍需生産へ転換させるために実施したのは,国家が巨大な工場・生産設備を建造して,軍需転換する民間企業に与えて利用させたことである。1940年8月,軍および政府関係の「国防施設公社(Defense Plant Corporation：DPC)」が設立され,このDPCが国家資金を用いて基幹的な軍需生産部門において,広大な敷地に優れた巨大規模の工場・固定生産設備・装置を建造し,これらを軍需転換する民間巨大企業に利用させた。民間企業は固定設備投資を行う負担を免れ,ただちに国家所有の巨大な施設を利用して軍需生産を行うことができた。軍需転換した巨大民間企業は,この基礎上に,公的・民間研究機関や科学技術者,製造技術者等の協力・支援を受け,膨大化する軍の需要と軍需品の価格安定化措置によって擁護され,流動資金の低利融資も受け,莫大な収益をあげて急激に成長を遂げていった。

国家の建造した大規模な工場・生産設備の圧倒的部分は,軍需転換した基幹部門の巨大企業（各部門の寡占巨大企業）によって利用された。リース形式か手数料支払方式であるが,支払額は非常な少額に固定されていた。戦争終了後に払い下げるという約束があったといわれているが,事実,大戦後これらの大半は,利用していた巨大企業に対し超安値で払い下げられた。

　　DPCの公的設備の利用規模上位の企業には,第1位から,ゼネラル・モーターズ,アルコア,カーチス・ライト,U.S.スチール,フォード・モーター,ベツレヘム・スチール,クライスラー,ユナイテッド・エアクラフト,カイザー・ヘンリー,ゼネラル・エレクトリック,ダグラス・エアクラフト,

第Ⅰ部　米国の大戦後世界経済戦略と資本主義経済の再生

リパブリック・スチール，ダウ・ケミカルと，自動車，航空機製造，鉄鋼，アルミ，電気機器，造船，化学等の米国最大級の企業が並んでいる。

さらにまた軍需生産用の新しい原燃料・素材として緊急に開発していった合成ゴム，航空機用100オクタン価ガソリン，アルミニウム等では，最初からDPCがそれらのために巨大規模の工場・生産設備を建造して，政府が委託した企業にそれらを用いて大規模装置産業の大量生産を行わせた。

### 軍需生産における総動員体制，原爆開発

政府は軍事技術開発・軍需生産の各分野それぞれについて，莫大な資金と近代科学技術，科学者，大学等の各種研究機関を総動員する体制を作っていった。具体的組織に差異があるが，政府と軍の組織が中心となって，大学その他の研究機関・亡命者を含む科学者・技術者たちと民間企業経営陣が連携して，主要兵器の開発計画を策定し，製造方法・製造技術の改良を決定し，迅速に軍需生産を拡大していった。

総動員体制の最大規模のものは，いうまでもなく原子爆弾の開発・製造であった。ルーズヴェルト大統領はドイツが原子爆弾を開発する恐れがあるという亡命科学者たちからの警告を受けて1939年10月にその調査を命じ，翌年科学者を戦争目的に動員する国防委員会を組織し，研究の先行していた英国と協力する約束を行い，原爆開発の準備を進めた。42年8月，原子爆弾製造計画＝「マンハッタン計画（Manhattan Engineer Project）」が正式に発足し，22億ドルにものぼる費用を投入し，亡命者を含む多数の科学者を集め，12万人もの人員を動員して，早くも45年7月16日に原爆実験に成功した。8月6日ウラニウム使用の原爆が広島に，8月9日プルトニウム使用の原爆が長崎に投下された。

米国が近代科学の成果・科学者と資金を総動員した体制によって開発・製造したものが史上に類のない"無差別大量殺戮兵器"原爆であったことは，第2次世界大戦の特質と異常さを表すものといえる。第2次世界大戦における技術開発・軍事力強化は，大量破壊・大量殺戮の徹底的な追求であったが，

米国のマンハッタン計画とその成功はその代表であった。

### 主要兵器の「超」大量生産方式

米国の主要兵器の性能は，次の航空機関連を除くと，技術的にドイツ，英国，ソ連を凌駕していたわけではなかったが，それにもかかわらず他を圧倒していったのは大量生産技術によって高性能・低コストの兵器を驚異的に大量生産していったためである。

米国では，伝統的な大量生産の技術と経験に基づいて，国と陸海空軍の組織が中心となって，それを超える大量生産方法を追求していった。国・軍が主要兵器を改良・開発し，決定した特定兵器を大量生産するために，部品・構成物の規格化・標準化を徹底的に行い，規格化・標準化された部品・構成物の製造の自動化・連続化を実現する大量製造技術が開発されていった。熟練労働が不要となり高性能化・省力化・コスト削減，製造時間短縮が大幅に進んだ。ここでの製造技術は従来の「大量生産方法」を超えた「超大量生産方法の開発」といえるものであった。

この超大量生産方式の開発において，自動車ビッグ・スリー等が軍需生産に乗り出したことが，きわめて重要な役割を果たした。米国の自動車生産は20世紀初頭から原油の豊富な供給と結合してガソリン車を中心に拡大し，流れ作業の大量生産方式をとったフォードT型の価格の大幅引下げによって乗用車は"大衆車"となり，米国は世界一の自動車大国となった。1929年大恐慌後縮小の後，30年代に年間生産3百数十万台前後を保っていた。米国参戦後，乗用車生産が不可能となったビッグ・スリー等は政府・軍の要請に従って航空機産業に乗り出し，エンジンをはじめ多数の構成物・部品の大量生産技術の開発できわめて重要な役割を果たすとともに，戦車・軍事用車輛の大量生産でも非常に大きな貢献をした。

戦車では大戦初期に米国の戦車の技術は遅れていた。第2次大戦中，ヨーロッパでは高性能戦車・対戦車兵器が陸戦の中心的兵器となり，とくに独ソ戦では両国の巨大な大砲を装備し厚い装甲の重戦車が威力を発揮していた。

米国の自動車メーカーは急遽大量生産技術を改良して動きの速い戦車を大量生産し，量で圧倒していった。米国戦車はヨーロッパ戦線・アフリカ戦線に大量に投入され，勝利に大きく貢献した。1933～44年の戦車生産台数推計は，ドイツ2万5000輛，米国7万6000輛，ソ連8万3000輛である。

軍用車では悪路，山道を駆け巡る四輪駆動小型軍用車（ジープ）が威力を発揮した。大戦勃発直後に軍の強い要求で自動車メーカーが試作・競合し，軍の指定でウィリス・オーヴァーランド社（最初に製造，特許取得）とフォード社が大量生産を行い，1941年にわずか数千台であったジープは42～45年間に実に65万台弱も製造され，ヨーロッパ戦線の連合国軍に大量投入され，連合国軍の活動においてきわめて重要な役割を果たした。

他方，艦艇製造では大量生産方式には限界があったが，部品標準化，ブロック建造と船体組立ての分離方式の確立によって量産化が進んだ。さらに重要なのは米軍の国防計画によって米国造船会社が，船から陸へ乗員・重量物を輸送する「水陸両用トラクター（Landing Vehicle Tracked：LVT），および歩兵・装甲戦闘車輛等の上陸部隊を乗せて陸地に接舷・上陸させる「上陸用舟艇（Landing Craft）」を大量生産方式によって一大増産を続けたことである。すでに見たように，第2次大戦ではヨーロッパ，アフリカ，太平洋の戦闘で，巨大規模の部隊の上陸作戦が決定的に重要な役割を果たしたが，米国の上陸用舟艇・水陸両用トラクターが連合国軍に大量投入された。LVTは主に太平洋におけるガダルカナルはじめマリアナ諸島や沖縄の上陸作戦で使用された。ノルマンディ上陸作戦では"海を覆う"といわれた大量の上陸用舟艇が米軍の威力を世界に示した。

米国の艦艇建造トン数は，1940年から44年に約16倍に激増，商船トン数はこの間約27倍に激増した。

軍事の基礎の鉄鋼業では，戦争前に圧延工程で開発された画期的な自動連続圧延装置（ストリップ・ミル）の大量生産方式が，軍事の中心の厚板需要激増に対し威力を発揮した。ストリップ・ミルは手動圧延（プルオーバー・ミル）に代わって，圧延労働力を劇的に減少させ，熟練の不要化，大幅スピー

ドアップ,労働コスト大幅削減,高性能化を実現した。なお同じく開発された冷延装置も労働力削減,スピードアップ,労働コスト削減,大量生産に役立ったが,この本格的利用は戦後の乗用車用薄板生産においてである。

### 航空中心の軍事体制,圧倒的な航空機製造

すでに指摘したようにルーズヴェルトは航空機の重要性に着目し,参戦直後に航空機6万機という驚異的な航空機拡大の計画を議会に提出したが,さらに米国は参戦後のかなり早い時期に,今回の世界大戦では航空(力)が戦争の中心になる,航空(力)を戦争の中心に据えるべきだという考えを固め,戦艦中心の巨艦砲撃主義から脱して,航空機中心の機動力のある統合軍事力体制を構築することを緊急課題としていた。航空機・大型重爆撃機を軸に据え,多数の航空機を搭載できる巨大航空母艦,高度攻撃力を持つ潜水艦,航空機と連携する上陸用舟艇等を統合していくことを進め,さらに航空関連レーダー開発によって大型レーダーの本土および空母への設置,航空機への小型レーダー搭載を進めていった。

中心となる航空機についての政府・軍の緊急課題は,これまで大量生産方式が困難といわれた航空機においていかにして大量生産を実現するかであった。航空機製造はエンジン,多数の構成物・部品,機体の製造と機体組立から成り立っているが,大戦前には各社がさまざまの機種を少量製造しており,それぞれの機種に応じて少量ずつ生産された構成物・部品・機体等を,熟練工が手作り的に組み立てていた(ジョブ・ショップ方式:job shop)。

大戦中に政府・軍が行ったことは,軍が特定機種を決定し,この特定機種の大量生産のためにエンジン,部品・構成物・機体の規格化・標準化を徹底させるよう製造メーカーに要求し,規格化・標準化された多数の構成物・部品を連続的に組み立てていく大量生産方式を実現することであった(ライン・プロダクション:line production,またはアセンブリー・プロダクション:assembly production)。

この大量生産方式の開発・実施において,ビッグ・スリーは最重要なエン

ジン製造における各種工作機械の技術改良と規格化・標準化を進め，各種工作機械による連続的加工を進め，高性能エンジンの大量生産を実現していった。その他の構成物・部品でも技術改良と高性能化・規格化・標準化が進められた。このビッグ・スリーの貢献によって機体組立作業は単純化・連続化され，不熟練の女性労働者の就業が可能となり，航空機製造の所要時間の大幅短縮，驚異的な増産が実現されていった。フォード社は航空機の機体組立てにまで乗り出し，当時世界最大といわれた大量流れ作業ラインを設置したウィローラン工場を建造し，航空機製造時間を一挙に短縮し，航空機の大量生産技術開発に対し大きな貢献を果たした。ここでは爆撃機（B-24爆撃機中心）が大量生産された。フォード社は戦争が終了した数年後，自動車のエンジン製造過程で画期的なトランスファー・マシンを実用化したが（→94頁），これはまさしく戦争中に行った大量生産技術開発に基づくものであった。

　航空機製造では，政府・軍の管理下で，ビッグ・スリーのもとに各種の工作機械企業，金属加工企業，それらの協力企業が編成されていった。さらに高性能レーダー・電子技術関連の電子機器産業や精密機器産業の巨大企業・協力企業も多数進出し，相互の交流・協力を強めた。

### 大型重爆撃機開発重点の政策

　軍用機の中では大戦当初から，戦前に開発され改良を加えたカーチス・ウォーホーク（Curtis Warhawk）戦闘機が大量生産され連合国軍にも大量に供給されていたが，大戦中に米国政府・軍は航空機の開発・製造の中心を，巨大爆弾を搭載し長距離爆撃の可能な「重爆撃機」に移していき，大戦後半には無差別爆撃を行う「重爆撃機」が主力となっていった。

　米国は爆撃機では，大戦勃発以降，双発爆撃機・ノースアメリカン B-25 ミッチェル（North American B-25 Mitchell）の武装強化型を大量に生産し連合国軍に供給していた。ボーイング社は戦前に軍の要求で開発した四発大型重爆撃機 B-17 を大幅に改良し，機関銃装備を改良して新レーダー装置を装備し，世界最新鋭爆撃機といわれた Boeing B-17 Flying Fortress（"空の要

塞")を生み出し，さらにその性能を向上させたB-17改良型を大量生産した。これはヨーロッパ戦線に大量投入され，英米両軍はこれらを大量利用してドイツ支配地を爆撃していった。米英軍は1944年ノルマンディ上陸以降，ヨーロッパのドイツ軍の占領・支配地域で激しい地上戦を行うが，"空の要塞"によってドイツ支配地に対し熾烈な無差別絨毯爆撃を行っていく。ドイツは爆撃と地上戦による破壊によって航空機製造能力も石油精製能力も運搬能力も失っていった。

　その後さらに莫大な爆弾を搭載し，迎撃戦闘機の上昇限度のはるか上空から精密レーダー照準による爆撃ができる高速四発大型重爆撃機＝Boeing B-29 Super Fortress ("超・空の要塞")が開発された。大戦中の最高技術の爆撃機といわれたが，これは主に日本本土の都市に対する攻撃を目的としていた。また"超・空の要塞"B-29によって原爆投下が可能となった。広島へ最初の原爆を投下した"エノラ・ゲイ"，長崎へ原爆を投下した"ボックスカー"はともに"超・空の要塞"B-29であった。

　米国が技術開発を重ねて生み出した"空の要塞"，"超・空の要塞"が大戦を勝利に導いたといわれているが，これらは大量破壊・大量殺戮のために開発され，また原爆投下を可能にしたのである。

　単純に機数だけで見ると，米国の航空機生産総数は1938年3623機（うち民間機1823機），39年5856機（民間3661機）程度であったが，42年には4万7675機（0機），44年には9万6272機（0機）になった。航空機の大型化・超大型化を考えると，航空機生産の実質的拡大はこの機数拡大よりもはるかに大きい。

　大戦中の各国の航空機生産数は，1940年，米国6086機，ドイツ1万826機，ソ連1万565機，英国1万5049機，日本4768機で米国は大幅に遅れていたが，39年〜45年の生産機数計では米国が30万3713機，ドイツ11万9871機，ソ連15万8218機，英国13万1549機，日本7万6320機と，米国が他を圧倒している。

　なおレーダーの開発・実用化でも，大戦勃発当初，米国はドイツ・英国に

遅れをとっていたが、その後政府・軍が莫大な資金と直属研究開発組織・民間研究機関、科学者を総動員して急速に各種レーダーの開発・工業化と実戦配置を進め、他国の技術をはるかに凌駕していった。巨大規模の地上装備レーダーを本土に設置した後、航空母艦・潜水艦等にレーダーを搭載し、大戦末には小型レーダーを開発し、その航空機への搭載で精度の高い爆撃を可能にした。レーダー技術の発展がなければ超高度からの無差別絨毯爆撃も原爆投下も不可能であった。

また政府・軍は航空機航路や砲撃弾道の探索・測量のためにレーダーとともにコンピュータ、エレクトロニクス（マイクロエレクトロニクス）の技術開発に総力を傾けていたが、いずれも不充分なまま戦争が終了した。

### 軍需生産用の新しい原料・素材の開発

さらにまた参戦直後、米国政府・軍が緊急の最重要課題として取り組んだのは、膨大化する軍需品、とくに航空機のための新しい原燃料・素材の開発・増産であった。これらの技術の多くは戦前すでに民間企業が開発していたが、本格的生産には巨額の費用が必要なうえ需要の見通しがないため、開発企業は特許を取って小規模の生産をしていた。参戦後米国政府が「緊急計画」・「緊急対策」によって、これらを新しい超大量生産を行う大規模装置産業としていき、一挙に大規模な軍需生産を可能にしていった。これらは技術的に見て旧来とは異なる「大規模装置産業の開発」といえる。

第1は航空機・軍用車輌用タイヤのための合成ゴムである。米国は戦前には自動車用タイヤの原料である天然ゴムの大半を東南アジアから輸入していたが、日本軍の侵攻によってその輸入が不可能になった。しかも航空機・軍用車輌用タイヤの高性能化には、強度・耐久・耐熱で優れた合成ゴムの混入が不可欠であった。

米国政府は第2次大戦で最重要兵器とした航空機・軍用車輌の大増産のために、合成ゴムを一大増産する強力な「緊急対策」を指令した。米国では1940年代にゴム、石油、タイヤの巨大メーカーが合成ゴムの製造をわずか

ながら始め，その特許を独占していたのに対し，政府は「緊急対策」によってこれらの特許権を一時停止して公開させ，製造企業の特許権利用許可を指令した。またDPC（「国防施設公社」）によって巨大規模の工場・生産設備を建設してこの生産を始める巨大民間企業に利用させた。巨大な石油会社，化学会社，ゴム会社が参入し，生産額は1939年2000ロング・トンから44年76万，45年82万ロング・トンへと400倍になった。米国の採用した合成ゴム製造技術は石油から製造されるブタジエン，スチレンを原料とする本格的な石油化学技術であって，これが戦争終了後における米国石油化学産業の重要な基礎となった。

また政府はナイロンの一般消費を禁止し，軍事用に大量生産を行うよう指示したので，ナイロンは石油原料の大量生産方式で生産され，パラシュート，ハンモック，テント，軍用バッグ等に広範に利用されていった。また石油化学技術による各種プラスチックは各種兵器の一部や軍事用建設素材として，急速に軍事用途を拡大し大量生産され，合成皮革も軍事用に開発され利用分野を拡げていった。

第2は航空機用の高性能ガソリンの開発である。大戦において軍事用航空機では高性能の100オクタン価のガソリンが不可欠であることが明らかとなったので，100オクタン価ガソリンを大増産する必要に迫られ，政府は「100オクタン価緊急計画」を策定し1942年以降大増産対策を実施していった。政府は新しい改良接触分解技術の採用を決定し，民間企業の特許を公開させ，生産を始める巨大企業に対してDPCが巨大規模の工場・生産設備を建設して利用させた。航空機用100オクタン価ガソリン生産は41年から45年に約6倍になった。この改良接触分解設備は石油化学の原料となる廃ガスを大量に発生させて石油化学製品の生産拡大を促した。

第3は航空機用素材のアルミニウムの大増産である。第2次大戦では航空機機体素材は軽さと強度の点でアルミニウム合金（ジュラルミン）となったため，航空機の大増産のためにはアルミの大増産が不可欠となった。また戦争中に各種の軍用コンテナの需要も急増した。アルミでは1938年にアルコ

ア社がアルミの設備投資を行って生産を始めていた。米政府のアルミに対する「緊急対策」の特徴は，アルコア社にアルミの大増産の大半を担わせたことである。DPC が巨大規模の工場・製造装置を建造したが，アルコア社はDPC による建造を自ら企画して自社で利用し，巨大装置産業となった新アルミ産業における超巨大企業となっていった。アルミニウムの生産は 39 年 16 万ショート・トンから 43 年 92 万，44 年 78 万ショート・トンへと激増した。

このほか，政府の介入の程度や方法に差はあるが，航空機，戦車，軍事用車輌，艦船等の大量生産と品質向上のために，画期的なチタンや，その他各種合金，非鉄金属，特殊鋼等が開発され，大量生産が行われていった。

これら新しい高性能原料・素材・燃料の開発・一大増産がなかったならば，航空機をはじめ各種兵器の生産の驚異的拡大はとうてい不可能であった。

### 戦争終了時まで軍需生産拡大の継続

米国だけが本土に攻撃を受けることもなく戦争勝利の時まで新鋭兵器の開発と軍需生産拡大が可能であった。英国，ドイツ，ソ連では，戦争による破壊で軍事技術開発は中断され，軍需生産も軍需工場の破壊と原料不足で大幅縮小ないし生産不能を余儀なくされた。

米国の「軍需生産」（兵器生産のみ。軍需生産設備は含まない）は 1941 年 7～12 月 21 億ドル，41 年 84 億ドルから 43 年 517 億ドル，44 年 576 億ドルで，参戦後の 41～44 年のわずか 3 年間で 7 倍弱となった。「実質国民総生産」は 40 年 344 億ドルから 44 年 569 億ドルに急増したが，「政府支出」は 40 年 65 億ドルから 44 年 300 億ドルへと激増している。大戦に参加した大国の中で米国だけが戦争で生産能力を激増し，米国だけが最後まで経済繁栄・完全雇用を続けたのである。

### 第 2 次世界大戦での米国（軍）の中心的役割

米国は圧倒的な軍事力・軍需生産能力に基づいて連合国・連合軍において中心的役割を果たすようになっていった。

米国は「武器貸与法」により軍需品，工業原料・製品，農産物等の供与を大幅に拡大し，文字どおり連合国軍の兵器廠となっていった。「武器貸与」による「戦時輸出」の大部分は「特別勘定」とされ，「国際収支」の「貿易収支」からは除外されており，この両者の区別は明確ではないが，「国際決済銀行第15次報告」によると「武器貸与輸出」は41年7億ドル強から43年104億ドル，44年113億ドルへと激増し，41年3月から45年7月までの「武器貸与輸出」は実に314億ドルに上る。この総額は米国の戦前の輸出（水準）の14年分に当たったという。この膨大な貸与は米国の国内生産拡大を大きく促した。

　以上の基礎上に，米軍は軍事作戦でもヨーロッパで連合国軍の勝利を導く中心的役割を果たし，またアジアの太平洋戦争において，中国以外では，米軍はほとんど「独力」で日本軍を壊滅させ，世界大戦を終了させていった。

　以上，第2次大戦において米国は，（軍事）技術の開発・生産能力の拡大で他国を圧倒し，軍事面でも連合国軍を勝利に導く中心的役割を果たすことによって第2次大戦を通じて強固な覇権を掌握していったのである。

　そして戦争中の新鋭軍事技術開発・生産能力の飛躍的拡大は，大戦後の米国自体の資本主義的再生・再構築の基礎となるとともに，米国の「世界経済戦略」遂行の基礎となる。

　第2次大戦によって資本主義諸国間の「力関係」は一変し，米国が第2次大戦によって強固な覇権を掌握し，大戦終了後の資本主義，世界を動かしていくことになるのである。本書で，大戦終了後の資本主義分析の前に，序章として第2次大戦を分析した所以である。

# 第1章

# 大戦終了直後,資本主義の再生をめぐる政治的・軍事的状況

　第Ⅰ部本論の主題は「米国の世界戦略のもとでの」「資本主義の再生」の解明であるが,第2次大戦終了直後,「資本主義の再生」をめぐって注目すべき政治的・軍事的状況が展開したので,本論の前に第1章を設けた。

### 米国の原爆独占・巨大軍事力の永続保有

　米国は原子爆弾の使用は日本を敗北に追い込むためだといっていたが,日本が降伏した直後の1945年10月27日,トルーマン米大統領は米国が原子爆弾を独占保有していくことを宣言した。翌46年8月1日にはマンハッタン計画に代わって大統領直属の「原子力委員会(Atomic Energy Commission:AEC)を設立し,AECが原子力の開発・製造を推進することにした。

　1945年1200万人だった米国の兵力動員数は,大戦終了後の46年なお300万人残っており,国防支出・対外軍事支出も大幅に削減されたとはいえ大戦前をはるかに上回る水準で,その後拡大を続ける。米国はソ連対抗を視野に入れて47年7月には「国家安全保障法(National Security Act)」によって「国家安全保障会議(National Security Council:NSC)」,「国防(総)省(U.S. Department of Defence:DoD)」(別称ペンタゴン),「中央情報局(Central Intelligence Agency:CIA)」等を創設し,大戦中をはるかに上回る機能的で統合的な巨大軍事機構を構築していった。

　米国は戦争が終了したにもかかわらず,原子爆弾の独占と強大な軍事力保

有を永続させ，これを大戦後の世界経済戦略の基礎に据えたのである。

## 西欧諸国の戦禍・窮乏，資本主義の体制危機の醸成

　大戦終了後，西欧資本主義諸国はすべて熾烈な戦争によって破壊され尽くしていた。

　英国は戦勝国とはいえ，ヨーロッパ大陸での長期にわたる熾烈な戦闘で多数の死傷者と巨額な損害を出したうえ，首都ロンドン，コベントリー等の地方都市は無差別爆撃で破壊され，経済活動は麻痺状況となっていた。英国は米国への巨額の債務を抱えたうえ，莫大な対外資産を喪失し，広大な植民地の多くを失いつつあった。

　フランスはドイツ軍の西欧侵攻直後の1940年6月に降伏し，長期にわたってドイツ軍の直接占領とドイツ軍に協力するヴィシー政権の管理下に置かれており，連合国軍のノルマンディ上陸作戦の後には連合国軍とドイツ軍との最後の死闘が続いた。フランスの戦争被害は西欧の中でも最大で，破壊は全土に及び，国民生活の窮乏も格別厳しかった。

　西欧では大戦中，占領下のフランスとファシズム政権下のイタリアを中心に，反ナチズムのレジスタンス（イタリアではパルチザン）がナチスによる厳しい弾圧にもかかわらず拡大していた。戦争終了後にはレジスタンス闘争の基礎上で戦争への怒り・国家への怒りが爆発し，資本主義体制批判・社会主義勢力が急激に拡大していった。これらは国によって程度と内容に差はあるが，ソ連社会主義と関連を持っていた。資本主義体制の経済基盤の壊滅的状況と資本主義体制批判勢力・社会主義勢力の拡大が，資本主義体制を揺るがす体制危機を醸成しつつあった。

　大戦終了直後には，西欧諸国は破局に瀕した経済・国民生活の窮迫に対処するために，戦争中の国家管理を引き継いで，国家が経済過程を完全に管理し，程度と内容に差はあるが，経済の基盤を国有・国家管理下に置き，国民生活救済に取り組んでいた。

第Ⅰ部　米国の大戦後世界経済戦略と資本主義経済の再生

## 米英とソ連との対立の始まり

　大戦後の米英とソ連との対立は，東欧諸国とドイツの占領・統治をめぐって生じた。

　勝利を前にした1945年2月4日から，ルーズヴェルト米大統領，チャーチル英首相，スターリンソ連首相がクリミヤ半島南端のヤルタで「クリミヤ会議」（通称ヤルタ会談）を行い，ドイツの戦後処理について英米ソ（遅れて仏参加容認）による分割占領・統治は基本的に合意されたが，賠償や統治の内容には不明確さがあったうえ，当時ソ連がドイツ軍を駆逐・制圧しつつあった東欧諸国，とくにポーランドの統治については合意できず，「ヤルタ協定」は米英の妥協を含む曖昧な形となった。

　ヤルタ会談の直後，東欧諸国におけるソ連軍のドイツ軍勢力に対する追撃は急速果敢であった。ソ連では，大戦前に大粛清（大量処刑）を行った独裁者スターリンが絶対的権力を掌握しており，社会主義本来の政治的自由・人権の尊重をも欠いた独裁制であった。スターリンは大戦前から東欧諸国への支配圏拡大を意図しており，大戦直前には反共国ドイツと「独ソ不可侵条約」を締結し，ドイツ軍のポーランド侵攻（大戦の勃発）に呼応してポーランド東部に侵攻していた。しかしドイツが突如としてソ連を攻撃したため，ソ連は連合国に参加，長期にわたる熾烈な独ソ戦を戦い抜き，この独ソ戦の勝利によって連合国（軍）内での「力」を強大化していった。スターリンは祖国防衛のために総力をあげてドイツ軍を撃破した国民の団結力をそのまま利用する形で，東欧諸国におけるドイツ軍協力勢力を制圧してベルリンを陥落させ，大戦が終了した後も東欧諸国に対して軍事的政治的支配を続けた。ソ連は大戦によって死傷者は世界最多で国土も最大の破壊を被り，国民の大半は飢餓的状況にあったが，スターリンは戦争終了後，国民の救済よりも原爆の開発と東欧での支配圏拡大を最優先課題とした。反ソ反共的感情の根強いポーランド，ルーマニア，チェコではさまざまな画策を行い，ドイツ軍に抵抗した反ナチ勢力を利用しつつ強引にソ連支持の政権を作り上げた。ユーゴスラビアだけは独力でドイツ軍を撃破したので，戦後ソ連の傘下に入らず

独自の社会主義路線をとる。

　米英はソ連に対してヤルタ協定違反であると強く抗議を繰り返した。チャーチル元英首相は早くも 1946 年 3 月，「バルト海のシュテッテンからアドリア海のトリエステまで，ヨーロッパ大陸を横切る鉄のカーテン」が降ろされたと述べた。

　ただし英国も大戦の終了の後にギリシャで共産主義勢力と戦っていた。英国はギリシャ，トルコの防衛がソ連進出を抑え，ヨーロッパでの共産主義を制圧する要石と考えていた。英軍は大戦末にドイツ占領下のギリシャに上陸してドイツ軍を撃破した後，それまでドイツ軍と頑強に闘ってきた強力なギリシャ民主国民軍（共産主義者中心）と激戦し，一時休戦したが，大戦終了直後に帰還した亡命政権の反共政府を支援して民主国民軍と戦いを始めた。

　ソ連との対立は，ドイツ占領，とくに首都ベルリン占領をめぐって深刻化した。米英（仏）ソ 4 ヵ国はドイツ降伏後にドイツを分割占領して軍隊を駐留させていた。首都ベルリンはソ連の占領地域内であったが，首都は特別に米英ソ（後に仏参加）が分割占領した。その後米英（仏）はベルリン占領地（西側）を共同占領・共同統治としていったので，この西側ベルリンとソ連占領の東側ベルリンとが対峙し，衝突を繰り返し，このためベルリンは大戦後長期にわたって西側と東側との激突する冷戦の主戦場となる。

## 米国のヨーロッパ進出と「冷戦」の本格化

　1945 年 5 月，ヨーロッパでの連合国（軍）の勝利によって，米国の役割はドイツ占領地の占領・統治だけとなり，連合国軍最高司令官アイゼンハワー元帥は米国占領地帯の軍政長官となった後，任務を後任者に譲って本国へ帰った。

　大戦直後には英国のほうがヨーロッパにおいて共産主義と闘う旗を掲げており，ギリシャで戦いトルコを強力に支援していたが，1947 年初め自国の財政危機によってギリシャ，トルコ支援を打ち切ることを余儀なくされ，米国に通知した。

第Ⅰ部　米国の大戦後世界経済戦略と資本主義経済の再生

　米国はこの英国の援助打切りの機会を捉えて，ただちにヨーロッパに本格的に乗り出していった。1947年3月12日，トルーマン米大統領は上下両院合同会議で「世界は民主主義か全体主義かを選ぶ必要がある」，米国は「全体主義的脅威から守るためにギリシャ，トルコを援助する」と述べ約4億ドルを支出することを公表した。この「トルーマン・ドクトリン（Truman Doctrine）」は一般に「冷戦ドクトリン」と呼ばれ「冷戦」の始まりとされている。続く6月5日，マーシャル国務長官（陸軍元帥）が巨大規模の「欧州復興援助計画」（通称マーシャル・プラン）を公表した。

　これらは単なる救済・援助の公表では決してなかった。

　米国はこの公表によって，米国が英国に代わってヨーロッパの「民主主義」を守りソ連「全体主義」と闘う主体となること，米国が大規模援助によってヨーロッパを復興させ反共体制を確立していくということを世界に宣言したのである。世界大戦において米国（軍）が連合国（軍）において中心的役割を果たしたのと同じように，大戦終了後においても，米国がヨーロッパに乗り出しヨーロッパを動かしていく中心的役割を果たすという宣言であった。

　ソ連は東欧諸国とドイツ占領地に強力な軍隊を駐留させていたが，大戦の甚大な被害で経済力は衰退し，軍事技術力でも米国に大きな遅れをとっていた。米国はかかる状況を見据え，ソ連に対する"先制攻撃"ともいえる形でヨーロッパに本格的に乗り出していった。

　米国の復興援助は大統領直属機関による厳しい審議に基づいて援助を決定し，援助の交渉・実施によって，各国政権・公的機関内から容共社会主義勢力を排除し労資協調的労働組合を構築する等，きわめて大きな役割を果たした。復興援助は各国国民に歓迎され，反体制運動に対して大打撃を与えた。

　米国はマーシャル援助とともにドイツ占領政策を転換し（1947年7月），西側ドイツの経済を復興させ西欧の経済発展に貢献させることとし，西側ドイツに対してマーシャル援助資金を供与した。

　米国はマーシャル援助において，「欧州経済協力機構（Organization for European Economic Cooperation：OEEC)」を設立させ，協同的に経済復興と域内規制の撤廃を行い，IMF・GATT体制を早急に受け入れるよう要求した。

　　　　1948年3月，英国，フランスが発起国となり，4月16日アイスランド，アイルランド，イタリア，オーストリア，オランダ，ギリシャ，スイス，スエーデン，デンマーク，トルコ，ノルウエー，ベルギー，ポルトガル，ルクセンブルクの16ヵ国がOEEC条約に調印した。

　翌1949年4月には，米国，カナダが加わってOEEC諸国のうち10ヵ国との12ヵ国で，「集団的自衛権」の行使を可能にする強固な軍事的共同体制である「北大西洋条約機構 (North Atlantic Treaty Organization：NATO)」が設立された。翌年NATO軍が結成され，最高司令官には元連合国軍最高司令官アイゼンハワー米陸軍元帥が就任した（その直後アイゼンハワーは大統領選挙出馬のため退任）。

　NATO成立によって西欧参加各国は自国財政で自国防衛力を強化し，冷戦コストを負担していく。米国の復興援助における経済復興と共同軍事機構設立との同時実現であり，著者が強調する米国の大戦後世界戦略における軍事と経済との結合を表すものである。

　　　　NATO加盟国は米国，英国，フランス，カナダ，オランダ，ベルギー，ルクセンブルク，デンマーク，アイスランド，ポルトガル，ノルウエー，イタリア。1952年にギリシャ，トルコ，55年に西ドイツが加盟。

　米国がヨーロッパに進出しOEECを設立，ドイツ占領政策を転換したことに対してソ連は対決姿勢を一挙に強めた。とくに1948年6月20日，米英が西側ドイツを西側経済に結び付けるための「通貨改革」を行い東側ドイツと通貨面で遮断したことに対し，ソ連は怒りを爆発させ，6月24日「ベルリン封鎖」によって西側ベルリン地域への交通を遮断し西側ベルリン市民を孤立させた。米国は即刻200万人余の西ベルリン市民に食糧，燃料，あらゆる生活用品，薬品等を供給する大空輸作戦を始め，11ヵ月間継続し（英国が参加)，米国の強大な経済力と資本主義体制擁護の強い意志を世界に示した。

　ソ連はマーシャル復興援助に対抗して1947年共産党情報局（コミンフォル

ム：Communist Information Bureau），49年東欧諸国と6ヵ国で「経済相互援助会議（Council for Mutual Economic Assistance：COMECON）」を結成し（遅れて2ヵ国参加），また NATO 成立に対抗して55年に8ヵ国で「ワルシャワ相互援助条約」を締結し「ワルシャワ条約機構軍」を創設した。

　　　　ソ連，ブルガリア，ハンガリー，東ドイツ，ポーランド，ルーマニア，チェコスロバキア，アルバニア（1961年以降不参加）。なお東欧社会主義国と呼ばれるのは，ソ連以外の7ヵ国に，独自の社会主義路線をとってこれらに参加しなかったユーゴスラビアを含めた8ヵ国。

　こうして米国，ソ連は，それぞれの軍事的共同体制を構築して参加諸国に軍事力強化・国防支出負担を要求するとともに，米ソはそれぞれの参加諸国内に半永久的に自国の軍事基地を設置して核・先端兵器を配備した。戦争が終わった後に，多数の外国の領地内に半永久的に軍事基地を確保し自国兵器を張り巡らすということなど，これまでの世界の歴史に例を見ない。

　　「冷戦」という用語が世界的に拡がったが，明確な定義はない。
　　「トルーマン・ドクトリン」は「冷戦ドクトリン」と呼ばれており，「冷戦」が本格化したのが，「トルーマン・ドクトリン」・マーシャル援助の具体化によって対立が激化した1947～48年だという点では，一般の見解はほぼ一致している。
　　「冷戦」は「cold（冷たい）war（戦争）」というきわめて曖昧で不明確な用語であるが，当時，「戦争行為」は行われていないが，「戦争」を思わせるようなきわめて厳しい対立を表す用語として世界に拡がっていった。
　　その後「冷戦」は「資本主義」体制・思想と「社会主義」体制・思想との対立で，「社会主義」体制・思想に対する対抗であるという見解がしだいに普及していった。
　　しかし「冷戦」という用語が1947～48年以降における巨大軍事力を持った「米国側とソ連との対立の現実」から生まれ，その「現実」を指すものであることは否定できない。
　　大戦後の米国は原爆独占・巨大軍事力を保有する資本主義国であり，ソ連はスターリン独裁のもと軍事力でヨーロッパ支配圏の拡大を目指していたのである。両者の強大な軍事力に基づく対立であったからこそ，戦争行為はな

第1章　大戦終了直後，資本主義の再生をめぐる政治的・軍事的状況

いが「冷たい戦争」と呼ばれたのである。

　著者はその実態から見て「冷戦」を規定することは困難であり，必要なことは「米ソ対立」・「東西対立」の内実を解明することと考える。したがって，大戦後における米国側とソ連側の対立を一応「冷戦」と呼ぶが，「米ソ対立」・「東西対立」の内実の分析を目指すことにする。


## 東西分裂の定着による「冷戦」の沈静化

　「ベルリン封鎖」の攻防によってドイツの分裂は決定的となり，1949年5月「ドイツ連邦共和国」（西ドイツ）発足，同10月「ドイツ民主共和国」（東ドイツ）発足となる。

　同時にソ連傘下の東欧諸国は，内容に差はあるものの，ソ連支持の国内指導者によって自由な政治機構も欠いたまま，社会主義建設の生産力基盤もないもとで，"社会主義"国として"独立"し，ヨーロッパの東西分裂が確定した。

　ドイツの分裂とヨーロッパの東西分裂が定着することによって，かかる内容において，ヨーロッパで熾烈化した「冷戦」は一応沈静していった。

　西欧諸国は，マーシャル援助のもとで急速に経済復興を遂げたうえ，朝鮮戦争での米軍の巨額の買付けによってドル収入の拡大・経済成長を進め，1951年にはOEEC主要国の経済は戦前水準に回復し，50年以降，西ドイツを筆頭にいっせいに高度成長を始めていった。

　1949年8月にソ連が原爆実験に成功し（49年8月29日トルーマン米大統領公表，ソ連9月25日公表），米国の原爆・核の独占が崩壊したため，米国は急遽総力をあげて水爆の製造，核を運搬する各種ミサイル，原子力潜水艦等の開発に突入した。米ソの熾烈な「核兵器開発競争」が始まり，米ソ「冷戦」は「核をめぐる米ソ冷戦」となり，世界は「核の恐怖」に晒されることになった。

　熾烈な「核兵器開発競争」，「核の恐怖」のもとでの，「冷戦」の一応の沈静化であり，西欧の持続的な高度成長であった。

第Ⅰ部　米国の大戦後世界経済戦略と資本主義経済の再生

## 米系メジャーの中東原油支配と石油多消費の普及

　第2次大戦後における国際石油開発での一大変化は，米国のソーカルを中心とするアラムコ（Aramco，アラビア・アメリカ石油会社：Arabian-American Oil Co.）が世界最大の原油埋蔵国サウジアラビアの石油採掘権を掌握し，米国が中東石油支配において決定的な力を持ったこと，これに続いて中東石油資源が開発され中東が世界最大の石油資源供給源となったことである。

　大戦前から国際石油市場では，少数のメジャー（国際巨大石油資本）が石油の探鉱・開発から製品販売に至るまでを完全に支配しており，原油の販売決定権を持ち，国際的価格カルテルのもとで各産油国の原油の価格を決めて消費国へ供給していた。産油国は原油生産量についても，価格決定についても発言権をまったく持っていなかった。

　　　　　メジャーは「セブン・シスターズ」と呼ばれる米国のスタンダード・オイル・オブ・カリフォルニア（略称ソーカル，後にシェブロン），テキサコ，モービル，エクソン，ガルフの5社，英国のブリティシュ・ペトロリアム，英国・オランダ系のロイヤル・ダッチ・シェルの7社，およびフランス石油である。
　　　　　1933年，米国のソーカルの子会社がサウジアラビヤアの石油利権を獲得し，36年テキサコが資本参加しアラムコを設立するとともに，販売担当のカリフォルニア・テキサス・オイル（後にカルテックス）を設立した。アラムコは採掘に成功したが第2次大戦で中断した。

　大戦後モービル，エクソンが参加したアラムコ（4社）がサウジアラビアの石油採掘権を完全に掌握し，膨大な原油を採掘し1949年に全面操業していった。サウジアラビアは世界最大の産油国となる。これに次いで諸メジャーの中東原油進出・支配が急速に進む。

　米国では石油化学産業と自動車産業が大戦後に驚異的拡大を遂げ，プラスチック，合成繊維，合成ゴムやガソリンを中心に石油・石油化学製品が消費生活の隅々にまで浸透し，一挙に「石油多消費」が定着した。この国内多消費と軍事目的の石油備蓄政策により米国は1948年に石油の純輸入国に転じた。

　西欧では戦前から製造業でも個人消費でも石炭依存が強く，石炭化学が発

第1章　大戦終了直後，資本主義の再生をめぐる政治的・軍事的状況

展しており，大戦後には「欧州石炭鉄鋼共同体（ECSC）」が西欧経済復興の柱となっていたが，マーシャル援助による経済復興のもと，中東メジャーの販売戦略によって，1950年代中葉以降，石炭化学産業の石油化学産業への転換，製造業・消費生活における「石油多消費」・「石油への大転換」が一挙に進んだ。石油への一大転換，石油多消費は大戦後の大きな変化である。

## 植民地・従属地域での独立・民族解放の拡大

第2次世界大戦は，植民地独立・民族解放闘争を世界的規模で惹起していった。大戦において英国・フランスをはじめ西欧諸国が支配してきた膨大な植民地・従属地域にドイツ・日本・イタリアが侵攻し，枢軸国と連合国が現地住民を巻き込んで激しい戦闘を繰り広げた。長い間の植民地支配のうえに戦争で甚大な災害を被った現地住民は，侵攻国と旧宗主国との戦闘のもとで植民地独立・民族解放の闘いを強めていき，この闘争は大戦後，枢軸国の敗北と連合国側宗主国の弱体化のもとで，急速に激化し世界中に拡大していった。

きわめて長い間西欧諸国の植民地・従属国であった東南アジア，東アジアでは，日本軍が侵略して西欧宗主国（政府・軍）を撃破した後に敗北したので，日本の敗北とともに各地で独立が相次いだが，オランダ領東インドでは1945年8月17日「インドネシア共和国」の独立宣言に対し，旧宗主国オランダが激しい戦闘を続け（49年オランダが独立を承認），旧フランス領インドシナ（ベトナム，ラオス，カンボジア）では，45年9月2日「ベトナム民主共和国」樹立宣言に対し，旧宗主国フランスが戦闘を始め長期にわたって熾烈な第1次インドシナ戦争が続いた（54年フランス軍敗北，ジュネーブ協定，米国調印拒否）。

英国は大戦末から独立闘争すべてを抑える力は失っており，国際法上の独立を容認し，政治的・経済的支配力を残すことを選んでいく。1947年，インドとパキスタンを分離して独立を容認，次いでビルマ（48年，現ミャンマー），セイロン（48年，現スリランカ）等の独立を容認した。だが，インド，

パキスタン分離をめぐり47年に（第1次）印パ戦争が勃発し，長い間激しい戦闘・対立が続く。また英国委任統治の後に，パレスチナ，イスラエル（建国）をめぐって48年に第1次中東戦争が始まり，世界を揺るがす戦争・対立が現在まで続いている。

アフリカでも植民地・従属国における独立闘争が拡がり，1960年代にアフリカでの独立が相次ぎ，植民地体制は崩壊していく（独立後，一部では戦闘も残り，各国は深刻な経済問題を抱えていくが）。

植民地体制の崩壊は資本主義の歴史における画期的な一大変化であった。

### 米国の対アジア戦略とその破綻，中国革命，朝鮮戦争

米国は大戦中から日本敗北の後は，アジアの旧西欧宗主国に代わって，米国が中華民国を拠点として「単独で」政治的・経済的支配力を拡げていくという「アジア戦略」を立てており，このため米国は大戦中に中華民国に対して巨額の援助を行い連合国の主要国として遇し，大戦終了後も蒋介石の国民党に対して援助を続けていた。しかし大戦終了後の中国内戦で共産党勢力が強大化した。

1948年1月6日，ロイヤル米国陸軍長官は日本を"反共の防壁"とするという対日占領政策の変換を公表した（→132頁）。ドイツ占領政策の変換と同時期である。

1949年10月1日，「中華人民共和国」成立（中国革命勝利）によって，この米国のアジア戦略は完全に破綻した。翌50年6月25日朝鮮戦争が勃発した。北朝鮮軍が北緯38度の境界線を突破して韓国の南部まで侵攻したのに対して，「国連軍」（大半が米軍）の最高司令官となったマッカーサー元帥は38度線をはるかに越えて北進を続けて中国国境にまで迫り，中国への侵攻と原爆投下を唱えた。これに対して中国人民軍が反撃して，世界大戦の危険を孕む戦争となった。米国は51年4月，マッカーサーの解任によって休戦協定に持ち込んだが戦闘は続いた。

その後米国は中華人民共和国を侵略国として国際社会から完全に締め出し，

国連加盟をも阻止し続けた (1971 年, ニクソン米大統領の中国訪問公表まで)。米国は中国革命前に蔣介石と国民党残存部隊を護衛して台湾逃亡を助け, この勢力の統治する台湾を「中華民国」として承認し, 国連常任理事国の「中華民国」の地位をも継承させた。

　この結果, アジア諸国間の貿易・交流は米国・台湾と中国との敵対関係によって規制され, 分断された。アジアでは長期にわたって武力抗争が続くことになる。

　米国は新しい「アジア戦略」として, 日本を拠点とするアジアでの反共体制を構築していった。1951 年 9 月, 中国等を排除して日本と講和条約・日米安全保障条約を締結した。米国の要求により, 日本は講和条約の発効する翌 52 年 4 月 28 日, 中華民国＝台湾との平和条約に調印し, 中国に対しては戦争終結の法的手続きもとらず, 謝罪も賠償もいっさい行わないまま, 敵対関係を長期にわたってとり続けることになる。米国は日本の経済的発展を促し, 日本は 55 年以降, 驚異的な高度成長を続けた。

　米国は次いでフィリピン, オーストラリア, ニュージーランド, 大韓民国, 中華民国＝台湾と安全保障条約を締結し, アジアの反共安全保障網を構築していった。1954 年 9 月には米国は反共軍事同盟・「東南アジア条約機構 (Southeast Asia Treaty Organization : SEATO)」を設立したが, アジアの参加はタイ, パキスタン, フィリピンの 3 ヵ国で軍事的実力・結束力も乏しく, NATO とは比べものにならなかった。

　他方, ベトナムでは 1954 年 7 月, フランス軍の敗北 (ディエンビエンフー陥落) によって, フランス軍撤退と民族自決権を決めたジュネーブ協定が締結され, ようやく第 1 次インドシナ戦争が終わったが, 米国はこの調印を拒否し, ベトナムへの介入を深めていった。

# 第2章

# 米国の世界経済戦略の基盤
―― 原爆独占と巨大軍事力保有 ――

　大戦後の米国の世界経済戦略についてまず注目されるのは、米国が戦争の終わった直後に原爆の独占的保有の維持を公表し、この原爆独占と強大な軍事力保有を米国の世界戦略・世界経済戦略の基礎に据えたことである。米国による原爆・核の独占は、世界中の他国を圧倒する力を持っていた。
　米国はこれを軸として、世界的な軍事的共同体制、安全保障体制を構築していき、これによって軍事力の恒常的保有が世界にわたって拡がっていった。

### 大戦後の原子爆弾の独占

　米国は大戦末期に人類史上初めて核分裂による無差別大量殺戮兵器＝原子爆弾を開発し、1945年8月6日広島に、次いで9日長崎に投下した。米国は原子爆弾投下は日本を敗北に追い込むためだといっていたが、日本が降伏文書に調印したわずか数十日後の45年10月27日、トルーマン米大統領は海軍記念日式典で米国の世界に冠たる軍事力を誇り、原爆に何度も触れ、「この新しい破壊力をわれわれの手に保持することは神聖な信託義務(Trust)」であると米国が原爆を独占的に保有することを世界に宣言した。
　原爆が予想をはるかに超えた破壊力・殺傷力を持っていたため、原爆開発に関係した科学者や米国政府の一部からは原爆・核の保有・開発を禁止する意見や、国際的に管理する意見が生じていたが、トルーマンが原爆独占をいち早く宣言したことはかかる動きを封殺するものであった。

第 2 章　米国の世界経済戦略の基盤

　米国は日本の原爆被害の実態を世界にほとんど報道しなかった。日本占領軍は占領後ただちに報道・通信に対する厳しい制限・禁止の措置をとったが，とくに厳しく禁止したのは原爆と沖縄に関する情報である。日本国民は占領されていた6年8ヵ月の間，原爆被害の実態を知らされなかった。占領終了後の1952年8月6日『アサヒグラフ』が原爆被爆写真を初めて公開し，日本国民に大きな衝撃を与えた。
　国連の原子力委員会では1946年に原爆の国際管理について一応討議したが，米国大統領が原爆独占を宣言していたし，管理をめぐる米ソの主張の違いによって，実りなく終わった。
　米国は今日まで原爆投下について謝罪をまったくしていない。戦争終了の後，米国は原爆を投下した責任をいっさい問われなかった。原爆保有，核の開発・製造・利用が国際的に制限・禁止されることもなかった。
　　　　第1次大戦後では，大戦中の化学兵器による悲惨な結果を踏まえ，1925
　　　年に多数の国によって窒息性ガス，毒性ガスの戦争での使用を禁止する「ジ
　　　ュネーブ議定書」が締結された（28年発効）。

　元来，兵器は殺戮・破壊を目的として開発・製造されるので，人間に対する有害性を前もって調査・検討することはない。原爆においても，無差別大量殺戮・徹底的破壊を目的にして，人類史上例のない破壊力を持った核分裂反応を利用した兵器を開発したのである。強力な破壊力・殺傷力だけが問題であり，原爆が人間および自然界に及ぼす有害な作用も，それに対する対策の有無も検討されなかったし，放射性廃棄物の処理・最終処理の困難性・危険も検討されなかった。トルーマンはこれらをすべて不問に付したまま，大戦後にも核の開発・製造を進めたのである。
　著者は以前から「原爆を国際的に管理し，原爆の保有・製造を全面禁止できなかったことは，第2次世界大戦後における人類の一大痛恨事といわねばならない」と主張してきた（『現代日本経済論』1993年）。「国際連合憲章」は第2次大戦による世界の苛酷な現実を踏まえて世界平和の実現を謳った（→32頁）が，世界平和の実現のためにはなによりもまず無差別大量殺戮兵

器・原爆の保有・開発・利用を全面禁止することが不可欠だったのである。

### 核の開発・製造の体制

米国は大戦終了直後、核の開発・製造を永続させていく新しい体制を構築していった。トルーマン大統領は1946年8月1日、「原子力エネルギー法案（Atomic Energy Act）」に署名し、大統領直属の「原子力委員会（Atomic Energy Commission：AEC）」を創設し、47年1月1日、原子力エネルギー計画はAECへと移され、ただちに9月に新原子炉（原子力発電用）の1つが着工された。そしてマンハッタン計画でプルトニウム精製を行っていたハンフォード・サイト（Hanford Site）は、AECの管理下で、マンハッタン計画に参加していたゼネラル・エレクトリクス社（GE）が運営することになり、原子炉の建造を進めた。

こうして大戦終了後、マンハッタン計画から離れて、新しい永続的な体制のもとで、新たに核技術開発、原子炉の開発・建設が進められることになる。

### 統合的巨大軍事組織の構築

米国は大戦終了後ただちに大戦中の軍事組織について検討を重ね、1947年7月の「国家安全保障法（National Security Act）」によって、大戦中をはるかに上回る機能的で強力な巨大軍事機構を構築していった。

大戦中には陸軍・海軍・陸軍航空隊に分かれた軍事体制のもとで、内部対立、作戦上の不整合、兵器・防備の不統一や重複等が生じていた。

これに対して空軍を独立させ陸・海・空3軍とし、3軍と統合参謀本部を統合した「国防（総）省（Department of Defense）」（通称"ペンタゴン"）を創設し、同時に国家安全保障上の最重要課題を取り扱う大統領直属の最高機関として「国家安全保障会議（National Security Council：NSC）」を創設した（この会議のNSC記録は秘密だが一定期間の後に公表され、Foreign Relations of the United Statesに収録されている。貴重な資料で本書でも最重要資料として利用している）。さらにまたこれまで国務、陸・海軍各省が行ってきた情報収集・諜

報活動を統合して，大統領直属の巨大規模の「中央情報局（Central Intelligence Agency：CIA）」を創設し国家戦略の決定に必要な秘密情報の提供を任務とした。CIAは人員，予算，活動内容はすべて公表されない建前のため，秘密裡に不法な政治工作活動を行う機関となる。第2次大戦が終了した後において，大戦中を上回る機能的な巨大軍事機構が構築されたのであり，これが大戦後における米国の世界軍事戦略を策定し，遂行していくことになる。

米国は第2次世界大戦の終わった後，戦時体制を真に解体していたわけでは決してなかった。

米国の兵力・軍事力・国防支出は大戦の終了によって大幅に削減されるが，しかしそれらは大戦前をはるかに上回っており，しばらく後には持続的増大を始める。原爆・核の出現は一般軍事力・兵力を大幅に節約できるといわれていたが，1945年に1200万人強であった米国の兵力動員数は，戦争終了後の46年になお300万人残っており，48年には145万人となり，その後すぐ急増に転じる。米国の国防費は45年度812.8億ドルから48年度117.8億ドルへと大幅に減少するが，49年度以降上昇に転じる。米国軍隊の海外での駐留・作戦行動のための物資・サービスを購入する「対外軍事支出」も大幅に減少するが，大戦前よりははるかに大規模なままで，その後急速に拡大していく。

### ソ連の原爆開発，米ソの核開発競争の熾烈化

1949年8月29日，ソ連が原爆実験に成功した（トルーマン大統領9月23日公表，ソ連9月25日公表）が，これは米国の予想よりもはるかに早く，米国および世界の人々に衝撃を与えた。

米国政府・軍にとっての衝撃は原爆開発それ自体だけではなかった。当時は報道されなかったが，米国政府・軍が一大衝撃を受けたのは，ソ連が原爆開発のとき，弾道ミサイル開発を進めていたためであった。米国は超大型重爆撃機B-29（"超・空の要塞"→40頁）を大戦後にも原爆投下の運搬手段としていたが，ソ連が開発を進めていた弾道ミサイルは，爆撃機よりも速くかつ

確実に核爆弾を運搬・誘導する手段となりうるものであった。それゆえソ連が原爆の開発とともに弾道ミサイル開発を進めていたことは，米国の核戦略の大きな遅れを示すものであった。

　トルーマン大統領はソ連の原爆開発に対し，1950年1月31日，水素爆弾（核融合爆弾）の製造を指令すると同時に，国務省・国防総省に対して米国の外交・国防政策の全面的検討を命じた。これを受けて50年4月，米国安全保障会議は国防予算の大幅拡大，大規模な軍事力拡大の計画を決定した（NSC 68, 1950.4.7）。国防総省は急遽，大戦中から開発してきた各種レーダー技術，コンピュータ，マイクロエレクトロニクスの技術を総動員して，多種多様の弾道ミサイル・巡航ミサイルの開発・装備を進めるとともに，正確に核を運搬・誘導する核弾頭ミサイルの開発，世界最初の原子力潜水艦のノーチラス号の開発（52年完成，54年進水），原潜へのミサイル搭載等の開発を進めていく。

　米国は1952年11月に水爆実験に成功するが，ソ連は53年8月に水爆実験に成功した。ソ連の開発の遅れは原爆のときの遅れよりも大幅に短縮された。

　この後，米ソ両国はミサイル・核ミサイルの開発等，果てしない核兵器開発・核軍事力拡大競争に突入していく。同時に局地的に長距離侵攻作戦を行う核爆弾搭載の大型戦略爆撃機も改良された。核の小型化・軽量化と，核の大量生産・コストの急減とともに核運搬手段・核装備兵器の多様化も急速に進んでいった。

　米ソ「核の冷戦」となり，世界は「核の時代」に入り，世界中が「核の脅威」に晒されるようになる。

### 朝鮮戦争以降の米国の軍事関連支出の膨大化

　朝鮮戦争を境にして，米国の軍関連支出は一挙に規模を拡大していき，米国の財政，国際収支に対して大きな影響を与えていった。

　米国では国民の間に「冷戦」費用拡大のために国民の税負担が重いという

不満が高まっていたが，しかし朝鮮戦争の勃発はかかる国民の不満を一掃し，議会は朝鮮戦争勃発後ただちに軍事力拡大計画を承認した。

米国国防支出（国家安全保障費）は大戦終了後，1948年度に最低の118億ドル（連邦政府支出総額の35.6%）になったが，朝鮮戦争によって51年度に急増し，52年度440億ドル（67.2%），53年度504億ドル（67.8%）と急膨張し，朝鮮戦争の休戦協定締結後にもそのまま約400億ドル台（60%超）という高水準を維持するようになる。

また対外軍事関連の支出も激増した。米国の国際収支は朝鮮戦争勃発の1950年に一挙に35億ドルの赤字に転じ，52～55年には15～22億ドルの国際収支赤字が続くが，国際収支赤字の主原因は対外軍事関連支出であった。

第1は対外援助のための「政府の贈与・資本供与（借款）」（「資本収支」の項目）の拡大である（マーシャル援助を中心に1947年61億ドル，48年49億ドル，49年56億ドル，50年36億ドル，その後も20億ドル台を継続）。これは援助資金供与による被援助国の米国製品輸入，米国の輸出拡大を促す作用がある。

第2は米軍の海外での駐留や作戦行動のための物資・サービス購入＝「対外軍事支出」激増である。「対外軍事取引収支」赤字は戦後年間約5～8億ドル水準であったが，朝鮮戦争での大量派兵によって一挙に赤字は1951年13億ドル，52年21億ドルとなり，朝鮮戦争休戦後も高水準を維持している。これは国際収支統計では「財・サービス収支」の黒字を縮小させ，「財・サービス収支」黒字は大戦後最大の47年116億ドルから51年44億ドル，52年31億ドルへと一挙に激減する。

> ただし「対外軍事取引収支」は対外軍事活動による「対外支払い」と米国による兵器の対外売却による「受取り」との差額であり，米国はその後外国への兵器売却を急増してこの赤字を大幅縮小させるので，統計数字には注意が必要である。

## 核依存のニュー・ルック戦略による軍事支出削減

国防支出が激増し財政支出の3分の2をも占めるようになったのに対し，

1953年に発足した米国アイゼンハワー政権は，安いコストで効果のあがる核兵器に依存する軍事戦略を打ち出していった。軍事支出を節減しつつ同時にこれまで以上に強力で威嚇的な軍事力を構築するため，地上軍を削減し核兵器を優先させるものである。53年10月，国家安全保障会議は「効果的な力を持つ核兵器に依存し」，即時に大量報復できる強力な核戦力を保持するという「即時大量報復戦略（massive retaliation）」（ニュー・ルック戦略とも呼ばれる）を決定し（NSC. 162/2），54年，ダレス国務長官が「大量報復」政策として公表した。このことは，国防支出・対外軍事支出の額や対財政比率のみでは軍事力を論じられないことを示すものである。

### 核技術・軍事技術の多様化，宇宙開発

1957年8月，ソ連は大陸間弾道ミサイル（Intercontinental Ballistic Missile：ICBM）の実験に成功，同年10月，史上最初の人工衛星スプートニク1号打上げに成功して，米国に対して49年のソ連の原爆実験成功を上回るくらいの一大衝撃（スプートニク・ショック）を与えた。これまでは米国が原爆，水爆等を最初に開発してきたが，今回はソ連が米国よりも早くICBM，人工衛星を開発したのであり，これによる核攻撃力はそれまでの米国の核戦略を無効にするものだったからである。アイゼンハワー政権は軍事戦略を抜本的に見直し，新たに航空宇宙開発に総力をあげていく。

### 核「平和利用」の提唱，原子力発電の普及

1953年12月8日，アイゼンハワー米大統領が国連総会で「核エネルギーの平和利用（peaceful power from atomic energy）」を訴え，国連での「平和利用」の取組みを提唱したことは，核に対しきわめて重要な役割を果たした。この「平和利用」の提唱は，人間の生命・健康に対する有害性，原子炉が軍事用に転用される危険性，爆発事故の危険性，核廃棄物の最終処理等を棚上げにしたまま，「平和利用」を強調することによって，核への恐怖を除去し，核兵器をも含めて"核"一般を容認する風潮を拡げ，原子力発電を世界中に

激増させる役割を果たした。核廃絶運動の衰退を促す作用も伴った。

アイゼンハワーは1954年，新原子力エネルギー法案に署名，46年法を大幅に改訂し，原子力平和利用の分野での民間企業の参加を幅広く求めるようにした。「平和利用」の提言に続いて米国は原子力発電の技術・装置の輸出を激増させていき，その後他国も輸出に乗り出した。

史上最初の原子力発電は，1951年の米国の高速増殖炉EBR-1の発電実験の成功に始まり，ソ連は54年に原子力発電所の発電を開始，56年英国，57年米国が原子力発電所を完成した。

### 米国による軍事的共同体制・安全保障体制，ソ連の対抗

米国の大戦後の軍事的世界戦略目標は，米国の原爆独占・巨大軍事力保有の基礎上で，世界的規模で米国主導の軍事共同体制・安全保障体制を構築し，同盟国が自国財政で防衛力を強化し「冷戦」コストを負担するとともに，米国が同盟諸国内に米軍基地を設けて核・先端兵器を配備することであった。

米国は西欧復興援助において，「欧州経済協力機構（OEEC）」の設立とともに，米国とカナダとOEEC諸国内の10ヵ国の計12ヵ国で「北大西洋条約機構（NATO）」を結成した（参加国→51頁）。加盟国のいずれかが攻撃されれば全加盟国への攻撃と見なして共同して反撃するという「集団的自衛権」の行使を可能にする強固な軍事共同体制であって，翌年NATO軍が結成され，最高司令官に元ヨーロッパ連合国軍最高司令官アイゼンハワー米陸軍元帥が就任した。西欧諸国は経済復興により自国財政で防衛力を強化し，米国の「冷戦」コストの一部を負担していく。

朝鮮戦争勃発の後，米国はそれまでのさまざまな援助方式を解消して，対外援助を「相互安全保障法（Mutual Security Act：MSA）」に統合し，対外援助と安全保障・自衛力とを結合させることを法制化した。MSAはその目的の第1に「自由世界の安全保障ならびに個別的および集団的な防衛を強化」することをあげ，軍事援助を受ける国の資格に「自国の自衛力および自由世界の防衛力増進および維持のために」「一般的経済状態の許すかぎり全面的

寄与を行うこと」をあげている。それゆえ対外援助を受け入れ経済活性化を図る諸国は，自国防衛力強化と米軍基地供与を余儀なくされていった。

朝鮮戦争勃発以降，米国は1951年に日本との講和条約と日米安保条約を締結したうえで，日本を反共の拠点とするアジアの反共安全保障・相互防衛体制を構築していった。

戦争が終わったにもかかわらず，米国は世界的に共同的軍事体制・安全保障体制を構築し，多くの関係諸国に半永久的に自国の軍事基地・軍事装備を張り巡らしていったが，このようなことはこれまでの世界の歴史では例を見ないことである。

以上に対し，ソ連は1955年「ワルシャワ相互援助条約」を締結し「ワルシャワ条約機構軍」を創設した（参加国→52頁）。ソ連も同盟諸国に対して軍事力を強化させるとともに，同盟主要諸国内に永続的に広い軍事基地を設け，先端兵器を装備していった。

「冷戦」と呼ばれる米国側とソ連側との対抗の基礎は，まさに米ソの強大な軍事力保有と米国側・ソ連側双方の国際的な軍事同盟体制であった。それゆえにこそ，両方の対立は戦争行為を行ってはいないが，戦争を思わせる危険な「冷たい戦争」と呼ばれたのである。

# 第3章

# ドル＝基軸通貨，IMF・GATT 体制の意義，特質，内在的矛盾

　序章第3節で見たように，大戦の勝利を前にした1944年7月の「連合国通貨金融会議（ブレトン・ウッズ会議）」において，米国案に即した「国際通貨基金協定（IMF協定）」が署名され，通商の規制廃止（後のGATT原則）も曖昧な形ではあるが合意された。しかしこれによって大戦終了後順調にIMF・GATTが成立し機能していったわけでは決してない。西欧資本主義諸国は経済の危機的状況のもとで，厳しい為替管理・貿易管理を続けており，IMF・GATTが容易に成立・機能することは期待できなかった。

　ソ連はブレトン・ウッズ会議に参加して署名していたが，大戦終了直後に批准をしないで東欧諸国を傘下にして別の経済圏を構築していった。

　米国は大戦後の世界経済戦略を支える国際的システムとして，ドルを基軸通貨とするIMF・GATTを構築していき，資本主義経済の安定・拡大を図るとともに，自由で安定した広大な西欧市場に対する米国の対外膨張によって自国の長期繁栄を実現していくことを目指していた。

　本章の主要課題は，米国が目指したドルを基軸通貨とするIMF体制の特質と内在的な矛盾，矛盾の発現によるIMFの動揺を，理論的に明らかにすることであり，この解明を通じて米国の世界経済戦略の特徴とその行詰りを明らかにすることである。

第Ⅰ部　米国の大戦後世界経済戦略と資本主義経済の再生

## 第1節　ドル＝基軸通貨，IMF体制の成立

ブレトン・ウッズ協定

　大戦開始直後から始まった米英首脳協議では，金本位制崩壊後にブロック間対立激化から戦争に至った誤りを再び繰り返さないために，国際的協調によって安定した国際金融制度を構築し，対外取引規制の撤廃による為替安定・貿易拡大・経済拡大を図ることは合意していたが，新しい制度について米国のホワイト案と英国のケインズ案が対立していた。

　英国が1943年公表した「国際清算同盟案（Proposals for an International Clearing Union）」（通称ケインズ案）は，金とは関係のない新しいバンコール（bancor）という「国際決済通貨」を作り，これによって国際決済を行う案である。加盟各国はバンコールに対して平価を決定する。バンコールの割当額を加盟各国の経済規模に応じて決め，この国際通貨供給を国際的に管理して国際収支不均衡が累増しないようにするという案である。大戦によって英国をはじめ西欧諸国が大半の金を失い，多大な債務を負っていたもとで，ドルの支配を避け，金との関係のない新しい国際決済制度を目指したのである。

　これに対して金を圧倒的に保有し超絶的な経済力を持つ米国は同年，金とドルを結び付けることによってドルを基軸通貨とし，国際通貨を安定させる「国際安定基金案（Preliminary Draft Outline of a Proposals for an International Fund of the United and Associated Nations）」（通称ホワイト案）を公表した。

　大戦の勝利を前に，1944年7月1日から米国のニュー・ハンプシャー州のブレトン・ウッズで「連合国通貨金融会議」が開催され，連合国44ヵ国が参加して22日間にわたる会議を行い，米国が米国案で押し切り，米国案に即した「国際通貨基金協定（Agreement of the International Monetary Fund：IMF）」と「国際復興開発銀行協定（Agreement of the International Bank for

第3章　ドル＝基軸通貨，IMF・GATT体制の意義，特質，内在的矛盾

Reconstruction and Development：IBRD）」を含む「最終議定書」が7月22日に署名された。「ブレトン・ウッズ協定（Bretton Woods Agreements）」である。

　一般に IMF 体制，ブレトン・ウッズ体制というばあい IBRD が含まれている。IBRD は1946年6月に業務を開始し，西欧諸国の経済復興を中心にして巨額の長期資金の融資を行い「世界銀行」とも呼ばれており，西欧の復興・IMF の成立に寄与したが，西欧復興の終了後は"低開発国"支援へと性格を変えていく。本章の主題は IMF 機構の解明であるので，IMF 体制自体に限定する。

### 米国の IMF 体制確立の努力

　大戦が終了した直後，米国が西欧の経済危機の救済と IMF 成立のためにまず行ったのは，大戦中の莫大な借款の事実上の棒引きであった。米国は戦争終了直後，1945年12月6日の「米英金融協定」によって，英国ケインズ案に含まれていた戦後経済復興のための対外決済保証の問題への対応という形で，大戦中の対英借款・武器貸与援助を事実上棒引きし，さらに37億5000万ドルの対英特別借款を供与することとし，それと引替えに IMF の批准とポンドの交換性回復を要求した。フランスに対しては「仏米金融協定」によって戦争中の巨額の貸与の多くを事実上棒引きにした。IMF の批准と成立への協力を求める米国の懸命の努力であった。

　IMF 協定は1945年12月発効し，46年批准した29ヵ国で発足し，47年3月に業務を開始したが，西欧資本主義諸国は危機的経済状況のもとで厳しい為替管理と貿易管理を続けており，IMF が本来の機能を果たすという展望はまったくなかった。ソ連との対立も深まりつつあった。

　米国の緊急課題は，米国の援助によって西欧資本主義経済の復興・資本主義体制の安定化を実現させ，ドルを基軸通貨とする IMF を本格的に機能させることであった。米国は1947年，大規模な西欧復興援助に乗り出し，莫大なドル資金援助の条件として西欧諸国に「欧州経済協力機構・OEEC」を設置させ，OEEC 諸国が迅速かつ協同的に経済復興を進め域内の金融・貿

易上の規制を撤廃し IMF の「一般的義務」を果たすよう強く要求していった。だが IMF が機能するには長い年月がかかった。英国は 1947 年 7 月 15 日，対外経常取引について英ポンドの交換性回復を行ったが，ただちに大量のポンド売り・ドル買いに見舞われ，わずか 1 ヵ月余りで再度交換性を停止し「外国為替管理法」を制定した。英国経済力の脆弱性の現れである。英国は 49 年 9 月，ポンドを 1 ポンド = 4.03 ドルから 1 ポンド = 2.80 ドルへと 30.5% も大幅に切り下げた。ただちに独マルク，仏フランはじめ 23 ヵ国が通貨の平価を切り下げ（多くは大幅切下げ），遅れて 7 ヵ国が追随した。

　OEEC 諸国は米国の要求に従って経済復興とともに域内取引の拡大と域内の金融・貿易面での規制の緩和・撤廃を進めるが，経済力の脆弱性を理由として平価を大幅に切り下げ，IMF が取引規制を許した「過度期」の「14 条国」であり続けたため，米国の期待に反し「過度期」が非常に長い間続いた。

　1958 年 12 月，ようやく英国，西ドイツ，フランス等の OEEC14 ヵ国が自国通貨の対ドル交換性を回復し，61 年に正式に IMF の「一般的義務」を果たす「8 条国」に移行した。「経常取引」における諸制限を撤廃し資本取引の制限も緩和した。米国の熱望していた交換性回復の実現である。だがこのとき，後に見るように米国の「金」への信認が揺らぐ事態が現れるのであるが。

## 第 2 節　IMF の基本的特徴

基本的特徴——金とドルの関連，固定相場制，「理論的無理」

　IMF の基本的な枠組みは，①米国ドルが平価を金で表示し（純金 1 オンス = 35 ドル），他の通貨当局に対してこの平価で金との交換を行うことと，②米国以外の加盟国は自国通貨の平価をドルで表示し（たとえば 1 ドル = 360 円），

## 第3章　ドル＝基軸通貨, IMF・GATT 体制の意義, 特質, 内在的矛盾

自国通貨の現実の為替レートを平価の上下 1% の狭い範囲内にとどめる義務を負うという厳しい「固定相場制」をとったこと, である。

IMF 協定第 4 条では「各加盟国の通貨の平価 (par value) は, 共通尺度 (common denominator) たる金により, または 1944 年 7 月 1 日現在の量目および純分を有する合衆国ドルにより表示する」とある。実際には米国のドルだけが平価を直接「金」によって表示した。

この IMF は基本的に, 国際通貨が「金」に依拠しているという建て前をとっているシステムである。IMF 協定では,「金」が「共通尺度」であり, 米国ドルが平価を「金」で表示することによってドルが「金」に代わって機能することになり, その他すべての加盟国通貨はこのドルで自国の平価を示すことによってドルに結び付き, 間接的に「金」との関連を持つことになる (たとえば金 1 オンス = 35 ドル = 12600 円)。

ドルが「金」に代わって機能し, 金 1 オンス = 35 ドルでの金ドル交換と, その他通貨の固定レートの厳守によって, 為替の安定を維持するというのである。

IMF ではドルを「国際通貨」ないし「基軸通貨」と明示してはいないが, ドルが「金」の機能を代行しているとされたので, ドルが「金」に代わって対外決済, 国際通貨準備, 介入通貨, 通貨間取引媒介を中心的に行うものとなり,「国際通貨」ないし「基軸通貨」としての特権を持つことになる。

だが米国通貨当局によるドルと金との交換は外国の通貨当局に対してのみ行われるのであって, 米国国内でドルは兌換不能の不換通貨にすぎない。ドルは真に金の裏付けを持っていたわけでは決してない。金の裏付けのない単なる不換通貨にすぎないドルが,「金を表し」「金に代わるもの」と見なされて, 基軸通貨となったことは, 根本的な「理論的無理」である。IMF はこの根本的な「理論的無理」の上に成り立っているのである。

IMF における「固定相場制」は非常に厳しいものである。IMF は, 米国以外の加盟国すべてに対し, 自国通貨の現実の為替相場を平価の上下 1% の範囲内に維持することを義務づけ, この平価の変更は「基礎的不均衡を是正

しようとするばあい」に限って，IMFが容認したばあいにのみ許される（協定第4条第5項）。きわめて厳しい固定相場制であって，米国以外の「一般加盟諸国」にとっては，固定レートの維持，国際収支の均衡化が至上命令となる。まず自国通貨の現実の為替相場が平価の上1％・下1％を離れると，ただちに為替市場でドル売り・ドル買い介入を行って平価を維持しなければならず，このため各国は外貨（ドル）準備を保有する必要があった。そしてドルが介入通貨として用いられることで，ドルは「国際通貨」性を強めた。またこのドル売買介入は一時的措置で限界があるので，一般加盟諸国はそれだけではなく常に国際収支均衡・固定相場維持を優先させ，そのための国内経済対策をとることを余儀なくされた。

一般に経済拡大が続くと原料・機械類の輸入増大と製品輸出の減少によって貿易収支が赤字となる傾向が強いが，各国政府は貿易収支均衡・固定レート維持を図るために，国内経済にはマイナスとなる金融引締め・金利引上げ政策や財政緊縮政策をとらねばならなかった。また財政膨張，通貨膨張・信用膨張による景気対策はインフレをもたらし貿易収支にマイナスであるので，各国政府は景気対策を加減する必要があった。大戦後に，景気上昇は「国際収支の壁」やインフレ抑制対策（内容的には「国際収支の壁」）によって反転させられるという見解，IMF体制は国際的均衡・固定相場維持のために国内経済政策を犠牲にするものだという不満があったのは，このためである。

さらに長期的には，各国の政府・経営陣は生産力向上・国際競争力強化によって国際収支均衡を維持する必要があったため，固定レート制は主要各国に対して生産力向上・国際競争力強化を競いあうよう促迫した。

これに反し，米国だけは国内的には不換通貨にすぎないドルによって対外決済を行うことができる基軸通貨国の特権を持っているので，米国と西欧等の加盟国とは「非対称的」であった。米国は国際収支を均衡化する義務を負っていないし，為替相場を調整する義務も負っていない。米国は平価維持のための為替「介入」も行わず，「介入」のための外貨（他国通貨）準備を保有することもなかった。為替相場の調整をもっぱら他の一般加盟国に押し付け

ているという関係であり，一般加盟国の固定レートを維持するための懸命の努力によって米国ドルの安定が図られているという関係である。

　米国だけは国際収支赤字のもとでも，赤字を持続し，赤字を顧慮しないで国内経済政策を実施することができた。事実，米国の国際収支は朝鮮戦争勃発によって赤字に転落し，その後2回の例外を除いて，巨額の国際収支赤字が続いている。もっとも基軸通貨国米国も国際収支赤字を完全に無視できるわけではない。米国の国際収支赤字拡大によって黒字国の通貨当局に米国の対外短期債務＝米国に金交換を要求できるドルが累増していくならば，金ドル交換の要求，米国からの金流出が生じ，やがて金ドル交換が困難になるからである。

### 経常取引の管理・規制の撤廃，資本取引の国家管理の容認

　IMFのいま1つの特徴は，IMFが掲げる対外取引の規制撤廃・自由化があくまでも「経常取引」における規制撤廃・自由化であり，「国際資本移動」については国家による規制・管理が容認されていたことである。

　IMFは安定した為替制度と対外取引規制の撤廃による貿易拡大・経済拡大を掲げるが，IMFが問題にしたのは「経常取引」の規制撤廃であり「経常取引」の拡大である。IMF「基金」の資金利用でも，「経常取引」における一時的不均衡の是正を図ることとなっている。

　IMF協定では第1条「目的」で「加盟諸国の経常取引に関する多角的支払制度の樹立と世界貿易の拡大を妨げる外国為替制度の除去」を掲げており，「加盟国の一般的義務」を定めた第8条第2項では，「経常的国際取引のための支払および資金移動に制限を課してはならない」という。

　そして「加盟国は，国際資本移動の規制に必要な管理を実施することができる」（第6条第3項）と明記されていた。

　実際，大戦終了後には「国際資本移動」は国家によって管理されており，国際資本取引が対外取引総額に占める比重は非常に低く，対外取引の大部分が経常取引であった。このためにIMFにおける国際収支均衡化・為替安定

化が容易となった。

　それゆえ IMF では基本的に，財貨取引から離れた，為替変動差益を狙う為替投機は抑えられている。為替投機は，ある参加国が自国の為替変更を余儀なくされたばあい，為替変更が正式に決定するまでの間に限定されている。

　IMF が「経常収支」についての規制撤廃，国際均衡化を原則として掲げたことは，序の最後に注意したように，大戦後では米国が取り組んだ自国経済に対する政策でも，また西欧諸国や日本の復興対策でも，すべては実体経済の復興であり実体経済の拡大であったことと対応している。なお IMF 協定がこの原則を掲げた背景には，金本位制崩壊後の 1930 年代，短期資本取引が国際的な為替・貿易を混乱させた経験への反省があったと思われる。

　IMF 協定が「国際資本移動」の国家管理を容認していたことは，1970 年代の IMF 体制崩壊後これが撤廃されたことと関連して，とくに注意しておきたい。

### 戦後「過度期」の容認

　IMF 協定は「第 14 条」で，「戦後の過渡期」には，「経常的国際取引のための支払いおよび資金移動に対する制限を存続」することを容認していた（第 2 項「為替制限」）。一般に制限の「容認」される国を「14 条国」と呼ぶ。ただしこれはあくまでも「戦後の過度期」に限られており，早急に制限を止めて IMF の「一般的義務」を果たす（第 8 条）よう求められていた。制限を行わない国を「8 条国」，そのようになることを「8 条国移行」と呼ぶ。

　OEEC 諸国は米国の期待に反し，長期にわたって「14 条国」であり続けたため，IMF の戦後「過度期」が長い間続いた。

### IMF 基金による流動性供給

　IMF では，加盟諸国が「基金」に対し出資割当高に応じて金と自国通貨で払い込み，加盟国は外貨不足に陥った際には「基金」から借り入れることになっている。ただしこの「基金」からの資金借入れは短期的なものに限定

され，「巨額なまたは持続的な資本の流出」のための「基金の資金」の利用は禁じられた（協定第6条）。すでに強調したようにIMFの基本は「経常取引」における規制撤廃であり，「経常取引」での一時的な不均衡は「基金」の資金を用いて調整されることになっていたのである。「長期的資金」はIBRDによって融資される。

しかし実際には，大戦後深刻な外貨・ドル不足に陥っていた西欧やその他に対して資金を供給した中心は，IMF「基金」ではなく，米国のマーシャル援助をはじめとする対外援助，対外軍事支出，民間資本投資等によるドルの供給であった。

## 第3節　IMFに内在する矛盾

### IMF制度に内在する基本的な矛盾

IMFに内在する基本的な矛盾は，以上で見たIMFの根本的な「理論的無理」，IMFの特質に根ざすものである。

IMFは「金」に基づいた制度であるという建て前をとっており，ドルが平価を金で表示し，金と交換されることによって，金に代わって基軸通貨として機能することになっている。しかし米国政府はこのドルを外国の通貨当局に対してのみ金に交換するのであって，ドルは米国内での不換通貨にすぎない。ドルが真に「金」の裏付けを持っているわけでは決してない。

IMF協定では金で平価を表示する通貨が決定的に重要な地位を与えられているのだが，しかしIMF協定は，この通貨（ドル）の金平価がいかに決定されるのか，この平価の変動や平価の「変更」はいかに行われるかについて，まったく触れてはいない。

IMF協定では，「1944年7月1日現在の量目および純分」ということから金1オンス＝35ドルに決まったのだが，この比率は米国の金本位制離脱後

の34年1月31日の「金準備法」(Gold Reserve Act of 1934) で定められていた比率をそのまま採用したものである。34年以降，世界大戦があり，大戦直後の世界の物価水準の上昇もある。戦争中も大戦後も，米国の不換通貨・ドルの発行額は米国一国の政策によって左右されているのである。

理論的に見て，1ドルが金35分の1オンスであるという「理論的根拠」は無い。米国は外国通貨当局に対してしか金ドル交換を行わないのであるから，ドル平価が金1オンス＝35ドルに落ち着くという「理論的根拠」も無い。また1ドルが35分の1オンスの金を表しているという「実質」・「実体」も無い。後に自由金市場において金価格が高騰することによって初めて，金1オンス＝35ドルが「実質」・「実体」の無いことが明るみに出たのである。

IMFの基礎をなすドルと金の関係は，ドルが1オンス＝35ドルであるという「約束」，ドルをこの平価で他の通貨当局に対して交換するという「約束」によって支えられているにすぎない。

またIMF協定は，「金で表示した通貨（ドル）」の「平価の維持」，「平価の変更」についていっさい述べていない。IMF協定第4条第4項は「為替の安定に関する義務」を述べ，第5項は「平価の変更」について詳しく規定しているが，ここでの「平価」が「ドル」を含むかどうかの指摘はない。

IMFの固定相場制では，米国以外の一般加盟諸国の固定相場維持のための懸命の努力によって為替相場の調整が行われ，この努力によってドルの安定が図られることになるので，「ドル」の「金平価」の「変更」は度外視されたのであろうか。ともあれIMF協定は，ドルの金平価が揺らぐこと，金ドル交換の基準が揺らぐことはありえないかのように，いっさい言及しない。

実際には，金1オンス＝35ドルが揺れ動くもとでも，米国は1971年の金ドル交換停止まで金1オンス＝35ドルを維持し続けた。

　　　なおIMFは第1次大戦後における「国際金為替制度」と呼ばれる国際通貨制度と同じだという見解があるが，誤りである。第1次大戦後のそれは，英ポンド，米ドルは，当該中央銀行において，公的であれ民間であれ，請求に応じて一定の比率で金（金貨・地金）に兌換されていた。その他諸国はか

第3章　ドル＝基軸通貨，IMF・GATT体制の意義，特質，内在的矛盾

かるポンド・ドル為替（金為替）を準備として保有し，自国通貨をこの金為替とリンクしていたのである。金本位制の一種の金為替制度といえる。

しかしIMFでは，ドルは外国通貨当局に対してのみ金と交換され，それ以外には金交換はいっさい認められないので，米ドルは金為替ではない。

IMFでは，ドルが事実上，対外決済，国際通貨準備，介入通貨，通貨間取引媒介を中心的に行う通貨であるので一般に「基軸通貨」，「国際通貨」といわれるが，その内容は，1918年以降の英ポンド・米ドルのそれとは質が異なる。本書でも一応「基軸通貨」と呼ぶが，この点を充分注意されたい。

以上，IMFは基軸通貨国・米国が圧倒的な金保有と生産力・国際競争力を維持し続け，ドル「平価」での金ドル交換が可能であるということを前提にした制度であり，米国がこれらを維持し金ドル交換の「約束」を守っていくであろうという加盟国の「信頼」によって支えられた制度なのである。

そしてIMFが以上のような「理論的無理」，基本的矛盾を抱えていても，IMFの前提が充たされ，加盟国の「信頼」が保たれているかぎりは，「理論的無理」は表面化しないし，矛盾は表面化しないのである。

## IMF制度・「ドル＝基軸通貨」を可能にした現実

以上のように曖昧で大きな矛盾を孕むIMFが成立したのは，ブレトン・ウッズ会議当時，米国が強大な軍事力と莫大な金を保有し圧倒的な経済力・国際競争力を持っていたためであり，また大戦後その力をいっそう強大化していったためである。

米国は大戦中に軍需品輸出によって金保有を増大させたうえ，大戦終了後には西欧諸国が経済破局とドル欠乏のもとで米国からの輸入代金をやむなく金で支払ったため，米国の金保有はさらに増大した。1949年には，米国の金準備は史上最高の245億6300万ドルになり，米国は全世界（ソ連，東欧諸国，中国を除く）の金準備の70.2％もの金を保有していた。外国保有のドル残高総計は63億2000万ドル，うち外国通貨当局保有額＝米国の対外短期債務（米国に金交換を要求できる額）はわずか29億ドルにすぎなかった。

しかも大戦後米国は圧倒的な技術力・技術開発力を持ち，製造業の国際競

争力は隔絶的であり，低廉な農産物も豊富で，膨大な貿易収支黒字・経常収支黒字を続けていた。大戦で経済活動の基盤が破壊され金も外貨も欠乏し貿易も大収縮していた西欧諸国・世界の国々にとって，米国のドルは揺るぎないものであり，米国の金ドル交換は疑う余地もないように思われていた。

IMF協定がドルの平価変更（切下げ）や金ドル交換の困難等についてまったく触れていないのは，このことの反映であろう。

## 第4節　IMFに内在する矛盾の現れ

IMFの実際の動揺は第Ⅱ部で取り上げるので，本節ではIMFに内在する矛盾の内容をより明確にするために矛盾の主要な現れ方を理論的に明らかにする。

### 米国の国際収支赤字・西欧でのドル保有増大，金ドル交換増大

西欧諸国は米国の復興援助当初は援助資金の大半を米国製品の輸入に当てたが，OEEC域内取引の拡大による米国製品輸入の削減を進めたうえ，1950年末以降朝鮮戦争での米国（軍）の買付け急増によって輸出拡大・ドル収益拡大が加速したため，西欧諸国では50年代初めに貿易収支が黒字基調に転換，ドル欠乏は一転して，ドル保有増大が続いた。

他方米国では朝鮮戦争での米国の朝鮮派兵・作戦に伴い「対外軍事支出」が急増，「対外援助」のアジア向けが拡大したため，米国の国際収支は朝鮮戦争勃発によって大幅赤字に転じ，その後は2回を例外として連続巨額の赤字を続け，巨額のドルが年々純流出した。

厳しい固定相場制のもとでは，固定相場維持のために西欧諸国の通貨当局はドル買い介入を余儀なくされるが，ドル買い介入は自国通貨の供給を増大し，買い介入継続はインフレ懸念を助長するので好ましくない。また累増する保有ドルには減価のリスクがある。ドル保有の増大する西欧諸国は米国に

対してドルと金との交換要求を始める。金ドル交換要求は自国経済の安定化と対外準備資産防衛のための唯一の手段である。またIMFのもとでは，これは一般加盟国が米国の国際収支連続赤字を止めさせる唯一の手段でもある。

1958年，金ドル交換によって米国から金が一挙に22億7500万ドル流出し，その後も流出が続くが，これは米ドル減価の不安を助長し，いっそうの金交換要求を惹起していく。米国保有の金は57年をピークとして急速に減少を始めた。

IMFでは，米国がドルへの信頼を維持していくためには，米国の保有する金準備額が，外国保有のドル（米国の対外短期債務額），とくに通貨当局の保有ドル（米国に金ドル交換を要求できる額）に対し，充分であることが必要不可欠である（外国保有ドルは通貨当局保有分のほかに民間保有分を含む）。

米国から金が連続流出していくと同時に，外国通貨当局の保有ドルが累増していけば，米国の金準備額に対して外国通貨当局の保有ドルの比率が急上昇していき，金ドル交換の不安が生じることになる。1960年，外国保有ドル総額（民間保有を含む）は米国の金準備を上回り，65年には外国通貨当局保有ドル（米国に金ドル交換を要求できる額）がそれを上回るようになる。

ついにアイゼンハワー大統領は1960年11月，最初のドル防衛策を出すとともに，61年に加盟主要国と「金プール制」を創設する。

### ロンドン自由金市場の再開と金価格上昇

英国は1954年3月，西欧の中では最初に自国の為替管理の大幅緩和を実施するとともに，大戦中〜大戦後に閉鎖されてきたロンドンの自由金市場を再開することを公表した。これによって各国の民間がポンド，ドルで自由に金を売買することが可能になり，南アフリカ等で採掘・製錬された新しい金はロンドン市場で自由な価格で販売されるようになった。

ロンドン（the City）は旧くから伝統的な国際金融センターとして各種の制度・技術・技術者・経験を備えていたので，英国は西欧諸国の対ドル交換性の回復を見据えて，その前にロンドン自由金市場を開いてポンドを金に結

び付け，ロンドンでの伝統的金融取引を活性化し，ポンドの役割を強める意図を持っていたと推察される。

　　　　IMF協定は金の取引について，加盟国が金を「平価に所定のマージン」を加減した価格以上・以下で売買してはならないこと（第4条第2項），および加盟国の金売却はIMFに対して行うべきこと（第5条第6項）を厳しく規定している。しかし世界の鉱山での金の採掘・製錬については，「加盟国がその鉱山から新たに生産された金をいかなる市場で売ること」を妨げないというだけで，何の規定もない。つまりIMF協定は加盟国間の金の売買は厳しく規制しているが，世界の鉱山からの金の採掘・製造までは管理できなかったのである。

　　　　IMF発足以降，産金国から工業用金がスイスやパリの市場に供給され自由価格で取引されていた。アフリカ産金国において金1オンス＝35ドルでは採算割れのため金産出が滞り，金価格が公的価格を上回ることもあったが，自由金市場は非常に小規模であった。

　ロンドン自由金市場の開始は，IMF制度・米国にとってきわめて重要な意味を持つものであった。理論的に見て，自由金市場の開始のその時から，自由金市場において金1オンス＝35ドルが維持されることが，ドルを基軸通貨とするIMF・米国にとって不可欠な条件となったからである。

　もっとも自由金市場が出現しても，米国が外国通貨当局のドル保有に比べ充分な金を保有し続け，1オンス＝35ドル（公的金価格）での金ドル交換に応じていく状況が続いているならば，自由金市場の金価格は公的金価格の近くで安定する。しかし米国の国際収支赤字の持続的拡大，西欧でのドル保有の累増が進むと，金が最も安全だという金選好が強まり自由金市場での金購入が増大し金価格が公的金価格を上回っていく。

　西欧諸国が米国に対して金ドル交換を要求し米国からの金流出が生じると，金選好は一挙に強まり，金価格上昇の期待からの金購入，さらには金価格高騰差益を獲得しようとする投機的購入が現れ，金価格上昇と投機的購入拡大の相互促進が生じる。

　金価格高騰は西欧通貨当局による金ドル交換の要求，米国からの金の流出

を加速していき，米国に大きな打撃を与えた。1960年11月アイゼンハワーが最初のドル防衛策に踏み切った直接の引き金は，60年10月にロンドン金自由市場で金価格が1オンス＝40.60ドルへと高騰したことという。

なお金ドル交換の拡大，ロンドン自由金市場での金取引拡大・金価格高騰が進むもとでは，金1オンス＝35ドルは米国にとっては不利益となった。大戦後にはドル平価の過大評価は巨額の対外援助，対外軍事支出を行ううえに有利であったが，いまでは35ドルで金1オンスを渡すことは米国にとっては不利であったし，金1オンス＝35ドルは自由金市場での金取引拡大・金価格高騰を加速し，金1オンス＝35ドルでの交換はますます米国にとって不利益となった。米国はドルがかかる事態に追い込まれることは予想もしないで，ドル平価の維持を原則としていたのであろう。

ロンドン自由金市場での金価格の高騰は，ドル平価は金1オンス＝35ドルであるということが理論的根拠もなければ，「実質」・「実体」も持っていないことを世界中に明らかにしていった。

IMF協定でドルが「金」に代わって機能するという「理論的無理」を行い，金平価の金1オンス＝35ドルを理論的根拠もはっきりしないまま決定し，維持してきたことが，このような事態を惹起し，結局は金1オンス＝35ドルへの信認を崩し，金ドル交換を動揺させていったのである。

### ユーロダラー市場拡大とIMFの動揺

1950年代後半にヨーロッパで形成され膨大化した「ユーロカレンシー（Eurocurrency）」，「ユーロダラー（Eurodollar）」は，以上と結合してIMFの抱える矛盾を表面化し，IMFの動揺を加速していった。

ユーロ資金はその通貨が発行された本国以外に預託された資金であり，その特徴は本国での金融政策や金融市場の制約に縛られないで自由に銀行間で取引されることである。これはヨーロッパ市場で始まったので「ユーロカレンシー（市場）」と呼ばれるが，それはドルから発生しユーロ資金の大部分はドルであるので，「ユーロカレンシー（市場）」を「ユーロダラー（市場）」

と呼ぶことが多い。

　ユーロダラーは米国以外の銀行に預託されたドル預金である。ユーロダラー市場は一般にソ連が冷戦激化のもとで在米資産の凍結を恐れて米国にあったドル預金を引き揚げてヨーロッパの銀行に預金し，この受入れ銀行がドル資金を他の銀行に再預託したことから発生したといわれている。

　ユーロ資金が拡大したのは，本国の金融政策，取引慣行，税制による預金準備率コスト，預金保険コスト，利子への源泉徴収等を免れているので，自由で低コストで取引が可能なためである。

　英国のロンドン市場がユーロ取引でも中心となった。交換性回復，資本取引規制緩和によって民間がドル・その他通貨を自由に取り扱うことができるようになったので，ユーロ取引が急膨張した。とくに1950年代後半以降，米国巨大企業が，復興し規制緩和が進んだ西欧諸国に対して直接投資に乗り出すとともに，米国銀行の多くがロンドンのユーロダラー市場に進出し，ドルの供給側にも，ドルの調達・運用側にも取引需要が急速に拡大していった。こうしたもとで各国間の金利差，各国通貨の間での直物・先物の為替相場の差を利用して収益を求める動きが増大していった。

　ユーロダラーの膨大化は，ロンドン自由金市場で金価格上昇が生じたとき巨額の投機的金購入を可能にし，金価格上昇と投機的購入との相互促進を生み出し，西欧通貨当局による米国への金ドル交換の要求，米国からの金の持続的流出を加速化していった。またある国の通貨の切下げが予測されると，公的切下げの前に当該通貨の投機的売却を行い切下げ幅の拡大を促すことにもなる。

　ユーロダラーの膨大化は，自由金市場での金価格上昇と結合して，金ドル交換要求，米国からの金流出を促し，これらは相互に関連し，相互に促進しつつ，IMFの根幹をなすドルの信認を揺るがし，金ドル交換の基礎を崩していくことになった。

　　　　　なお，ここでのユーロ（カレンシー）は，2002年3月，EU諸国の「共同通貨」となった「ユーロ」とはまったく異なることを注意されたい。

以上は IMF に内在する基本的矛盾の主要な現れ方である。これらがいかに展開し IMF の動揺をいかに加速したかは第Ⅱ部で明らかにする。

## 第5節　米国によるGATT成立

　1944年7月の「連合国通貨金融会議（ブレトン・ウッズ会議）」は，IMF 協定を決定するとともに，通商規制撤廃について曖昧な形ではあるが一応の合意をしていた。だが IMF 制度が IMF 協定に即して発足したのに反し，通商規制撤廃の制度は紆余曲折した。

　米国は当初国連に「国際貿易機構（International Trade Organization：ITO）を設け，自由通商体制の実施を担わせる方針であった。だが国際会議では，帝国内特恵制の維持を主張する英国の反対や国際競争力優位の米国に対する"低開発諸国"の反対が強く，ITO は流産してしまい，ITO 成立までに暫定的に設けられていた「関税・貿易に関する一般協定（General Agreement on Tariffs and Trade：GATT）」が 1947 年に「暫定協定」として調印され，翌年1月に発効し，この「暫定的」な協定が長期継続されていくことになる。GATT は多国間の条約であって，規約遵守や制裁等を行う国際機関ではない。

### GATT の原則

　GATT の基本原則は，「世界の資源の完全な利用」「貨物の生産および交換の拡大」を実現すること，経済の縮小を防ぐため輸出入の規制・制限を撤廃し，関税を引き下げ，貿易上の差別の撤廃，無差別な貿易を行うことである。「自由」「無差別」「多角」の原則といわれている。

　GATT 第1条は関税について加盟国の多角交渉による関税引下げを行い，それをすべての国に無差別，一律に適用する「一般的最恵国待遇」の原則を定めている。GATT 第11条は，農水産物を除き，輸出入について関税以外

のすべての規制・制限を撤廃することとしている。

GATT では，第 12 条の措置で国際収支上の理由による輸入制限を容認したが，制限を行わない「11 条国」へ移行するよう求められていた。この措置は IMF と連携しており，IMF 14 条国は GATT 12 条による輸入制限が認められており，IMF 理事会が IMF 8 条国への移行勧告を行う国は，GATT 12 条から 11 条国へ移行することになっていた。

### 米国の意図──先進諸国間の自由な貿易拡大

米国が提唱した GATT の貿易制限撤廃，貿易自由化の原則は，大戦後ほとんどすべての工業製品，主要農産物において圧倒的な国際競争力を持っていた米国の強者の論理であり，GATT はかかる強者の論理に立脚したものである。

米国が大戦後この GATT を適用させようとしたのは，西欧資本主義（本国）諸国と周辺西欧諸国である。米国は大戦後において自国が優位を保ちつつ，IMF の基礎上で，米国と西欧諸国との間で広大な自由貿易地域を構築していき，大戦後の自国米国の貿易と資本主義圏の貿易とを飛躍的に拡大することを目指したのである。

大戦終了後，西欧資本主義諸国は破壊された経済のもとで厳しい為替の管理・規制と貿易制限を行っており，貿易は極度に収縮していた。しかもソ連・東欧"社会主義"圏の拡大および植民地・従属地域の独立運動によって，資本主義圏の貿易は大打撃を被っていた。米国はヨーロッパ復興援助によって OEEC を作らせ，OEEC 加盟諸国が急速な経済復興を通じて域内での貿易規制・金融規制を緩和しつつ貿易拡大を進め，IMF 原則と GATT 自由貿易原則を受け入れるよう迫ったのである。

大戦後における資本主義の貿易についてとくに注目されるのは，きわめて急速に貿易が拡大していったことと，その貿易急増の中軸が，戦前とは大きく異なって，資本主義国相互間の貿易の拡大であったことである。

米国はヨーロッパ復興援助資金供与を通じて，援助資金による西欧からの

輸入需要拡大によって巨額の輸出拡大を続け，膨大な貿易収支黒字を続けた。西欧資本主義諸国は IMF の厳しい固定相場制と，GATT 原則を受け入れるために，国家が総力をあげて製造業の国際競争力強化を進め，貿易拡大と経済復興・成長を実現していったのである。1948・49 年には先進諸国の貿易は早くも戦前水準に回復し，OEEC 諸国は 50 年にはほぼ貿易赤字を克服しつつあった。朝鮮戦争は米国（軍）の巨大需要によって OEEC 諸国の貿易収支を黒字基調に転換し，貿易黒字を拡大していった。

これに反し"低開発諸国"の貿易は深刻な状況であった。

> なお，大戦後には先進国に対し「低開発国」という用語が用いられていたが，1960 年代初め，当該諸国の批判・反対により，「発展途上国」，「開発途上国」という用語が定着した。

### GATT の限界

GATT の限界の第 1 は，資本主義諸国と発展途上国との格差の拡大である。GATT 原則は「南」の諸国からの強い批判と不満によってその限界を露呈していった。大戦後，植民地・従属地域は相次いで独立していったが，長い間植民地・従属地域として特殊産品の生産を強要されていたため，自立的経済構造を構築できないまま，貿易停滞・経済停滞を余儀なくされていた。しかも大戦中，米国の開発した石油化学系を中心とする新素材・原料によって，繊維・ゴム等の輸出が激減していった。石油産油国を除くと，発展途上国は輸出の大幅な減少と深刻な経済低迷を続けていた。

1950 年代中葉以降，途上国と先進国との間の"南北問題"が深刻化した。50 年代，米国とソ連は「南」の開発援助の競争を展開したが，問題の改善にはならず，アジア・アフリカ諸国は GATT の自由貿易原則に対する不満を強めていった。アジア・アフリカを中心に 60 年代初め頃から発展途上国は国連で多数となったことを背景に，国連で南北格差の解消，経済的従属関係の解消を要求し，62 年には国連貿易開発会議（United Nations Conference on Trade and Development：UNCTAD）が発足した。64 年その第 1 回総会で

提出された有名な「プレビッシュ報告（Prebisch Report）」（『新しい貿易政策を求めて（Towards a New Trade Policy for Development）』）は，GATTの自由貿易原則が途上国と先進国とを同質のものと見なすことで，両者の間の構造的不均衡をかえって拡大すると告発した。その後これはとくに一次産品の価格をめぐって大きな問題となり，GATTの自由貿易原則は大きな後退を余儀なくされていく。

さらにGATTの限界は原則に抵触する問題の調整の困難性である。GATTでは，基本条項で除いていた農水産物，新しいサービス貿易をめぐり，また関税引下げをすべての国に無差別，一律に行う「最恵国待遇」原則の違反をめぐり，種々の問題が噴出していった。

OEECから1958年に欧州経済共同体（EEC）が成立したが，そこでは域内関税は撤廃するが，域外に対しては統一関税を課したうえ，一部に輸入課徴金を課したため，GATT原則に反する差別関税であるとして紛争が惹起された。また米国自身，製造業の国際競争力が減退し貿易収支黒字が大幅減少するもとで，貿易摩擦・相手側の非関税障壁に対する報復措置という形で，各種の保護主義的手段を拡げていき，GATTの原則を自ら破っていく。

結局，GATT原則はその限界から，さまざまな調整不能の紛争・対立によって破綻していき，後にWTO設立となる。

# 第4章

# 米国資本主義の変質と再生・発展

　すでに見たように，第2次世界大戦終了後において米国は原爆独占・強力な軍事力保有を，世界支配を目指す世界戦略・世界経済戦略の基礎に据えた。このことは大戦後の自国＝米国資本主義の再生・再構築と発展の内容を，その根底において規定し，米国資本主義にこれまでの資本主義では例のないさまざまな特質・歪みを刻み込んでいった。

　米国政府が大戦終了時に直面した最大課題は，膨大な軍需生産能力を持つ軍需産業を急遽民需に転換させ，資本主義の再生・発展を実現することであった。政府は大胆な「再転換 (reconversion)」政策によって，公的所有の巨大な工場・生産設備を超安値で払い下げ，国家の開発した技術を譲り渡し，巨大軍需企業が資本制企業として発展する基礎と原動力を与えた。この基礎上に，中枢の民需転換産業（企業）の躍進を軸にして米国資本主義の再生・発展が進んでいった。

　しかし原爆独占・強力な軍事力保有を掲げる結果，大戦後の米国資本主義は，巨額の国防支出・対外軍事支出・対外（軍事）援助の負担を抱え，民需「再転換」後も核・新鋭軍事技術開発と軍需生産を続け，かなりの領域において戦争中の政府・軍と民間との結合・癒着を引き継ぐことになる。

　米国の世界経済戦略のもとでの米国資本主義の再生・発展の特質と歪みを明確にするのが本章の課題である。

　以上との関連で本章第4節で，1946年2月「雇用法（Employment Act of 1946)」を取り上げ，その意義と役割，効果の限界を明らかにする。一般的

には「雇用法」に基づく国の成長・雇用政策が米国経済の大戦後の発展をもたらしたという見解が少なくないが，かかる政策が大戦後の米国経済の発展を生み出したわけでは決してないし，かかる政策のみに注目したのでは米国資本主義の再生・発展の特質は明確にならない。本章の分析はこのような見解への批判を兼ねている。

## 第1節　軍需生産の民需「再転換」政策とその意義

　米国政府はドイツ降伏が確実になるとただちに軍需生産の縮小に舵を切り，日本降伏・大戦終了後ただちに軍需生産を民需へ「再転換」させる政策を強力に実施していった。
　米国政府は大戦勝利後，労働力動員体制の解除，主要軍事用原料の統制の解除，個人消費の制限・禁止と個人用消費財の生産禁止の解除，建設・住宅の規制緩和等の措置をとり，平時経済の諸条件を整えていった。

> 　米国の「再転換（reconversion）」政策は厳密に規定されているわけではない。戦時軍事動員体制の解除という広い意味で，一連の戦時体制解除の措置を含めていることも一部にある。
> 　なお米国の「再転換」政策には，戦争で民需から軍需に転換させたものを民需へ再び転換させる「再転換」だけではなく，戦争中に政府・軍が新しく開発した軍需生産（アルミニウム合金，合成ゴム等）の民需への「転換」を含んでいる。本書もこれに従っている。

　本書では「再転換」政策を，軍需生産の民需への「再転換」の政策に限定して用いる。
　米国では参戦後，公的機関の「国防施設公社（DPC）」を設立し，基幹軍需生産部門について国家資金で巨大規模の工場・生産設備を建造して，軍需転換させた民間巨大企業にこれらを利用・運営させてきた（→35・36頁）が，大戦終了後の「再転換」政策は，これら工場・生産設備を，それを利用して

きた企業に対して超安値で払い下げ（一部は有利なリースの継続），戦時補償等の手厚い措置を講じて，民需「再転換」を実施した。米国政府は「再転換」政策によって，国家所有の巨大な工場・生産設備を民間巨大企業の所有物とする（一部はリース利用）とともに，戦争中に国家が莫大な資金，科学者・技術者・労働者等を総動員して開発した（軍事）技術・製造技術や（軍需用）新素材・新製品の技術をすべて，少数の巨大企業に移譲していったのである。

米国政府はかかる「再転換」政策によって，巨大軍需企業に対していわば戦争中の国家の遺産を贈って，巨大軍需企業が強力な資本制的企業として出発し発展していく基礎と原動力を与え，米国経済が軍事経済から資本主義経済として再生・発展していく基礎を創り出したのである。

移譲された中心は，基幹軍需生産部門での"超大量生産技術"，"新しい原燃料・素材"技術，"巨大装置産業技術"である。民需に転換した企業は，資本制的企業としてこれらの技術開発・製造技術を自分が独自に開発したものであるかのように利用し，戦後の"繰延べ需要"の爆発的出現と結合して，莫大な消費市場を開拓・拡張し，躍進していったのである。

### 民需「再転換」政策による独占力の継承

さらにまた民需「再転換」政策について注目されるのは，これが戦争中に軍需部門で独占力を格段と強めた巨大企業に対し，戦後その独占力を保持させる役割を果たしたことである。

戦争中の軍需転換は，基幹生産部門の巨大寡占企業を中心に，政府・軍の統括下の軍需生産へ転換させるものだったので，軍需部門では市場集中度の上昇と参入の阻止により独占的支配力は格段と強化され，巨大寡占企業は膨大な軍事需要と有利な安定的価格の維持によって，きわめて高い収益を獲得し，著しい発展を遂げた。戦時中に政府が開発した新しい原燃料・素材産業部門では，政府が少数の巨大企業に製造を委託したので，アルミニウムはほぼ完全独占であり，合成ゴム等でも独占的支配力は非常に強かった。

米国政府は「再転換」政策において，公的には一応，工場・生産設備の払

下げ措置によって戦争中に強化された独占力を弱めて民需生産での競争関係を促すといっていたが、しかし実際には、戦争中の公的機関・軍と民間企業との協力関係・癒着があったうえ、戦争終了の後も民需「転換」企業に軍需生産を続けさせる必要があるので、巨大企業の大半は優秀な大工場・生産設備の有利な払下げを受けるか有利なリースを続け、戦争中に強化された独占力を保持し続けた。とくに鉄鋼メーカーは戦争中に独占力を強めたうえ、U.S.スチール社を筆頭に国家所有の巨大規模の鉄鋼所の払下げが非常に有利であったため、強力な独占力が保持された。新しい軍需産業として急激な発展を遂げた合成ゴムでは工場払下げをめぐる対立で公的措置は非常に遅れたが、結局独占力がほぼ保持された形で決着した。

例外はアルミニウム産業で工場・設備の払下げ措置によって3社の寡占体制となったが、アルコア社の独占力はなお強い。

なおレーダー・電子産業分野では、戦争中に政府が緊急措置で民間企業の特許権を一時停止して公開させて生産拡大を急いだので、関連大企業が参入し市場集中度の低下、独占力の低下が生じ、これが戦後にも引き継がれた。

## 第2節　民需「再転換」と米国の資本主義的再生

民需「再転換」政策によって企業発展の基礎と原動力を与えられた民需転換産業・企業は、戦後の"繰延べ需要"と結合して、戦後米国の新しい巨大消費市場を創り出しつつ、米国経済の再生・繁栄を生み出す柱となった。

### 繰延べ需要と新消費財普及，"大量消費・大量浪費"

米国では大戦勝利の後、個人消費の「繰延べ需要 (pent-up-demand)」が一挙に爆発した。米国では参戦直後から長い間、乗用車はじめ多数消費財の生産が禁止・制限されていただけに、各種の分野にわたって「繰延べ需要」が一挙に出現していった。まず衣服、日用雑貨等の必需品から始まり、高価な

耐久消費財の電気・電子機器，家具，さらに高額の乗用車，住宅へと拡がっていった。

ここで注目されるのは，この「繰延べ需要」爆発と結合して，「再転換」政策で戦争中の"遺産"を受け取った巨大寡占企業が新しいさまざまな消費手段を国民に普及させ，これら新消費財の普及＝寡占企業の躍進と「繰延べ需要」とが相互促進的に拡大したことである。新しい消費財をめぐる激しい販路拡大競争，各種販売政策のもとで戦後米国を特徴づける"大量消費・大量浪費"が一挙に拡がっていった。大戦後にテレビを中心に広告・情報伝達手段が新たな躍進を遂げたことが，"大量消費・大量浪費"を促進するうえに大きな役割を果たした。

以下では，主要産業における「再転換」政策と民需転換の実態について注目される点だけを指摘する。

### 石油化学産業

石油化学産業は，「再転換」政策の役割・効果が最大限に発揮された分野であり，大戦中に国家が総力をあげて開発した本格的装置産業を，軍需企業から民需「転換」した民間巨大寡占企業が継承し，巨大な個人消費市場を新たに開拓・拡大していった。

合成ゴムは，米国政府が航空機・軍用車輌用タイヤのために開発・工業化した新製品であるが，政府の採用した合成ゴム製造技術が石油から製造したブタジエン，スチレンを原料とする本格的な石油化学技術であったので，この製造技術の研究・改良が，戦後の米国「石油化学産業」確立のための重要な基礎となる。合成ゴムは概して弾性，耐摩耗性，耐熱性，耐久性で優れており，タイヤの性能を高めることが明らかになったため，戦争終了後に米国では合成ゴムを混入するタイヤが軍需・民需ともに全般的に普及し，合成ゴムは米国の一大部門となる。世界的にも普及し1962年には合成ゴム生産は天然ゴムと並ぶようになる。

合成樹脂・プラスチック素材，合成繊維等は戦争中に軍事用用途を一挙に

拡げるとともに大規模大量生産方式を改良していったが，大戦後には各種の合成繊維は衣料のすべてに進出し，合成樹脂・プラスチック素材は軽量，超低コストで加工が非常に容易なため，多様な日用雑貨，家具，建築素材が家庭の隅々にまで拡がっていった。これらは旧天然素材の加工物に比べ，超大量生産方式で安価であり，長期保存を意図せず新型・改良型の開発によって買替え需要を喚起したので，消費者の大量消費と買替え・浪費を促進していった。

さらに注目される大戦後の一大変化は，各種製品の製造を統合した本格的な「石油化学産業」が確立されたことである。戦争中には合成ゴム，合成樹脂等がそれぞれの政府の緊急対策によって開発・製造されていたが，大戦後に民需転換した巨大企業各社は需要の大膨張を見越して，エチレン製造から合成樹脂，各種合成繊維，合成ゴム等の製造を連結し統合していく一大装置を新設し製造を始めた。その後，さらに石油精製から多数の中間財・最終加工製品を連結し統合していく石油化学コンビナートが構築されていく。

「石油化学産業」は戦後米国経済の繁栄を生み出す中核産業となっていく。

### 高オクタン価ガソリン

戦争中に政府は「緊急対策」で急遽航空機用の「100オクタン価ガソリン」の開発に取り組み，オクタン価を高める配合剤の開発・大増産とともに「接触分解（Catalytic Cracking）設備」の開発・工業化を進めたが，この接触分解方式は石油化学の原料となる廃ガスを大量に発生させた。戦争中に総力を傾けた100オクタン価ガソリンの配合財と接触分解設備の研究・開発・製造の経験が，戦後に航空機用・自動車用市場を急激に拡大させ，高オクタン価ガソリンの発展の重要な基盤となった。

### 航空機産業（機体組立産業）

戦争中には米国の民間旅客機製造はゼロとなり，航空機製造メーカーはすべて軍用機のみを製造していた。

第4章　米国資本主義の変質と再生・発展

　大戦終了後に注目されるのは，戦争中に軍用機の開発・組立製造を行った主力メーカー（ボーイング，ロッキード，グラマン，ダグラス各社）が，大戦後に軍用機の開発・製造を続けるとともに，民間機製造に乗り出し，民間機製造の主力メーカーとなっていくことである。したがってここでは戦争中に開発された軍用技術は大戦後新しく発足した民間機の開発・製造に直接に活用されている。航空機製造では大量生産方式は困難といわれてきたが，戦争中の米国政府・軍の緊急措置により，多くの産業の協力によって大量生産技術が開発され，これが民間機製造の基礎になっている。また米国が大戦中にとくに重視した重爆撃機では巨大爆弾の搭載，長距離運航，高速・高層運航が徹底的に追求され，ボーイング B-17（"空の要塞"），B-29（"超・空の要塞"）を開発・製造したが，大戦後に始まった旅客機製造では最初から，この重量物・大量人員の輸送，長距離輸送，高速・高層運航の技術に基づいて，大型民間機の開発が進められた。

　さらにまた戦争中のジェット・エンジン技術の研究・開発が大戦後米国の民間ジェット機の躍進を支えた。大戦後半に英国，米国，ドイツでジェット・エンジンを搭載したジェット機が相次いで開発・製造されたが，いずれも実戦に活用されずに戦争は終了した。戦後の民間ジェット旅客機の最初は1952年英国の中型機コメットであるが，これは36名乗りで事故が多発した。本格的なジェット時代は57年米国のボーイング707（乗客140～200名），ダグラス DC-8（乗客数ほぼ同じ）の誕生によって始まり，米国は超大型ジェット旅客機を世界に大量に輸出していった。

　米国航空機産業は軍用機，民間機ともに世界一の規模と実力を誇るものとして，大戦後米国経済の発展を支える中枢産業の1つになった。

### 乗用車産業の再出発，新鋭設備投資

　参戦後，個人用乗用車の製造が禁止され軍需生産に転換していたビッグ・スリーは，大戦終了を前に自動車，とくに乗用車生産の再開に驀進した。

　　　　　GM 元社長 A.P. スローン・ジュニアの『GM とともに』（*My Years with*

第Ⅰ部　米国の大戦後世界経済戦略と資本主義経済の再生

General Motors, 1963）によれば，大戦中の1943年2月にすでに戦争終了後の米国経済の拡張を見通してそれに備えて戦後の巨額に上る「拡張計画」を公表し，戦争終了後に乗用車，トラックの大量生産を再開する準備に取り掛かり，日本降伏後45日目に最初の自動車を生産し，その後計画に従って「戦前よりも能率的な工場」を建設したという。

　ビッグ・スリーは大戦後，新しい巨大工場設備の建設にかなりの期間をかけ，戦争中に開発された新技術を活用し，新しい大量生産方式の巨大設備投資によって新型モデルを発表していった。高性能化したエンジン，コールド・ストリップ・ミルによる薄板，合成ゴム混入のタイヤ，合成皮革のシート・内装，合成樹脂利用等を取り入れた新型モデルである。巨大規模の固定設備投資が相次ぎ，これは米国の戦後の固定設備投資拡大に大きく寄与する。

　乗用車の年間生産台数は1942年以後数百台の状態で，45年にもわずか6万9500台であったが，46年214万8600台，47年355万8100台，48年390万9200台へと急激に拡大し，49年には早くも511万9400台と戦前最高の29年の445万5100台を突破し，50年には666万5800台となる。

　大戦終了後，乗用車は戦前をはるかに上回る規模で国民すべての必需品となり，乗用車・自動車産業は大戦後の米国経済の繁栄を支える最大の産業となり，米国繁栄のシンボルとなった。

　戦争終了後，フォード社は自動車エンジンのシリンダ・ブロックの加工において画期的なトランスファー・マシン（transfer machine）を開発したが，これはまさに戦争中の航空機における大量生産技術発展が生み出した産物であった。トランスファー・マシンは各種の多数の単能工作機械を加工位置（ステーション）に配置し，被加工物体を動く工作台に乗せて加工位置に運び，各工作機械によって被加工物体を加工し，被加工物体を次の加工位置へと順次動かしていき，自動的で連続的な機械加工を行うものであり，この工程は完全に無人化された。トランスファー・マシンはただちに自動車産業，さらにはその他製造業に普及し，機械工業のオートメーション化の基礎となる。

　なお自動車メーカーは，大戦中に引き続いて大戦後も巨額の戦車・軍用車

輛，および軍事用を含むエンジンを製造し続けた。

　工作機械製造は，戦争中の航空機・軍用車輛製造において高性能化を要求され，汎用・専用機ともに高性能化を進めたが，戦後トランスファー・マシン開発の過程で格段と高性能化し，この基礎上にその後画期的なコンピュータ制御の NC 工作機が開発されていき，製造業に大改革をもたらすことになる。

### レーダー・電子産業

　参戦後，政府・軍は航空関連できわめて重要になったレーダー・電子技術のために電気・電子機器企業，各種の大学研究所，民間研究機関等を集めて，その開発・増産を進め，さらに航空機航路や砲撃弾道の探索・測量のための高性能レーダー，コンピュータ，エレクトロニクス（マイクロエレクトロニクス）の技術開発にも総力を傾けたが，多くは開発途中に戦争が終了した。

　戦争終了後，戦争中の研究の継続から画期的な技術開発が相次いだ。コンピュータは，戦争中に米国陸軍が航空機を迎撃するための弾道曲線の計算のためにペンシルベニア大学に委託して研究を進めたが，1946 年に 1 万 7468 本の真空管を使用した最初の巨大コンピュータ・ENIAC が作成された。1948 年に初めてプログラム内蔵式コンピュータが発明され，その後トランジスタ，集積回路 IC（integrated circuit）の導入によってコンピュータは画期的な革新を遂げていく。

　1947 年には，戦争中の研究から数年かかってベル電話研究所の W. B. ショックレー，J. バーディン，W. H. ブラッテンがトランジスタを発明した（47 年 12 月完成，48 年 6 月公表）。これは「半導体（semiconductor）」の起点であるとともに，マイクロエレクトロニクス（microelectronics：ME）の起点ともなる 20 世紀最大といわれる発明である。トランジスタは 60 年の集積回路の開発で新しい段階に入る。

　レーダー，各種電子技術は，戦争中に禁止・制限されていたテレビを筆頭に家庭用電気・電子製品に応用されてその爆発的普及を促すとともに，産業

用電気・電子機器，通信機器，精密機器の分野に幅広く応用されていった。

電子機器産業は石油化学産業，自動車産業とともに，戦後米国経済の繁栄を支える中枢産業となった。

## 鉄 鋼 業

原子爆弾，航空母艦離着甲板，潜水艦，軍事用航空機エンジン等では特殊な高性能の鉄鋼製品が必要であり，U.S. スチール社がこれらを秘密裡に製造していたというが，大戦後にはこれらの製造を引き継いだ。このような特殊製品需要は大戦後の核施設増設，ミサイル等核兵器の拡大，原子力発電設備激増等によって大幅に拡大した。また軍事力保持・巨額の軍需生産持続のもとで鉄鋼業はいぜんとして軍事の中心としての位置を占めていた。「再転換」政策での公的所有工場設備の払下げが鉄鋼業に対して最も大規模かつ有利であり，とくに U.S. スチール社には公的所有の最大鉄鋼所ジェネバ工場をはじめ最大規模の設備がただ同然で払い下げられたのは，このためであろう。

また大戦後に注目されるのは，戦争中の軍需激増のもとで普及した画期的な自動連続圧延装置（ストリップ・ミル）と大戦中には本格的に利用されなかった冷延装置技術が，低廉で高品質の薄板の大量生産・大量供給によって自動車とくに乗用車生産の発展に対して大きな貢献をしたことである。コールド・ストリップ・ミルによる薄板生産が乗用車の生産を拡大し，乗用車生産の爆発的な拡大が薄板需要を飛躍的に拡大するという相互促進的拡大である。

また戦後急増した住宅建設の鋼材も大幅に拡大した。

米国の鉄鋼生産額は大戦終了とともに一時縮小したが，早急に増大を続け，戦争中の水準を超える規模となっていった。米国鉄鋼業は米国繁栄の中枢となり，世界的に U.S. スチールは GM とともに戦後米国の繁栄のシンボルといわれた。

### 建　設　業

　建設業は戦時中軍事の広い分野で戦争に大きく貢献したが，大戦後，国家の建設業に対する民需「再転換」政策は特殊であった。

　住宅建設は戦争中に厳しく制限されていたので大戦後住宅需要の急激な拡大が予想されたが，米国政府は大戦後この激増する住宅建設を民間企業に委ねる方針を貫き，「公共住宅」は貧困層向けのわずかしか作らなかった。政府は戦争中に政府・軍の各種建設を担ってきた建設企業が「民需」分野で資本制的企業として活動していく場を与え，その発展を保障したのである。

　この政策は建設企業への巨大需要を生み出すとともに，家具，家電等の耐久消費手段の需要を拡大し，戦後米国経済の活性化に大きく貢献した。

　米国の「新規住宅着工数」は戦争末の1944年にはわずか14.2万戸であったが，47年には126.8万戸に激増，50年195.2万戸，55年164.5万戸と増大を続けるが，公共住宅は47年3000戸，50年4.4万戸，55年1.9万戸にすぎない。

　以上は，大戦後西欧諸国の政府が優先課題として公共住宅を建設・供給していったのとは，大きく異なる。

### 戦後の生産過剰化・大量失業発生の抑制

　大戦終了の後，米国政府が最も危惧していた生産能力の過剰化・大量失業発生は予想よりも軽微で短期に緩和された。米国の工業生産指数（1947〜49年＝100）は1943年の127から46年90へと3割弱も縮小し，46年には失業者は227万人に達し失業率は3.9％となったが，それ以上の生産縮小と失業拡大は回避され，その後急速な生産と雇用の拡大が進んだ。米国の年々の民間企業固定投資（生産者耐久設備と建物施設の計），生産者耐久設備の額（物価変動調整後）はともに，45〜48年に顕著な増大を続け，国民総生産に占める比率はともに2倍の上昇となっている。製造業での設備投資は，部門によって拡大時期にズレがあるが，概して46〜48年に大規模な新規設備投資が行われている。住宅建設も顕著な拡大である。

米国が生産能力の過剰化と大量失業をなんとか抑え，戦後の経済再生・発展を生み出していった基軸は，以上で見た「再転換」政策と「繰延べ需要」の激増との結合により，膨大な消費市場を開拓・拡大し，生産拡大・巨大設備投資を進めたことにある。

さらにまた第5章で見るように，米国の巨額に上る西欧復興援助資金供与が，西欧諸国の米国製品輸入拡大＝米国の輸出拡大によって，米国の生産過剰化・失業発生を緩和し，経済停滞深化を緩和する役割を果たした。

## 第3節　大戦後米国経済における民需生産と軍需生産

大戦後の米国経済では，市場経済のごく「一部に」「特別の軍需生産部門」が存在しているのでは決してない。経済のかなりの領域で，政府・軍と民間の緊密な関係のもと軍需生産と民需生産，軍事技術開発と民需技術開発が絡み合っており，軍需生産と民需生産との差異が不透明となっているのである。

### 生産での政府・軍と民間，軍需用と民需用の不透明化

米国では戦争中の政府・軍と民間との結合・協力関係の多くが，大戦後に引き継がれていった。まず大戦終了後，核の技術開発・原子炉製造はマンハッタン計画に代わって，大統領直属の「原子力委員会（AEC）」が行うことになったが，その中核施設であるハンフォード・サイト（Hanford Site）はAECの管理下でGE（ゼネラル・エレクトリック社）が運営し，巨大原子炉の増設を進めた。政府・軍は核兵器，ミサイル，一部の軍事用レーダー・電子製品等を国（政府・軍）の管轄下に置いたが，国が直接技術開発・製造を行うものはごく一部だけで，国の管轄下で技術開発・製造を民間（企業・研究機関）と協同で行うものや，民間へ委託するもの等，さまざまである。

また注目すべきは，戦争中の中枢軍需生産が大戦後も民需転換した巨大民間企業によって続けられたことである。大戦中に主力軍用機を開発・製造し

たボーイング社，ロッキード社等は新しい大型民間航空機の開発・製造に取り組むが，戦後も主力軍用機の開発・製造を続ける。自動車メーカーのビッグ・スリーは乗用車製造に復帰，生産再開に邁進するとともに，大量の戦車，軍用車輛，軍事用エンジンの製造をも続けている。軍事用レーダー・電子製品等でも同様である。これら企業の多くは，大戦終了後も，戦争等で軍需が一挙に増大したばあいには迅速に軍需品生産を拡大することができるので，米国は常時巨大な潜在的軍需生産能力を備えているわけである。事実，1950年に勃発した朝鮮戦争は大量の兵員と兵器を投入する熾烈な地上戦となったが，自動車ビッグ・スリーはただちに戦車，軍事用車輛の生産を膨大化し，軍の需要激増に応えた。そしてこれが，当時「繰延べ需要」の終わりと商業車需要の頭打ちで悪化していたビッグ・スリーの経営を急速かつ大幅に改善した。

　先端軍事関連技術の開発でも，大戦中に作られた政府・軍と民間の企業・大学研究所・研究機関との強い連携・結合関係は，大戦後も継続された。しかも大戦後には，先端技術開発はますます膨大な資金，多数の科学者・技術者の組織化・統合化を必要とするようになったので，政府・軍の主導のもとでの政府・軍と民間との連携・結合関係が一段と強化された。1958年，大統領と国防長官の直轄組織として構築された「高等研究計画局（ARPA）」（後にDARPA）は，研究・開発中の最先端技術のすべてを吸い上げて利用し，軍事技術を開発していくという役割を担うものであって，政府・軍が民間の力を吸い上げる軍事技術開発の進んだ姿といえる。ARPAはインターネットの原型ARPANETや全地球測位システムGPSを開発していく。

　大戦後の米国の画期的な先端技術開発のほとんどは軍事技術として開発されたものであるが，これらは政府・軍が民間の力を統合していった産物である。

　以上の結果，軍需生産と民需生産との差異が不透明になっていき，開発技術が軍事用か民需用かも不明確になっていった。資本主義経済でありながら，

かかる領域が経済全体でかなりの比重を占めるようになったのである。

1953年12月8日国連総会でのアイゼンハワー大統領の「核エネルギーの平和利用」の提唱は、この軍需と民需の差異を格段と不透明にする役割を果たした。この演説は、平和目的の原子力利用が核兵器とは異なり安全であるという理論的根拠を明確にしないまま、原子力の「平和的」な利用を拡げるよう提唱したのである。これは世界中に原子力・原子炉・原子力発電が軍事か民需かを問わない風潮を世界中に拡げ、原爆反対に水をさし、原子力発電の驚異的普及を促す重要な役割を果たした。

しかし利用目的が平和的であっても、それが核分裂を利用するかぎり、人間の生命・健康や自然界に及ぼす半永久的有害性の危険、原子炉の軍事転用の危険、原子炉の事故発生の危険、核廃棄物処理・最終処理の困難と危険を抱えていることには変わりはない。軍事とは異なり安全だという根拠はない。

### 軍需生産部門の需要・価格設定

軍需生産部門は市場経済とは異なる特殊な部門である。軍需生産部門では、需要のすべてが軍によって一方的に決定されるが、軍の需要は本来軍事作戦・戦争によって左右されるので予想できない。軍需品の価格は需要・供給の関係によって決定されるわけではない。米国では参戦後の1942年初め、急遽強力な軍需生産・調達の体制が構築され、戦時軍需契約のすべてにおいて完全な「交渉契約制」をとること（競争入札制の排除）が決定された。関係当局・軍が、軍需生産企業の提出した原価計算をもとにして、原価に一定の利益を加算する「原価加算方式」で契約価格を決定した。この原価計算で加速度償却等の優遇措置があった。政府・軍が「契約価格」の決定権を持っているが、政府・軍は軍需生産に転換し軍需生産を行う巨大企業の要求を充分配慮して決定することになる。大戦後もこの軍需契約価格の決定方式が継承されている。

このような分野が増大すると、生産性上昇・コストダウンへのインセンティブが減少し、市場原理・競争原理の作用領域が削減される。

## 第4章　米国資本主義の変質と再生・発展

### "軍産複合体"，軍と産の癒着

1961年1月17日，アイゼンハワー大統領は国民への「退任演説」で，米国が「巨大な規模の恒常的な軍事産業を創設」し，「350万人の男女が防衛部門に直接雇用され」，軍事に支出する額は「米国全企業の純所得を上回る」といい，巨大な軍事機構と軍事産業との結合・相互依存関係を，初めて「軍産複合体（Military-Industrial Complex）」と呼んだ。ここでの事実の指摘は適切といえる。「軍産複合体」という用語はその後世界に流布していった。

　　　一般にはこれはアイゼンハワーの「軍産複合体」に対する「警告」であったと受け止められている。しかしアイゼンハワーは「軍産複合体の影響力」が自由や民主主義を危険に晒すことのないようにと述べているだけであって，この巨大化した軍事機構・軍需産業を縮小することにはまったく言及していないのである。
　　　アイゼンハワー政権は財政支出節約のために，核兵器に依存する「即時大量報復戦」を打ち出し，1954年「ジュネーブ協定」の調印を拒否して「南ベトナム」支援に乗り出し，"ドミノ理論"を唱えてベトナムへの政治的軍事的介入を推進した政権である。
　　　この演説でもアイゼンハワーは拡大する軍事行動，巨大化した軍事機構・軍需生産を縮小するよう「警告」をしたわけではない。ただし軍産複合体肥大の深刻な事実を明らかにしたことで，「警告」的効果を持ったといえる。

巨大な軍事機構と軍需産業との結合・相互依存関係とともに，軍と民の幹部の人事交流が，大戦中から受け継がれ，拡大していった。

大戦勃発に対しルーズヴェルト大統領は産業動員機構の中心として大統領直属の「生産管理本部（Office of Production Management：OPM）」を設置しOPM長官にゼネラル・モーターズ社（GM）のクヌードセン社長を任命し，経済界の有力者を委員にした。

1953年アイゼンハワー政権は国防長官にGMのチャールズ・E. ウィルソン社長を任命したが，彼は国防長官就任にあたり "What is good for General Motors is good for America, and vice versa."（GMにとって良いことはアメリカにとっても良いことであり，アメリカにとって良いことはGMにとっても良いこ

とである）という有名な挨拶を述べた。またフォード社長に就任したマクナマラは，就任直後の63年にケネディ政権の国防長官に任命され，ジョンソン政権でも国防長官を続け，ベトナム戦争を推進するうえにきわめて重要な役割を果たした。

## 第4節　「雇用法」と「国家の恒常的経済政策」策定の登場

### 「雇用法」の成立とその意義

　ルーズヴェルト大統領は「雇用の安定」が資本主義体制の安定のために不可欠であると考えており，巨大戦争を遂行するために国民に「完全雇用」と経済繁栄の維持を公約し，戦争中にすでに「戦争終了後の完全雇用」を実現する方策の検討を委員会に命じ，1945年に「完全雇用法（Full Employment Bill）案」が議会に提案された（→29頁）。ルーズヴェルトは大戦終了直前に急逝した。

　大戦終了直後，米国議会で「完全雇用法案」は自由経済に反する行き過ぎだという批判によって「完全雇用」という用語はなくなり一部修正されたが，基本内容は維持されて1946年2月「雇用法」が成立した。

　米国政府は，国内で生産過剰・失業発生の危険を抱え，西欧での体制批判勢力の増大が予想されるもとで，ルーズヴェルトの「完全雇用」の公約を守って「雇用法」を成立させることによって，国内外に資本主義の優位を示そうとしたのである。

　「雇用法」は米国史上初めて「最大限の雇用，生産，および購買力の促進」を「連邦政府の持続的政策および責任とする」ことを法律に明記するとともに，これらの政策の計画，策定，運用を行う制度を整備することを命じた点で，資本主義の歴史，経済政策の歴史で画期的な意義を持つものであった。

　「雇用法」はいう。「自由競争組織および一般の福祉を助長し奨励するため

に計画された方法により，能力と意欲を持ち，労働の機会を求める者に有用な雇用が与えられ得る状況を創出し維持する目的のために，すべての計画，機能，および資源を整合的に利用し，最大限の雇用，生産，および購買力の促進を，連邦政府の継続的政策および責任とすることを議会はここに布告する」（『原典アメリカ史　第6巻』）。

　雇用法はこの責任を果たすため，大統領が政策の計画，策定等について「経済報告」を議会に報告すること，大統領府のなかに「大統領経済諮問委員会（Council of Economic Advisers：CEA）」を設立し，連邦議会に両院の「合同経済委員会」を設立することを命じ，大統領，大統領府，議会が連携するようにした。大統領報告をまとめるCEAに経済学の専門家たちが参加するようになり，1947年以降，毎年CEA「年次報告」が「大統領経済報告」とともに議会に提出されることになった（これらは日本では『米国経済白書』と呼ばれている。本書ではこれを基礎資料として利用し引用もしている）。

　こうして長期的な経済・財政政策の内容を策定・検討する国家の機構が作られ，国家が経済過程に恒常的に介入して，経済活動と財政をコントロールすることを目指すことになる。平時における「国家の恒常的経済政策」策定の始まりである。

　　　　なお，当時は「経済拡大」，「経済発展」といわれ，「経済成長」，「経済成長政策」という用語は用いられていない。実際にその後米欧で恒常的な国家の経済政策が検討・実施されていくもとで，GNP（GDP）成長率，成長経済，経済成長・高雇用政策という用語が普及していったのである。


### 「国家の恒常的経済政策」の特徴

　「雇用法」，「恒常的経済政策」は，当局が中期・長期の経済目標を策定し，財政政策＝フィスカル・ポリシー（fiscal policy）によって，諸産業の適度な経済活動（操業率，流動的投資，生産・雇用・賃金等）と消費者の消費動向を誘導し調整することによって，経済安定・財政安定を図ろうとするものである。すなわち，経済停滞・失業拡大の危険に対しては減税措置によって生産・雇

用の維持と消費拡大を促すと同時に，他方景気の過熱の危険に対しては財政政策によって景気過熱・インフレを抑えつつ，経済と雇用の安定を持続させようとするのである。最初はもっぱら財政政策中心であったが，しだいに財政政策とともに裁量的な金融政策を取り入れ，財政・金融の合体した政策となった。

以上は，米国主導の IMF 体制による為替安定の基礎上で，国家が恒常的に経済過程に介入して経済・雇用の安定を長期にわたって持続させようとするものであって，それまでのニュー・ディール政策のような"誘い水的"な景気刺激，一時的な失業救済策とは質を異にしたものである。

### 福祉と労資協調体制

「雇用法」は「一般の福祉」の「助成」にも言及しており，これを受けて政府は 1935 年の「社会保障法」に新たに児童手当，障害者手当等を設けた。

米国は，拠出のいかんにかかわらずに国民生活を保障するという「社会保障」では西欧諸国よりもはるかに遅れていたし，拠出に基づく「社会保険」でも社会保険の中心の健康保険を欠いていたので，その限界は大きかった。だが自由放任で自助を重んじてきた米国では，これだけの福祉であっても戦後米国の国民には新鮮なものとして歓迎され，政府の政策は効果をあげたといえる。

大戦中の「戦争のための強固な労資協調体制」に代わって，米国政府は体制安定のため「強固な労資協調体制」を構築しようとしたのである。

### 「雇用法」の限界

「雇用法」に基づいて国家の恒常的経済政策が策定されるようになったことは画期的な意義を持つものではあるが，しかしこの政策は理論的にも，現実的にも，大きな限界を持っている。

国家が経済過程に恒常的に介入して生産，雇用，購買力をコントロールするといっても，その役割は財政・金融政策を通じて年々の企業側の流動的投

資（原材料・部品・エネルギー・労働力）と消費需要とを誘導・調整することによって，深刻な停滞・失業に陥らないようにすることと，景気過熱・インフレを抑えて経済成長・雇用を安定的に持続すること，に限定されている。このことは理論的に見て，この政策の大きな限界を意味するものである。

ここでは，経済が深刻な停滞・大量失業に陥ったばあいに，いかにして経済停滞・大量失業を克服し，経済活性化・雇用拡大を実現するかという問題は対象となっていないのである。社会的再生産全体の拡大・雇用の大幅拡大を生み出す原動力は巨大な固定設備投資の群生であるが，ここでは固定生産設備・生産装置の問題は対象となっていない。この政策のできることは減税措置，金利引下げ・金融緩和等の措置によって企業の操業率上昇・生産拡大を促し，停滞・失業を緩和することに止まる。

以上の「雇用法」の特質・限界はルーズヴェルトの「完全雇用法案」に関連している。ルーズヴェルトたちにとって戦後の「完全雇用」問題は，戦時経済下で膨大な固定生産設備・生産装置が存在するもとで，軍需が縮小した後にいかにして生産・雇用を維持するかということであった。そして注目されるのは，ルーズヴェルトたちが「完全雇用」問題と同時に，軍需生産の民需「再転換」を検討・準備していたことである。

大戦後の「雇用法」でも，民需「再転換」政策によって軍需生産での先端技術・固定生産設備等を譲り受けた巨大企業が，優れた固定生産設備・生産装置を整備・新設したことが前提されていたといえる。なお，大戦終了後には財政赤字が予想をはるかに超えて深刻化していたので，「雇用法」の政策目標では，生産・雇用の安定とともに財政の安定を図ることが強く入っている。

「雇用法」での「国家の恒常的経済政策」は，理論的に見れば，適当な耐久的生産設備が存在していることを「前提にして」，その基礎上で，年々の流動的な投資（原材料・部品・エネルギーおよび労働力）と消費需要を誘導することによって，経済・雇用の安定を維持するという政策なのである。そこでは，理論的に耐久的固定設備の新投資は捨象されている。

さらにまた「雇用法」での生産・雇用の安定では，対外的要因によって生じる国際不均衡・国際収支赤字の問題は捨象されている。

　「雇用法」に基づく国家の経済政策は，民需転換した巨大企業が優れた固定生産設備を整備・新設した基礎上で，さらにまた国際収支健全・ドル安定の基礎上で，それらを大前提として，検討され策定されたのである。そしてその限りでは，適当な景気刺激と景気過熱抑制によってその後景気と雇用を持続させる役割を果たしたといえる。

　大戦後の「雇用法」による「国家の恒常的経済政策」が大戦後の米国経済の目覚ましい発展を生み出したという見解があるが，大きな誤りである。

　大戦後米国経済は，本章第1，第2節で見たように，民需「再転換」政策のもと，先端軍事技術・軍需生産能力を譲り受けた巨大企業が，新しい基幹産業を軸に，「繰延べ需要」の爆発に基づいて，目覚ましい発展を遂げていった。大戦後，新しい覇権国となった米国は経済発展によって西欧諸国の資本主義的再生を実現し，ソ連と対抗する西側の中心として，世界を動かしていった。

　だが発展は長くは続かなかった。1957・58年には国際収支赤字拡大とともに大戦後初めて深刻な経済停滞に陥ってしまい，ケネディ大統領が米国初の経済成長政策を打ち出していくのである（第Ⅱ部第2章第1節）。

　大戦後における米国資本主義経済の再生と発展の内実を明確にすること，「雇用法」の意義と限界を明確にしておくことは，その後の深刻な経済停滞と経済成長政策の登場を理解するうえに必要不可欠である。

# 第5章

# 米国の援助と
# 西欧の資本主義的再生・発展

　第2次世界大戦の終了後,西欧諸国は程度の差はあれ,戦勝国・戦敗国ともに都市・工場地帯の多くを破壊され,経済活動は麻痺し国民は大量失業・窮乏・食糧欠乏に喘いでいた。このもとで大戦中のレジスタンス運動を母体に戦争責任追及,社会主義勢力が急激に拡大し,資本主義体制を揺るがす体制危機が醸成されつつあった。各国政府は国有化・国家管理のもと,社会主義勢力をも政権に取り込み,経済復興に取り組むが,復興は困難を極めていた。

　米国は1947年3月12日,トルーマン大統領のギリシャ,トルコを支援する「トルーマン・ドクトリン」(別称「冷戦ドクトリン」),6月5日,マーシャル国務長官の「欧州復興援助計画 (European Recovery Program：ERP)」(通称マーシャル・プラン) 公表によって,米国が本格的に西欧に乗り出し,西欧資本主義の再生を行うこと,ソ連と対決する主体となることを,世界に宣言した。

　本章の課題は米国の援助政策による西欧資本主義の再生・発展の実態とその特質を分析することを通じて,米国の世界経済戦略＝西欧復興戦略の特質,その成功と誤算,行詰りの始まりを明らかにすることである。本章はこのような問題意識による分析であって,西欧資本主義の全体的解明は本書の及ぶところではない。

第Ⅰ部　米国の大戦後世界経済戦略と資本主義経済の再生

## 第1節　大戦後の西欧諸国の経済統制・国有化

**大戦後の徹底的な国有化・国家管理**

　大戦終了後の西欧主要諸国の政策に共通する特徴は，破局に瀕した経済・国民の窮乏に対処するために，国家が戦時統制下の国家管理を引き継いで，経済の基盤を徹底的に国有・国家管理下に置いたことである。各国ともに勢力を増大し選挙で躍進した社会主義勢力・共産党も政権に参加し，危機的な経済の再建計画に取り組んでいた。

　戦後の政権の特徴，国有・国営・国家管理の目的，具体的形態等は国によって異なっているし，明確な規定のないものが少なくない。

　(1)　英国では大戦勝利直前の総選挙で政権を獲得した労働党のアトリー首相が，戦争による荒廃を救い生産性上昇を行うという目標を掲げ，徹底した国有化を実施していった。国有化は中央銀行（イングランド銀行），石炭産業（従業員70万人），国内運輸業（鉄道，運河），電力・ガスにわたっており，1949年には鉄鋼業を国有化した。英国は45年末に米国から得た37億5000万ドルの信用供与（→69頁）を利用して国有化を進めたが，財政難と対外収支危機が深化して，国有事業はいずれも困難な状況を続けていた。労働党政権は大戦中のベヴァリッジ報告に基づいて46年「国民保険法」を制定するが，財政難のため実施が困難な状況にあった。

　この英国の国有化で注目すべきことは，一般には見落とされているが，労働党内閣が戦争終了後ただちに原子炉建設の計画・着工を始めたことである。英国は大戦中に原子力研究を始めており，米国のマンハッタン計画の際には米国と情報連絡の約束があったが，政府は1946年に早くも「国防と原子力発電の観点から」，「原子力研究所（Atomic Energy Research Establishment：AERE)」を設立して，原子炉の計画・着工を進め，翌年核兵器の原料のプル

トニウムを生産する「原子兵器研究所（Atomic Weapons Research Establishment：AWRE）」（Windscale，ウインドスケール）を設立してプルトニウム生産に着手していた。自国経済が破局寸前であった大戦直後に原子炉・核燃料に乗り出していたことは注目に値する。

英国は原子力についての研究実績があり，自国研究者がマンハッタン計画に参加して開発した原爆・核技術を米国が独占することに対し，英国の研究者を帰国させて独自の原子炉開発を始めた。

　(2)　フランスではドイツ軍の長期占領と連合軍・ドイツ軍の熾烈な戦闘のため，戦禍はとくに甚大であった。1944年8月パリ解放の直後，「自由フランス」の指導者（英国亡命）のド・ゴールが9月に臨時政府を組織し（連合国承認），対独レジスタンス運動を担ってきた諸グループが中心となって国家による経済政策を策定，迅速かつ徹底的な国有化・国家管理を実施していった。解放後ただちに自動車のルノー社，航空機エンジンのスネクマ（Snecma）社を国有化し，4大預金銀行を国有化，大投資銀行も政府の国家管理下に置いた。46年には「国有化法案」によって石炭，電力，ガスが国有化され，戦前に国有化されていた鉄道についても政府が直接経営を統括する力を強めた。45年選挙後のド・ゴール首班連立内閣でも，第1党のフランス共産党は政権に参加し国家による経済再生計画を策定していた。戦前幅広い分野で国際的に活躍したジャン・モネが46年，国有管理を基礎として生産拡大，インフレ抑制，フラン安定を目指した「近代化設備計画」（「モネ・プラン」）を策定し，これがフランス経済再生の基本となる。モネは欧州独自の視点で欧州各国の融和（不戦）と経済共同化を唱え，「欧州石炭鉄鋼共同体」はじめ欧州経済統合を生む中心となる（→第4節）。（政治的トラブルでド・ゴールは46年初めに退陣，58年以降大統領。）

フランスでは，キュリー夫妻以来放射線研究の歴史があり，大戦では有力な研究者が米国に亡命してマンハッタン計画に参加し戦後に帰国していたので，ド・ゴールは1945年「原子力庁（Commissariat a l'energie atomique：CEA）を設立した。ド・ゴールは軍事利用を考慮に入れていたが，最初は平

和利用を主張するジョリオ-キュリーを高等弁務官に任命した。

　(3)　イタリアでは，キリスト教民主党と社会党，共産党が拮抗し，キリスト教民主党の首相による連立政権で内部抗争が激しかったが，政府首脳は戦前からの「産業復興公社（Istituto per la Ricostruzione Industriale：IRI）」を利用して徹底的な国有・国家管理を行っていった。IRI は 1933 年にムッソリーニ政権が恐慌後の金融機関・製造業を建て直すために国家資金を投じて設立し，大戦中には国家による戦時経済・軍需生産を支えていたが，大戦後この組織をそのまま活用して，金融，航空，道路，放送，および自動車，造船，海運，鉄鋼，電信・電話等を国家資金による管理下に置いて，経済復興が図られた。石油・天然ガス事業は戦前の国策会社が戦後継承された。

### 乗用車生産の復活（「もの作り」）

　西欧主要諸国の生産復活で注目されるのは，各国ともにごく少数の技術者・熟練作業員が劣悪な残存工場で迅速に乗用車を製造していったことが，経済活動再開の原点となったということである。

　大戦中には連合国・枢軸国ともに，巨大自動車企業は乗用車製造を中止し，軍需生産の中枢企業として戦車，軍用車輛，航空機エンジンの製造を行っていた。各国の自動車産業の工場設備のほとんどは戦争で破壊されていた。

　ところが大戦終了後，破壊された工場の残った部分で少数の技術者・熟練工が1年前後で新しい試作車を製造し，迅速に生産拡大を始めていった。各国政府は大戦後の平和の時代は乗用車の時代となると考え，西欧の乗用車生産の伝統を活かしてその生産・輸出を促すため，自動車産業の国有化・国営を進めていった。自動車製造はきわめて多くの部品製造，機械生産と大量の雇用を生み出すので，この急速な生産拡大は経済の閉塞感を打破する役割を果たした。各国は，その後のマーシャル援助資金を国有自動車メーカーに割り当てていく。

　以上，少数の技術者・熟練作業員による「もの作り」から始まった乗用車産業の驚異的な生産拡大・輸出拡大が，各国の経済復興・再生を牽引する大

第5章　米国の援助と西欧の資本主義的再生・発展

きな役割を果たしていったのである。

　フランスでは最大の自動車メーカであったルノー社はフランスがドイツに降伏した後，ドイツに協力して軍需生産を行ったため，1944年のフランス解放後に連合国軍によって創業者＝社長のルイ・ルノーが逮捕された（獄中で死亡）。ド・ゴールはフランス解放後の行政命令でルノーを国有化し，「ルノー公団（Regie Nationale des Usines Renault）」が設立された。生産設備，運輸・販売網はほとんどが破壊されていたが，戦後1年しか経たない46年，技術者が戦時中から構想していたという小型車「4CV」を開発し，迅速に生産を開始した。廉価で経済的で走行性が優れ一挙に需要が拡大し，戦後西欧でのベストセラー車となっていく。

　ドイツのフォルクスワーゲン社はヒトラー政権によって国民車（Volkswagen）を製造する国策会社として設立され，大戦中は軍用車輌，戦車を大量に生産していたが，工場設備は徹底的に破壊され，敗戦後に撤去が予定されていた。だが占領した英国占領軍の管理者が同車に好意を持ち，廃墟同然の工場を整備し生産することを容認し経営者を任命した。後に連合国のドイツ占領地の工場解体の調査があるが，工場設備は無価値で解体に値しないという判断で解体を免れた。フォルクスワーゲンでは技術者が狭い工場で伝統の中小型「フォルクスワーゲン・タイプ1」を製造して売り出し，急激な生産拡大によって1947年には早くも輸出（最初は対オランダ）を始めた。この急激な生産激増，輸出激増は，生産・雇用の拡大と貴重な外貨の取得によって西ドイツの製造業を活性化させる中心となっていく。

　イタリアでは，アルファ・ロメオ（Alfa Romeo）社が大戦以前から高い技術力を持った高性能スポーツカーの開発で世界的に注目されていたが，大恐慌下の1933年にIRIの支配下に入り事実上国営化されていた。本社工場設備は連合国軍の攻撃で廃墟になっていたが，戦後アルファ・ロメオ社は47年に少数の技術者によって早くも戦前の高級スポーツカー「6c」シリーズを改良して生産を再開し，「6c 2500」で一躍世界に躍り出る。IRI傘下のまま「アルファ・ロメオ SS. P. A」と改組する。

なお英国では，自動車企業は国有化されなかった。英国国内に英国フォード社とGM現地法人のヴォクスホール（Vauxhall）社が存在し，これら両社，とくに英国フォード社が戦争終了直後から容易に資金調達をして生産を急激に拡大したためである。英国の乗用車生産台数は1945年1.7万台から47年には早くも28.7万台となり，その半分が輸出されている。

## 第2節　米国の復興援助の特徴と成果

大戦勝利の後，米国の西欧での役割はドイツ占領地での占領・統治のみとなり，英国が西欧での全体主義＝共産主義勢力と闘う中心となっていた。しかし英国は1947年初めに，自国の財政難からギリシャ，トルコへの支援が不可能となり，米国に通知した。

米国はこれを好機と捉え，ただちに西欧に乗り出していった。1947年3月12日の「トルーマン・ドクトリン」（冷戦ドクトリン），6月5日のマーシャル・プランの公表によって，米国が西欧に本格的に乗り出すことを世界に宣言した。マーシャル援助は「1948年対外援助法（Foreign Assistance Act of 1948）」として48年4月3日，トルーマンの署名で正式に発足し，6月から援助が始まる。

### OEECによる経済復興方式

マーシャル援助の特徴の第1は，米国が援助の条件として，「欧州経済協力機構（Organization for European Economic Cooperation：OEEC）」の設立を求め，参加諸国が協同的に援助資金を有効に活用して早急に経済復興および為替と貿易の管理・制限の撤廃を進め，できるだけ早くIMF・GATTの原則に従うよう要求したことである。1948年4月，西欧16ヵ国がOEECを設立した（参加国名は→51頁）。米国はOEEC参加諸国に対し，援助資金を利用する復興計画の策定・提出を義務づけた。

第5章　米国の援助と西欧の資本主義的再生・発展

　米国が援助においてOEECを設立させた結果，西欧諸国が復興および為替・貿易規制廃止を協同的に進めることになった。

　米国の「純粋の」マーシャル援助総額は102億6000万ドルに上るが，この9割近くの91億ドル余が贈与であって，借款はごくわずかだけである（ECA統計）。援助額の最大級は英国（26.8億ドル），フランス（20.6億ドル）であり，続いて西ドイツ（11.7億ドル，OEEC未参加），イタリア（10.3億ドル），オランダ（8.1億ドル）である（ECA統計）。

　　　1950年6月の朝鮮戦争勃発の後，米国は対外援助をすべて「相互安全保障法（MSA）」（→65頁）に一元化したので，マーシャル援助予算の議会提出は51年6月末が最後となり，51年6月までのマーシャル援助分が「純粋な」援助総額である。その後の分はMSA対外援助に一括されている。

　マーシャル援助は一般に資金援助といわれているが，米国は援助資金の多くが米国の生産物・サービスの購入に当てられるため「現物での援助」となると考え，援助によって自国の過剰生産物を処理することを意図していた。ECAはその方向で審査・決定をしていたといわれている。実際に，援助の多くが米国からの生産物・サービスの輸入に使われたことは後に見る。

　　　米国の西欧復興援助の計画策定に対し大きな影響を及ぼしたというクレイトン経済担当国務次官提出「覚書（"The European Crisis"）」は，米国が西欧を援助しないと西欧は崩壊してしまい，米国は余剰生産物のための市場を失うとともに，失業・恐慌の影響を被るであろうと警告していた。

### 援助の厳しい条件，西欧での反共体制の構築

　マーシャル援助ではソ連全体主義と闘う反共的な経済・軍事体制の構築を目指す米国と，何としても援助が欲しいという西欧諸国の勢力とが絡み合って，反共体制が一挙に創り上げられ，資本主義的秩序が再生されていった。

　米国はマーシャル援助の実施を始める1948年4月，対外援助実務を担当する大統領直属の「経済協力局（Economic Cooperation Administration：ECA）」を設置した。このECAがマーシャル援助の実務を遂行し，OEEC諸国の提

出した計画を審議し，援助の決定を下した．これは 51 年のマーシャル援助終了まで続き，51 年年末に廃止された（ECA 資料）．

　米国の具体的要求は生産拡大，生産性上昇，インフレ抑制のための物価と賃金の統制，および労働管理体制の強化であった．ECA の審査・要求の内容ははっきりしていないが，この ECA の審査制度の存在自体が OEEC 諸国に米国に追随する措置をとらせる役割を果たした．

　OEEC 諸国では是非ともマーシャル援助を受け入れようという政権担当者が，政権・公職から社会主義的勢力をすべて排除し，労働組合を労資協調的なものに変え労働管理体制を強化していった．

　国際労働運動は，マーシャル・プランの支持・協力の是非をめぐって分裂していった．1945 年に反ファシズム運動を基礎に，異なるイデオロギーのものを含め，56 ヵ国の労働組合が「世界労働組合連盟（World Federation of Trade Unions：WFTU）」（略称；世界労連）を結成していった（米国 AFL〔American Federation of Labor〕は不参加）が，49 年にはマーシャル・プランを支持・協力する米国 CIO（Congress of Industrial Organizations）と英国 TUC（Trade Union Congress）が中心になって脱退し，「国際自由労働組合連盟（International Confederation of Free Trade Unions：ICFTU）」（略称；国際自由労連）を結成していった．その後 ICFTU は世界最大の労働組合組織となり，世界労連は瓦解してしまい，東側諸国を中心とする労働組合組織となった．

　英国では，労働党政権はマーシャル援助資金を用いて資本主義的経営活動を再生させるために，1948 年 2 月の物価と賃金凍結，ストライキ規制を行い，労働組合をこれらに協力するものにしていった．労働党の母体である TUC は労働党政権に従って国際自由労連を結成する中心となっていった．

　フランスでは，1947 年 5 月ラマディエ首相は国有ルノー公団のストライキの支持を理由に共産党閣僚数名をすべて罷免し，その後も政権・公的機関から排除を続けた．このストライキとマーシャル援助受入れをめぐって，労働総同盟（Confédération générale du travail：CGT）は分裂し，穏健派は脱退し翌年労働総同盟・労働者の力（Confédération générale du travail-Force ouvrière；CGT-FO）を結成した。

　イタリアではキリスト教民主党と社会党，共産党が拮抗するもとでキリスト教民主党首相の3党連立内閣が成立していたが，デ・ガスペリ首相は1947年初めに訪米してトルーマンと会談し，イタリアでの共産主義の危険を強調しイタリアが西側につくことを正式に表明して，経済援助1億ドルを獲得した。5月デ・ガスペリ首相は社会党・共産党を排除した内閣を発足させた。このためイタリアは旧枢軸国であるにもかかわらず，48年設立のOEECに最初から参加して巨額の援助を受けると同時に，49年のNATOの軍事共同体制にも最初から参加していくのである。

　デ・ガスペリ政府はこの援助資金を強大な「産業復興公社（IRI）」に投入し，IRIにおける資本主義企業活動の再生・拡大を促していった。国家資金による金融，航空，放送，道路の拡張のもとで，IRI傘下の中枢的産業の巨大寡占企業が大躍進を遂げた。1953年の「炭化水素公社（ENI）」設立は国家資金による巨大企業の再生・拡大をさらに拡張していった。デ・ガスペリは「欧州石炭鉄鋼共同体」にも加入を図り実現していく。イタリア経済が早く復興を遂げ，高い成長を始めていった所以である。

### 軍事的共同体制・NATOの成立

　米国の復興援助の重要な特徴は，経済援助と軍事戦略との結合である。米国の目標は，西欧諸国を復興させるとともに，西欧諸国との軍事的共同体制を構築し，西欧諸国に米国の対ソ冷戦の軍事力と軍事支出の一部を分担させていくことであった。

　OEECが設立された翌1949年4月，米国とOEEC諸国にカナダを加えた12ヵ国で強力な軍事的共同体制「北大西洋条約機構」（NATO）」が設立された。NATOは，条約締結国のいずれかが攻撃されたばあいには全締結国に対する攻撃と見なし，「個別または集団自衛権」を行使して「兵力の使用を含む」行動をとり，攻撃を受けた締結国を援助するというきわめて強固な軍事的共同体制であった（加盟国は51頁。52年にギリシャとトルコ，55年に西ドイ

ツが加盟)。翌年結成された NATO 軍の最高司令官には大戦中のヨーロッパ連合国軍最高司令官アイゼンハワー米陸軍元帥が就任した（アイゼンハワーは直後に大統領選挙出馬のため辞任。なおフランスは独自戦略をとり一時軍事機構を離脱し，NATO 本部はパリからブリュッセルに移る）。

NATO 成立に伴って NATO 諸国は自国の財政によって軍事力を強化していき，その後独自に，あるいは協調的に，周辺地域への対外（軍事）援助を拡大していく。米国の望んでいたところの対ソ冷戦費用の一部負担の実現であるが，米国援助による西欧の経済復興がこれを可能にした。米国による経済援助と軍事戦略との同時達成であった。

これによって戦争が終わったにもかかわらず巨大な軍事力保有を永続していくという米国の世界戦略の基本は，西欧諸国にも拡がっていったのである。

### 米国のドイツ占領政策の転換

米国の西欧復興援助でいま1つ注目すべきは，米国が復興援助の一環としてドイツに対する占領政策を転換して，西側ドイツにマーシャル援助資金を与えて復興させ，西欧の経済復興に協力させたことである。

ドイツは1945年5月8日無条件降伏をしたが，長期にわたる大戦によって廃墟と化し国民は文字どおりの飢餓の状況に陥っていた。連合国は米英ソ首脳のポツダム会談での最終的決定に従って，ドイツを米国，英国，（遅れて）フランスとソ連の4ヵ国で分割占領し，非軍事化のための厳しい措置をとっていたが，ドイツの統治と賠償取立てをめぐって，衝突・対立が繰り返された。米英（遅れて仏）は占領・統治地域を共同統治とし（西側ドイツ），ソ連に対して共同行動をとっていた，

米国は西欧復興援助に乗り出すとき，ドイツに対する占領政策を転換して，西側ドイツの経済を復興させて西欧の経済復興・発展に貢献させることと，西側ドイツ内の米軍基地を恒久的に使用することを意図していた。米国は1947年6月マーシャル・プランの構想を西欧諸国に通達したときすでに，西側ドイツに対し OEEC には参加させないが援助資金を与える公的措置を

とっており，同年7月には正式にドイツ占領の新指令（JCS 1779）によって，米英仏の統治下にあるドイツを政治的・経済的に安定させ，西欧の経済復興・発展に最大限の貢献をさせる政策をとることを明らかにした。

   米国ロイヤル国防長官は1948年年頭，日本の占領政策を転換し，日本をアジアにおける「反共の防壁」とすることを公式に明らかにしていた。敗戦国ドイツ・日本に対する占領政策の転換であった。

　米国，英国は1948年6月20日，西側ドイツ復興のために「通貨改革」を実施し，それまでの通貨の旧ライヒス・マルクを廃棄して，西側諸通貨に連係する新通貨ドイツ・マルクを新設し，連邦銀行の発券制度を改革した。この「通貨改革」とともに税制改革，経済政策改革を実施し，インフレを抑制し生産活動再開のための条件を整備した。「通貨改革」はソ連統治下の東側ドイツと通貨面で遮断することを意味したので，ソ連は怒りを爆発させ東側ドイツに独自の通貨改革を行うとともに，6月24日「ベルリン封鎖」を強行し西側ベルリン地域への交通を遮断した。

　西側ドイツの工業生産高は，「通貨改革」の1948年にはまだ戦前水準の50％でしかなかったが，通貨改革・税制改革と米国のマーシャル援助資金供与によって，急速に経済復興が進められていった。

　「ベルリン封鎖」とそれに対する米国の大空輸作戦で東西対抗は決定的となり，1949年5月の「ドイツ連邦共和国」（西ドイツ）発足（基本法制定，9月正式成立），同10月の「ドイツ民主共和国」（東ドイツ）発足で，ドイツの東西分裂が明確となった。

　西側ドイツでは敗戦後，地方各州では社会民主主義，社会主義的潮流が拡がっていたが，1949年最初の総選挙でキリスト教民主同盟党首アデナウワーが勝利し，再軍備を始め，西ドイツを西欧側に結合させる方針を貫いた。西ドイツは52年5月事実上の講和条約を結び，55年に主権を完全に回復し，再軍備を行ってNATOへ加盟する。

　米国のドイツ占領政策の転換，西側ドイツの復興促進は，マーシャル援助におけるきわめて重要な成果である。

第Ⅰ部　米国の大戦後世界経済戦略と資本主義経済の再生

## 援助による福祉と軍事

　各国政府は反共路線を強化すると同時に，国民への譲歩として，マーシャル資金で好転した財政によって社会保険・社会保障制度の拡充を進めていく。

　西欧諸国では第1次大戦後の深刻な経済停滞・失業のもとで社会保険，公的扶助の制度が拡がり，大戦中には英国のベヴァリッジ報告が公表されたので，第2次大戦後，各国政府は社会保険・公的扶助の制度の拡充を公約したが，厳しい国家財政によって実施できなかった。マーシャル援助が各国の財政を好転させたので，各国政府は反共路線と同時に社会保険・社会保障の実施を急いだ。

　英国労働党内閣は，1946年の「国民保険法」(老齢年金，失業保険)「国民保険サービス法」(医療の原則無料)制定に続いて，48年「国民扶助法」「児童法」によって公的扶助の制度を制定した。

　また英国では公共住宅政策によって福祉向上と建設需要拡大を目指した。英国では第1次大戦後に公共住宅の供給が本格化するとはいえ新築住宅では民間建設のほうが上回っており，戦争中には住宅は新築されないまま空襲の被害を受けた。大戦後には公共住宅政策によって，1946年（イングランド・ウェールズ）公共住宅は2.1万戸，民間所有3.0万戸から，47年公共8.7万戸，民間4.0万戸，48年公共17.1万戸，民間3.1万戸，49年公共14.2万戸，民間2.5万戸となった。

　イタリア，フランスでも，戦後，公的住宅，ないしは公的資金補助付住宅が急速に増設されていった。

　　　　米国では大戦後，戦争中に制限・禁止されていた住宅建設の需要が急速に
　　　増大するが，政府の民需転換企業優遇対策によって，ほとんどが民需転換企
　　　業による建設で，公共住宅は極貧層向けのわずかだけである（→97頁）。
　　　　日本ではほとんどの都市が無差別爆撃を受け，敗戦直後の住宅不足は450
　　　万戸（戦災210万戸，疎開取壊し55万戸，戦時供給不足118万戸，引揚者
　　　需要67万戸）だが，公営住宅建設は年間2万～5万戸にすぎず，住宅難は
　　　放置され，戦後10年経った1955年でも住宅不足数は270万戸に上っていた。

西欧諸国では，マーシャル援助・NATO 設立のもと，自国の防衛力強化・国防支出拡大が定着したため，国家財政において「福祉」と「軍事」の2つが大きな位置を占めることになる。軍事では核開発が進む。

　大戦後，英国ではすでに指摘したように，1946 年に早くも「AERE」によって原子炉の計画・着工を進め，翌年「AWRE」でプルトニウム生産を始めていたが，54 年には AERE と AWRE を統合して「原子力公社（United Kingdom Atomic Energy Authority：UKAEA）」が設立される。これによって 56 年 10 月にウィンドスケール隣接の原子力発電所（ウィンドスケール・アンド・コールダー研究所：Windscale and Calder Works）が世界初の発電を開始することになる。52 年 10 月 3 日には米ソに次いで最初の核爆発実験が実施された。

　フランスでは急速に核戦略・核兵器開発路線が強まり，1950 年ジョリオ-キュリーは罷免され，原爆製造が始まる（60 年 2 月，アルジェリアで最初の核実験成功）。50 年 3 月，ジョリオ-キュリーは原爆放棄のストックホルム・アピールを提唱した。

## 第 3 節　復興完了，米国にとってのマーシャル援助の成果

### 経済復興完了・援助の終わり

　OEEC 諸国はマーシャル援助資金を食糧確保と，国有・国家管理下の基礎分野に割り当てて原燃料，エネルギー，運輸・通信等を復興させるとともに，中枢産業の民間巨大企業に割り当てて資本主義的生産活動の活性化を促した。マーシャル資金を割り当てられた国有企業・民間中枢産業の巨大企業は原料・素材，機械・部品等を輸入し，残存していた地方の設備・工場を補修・改造を行い（統計では固定設備投資），さらに新しい固定設備投資を進め生産拡大を急いだ。マーシャル援助の前に生産を再開していた国営乗用車メ

ーカーは巨大設備投資・生産の巨大化を実施して，域内諸国への輸出を激増し，国内での多数の部品製造や輸送網の拡張を誘発し，国内の再生産の誘発的拡大を促した。また国営メーカーの躍進に刺激された各国の戦前の有力自動車メーカーが相次いで本格的に生産を再開し，巨大自動車メーカー参入による巨大設備投資・生産拡大によって再生産拡大のうねりを惹起した。OEEC 域内の貿易拡大と域内諸国の生産拡大とは相互促進的に進んだ。

　OEEC 加盟国の鉱工業生産額（西ドイツ除く）は ECA 統計によれば1938年 100 に比して 49 年には 129 と戦前水準を突破し，主要諸国は 50 年に早くも貿易収支赤字をほぼ克服するようになった。

　しかもそのうえ 1950 年 6 月に勃発した朝鮮戦争は OEEC 諸国の経済復興・経済成長開始に対して大きな役割を果たした。朝鮮戦争は一挙に熾烈な長期戦争となったため，米国（軍）による西欧諸国に対する各種の戦略的物資の買付け＝ドル支払いが大幅な拡大を続けた。OEEC 諸国は景気上昇のもとで物価が高騰するとはいえ，生産拡大を続け，貿易収支・経常収支は黒字幅を拡大し，ドルは西欧諸国内に留まるようになった。大戦以降西欧諸国が苦しんだドル欠乏は解消され，50 年代以降には OEEC 主要国のドル保有額は増大を続けた。

　西欧で，朝鮮戦争によって最も発展を遂げたのは西ドイツである。西ドイツでは大戦以来の技術遺産が存在するとともに，技術力の高い優秀な技術者，勤勉で技能を備えた労働者が大量に失業していた。1950 年初め失業者は 158 万人に上った。米国（軍）の急増する戦略的物資買付けに対し，西ドイツはただちにこれらの優秀で低賃金の技術者・労働者によって低コストでの生産を急増させ，米国（軍）に対して供給を拡大していった。物価上昇に対しても低賃金・低コストの西ドイツ企業は対応できた。米国（軍）に対する販売激増は，とりわけドル欠乏に苦しんできた西ドイツに対して貴重な外貨をもたらした。

第 5 章　米国の援助と西欧の資本主義的再生・発展

## マーシャル援助の終了

　米国は援助によって 1952 年までに西欧の復興を果たすと宣言していたが，それよりも早く OEEC 諸国は 51 年には生産・貿易面から見て経済復興を果たした。米国の対外援助は 51 年 10 月制定の MSA に一元化され，マーシャル援助予算の議会提出は 51 年 6 月末を最後にマーシャル援助としての援助は打ち切られ，マーシャル援助の実務を担当してきた ECA は 51 年 12 月 29 日に廃止された。冷戦はドイツの東西分裂・ヨーロッパの東西分裂という形で 49 年後半に一応沈静化したので，この面でも米国のマーシャル援助の役割は終わっていたといえる。

## 西欧援助による米国の過剰生産・大量失業の抑制

　米国のマーシャル援助総額は 102 億 6000 万ドルに上り，その大半が贈与であったといわれている。

　しかしマーシャル援助資金の多くは米国からの財・サービスの輸入に当てられたので，マーシャル援助は大戦後膨大な生産能力を抱え，生産過剰・生産能力過剰と大量失業発生の危険を抱えていた米国経済に対し，生産物過剰の発現と大量失業発生を抑制し，米国の戦後経済を活性化するうえにきわめて大きな役割を果たしたのである。OEEC 諸国では食糧および各種の原材料・資材が欠乏していたので，マーシャル援助資金の大部分は米国からの輸入に当てられ，援助資金の多くは米国へ還流した。援助の一部は旧植民地・周辺諸国からの原燃料の輸入に当てられたが，支払代金を受け取った各国はそのほとんどを米国からの輸入に用いたので，マーシャル援助資金の一部は周辺諸国を迂回して米国へ還流した。OEEC 援助の米国への還流額は，OEEC 諸国の米国からの直接輸入額を上回っている。

　ECA 統計によると，OEEC 諸国が援助資金で購入した物資は初年度には食糧・飼料・肥料・燃料が大半であったが，次年度以降は原料・半製品，機械類が増大していき，総計では原材料・半製品 33％，食糧・飼料・肥料 29％，機械・輸送機器 17％，燃料 16％ である。物資の調達先は米国が 69.7％，

カナダ 11.8% である。

　米国の対外援助による輸出が米国国内生産に占める比率は，航空機 52%，棉花 42%，小麦 40%，車輛 36% にも上っており，対外援助が米国の過剰生産物の捌け口として非常に有効であったことを示している（これは対外援助全体の数字であるが，この時期には西欧復興援助が大半である）。

　また大戦後米国の輸出はきわめて巨額を維持し輸出総額は 1946 年 118 億ドル，47 年 161 億ドル，49 年 122 億ドルを続け，貿易収支黒字は 46 年 67 億ドル，47 年 101 億ドル，49 年 53 億ドルに上っている。大戦後の米国製造業は圧倒的な国際的競争力を持ち農業の競争力も強かったが，しかし大戦後には西欧はじめ世界諸国は外貨・ドルの極度の欠乏，輸出不能であったので，援助資金がなければ米国がこのように巨額の輸出を行うことはとうてい不可能であった。また米国は援助による物資輸送の多くを米国の船舶で行ったので，大戦後民間貿易が中絶していたもとで，対外援助は自国海運業に市場を与えたのである。

　以上，マーシャル援助の基本は，米国政府が財政資金によって自国の生産・サービス業者から生産物・サービスを買い上げ，それらを西欧諸国に供与していたという関係である。理論的には，マーシャル援助資金はドル資金の供与ではなく，米国の財・サービス購入を約束する“紙片”であったといえる。

　米国経済は大戦後，生産過剰・失業発生を短期で乗り切って旺盛な生産拡大に向かうが，マーシャル援助による巨額の対外輸出が過剰生産・大量失業を抑制した役割は非常に大きい。

　マーシャル援助の米国にとっての成果は以上のようなことだけではない。米国は世界戦略・世界経済戦略に基づいて，マーシャル援助で OEEC における反共体制を一挙に構築し，西欧の資本主義的再生と共同軍事体制確立を同時に達成し，西側ドイツの占領政策転換・西ドイツ復興を実現し，ソ連を圧倒して大戦後米国が支配する西欧の経済・軍事面での秩序を創り上げてい

ったのである。OEECの交換性回復の遅れ（→70頁）を除けば，マーシャル援助は充分なる成果を収めることができた。

結論的にマーシャル援助は米国にとって非常に安価できわめて短期にその目的を達成したということができる。

## 第4節　米国からの自立，米国への対抗の動き

マーシャル援助はその目的を達成したが，援助による復興の過程で，西欧諸国の米国から自立する動き，米国に対抗する動きが現れ，米国の世界経済戦略の行詰りをもたらす要因となる。

### 欧州石炭鉄鋼共同体

石炭・鉄鋼を豊富に産出するルール地帯は長い間西欧における戦争の火種であった。大戦中にはヒトラー政権がルール地帯を軍事支配下に置いていたが，米英軍の戦略爆撃によって徹底的に破壊され1945年，連合軍のルール包囲戦でドイツ軍が降伏した。米国は最初ドイツの再度の侵略を防ぐため，ルール地帯を潰し田園化しようとしたというが，ドイツ占領政策転換の後には，ルール地帯を復興させ西側ドイツの復興・発展のために活用させることを考えた。これに対してフランスは強く反対し，ルール地帯の国際共同管理を主張した。それは自国の経済力強化のためだけではなかった。フランスは大戦勃発直後にドイツに降伏したため戦勝国となっても発言力が弱かったので，フランスが主導してルール国際共同管理によって戦争の危険を抑えるとともに西欧の経済復興に貢献し，フランスの発言力を強めようとしたといえる。大戦直後からフランスにはジャン・モネの欧州の融和（不戦）と経済共同の構想があった。米国，英国とフランスは1949年末「ルール国際機関（International Authority for the Ruhr：IAR）」の設立，西ドイツの参加に合意した。

第Ⅰ部　米国の大戦後世界経済戦略と資本主義経済の再生

　1950年5月9日フランスのシューマン外相がジャン・モネ構想に基づいて，戦争を阻止し石炭・鉄鋼の発展を促す石炭・鉄鋼共同体の構想（シューマン・プラン）を宣言した。「シューマン宣言」である（5月9日はヨーロッパで現在まで「EU記念日」，「ヨーロッパ・デー」となっている）。これに即して51年4月，フランス，西ドイツ，イタリア，ベネルクス3国（ベルギー，オランダ，ルクセンブルク）の6ヵ国が「欧州石炭鉄鋼共同体（European Coal and Steel Community：ECSC）」を設立する「パリ条約」に調印，52年正式設立の調印を行い，53年石炭・鉄鋼の共同市場を開設した。

　ECSC設立への動きは西欧の経済復興に大きな刺激を与えた。ECSCによって石炭・鉄鋼の生産が急速に拡大し低廉な石炭・鉄鋼製品の供給が急速に増大したことはOEEC内の製造業の生産を刺激し，OEEC域内で石炭・鉄鋼取引の拡大とECSCの石炭・鉄鋼の生産拡大との相互促進を促していった。またフランス，西ドイツの国内およびOEEC内の他の石炭・鉄鋼企業の生産拡大をも促した。これらは米国からの輸入を節減することによって，ドル不足に悩むOEEC諸国に貢献し，OEECの経済復興を促していった。とくにECSC設立は西ドイツの再生に大きな影響を与え，西ドイツはECSCとフォルクスワーゲンの一大躍進を軸にして，「経済の奇跡（Wirtschatswunder）」（1950年英国『タイムス』紙）とまで呼ばれる経済発展を遂げ，西欧経済発展を牽引する存在になっていく。

　もっとも1950年代後半以降には石油への大転換を図るエネルギー革命によって石炭危機に陥りECSCは苦難の時代になるが，これらを乗り越えるために，新しい共同体へと向かうことになる。

　ECSCの源であるフランスのジャン・モネ構想，シューマン・プランには，石炭・鉄鋼の統合を他の経済分野，さらには政治分野にも拡げるという考えがあった。ECSC加盟6ヵ国はその後これを拡げる試みを繰り返した後，1955年6月，6ヵ国外相会議での合意（メッシナ宣言）に基づいて，57年3月，フランス，西ドイツ，イタリア，ベネルクス3国の6ヵ国が「欧州経済共同体（European Economic Community：EEC）」と欧州原子力共同体（European

Atomic Energy Community：Euratom, ユーラトム）を創設する「ローマ条約」に調印した（58年1月1日発効）。これは ECSC のような一部セクターの統合ではなく，欧州全域の経済統合・共同市場の構築を目指すという画期的意義をもっており，EU（European Union）の母体となる。

米国は米国の支配力のもとに経済協力機構の OEEC を設立させたが，上のような欧州独自の経済統合が強化されていくことは，米国の予想を越えたものだったであろう。

### OEEC による為替管理・貿易制限の除去

米国は OEEC に対して域内貿易の拡大とともに，域内の為替・貿易の規制撤廃を進めることを強く要求し続けていた。

英国は1947年7月，英ポンドの交換性回復を試みたが，大量のポンド売り・ドル買いに見舞われ，わずか1ヵ月余りで交換性を停止し為替管理を強め，49年9月にはポンドの対ドル平価を1ポンド＝4.03ドルから1ポンド＝2.80ドルへと30.5％の大幅切下げを行った。多数の OEEC 諸国がこの切下げに追随し，多くは大幅切下げを行った。西欧諸国の産業の脆弱性の現れであるが，OEEC 諸国はこの脆弱性を理由にして平価を大幅に切り下げたうえ，為替管理・為替制限の許される「14条国」を維持し続けた。

米国の要求に対し，OEEC 諸国は1949年加盟国相互間の貿易制限除去の措置をとることを決定し50年以降域内貿易自由化を進めていき，金融面では50年に OEEC18ヵ国でドル節約のためドルの直接使用を避けて域内で多角決済を行う「欧州決済同盟（European Payments Union：EPU）」を設立し，域内貿易拡大を進めていった。だがこれらは域内での自由化であり，対ドル自由化は遅れていた。

### 交換性回復と米国への対抗——ドルと金との交換要求，自由金市場，ユーロ市場

西欧主要14ヵ国はようやく1958年12月に自国通貨のドルに対する交換

第Ⅰ部　米国の大戦後世界経済戦略と資本主義経済の再生

性を回復し，61年に主要10ヵ国は為替管理・為替制限が許されない「8条国」へと移行する。米国の熱望していた交換性回復であったが，しかしこの58年は同時に英国，フランス等によるドルと金との交換要求によって，米国から金が持続的流出を始める年となる。

　米国の国際収支は朝鮮戦争以降に大幅赤字に転じ，大幅赤字が続くが，この朝鮮戦争によって，西欧諸国の貿易収支・国際収支は黒字基調となって，西欧のドル不足は保有ドル拡大へと変わっていった。ドル保有額が累増していけば，IMF固定相場制下で平価切下げとなるうえドル減価のリスクもあるので，OEEC諸国は金ドル交換要求を強め，米国の金準備の持続的流出を惹起した。

　さらにまた英国は1954年3月，交換性回復の前にロンドン自由金市場を再開した。交換性回復の前にポンドを金と結び付けて，ポンドの役割を強める意図があったのであろう。他方，ロンドン（the City）は50年代後半以降急速に拡がっていったユーロダラー取引の中心市場となり，米国の西欧へ進出した多国籍企業・多国籍銀行の活動とも結び付いてユーロダラー取引は膨大化する。ロンドン自由金市場での金価格の高騰をめぐる投機的取引の膨大化はユーロダラー取引の膨大化と結び付いて，IMFの根幹をなす米ドルの平価（純金1オンス＝35ドル）の信認を動揺させ，米国へのドルと金の交換要求を拡大させる。

　第3章で明らかにしたように，これらはIMFに内在する矛盾の現れであり，IMF体制の動揺を促すものに他ならない。

　マーシャル援助がその目的を達成し，西欧諸国の交換性回復の近いことを歓迎していた米国にとっては予想もしなかった事態の出現である。

　米国の援助に基づく西欧の資本主義的再生・発展が，米国の金ドル交換の基礎を危うくし，IMFの動揺，ドルの信認の動揺を生み出していったのである。米国の大戦後の世界経済戦略の行詰りの始まりである。

# 第6章

# 米国の「アジア戦略」と
# アジアへの介入強化

　第2次世界大戦後における米国の世界戦略や冷戦に関する議論では，そのほとんどはヨーロッパだけを対象としていた。アジアに注目が集まったのは中華人民共和国成立（1949年10月1日），朝鮮戦争勃発（50年6月25日）であり，一般にこれらによって「冷戦」が西欧からアジアに移ったといわれた。しかしこのような把握は誤っている。

　米国は戦争中から勝利後には，それまでアジアを支配してきた西欧の旧宗主国に代わって，米国が「単独で」，中華民国を拠点として，豊富な資源を持つアジアに対する支配力を拡大・強化していこうという「アジア戦略」を立て，大戦中・大戦直後に中華民国に対して巨額の支援を続けていた。しかし，この「アジア戦略」は中華人民共和国成立（中国革命勝利）によって完全に破綻し，米国は日本を「反共の防壁」とする新しい「アジア戦略」を構築していく（以下では両方を含めて「アジア戦略」と呼ぶ）。

　米国の「アジア戦略」，新しい「アジア戦略」は「大戦後の世界経済戦略」の重要な一環をなしていたのである。しかし，米国の「アジア戦略」は，アジアと西欧との差異によって，西欧に対する援助による経済再生・発展を促す対西欧戦略（本書第Ⅰ部第5章）とは根本的に質の異なるものであったし，アジアにおける米国と中国・ベトナム等インドシナとの対抗は，西欧における「冷戦」とは質の異なるものであった。1949～50年に「冷戦がアジアに移った」のでは決してない。

第Ⅰ部　米国の大戦後世界経済戦略と資本主義経済の再生

　本章の課題は，米国の「アジア戦略」が「大戦後の世界経済戦略」の重要な一環をなしていたということを分析の基軸に据え，この「アジア戦略」の特質とその展開を解明するとともに，米国の「アジア戦略」の強引な遂行・強化が「アジア戦略」の破綻によって米国の「世界経済戦略」の行詰り・破綻を生みだす主要因となる所以（第Ⅱ部）を明らかにすることである。本章では，第5章の「米国の援助と西欧の資本主義的再生・発展」と比較することによって本章の課題の解明を鮮明にするよう心掛けた。また上のような問題設定によって，米国の新しい「アジア戦略」の拠点として急速に復興・発展を遂げていった日本資本主義の西欧資本主義との差異，日本の政治・経済の特質・歪みを明らかにすることを意図している。

　　　　米国がアジア戦略で対象としたのは，「東アジア」，「東南アジア」であり，これらがアジアと略称される。以下ではこれに従う。「東アジア」は日本，中国，香港，マカオ，台湾，韓国，北朝鮮であり，「東南アジア」はベトナム，ラオス，カンボジア，タイ，ビルマ（現ミャンマー），フィリピン，ブルネイ，マレーシア，シンガポール，インドネシアである。

　米国の「アジア戦略」についてあらかじめ注意しておく必要があるのは，アジアと西欧との大きな違いである。西欧では連合国の主要国も枢軸国もともに資本主義国であった。したがって米国はマーシャル援助でこれら諸国を資本主義として再生させることによって，IMF・GATT体制を構築し，自由な資本制的市場を創出しようとした。西欧では米英側とソ連とが対決した。
　これに反しアジアでは大戦前，資本主義国は日本のみで，アジアの大半は19世紀前半から長い間西欧列強によって植民地・従属国，あるいは半植民地として支配され，特定の農産物の強制栽培や資源採掘が行われ，工業化は著しく遅れ，住民は貧窮に喘いでいた。戦争中には日本が侵攻・占領し，日本の敗北後に独立が相次いだが，旧宗主国が植民地保全を求めて長期にわたる戦争を行い，中国では大戦終了直後から国民政府と共産党との内戦が生じた。

第 6 章　米国の「アジア戦略」とアジアへの介入強化

# 第 1 節　「アジア戦略」の破綻と日本を拠点とする「アジア戦略」再編

　1931 年 9 月日本関東軍は中華民国奉天（現瀋陽）郊外の柳条湖で南満州鉄道線路を爆破（「満州事変」），武力侵攻を拡げ，日本は満州国建国の後，37 年 7 月盧溝橋事件で中華民国に対し全面的な戦争を始め，長期にわたって対中国侵略戦争を続けた。米英ソは中華民国（総統蔣介石）を各種「援蔣ルート」によって援助した（大戦勃発後，日本軍により英国・ソ連のルートは途絶）。日本が米英と開戦した 41 年 12 月，中華民国は日本に対し正式に宣戦布告をし，連合国に参加して連合国の主要国となった。ルーズヴェルトは中華民国を優遇し巨額の援助を行った。ポツダム会談は米国，英国，ソ連で行われたが，日本に対する「ポツダム宣言」には連絡をして中華民国が署名をした。国際連合では中華民国は常任理事国に入った。大戦後に中華民国を「アジア戦略」の拠点としようという米国の意図の現れである。

### 中国革命・朝鮮戦争，米国の「アジア戦略」の破綻

　日本の敗北後，日本の侵略戦争に対して共に戦った蔣介石の国民党の国民政府と中国共産党との対立が深まって，1946 年 7 月以降長期にわたって熾烈な内戦が続いたが，米国の国民政府支援にもかかわらず，49 年 10 月 1 日共産党勢力が勝利し，中華人民共和国が成立した。米国の中華民国を拠点とするアジア戦略の完全なる破綻であった。

　中華人民共和国の成立した翌 1950 年 6 月 25 日，朝鮮戦争が勃発した。朝鮮半島では日本の敗北後，北緯 38 度を境界とし北はソ連軍，南は米国軍が進駐し 48 年 8 月南に「大韓民国」（略称韓国）が成立，48 年 9 月北に「朝鮮民主主義人民共和国」（俗称北朝鮮）が成立したが，主権をめぐって南北の対立が続き，境界線では紛争が絶えなかった。6 月 25 日，北朝鮮軍は南北境

界線の北緯 38 度線を越えて韓国へ侵攻し，一挙に南端にまで侵攻していった。

　北朝鮮軍の韓国侵攻に対し，米国は国連安全保障理事会（ソ連は欠席中）の決定によって「国連軍」という形をとって，マッカーサー元帥を国連軍最高司令官に任命した。国連軍の目的は侵略の阻止であったが，マッカーサーの率いる「国連軍」（大多数が米軍，費用は米国負担）は 38 度線をはるかに越えて北進し怒濤の勢いで中国国境にまで迫り，マッカーサーは中国に対する攻撃と原爆使用を唱えた。これに対して大量の中国人民義勇軍が参戦し米軍を南へ追撃し，米軍は敗走した。トルーマン大統領は 1951 年 4 月マッカーサーを罷免して休戦に持ち込み，7 月休戦会談が始まる。その後も米国空軍は北朝鮮に激しい爆撃を行うが，53 年休戦協定が調印された。

　　朝鮮戦争勃発において，北朝鮮が韓国の李承晩政権の腐敗と弾圧に対し朝鮮統一を実現しようとして 38 度線を越えて朝鮮半島南端にまで侵攻したことは明らかな事実である。「国連軍」はこの侵略を阻止するためのものであったが，しかしマッカーサーが 38 度線をはるかに越えて中国国境にまで迫っていき，中国侵攻，原爆使用を唱えたことで戦争が朝鮮半島全体に及び，世界戦争の危険をも孕むものとなったのである。
　　トルーマン大統領はこれをマッカーサーの「独断」としてマッカーサーを罷免して休戦会談に持ち込んだ。しかし後に米国公式文書で，戦争勃発直後に「現状回復」から「現状変更」への決定を国務省の文官たちが行って，これを国務長官が承認していたことが明らかになった。米国は北朝鮮軍の南への侵攻の機会を利用して朝鮮半島での軍事的支配領域を拡大しようという意図を持っていたといえる（井村喜代子『現代日本経済論』）。

　世界史で"1949 年秋"と呼ばれる 2 大事件＝ソ連の原爆実験成功と中華人民共和国成立，および 50 年の朝鮮戦争勃発は，アジアにおける緊張を一挙に高めた。ヨーロッパの冷戦がアジアに移ったといわれるが，しかしヨーロッパでの米国，英国とソ連との冷戦とは異なって，中国，ベトナムは，民族解放・独立を掲げて，独自の路線で闘っていた。

第6章　米国の「アジア戦略」とアジアへの介入強化

### 台湾を「中華民国」，中華人民共和国を国際社会から徹底排除

中国革命勝利の直前，米軍は敗れた蔣介石と一部残存兵士を護衛して台湾へ逃亡させ，米国政府は台湾に逃れた崩壊状況の国民政府を「中華民国」を継承するものと見なして承認し，国連常任理事国の「中華民国」の地位を継承させた。これによって，このとき以降「中華民国」は台湾の国民政府の統治する「国」となる（国民政府は台湾を実効支配したが，それが領有・統治しているという根拠は明確でないので，「国」と見なせるかは疑わしい）。

米国は中華人民共和国に対しては徹底的に軍事包囲し全面的経済封鎖を続け，朝鮮戦争勃発後は中国を侵略国として国際社会から完全に締め出し，国連加盟をも阻止し続けた。このことは長い間アジア諸国を分断し，アジアでの各種の対立・紛争・戦争を惹起することになった。米国の中国に対する国際的排除・国連加盟阻止は1971年，ニクソン米大統領の中国訪問公表（ベトナム戦争からの撤退処理のため）まで続けられた。

### 日本を拠点とする新しい「アジア戦略」の確立

米国は中国革命成功に対し，1949年12月の国家安全保障会議（NSC48/2）で，アジアにおける共産主義勢力拡大の阻止，反共集団安全保障体制の確立を決定した。米国は最初アジアでもNATOに似た集団安全保障・共同防衛体制を考えていたが，アジアでは侵略戦争を行った日本との協同への反対が根強いため，各国別に安全保障・相互防衛条約を締結することにした。

### 「反共の防壁」に――日本との講和条約・日米安保条約

日本はすでに見たように，原爆投下および無差別絨毯爆撃によって大半の都市・住宅は破壊され尽くし，経済活動は壊滅状態に陥った。鉱工業生産指数（1935〜37年＝100）は敗戦直後10以下に落ち込み，46年9月に30.4，47年2月になってもなお24.7であった。膨大な失業発生に復員・引揚者が加わり失業者は推計1300万人に上り，同時に戦後インフレーションが激化し，国民は文字どおりの飢餓的状況に陥っていた。

敗戦後日本は連合国（軍）に占領されたが、事実上は米国（軍）による単独占領であった。米国の初期占領政策の基本は軍事力破壊・非軍事化であり、そのための「民主化」であったが、1948年1月6日、ロイヤル米国陸軍長官は対日占領政策の基本課題の「変更」を公式に発表し、米国は今や「自立すると同時に、今後極東に生ずべき他の全体主義的戦争の脅威に対する制止役（deterrent）として役立つほど充分に強くかつ充分に安定した自足的民主政治を日本に建設するという……」目的へと「変更」したという（deterrentは一般に「防壁」と訳され、このロイヤル声明は「反共の防壁」声明と呼ばれている）。米国による西側ドイツの占領政策の転換とほぼ同じ時期である。

米国は日本との講和＝占領終了の後も日本の軍事基地を半永久的に利用することを望んでいたが、これに対しては日本の侵略戦争による最大の被害国の中国をはじめアジア諸国、ソ連が反対するため、米国は日本との講和を長い間行おうとはしなかった。日本は無条件降伏し、いっさいの反抗をしなかったにもかかわらず、6年8ヵ月にわたって占領されていた。無条件降伏後におけるかかる長期占領は歴史に例を見ないことである。

ところが朝鮮戦争勃発によって、米国は中国を侵略国として排除して日本との講和を実現できると判断して講和を急ぎ、1951年9月8日、49ヵ国と「日本国との平和条約（Treaty of Peace with Japan）」（通称講和条約）を締結し、同日「日本国とアメリカ合衆国との間の安全保障条約（Security Treaty between Japan and the United States of America）」（通称日米安保条約）を締結した。講和会議に中国は招聘されず、インドは米国の日本駐留・中国排除の講和に反対して出席を拒否、ビルマは賠償が明記されていないため出席を拒否、ソ連・東欧諸国は講和会議に出席したが修正案を拒否され退席し、調印式を欠席した。講和条約によって、北緯29度以南の琉球（沖縄）諸島等を本土から切り離して米国の施政権下に置くことが決まった。日米安保条約は米軍駐留の「規律」に関する「日米行政協定」も明らかにされないまま日本の国会で可決された（翌年調印された「日米行政協定」は米国の特権を認め、刑事裁判等での治外法権的な不平等関係を認めるものであった）。日米安保条約「前文」によ

り，日本の自衛力の増強が進められていく。

　日本国内では戦争を行ったすべての国との間で平和関係を回復する"全面講和論"が国民のかなりの支持を集め，"全面講和"と軍事基地提供反対の運動が拡がったが，"朝鮮戦争ブーム"が政府の"片面講和"への助けとなるもとで，政府は講和条約・日米安保条約締結を強行した。

　しかも日本政府は米国の要求に従って，講和条約・日米安保条約の発効する翌1952年4月28日，「日本国と中華民国との間の平和条約」に調印し，「中華民国＝台湾」と国交を回復した。これによって日本は中華人民共和国に対して戦争終結の法的手続きをとらないで，戦争の謝罪も賠償もいっさい行わないまま，長期にわたって敵対関係をとり続けていく。このため中国残留孤児問題等が長い間放置される。日本の敗戦後における米国追随の極みである。

　　　講和条約・日米安保条約の締結直後，ダレス米国特使が台湾との講和条約締結を要求し，吉田首相はこれを国民に知らせないまま秘密裡に確約していた。

　講和条約・日米安保条約発効で日本の占領は終了したが，中国，インド等のアジア諸国を除外し，中国に対し謝罪も賠償もせず敵対関係をとったもとでの，国際社会への復帰であった。


## アジアの反共体制の構築

　米国は日本との講和条約・日米安保条約の締結後ただちに，1951年8月30日フィリピン共和国との相互防衛条約を締結，同年9月1日オーストラリア，ニュージーランドとの3国間安全保障条約（アンザス条約）を締結，53年10月1日には大韓民国との相互防衛条約を締結し米軍の韓国駐留永続を保証させた。こうして米国支配下で日本を拠点とする反共安全保障体制が確立されていった。

　米国は朝鮮戦争勃発の直後，西欧復興援助の方式を解消して，対外援助と安全保障・防衛力整備を結合する「相互安全保障法（Mutual Security Act：

MSA)」を制定し，これをアジア諸国の援助に適用した。

ここで注目されるのは，対外援助の主題が援助による防衛力の創出・強化であり，西欧援助による資本主義的再生と根本的に異なることである。

## 第2節　米国のベトナムへの介入強化，アジア・アフリカ会議

東南アジアでは，太平洋戦争中に日本が軍事侵攻し西欧の旧宗主国を駆逐した後に敗北したため，日本の敗北とともに植民地の独立が相次いだが，旧宗主国が植民地領有を求めて戦闘を始め，激しく長い戦争が続いた。1945年オランダ領東インドで「インドネシア共和国」が独立宣言をしたのに対し旧宗主国オランダが植民地保全のための戦闘を始め，長い戦闘の後49年にオランダが独立を容認した。旧フランス領インドシナ（ベトナム，ラオス，カンボジア）では45年「ベトナム民主共和国」樹立が宣言されたのに対し，旧宗主国フランスが戦闘を始め熾烈な「第1次インドシナ戦争」が続いた。

### "ドミノ理論"とベトナム介入の強化

米国は中華人民共和国成立，朝鮮戦争の後，1952年国家安全保障会議（NSE124／2）で「東南アジア」が天然ゴム，錫，石油，その他の重要な戦略物資を豊富に産出することを強調し，この「東南アジア諸国のうち」「一国が失われれば，恐らく同地域の残りの諸国も比較的速やかに共産主義に屈服するか，または共産主義に同調することになるだろう」と"ドミノ理論"的主張を唱えた。前半の部分は大戦中からの米国のアジア戦略の主張であるが，この時期にドミノ理論的主張によって東南アジアへの介入の正当性を述べているのが注目される。

ダレス国務長官顧問（1950年4月就任）は強い反共主義者でドミノ理論（domino principle）の主張者であったが，53年1月発足したアイゼンハワー政権で国務長官に就任し，これを積極的に主張した。アイゼンハワー大統領

は54年4月7日，インドシナが共産化すれば，ドミノ倒しの牌が倒れるように東南アジアの周辺諸国が共産主義に陥るだろうと述べたが，大統領が「ドミノ」という表現を用いた点で注目された。

1954年7月，フランス軍がディエンビェンフーで敗北し，フランス軍撤退と民族自決権を決めたジュネーブ協定が締結され，ようやく「第1次インドシナ戦争」が終焉したが，米国アイゼンハワー政権はこの国際協定の調印を拒否し，単独でゴ・ジン・ジェムの「ベトナム共和国」（南ベトナム）の援助に乗り出し，ジュネーブ協定で定められたベトナム統一選挙をボイコットすることを支持し，ベトナムへの政治的・軍事的介入を強めていった。

このベトナムへの政治的・軍事的介入の拡大は，米国の東南アジアに対する支配力拡大の意欲がいかに強いものであるかを如実に示すものである。

**アジア・アフリカ会議，平和10原則**

アジアでは大戦後に植民地支配・従属地域支配から独立した諸国において，大戦終了後にも続く軍事対立・戦争を抑止し，世界平和を求める動きが現れた。1954年インドのネール首相と中国の周恩来首相が会談して平和5原則を発表し，同年4月には，セイロン（現スリランカ）のコロンボでインドネシア，インド，パキスタン，セイロン，ビルマ（現ミャンマー）の首相5人が会談し，アジア・アフリカ会議が提唱された。

1955年4月18日，インドのネール首相，インドネシアのスカルノ大統領，中華人民共和国の周恩来首相，エジプトのナセル大統領が中心となって，植民地支配から独立した29ヵ国の首脳が集まって，インドネシアのバンドンで「第1回アジア・アフリカ会議（Asian-African Conference）」（通称バンドン会議）を開催した。

会議では大戦終了後に激化した軍事対立・戦争を批判して，「世界平和と協力の推進に関する宣言」（平和10原則）を採択し，「基本的人権と国連憲章の主旨と原則を尊重」，「すべての国の主権と領土保全を尊重」，「すべての人間の平等と大小すべての国の平等を承認」，「他国の内政に干渉しない」等を

掲げた。

　植民地・従属地域から独立した国々だけが，先進資本主義諸国とソ連を除外して結集したことは世界史上初めてであったうえ，この会合は米国（西側諸国），ソ連（東側諸国）のいずれにも属さない第3の立場をとったこと，「国連憲章」の原則を尊重すべきと提唱して大戦後10年の大国のあり方を根本的に批判したことで，大戦後の世界の歴史に刻まれる画期的な意義を持つものといえる。

　米国はアジア・アフリカ会議の動きに対し，これらの結束を崩し，これら勢力を抑え込むために，アジアへの軍事介入を深めていった。アジア・アフリカ会議の開催された1955年の10月，米国はジュネーブ協定調印を拒否して「南ベトナム」への援助・介入を進めた。

　インドネシアではアジア・アフリカ会議の中心人物のスカルノ大統領が1965年のクーデターで失脚した。65年「9月30日」の少数左派の軍事クーデターに対し，スハルト（軍人）たちの右派軍部がこれを倒して大規模軍事クーデターで権力を掌握，史上例を見ない規模の大量虐殺によってアジア最大であった共産党勢力を完全に消滅させた。この大虐殺に米国CIAが関与したとの報道がかなりあるが，米国の公式発表はなく，今なお真実は不明である。68年にスハルトがスカルノに代わって正式に大統領に就任，米国はこれを歓迎し，両国の親密な関係が続く。

### ベトナム介入の強化

　米国は1960年代に入るとベトナムへの軍事介入を深めていく。1961年11月，米国国家安全保障会議はベトナム介入の拡大を決定し，直接戦闘に参加できる「ベトナム軍事援助司令部（Military Assistance Command in Vietnam：MACV）を設置し，南ベトナムへの軍事援助を強化して，ベトナム戦争への途を歩み始める。

　朝鮮戦争勃発によって「対外軍事支出」の急増，アジア向け「対外援助」の拡大から米国の国際収支は赤字に転じ，その後アジアの安全保障体制確立

のため関係諸国への「対外軍事援助」が拡大し，対外軍事支出も続き，国際収支悪化要因を拡大し，米国からの金の持続的流出とドル不安を助長しIMFの基礎を揺るがしていく（→第Ⅱ部）。米国の強力なアジア介入〜ベトナム軍事介入が，IMF体制の動揺・米国の世界経済戦略の行詰りをもたらす事態の始まりである。

## 第3節　日本の資本主義的再生，アジアにおける日本

　日本は朝鮮戦争において，繊維と鉄鋼・金属製品を中心に巨額の「特需（special procurement）」と輸出拡大によって"朝鮮戦争ブーム"を享受し，外貨保有高は1949年12月末2.3億ドルから52年末には11.4億ドルへと急増した。

> 特需は，①駐留米軍による戦争のための物資・サービスの日本国内での購入，②米国防衛分担金（ドル払い）による買付け，③米軍等の将兵・家族の日本での個人消費分。①は狭義特需，①②③は広義特需。一般には広義特需が使われる。

　米国が講和に際し日本に要求したのは，軍事基地の半永久的使用と，日本が米国（軍）のアジアでの行動に必要な物資を安価に生産・供給するとともに，アジア諸国に対し経済援助を行うことができる資本主義国となることであった。

　日本政府は講和条約の後，革新的技術導入・新鋭重化学工業確立のため，国際取引の制度と国内産業の手厚い保護・育成の体制を構築していった。

> 政府は「外国為替及び外国貿易管理法」（通称外為法，1949年12月公布）によって，国家が貿易為替・外貨を全面的に管理し，国家が外貨の集中と割当てによって貿易をも管理することを可能とし，「外資に関する法律」（通称外資法，50年5月公布）によって外国資本導入を促すために外国投資家に対する収益金と元本償還金の対外送金を保障した。国内経済政策体系を整備

し，財政投融資，長期設備資金の供給体制（政府金融機関・民間長期信用銀行），租税特別措置，「独占禁止法」の大改正（独占的行動の大幅容認）を行った。同時に，経済全般についての「長期的経済計画」，重要産業に対する「産業振興政策」の策定等を実施した。

　日本は政府の強力な政策のもと，1955年以降，米国を中心とする外国技術の導入によって本格的な大量生産を行う革新的な機械設備体系・化学装置体系を新設し，「技術革新」・「新鋭重化学工業」確立を一挙に実現した（なお「新鋭」というのは日本にとっての「新鋭」であって，米国ではすでに普及していた重化学工業である）。中枢重化学工業の鉄鋼業では大型高炉，純酸素上吹転炉（LD転炉），ストリップ・ミル等を備えた新鋭巨大臨海製鉄所，電力業では巨大容量の新鋭火力発電所，電気・電子産業では各種民生用電気機器・産業用機械・通信機器の量産体制が構築された。数年遅れて，新産業の石油化学産業で巨大石油化学コンビナートが新設され，自動車産業では量産体制の乗用車専用工場が新設された。

　これら革新的技術のほとんどすべては外国技術の導入によるものであったので，各生産部門の複数巨大企業が競って外国技術を導入し巨大固定設備投資を実施していった（ある国内企業が革新技術を開発したのであれば，開発企業が開発技術を独占的に利用するので固定設備投資の群生は起こり難い）。このため日本の新鋭重化学工業は「巨大数社の競合する寡占部門」となり，各部門で巨大規模の固定設備投資が一大群生した。民間設備投資の対前年増加率は高い年では1956年55％，57年35％，60年44％，61年41％であり，西欧で設備投資がとくに活発であった西ドイツを大幅に上回っていた。この固定設備投資の群生を軸として，55年以降，驚異的な高度成長が実現し，GNPの実質成長率は55～64年度平均10.1％であり，西欧第1位の西ドイツを上回る高さである。

　日本政府の目指したのは，資源・素原料および（米以外の）食糧・エネルギーを全面的に輸入に依存し，新鋭重化学工業を中心に生産設備・装置・工業製品のほとんどすべてを国内で生産し，新鋭重化学工業製品の輸出拡大に

よって貿易収支の黒字基調を実現する構造であった。

　政府は外貨の優先割当てで革新的な機械・装置の輸入を促し，その後は外貨の割当制限によってこれらの国内での生産を促し（1号機輸入，2号機国産）主要な産業用機械・装置・部品のほとんどを国内で生産できる体制を確立していった。これは設備投資が生じたばあい，国内産業において需要・生産の相互誘発を生む構造である。主要な産業機械の多くを輸入に依存せざるを得なかった戦前との差異は決定的である。

　日本には戦前からの優れた技術者や勤勉で技能習得力の高い労働者が存在しており，外国技術の導入・消化による新鋭重化学工業確立を支えた。戦後の農地改革が生み出した大量の零細自作農（農業所得での家計費充足不能）から子弟＝新規学卒者をはじめ家族従業員が大量の低廉な労働力を供給していった。農業就業者は1950〜65年に524万人減少，全就業者に占める比重は50年45.2%から65年22.8%となる。農業外での雇用者の大幅拡大は消費市場の拡大によって新鋭重化学工業の最終需要拡大に貢献した。

　新鋭重化学工業の巨大企業は，戦前からの長期雇用制・年功序列制を技術革新に対応するよう再編成し，本採用者と臨時工・社外工を組み合わせる制度を確立・強化するとともに，戦前来の中小零細企業を利用する下請制を，技術革新に適応するように再編・強化していった。

　だが技術革新・新鋭重化学工業確立を実現したにもかかわらず，その輸出は厳しかった。造船業だけは軍艦製造能力を生かして超大型タンカー・大型専用船を中心に輸出を拡大，1956年に進水実績世界一となり，60年代の世界の船舶需要拡大期に輸出をさらに拡大した。

　新鋭重化学工業の輸出困難を救ったのは，革新技術トランジスタを応用した新製品開発である。最初は東京通信工業（後のソニー）が米国から導入したトランジスタの製造技術を改良しそれを応用したトランジスタ・ラジオを開発し（1954年9月1号機），続いて世界最初の小型ポータブル・テープレコーダー，8インチ型ポータブル・テレビを開発（60年），小型化・高性能化・低廉化によって国内外の需要を爆発的に拡大した。早川電機（後のシャープ）

はトランジスタ電卓を開発（64年），その直後にMOS型IC利用の電卓を開発，世界の市場を席巻した。優れた技術者，勤勉で技能習得力の高い労働者に基づく日本伝統の「もの作り」の成功であり，この新製品開発の特質はその後も引き継がれていく。

以上について詳しくは井村喜代子『現代日本経済論』を参照されたい。

### アジアにおける米国と日本

日本は米国のアジア戦略の拠点として資本主義的再生と急激な発展を遂げていったが，米国の復興援助による西欧資本主義の再生・発展とは大きな違いがある。

アジアは長い間西欧諸国の植民地・従属国として，貧窮と経済未開発のもとに置かれていたうえ，米国の中国に対する国際的排除・完全な経済封鎖とベトナム介入によってアジア諸国相互間での経済・貿易は分断されていた。

こうしたもとで日本は「単独」で「直接」，米国に結び付き，軍事的にも経済的にも米国に全面的に依存し，米国のアジア戦略に完全に追随し，台湾と講和条約を締結して中国に対して敵対視し，米国のベトナム介入を全面的に支持していった。日本はアジア諸国との経済交流・貿易拡大の途を自ら遮断していき，アジアでの「孤立した国」となった。日本には，西欧諸国・西ドイツのようにOEECの域内貿易取引と国内生産との相互拡大の関連もなかったし，米国に対して結束して対処する関係もなかった。

したがって新鋭重化学工業確立によって輸出拡大を図ろうとしても，アジアで貿易拡大を進める途は厳しかった。

日本の対米輸出額は1955年4億4800万ドル（輸出総額に占める対米輸出比率22.3%）から64年18億4200万ドル（27.6%）へと約4倍に拡大するが，米国からの輸入額は55年7億7100万ドル（対米輸入の比率31.2%）から64年23億3600万ドル（29.4%）へと拡大し，対米貿易の赤字はそれ以前よりも拡大し，55年△3億2200万ドル，64年△4億9500万ドルを続けている。

この赤字をアジア貿易で埋め合わせるが，それは日本政府の戦争に対する

賠償・無償経済援助，および米国のアジアに対する援助によるドル散布に依存するものであった。日本政府は1955年以降，東南アジア諸国に対し戦争の賠償および無償経済協力・贈与を拡大し，これによって日本の輸出拡大を実現していき，58年以降には政府ベース借款＝円借款供与が行われた。これらの多くは"ひも付き"であって，日本の資金供与によって日本からの輸出を拡大したのである。いま1つの輸出拡大は，米国のアジアに対する対外軍事支出と対外援助の資金に基づいた日本の輸出拡大である。だが，日本の貿易全体は，新鋭重化学工業確立による生産力向上と輸出拡大努力にもかかわらず，貿易収支は赤字を続ける。日本でトランジスタ・ICを応用した新製品開発がなかったならば，日本の輸出低迷・貿易収支赤字ははるかに深刻となっていたであろう。

　日本は，1963年2月GATT「11条国」移行，64年4月にIMF「8条国移行」とOECD（Organization for Economic Cooperation and Development，経済協力開発機構）への加入を果たし，貿易収支・国際収支改善に総力をあげる。

　しかし日本の貿易収支が黒字基調になっていくのは，1965年からの米国のベトナム戦争によって日本の輸出が米国，ベトナム周辺地域に対して激増していくもとでのことである（→179頁）。

　なお，西ドイツは朝鮮戦争下で急速な経済復興を遂げ，50年末には早くも貿易収支黒字を達成し，外貨保有を拡大し，53年に西欧諸国とともに交換性を回復していった。日本との差異は大きい。

# 第 II 部

# 大戦後資本主義経済の行詰り

――経済停滞化，ベトナム戦争，
　　IMF 体制崩壊，変動相場（制），
　　　　スタグフレーション――

# 序　第Ⅱ部の課題と分析視角

　第2次世界大戦後，圧倒的な軍事力・経済力を持った米国が自国および諸国の資本主義経済を再生させていき，資本主義諸国はその基礎上で高度成長・高雇用を実現していったが（→第1部），しかしこれは長くは続かなかった。

　1957・58年，米国では経済の停滞化と「金」の持続的流出・国際収支悪化が始まるが，これらはベトナム戦争強行によって深刻化し，70年代初めに金ドル交換の停止～IMF体制の崩壊，変動相場（制）移行を経てスタグフレーションに陥った。

　IMF体制の崩壊は，米国が大戦後資本主義経済の安定・発展を支える基礎として構築した体制の崩壊であって，その後は，ドル・為替が絶えざる変動・リスクに晒され，膨大な投機的金融活動が常態化する事態となった。

　経済停滞とインフレが重なり合い，有効な国家政策が無くなってしまったスタグフレーションの出現は，大戦後資本主義経済が行き詰まってしまったことを示すものであった。

　大戦後の資本主義経済の再生は米国の世界経済戦略によって実現されたが，大戦後資本主義経済の行詰りもまた米国の世界経済戦略によって生み出されたものであった。

　第Ⅱ部の課題は，大戦後資本主義経済が1957・58年以降なぜ，いかにして行き詰まり，スタグフレーションに陥ったのかをできるかぎり理論的に解明することである。この過程はきわめて複雑な展開を遂げるので，あらかじめ第Ⅱ部の構成と分析の基礎視角を示しておく。

第Ⅱ部　大戦後資本主義経済の行詰り

ドル防衛策（第1章），経済停滞化と国際収支悪化，景気回復政策（第2章）

　まず1957・58年に，大戦後の米国経済の発展が停滞の長期化に転じるとともに国際収支赤字拡大が始まったこと，これに対し政府が景気回復政策・ドル防衛政策を打ち出すが，事態は解決されずにインフレが台頭することを解明する。

ベトナム戦争，ドル信認低下の深化，インフレ加速（第3章）

　1965年以降の米国のベトナム戦争の強行と敗北は，国際収支悪化・ドルの信認低下を格段と深化させ，インフレを加速し，金ドル交換を不可能にしていった。米国経済の行詰り・IMF体制崩壊の解明は，ベトナム戦争の役割の分析なしには不可能である。

金ドル交換停止・IMF体制崩壊の意義と帰結，米国の意図（第4章）

　金ドル交換停止・IMF体制崩壊は米国経済の行詰りによって余儀なくされたのではあるが，そこに米国の追い詰められた姿だけを見るのは大きな誤りである。注目すべきは，米国が大戦後に基軸通貨国としてその特権を享受してきたにもかかわらず，金ドル交換困難，IMF体制の動揺に対し，自国経済の建直しを図ることも，国際通貨安定化の対策を立てることもしないで，一方的に金ドル交換を「廃止」し「変動相場（制）」への移行を「選んだ」ことである。したがって金ドル交換停止・IMF体制崩壊については「米国の意図」を明らかにする必要がある。

「変動相場（制）」の理論的解明（第4章第2節）

　変動相場（制）は国家の介入する「管理された変動相場（制）」となるが，国家が介入しても為替をコントロールできず，ドル・為替は絶えざる変動に晒されるようになり，変動をめぐる投機的金融活動が膨大化・恒常化することになる。しかもIMF体制崩壊によって財政赤字，通貨供給・信用膨張に「歯止め」が無くなったので，景気対策のために財政赤字，通貨供給・信用

膨張が拡大を続けていった。

「変動相場（制）」移行は，国際通貨（体制）にとって，さらには資本主義経済全体にとって決定的な役割を果たしたので，「変動相場（制）」の理論的解明は第Ⅱ部での最重要課題である。

### スタグフレーション（第5章）

スタグフレーションは，以上の結果であるので，スタグフレーションの解明は以上の分析の綜合となる。これらの綜合によって，スタグフレーションがこれまでの資本主義で経験したことのない事態であることが明らかとなる。

以上の金ドル交換停止・IMF体制崩壊，スタグフレーションは「大戦後資本主義経済」の「一大変質」を生み出す基礎となるが，これは第Ⅲ部で明らかにする。

### 軍事技術・宇宙関連技術の開発，技術開発の歪み

以上の分析において，軍事技術開発を最優先してきた米国の技術開発の特徴と歪みを明らかにする必要がある。

米国の（非軍事）民間産業は1957・58年以降に革新的生産技術の枯渇・経済停滞に苦しむ。この57年，ソ連のICBM実験成功，人工衛星スプートニク打上げの衝撃（スプートニク・ショック）が生じたのに対して米国は総力をあげて軍事技術・宇宙関連技術の開発を進め，69年7月21日に世界初の飛行士の月面着陸に成功し，70年代には画期的な「ME技術革新」・コンピュータ革新を実現した。

人間の月面着陸に成功した米国で民間産業が革新的生産技術の枯渇・経済停滞に苦しむという現実は，大戦後軍事技術開発を最優先し，革新的技術のほとんどすべてが軍事技術開発から生まれたという米国の技術開発の歪みの現れである。

# 第1章

## 米国の国際収支悪化と対策
―― ドル防衛策と「金プール制」――

　米国の国際収支は朝鮮戦争勃発の1950年に赤字に転じ，国際収支赤字（流動性ベース）は50～56年の年平均15.2億ドルから，58年には33.7億ドルとなり，66年まで年平均26.5億ドルの大幅赤字となる。貿易収支，経常収支はベトナム戦争までは一応黒字を続けており，国際収支の大幅赤字の基本的原因は米国の莫大な対外（軍事）援助と対外軍事支出であった。50年代後半以降，民間長期資金の西欧に対する流出拡大がこれに加わる。

　他方，西欧主要諸国は1950年を境に貿易収支を黒字基調として高度成長を始め，ドル不足は一転してドル保有拡大に転じ，ドル保有額は累増し，58年12月，米国の要求してきた通貨の対ドル交換性が実現した。しかしこの58年は成長を遂げた西欧諸国が米国に対して累増する保有ドルを金と交換しはじめ，米国から金の連続的流出が始まる年となる。西欧諸国は通貨の交換性回復とともに資本取引の規制の緩和を始めた。英国は54年ロンドン (the City) の自由金市場を再開し，50年代後半にはユーロダラー取引がロンドン市場を中心に一挙に拡大し，投機的取引を含む国際資本取引が膨大化していった。

　1960年，米国の金準備額は金ドル交換の拡大によって178億ドルへと大幅に減少し，外国（公・民）の保有ドル総額（米国の「対外短期債務」）がそれを上回る213億ドルとなる。さらに65年には金準備高は138億ドルに減少したのに対し，外国の保有ドルは296億ドルに拡大し，しかもこのうちで外

国公的機関が即時金との交換を要求できる公的保有ドルが158億ドルとなって，米国の金準備額を上回るようになる（なお外国の公的機関保有ドルと民間保有ドルとは相互に流動的である）。IMF 体制では米国が豊富な金準備を備えて外国の通貨当局に対して金ドル交換を行うことが IMF を支える柱であったから，米国の金準備額に対して外国保有ドル額が上回ることは金ドル交換の不安を生み，さらに外国公的機関の保有ドルが上回ることは金ドル交換が困難となったことを示し，ドル信認を低下させていった。

1960年には，ロンドン自由金市場で金価格は純金1オンス＝40.6ドルへと高騰し，このことも IMF 体制の根幹をなすドル価値（金1オンス＝35ドル）の信認を揺るがしていき，ドル信認の低下を倍加していった。

米国政府はもはや放置できなくなり，1960年以降，緊急対策を打ち出していく。

## 第1節　米国のドル防衛策

1960年，米国の金準備額が外国の公的保有ドルを下回るようになるとともに，同年10月ロンドン自由金市場で金自由価格が高騰したため，同年11月，アイゼンハワー大統領が史上初めて「ドル防衛策」を打ち出した。ドル防衛策はドル（価値）の安定・金の価格の安定を図るもので，その中心は資本流出を抑制するための対外投融資の規制である（『ドル防衛白書』に詳しい）。アイゼンハワーの最初のドル防衛策の柱は，海外駐留軍の経費削減と，対外援助費における米国製品の調達（バイ・アメリカン）拡大による「ドル節約」である。翌年1月には米国の民間人の海外での金保有を禁止した。

ケネディ大統領は1961年2月「国際収支と金に関する特別教書」においてドルを防衛して金の公的価格を維持し，インフレ抑制・国内経済成長促進によって対外投資抑制と国際競争力強化を実現する政策を打ち出し，大胆な成長持続政策を実施した。国内景気は急速に回復したが，国際収支赤字は解

決できなかったので，ケネディは63年7月「金利平衡税（Interest Equalization Tax）」（時限立法）によって，米国居住者が外国証券を取得したばあいに課税して，米国と海外資本市場の長期金利差を平衡にし，米国からの資本流出を抑制しようとした。

ケネディ暗殺後大統領になったジョンソンは1965年2月に「金利平衡税」の延長と適用範囲拡大を決め，3月，銀行融資その他金融機関についてのガイドライン，企業の海外投資のガイドラインを設定した。68年1月にはジョンソンは民間企業の海外直接投資を制限する政策にまで踏み切る。他方，ベトナム戦争によって膨大化する対外（軍事）援助・対外軍事支出に対し，対外援助におけるバイ・アメリカン（ひも付き援助）を徹底し，対外軍事支出（マイナス）を埋め合わすために武器販売・軍事サービス供与（プラス）の拡大を強力に推進した。

以上のドル防衛策の柱である対外投融資規制は，直接投資以外の長期資金流出の抑制であったが，しかし1960年代以降には米国巨大寡占企業が「多国籍企業」として西欧諸国に直接進出し，この「多国籍企業」の大躍進が米本国企業の輸出市場を奪い本国での生産力向上のための固定設備投資を減退させ，国際収支悪化を促すことになる。

なお武器輸出・軍事サービス販売（プラス）の拡大が対外軍事支出（マイナス）拡大を埋め合わせたので対外軍事支出収支の赤字は頭打ちとなるが，効果は限定的であった。

結局，「ドル防衛策」は国際収支を改善することも，ドル（価値）の安定・ドルへの信認を回復することもできなかった。

「ドル防衛策」について注目すべきは，米国政府が「ドル防衛策」を強化しながらも，巨額の国防支出，対外軍事関連支出をさらに膨大化していったことである。アイゼンハワー大統領は1953年就任直後，国防支出の拡大化に対して核兵器に大きく依存する「即時大量報復戦略」（ニュー・ルック戦略）によってその節約を図ったが，57年ソ連によるICBM，人工衛星打上げ成功（スプートニク・ショック，ミサイル・ギャップ）に対し，NASA，ARPAを

設立し，国防費は 55 年 406 億ドルから 59 年に 465 億ドルに拡大し，対外（軍事）援助も 60 年以降拡大した。ケネディ大統領もインドシナを視野に入れて核戦略から特殊なゲリラ戦に至るまでを含んだ「柔軟反応戦略」を打ち出し，軍事支出増大を進める。ジョンソン大統領は「ドル防衛策」を強化すると同時に，ベトナム戦争突入によって一挙に国防支出・対外軍事関連支出を膨大化していった。このようなことではドル防衛策が国際収支改善，ドル信認回復を実現できるはずがない。

## 第 2 節　国際協力の要請・「金プール制」創設

　さらに注目すべきは，米国が「ドル防衛策」と同時に，西欧主要諸国に対して金価格安定のための国際的協力を要請し，1961 年 11 月，IMF 加盟の西欧主要諸国（英国，西ドイツ，フランス，イタリア，ベルギー，オランダ，スイス）とともに「金プール制（Gold Pool System）」を設立したことである。この背景は，ロンドン自由金市場での金価格が投機的取引によって，60 年 10 月に金 1 オンス＝41.60 ドルへ高騰したことである。
　ここで注意しておきたいのは，この自由金市場での金投機が，工業用や奢侈用金の投機ではなく，基軸通貨ドルの金価格（1 ドル＝金 1/35 オンス）をめぐっての投機だということである。それゆえにこそ，この自由金市場での金価格高騰はドルへの信認を揺るがし，米国に対して自由金市場の金価格を 1 オンス＝35 ドル以内に抑制するよう迫るのである。
　「金プール制」は，米国を中心に加盟諸国が割当てを決め，必要に応じて「金」を拠出することを条件にして，金自由市場に介入して金売買を行い，金の市場価格を 1 オンス＝35 ドルの上下許容範囲内に維持しようとするものである。米国が全体の割当ての半分を負担していた。
　「金プール制」の設立は IMF の基本をなす基軸通貨ドルの価値・金 1 オンス＝35 ドルが，国際協力によって支えなければならなくなったこと，を示

すものである。

　このような国際協力組織の構築は，IMFの歴史において，IMFの基本原理を破ったものとして決定的に重要な意味を持っている。IMFの基本原理は為替・貿易の管理・規制を撤廃し，ドルが金の機能を代行し，参加諸国が固定レートを維持することによって支えられるシステムであり，米国は大戦後，とくに西欧諸国に対して管理・規制の撤廃を強く要求してきたのである。米国がドル価値維持・金価格維持のためにかかる国際協力組織を作ったことは，自らが構築してきたIMFの基本原理を破るものである。

　米国がこのような「金プール制」を実現できたのは，ちょうど1961年に英国がポンド危機によって緊急に国際協力を求めたためである。同年1月，英国はポンド売り投機の殺到によってポンド危機に陥り，緊急救済が必要となったため，米国と英国が中心になって61年3月，西欧8ヵ国に米国が加わって，信用供与を行う国際的取決めに合意した。米国は英国とともにこの合意と併せて，「金プール」の合意を実現したのである。

　しかし金価格高騰の原因である米国の国際収支赤字累増，ドル信認低下，金ドル交換不安を解決しないで，「金プール」による金売買介入で金価格を維持しようとしても成功するはずがない。

　事実，「金プール」の発足によって1960年代前半に投機は一時沈静化したが，60年代後半には投機の活発化・金価格高騰に対する「金売り介入」によって米国は巨額の「金」を失い，「金プール制」は崩壊し「金二重価格」となり，これによってドルの信認は完全に失われてしまうのである（→181頁）。

　以上，1960年以降米国は「ドル防衛策」，「金プール制」によっても国際収支悪化，ドル信認低下を克服できず，根本的な解決を図る必要に迫られていたのである。

# 第2章

# 米国経済の停滞化，実体経済の行詰り

## 第1節　経済停滞化，成長政策，マイルド・インフレ

　1957・58年に米国の景気後退が生じたが，それは一時的な景気後退ではなく，主要産業における生産能力の構造的過剰化によって経済停滞化に陥ったことの現れであった。57・58年，第2次世界大戦後の米国の発展を担ってきた主要産業において設備過剰化が顕在化し景気は急速に下降していった。製造業の生産設備稼働率は55年90％から，57年84.5％，58年75.1％へと大幅に低下した。失業者は58年最悪時に544万人に上った。

　米国の大戦後の繁栄は，石油化学製品，乗用車，電気・電子製品を中心とする革新的な新製品・新産業が，大戦後の巨額の「繰延べ需要」と結合して新しい個人消費需要を爆発的に創出・拡大し，巨大規模の固定設備投資を群生させ，関連生産部門の生産拡大・設備投資を相互誘発し，雇用拡大・消費市場拡大を促すことによって実現されていったのである。しかし「繰延べ需要」が終わり，新しい国内消費市場の開拓が行き尽くして需要拡大は壁にぶつかってしまい，戦後の繁栄を牽引してきた基幹生産諸部門と関連生産部門は生産能力過剰に陥り固定設備投資は縮小していった。

　1957・58年景気後退は大戦後における独占資本主義固有の停滞基調と構造的失業の初めての現れである。このような経済停滞化を克服していくため

には，旧固定設備の廃棄を迫る革新的生産方法の開発か，あるいは新しい大規模市場を開拓できる新生産物・新産業の開発が，大規模な固定設備投資の群生によって関連生産諸部門に対し，大規模需要を誘発していく必要がある。しかしこの時期の米国には，大戦直後のような革新的な新生産物・新産業の群生は存在しなかった。

1957・58年の経済停滞化で注目されるのは，独占支配固有の「不況下での価格の下方硬直性」が大戦後初めて現れたことである。巨大寡占企業が深刻な不況下において独占固有の独占価格維持政策を保持したため，需要の大幅減少で生産能力が過剰に陥っているにもかかわらず卸売価格・消費者価格が下落しないで緩やかに上昇した。このことは経済停滞を深化・長期化させるものである。米国議会の上下両院の「合同経済委員会」は「新しいインフレーション問題」を取り上げて公聴会，研究者の報告会を行い，上院の反独占委員会（キーフォーバ委員会）は「管理価格（administered price）」について公聴会を開催した。

経済停滞化に対し，アイゼンハワー政権は軍事支出の大幅増大を中心とする政府支出増大によって景気回復を促す政策をとったが，景気は一時回復するものの，1960年後半以降には悪化し，失業者も再び増加した。

### 成長政策の登場

1961年に登場したケネディ大統領は，米国の国際収支悪化，国際競争力の相対的低下，成長率鈍化・経済停滞化という深刻な状態に直面し，経済成長と国際収支改善とを両立させるための大胆な景気回復・経済成長政策を打ち出した。すなわち「完全雇用財政余剰（full-employment surplus）」という基本概念によって，国家財政の均衡は完全雇用達成時に初めて実現されるべきであり，潜在的成長率を下回るもとでは財政収支黒字化は経済成長を抑制するのでこれをとらず，公共投資，大幅減税，財政赤字膨張と金融緩和によって景気回復・経済成長を実現しようという政策であった。加速度償却制による設備投資促進も盛り込まれた。

これが米国における最初の成長・高雇用政策の実施である。この政策によって雇用は拡大し失業率は1965年に4％に下落, 工業生産設備稼働率は90％を超え, 完全雇用・フル操業に近づき, 61〜65年の実質成長率は平均5.4％となるが, 価格上昇は抑制されていた。しかしこれは一時的な景気上昇であり, 一時的な価格安定でしかなかった。固定設備投資は, 西欧の中型乗用車の輸入激増に対してビッグ・スリーが中型車に乗り出して巨大固定設備投資を行ったことを除くと, 概して既存設備における生産増強のための部分的な設備補強・補修であった。

ケネディの経済成長政策は, 革新的技術の杜絶・生産力向上の低迷を建て直すことはなかったため, 景気を一時的に回復するのみで, この政策を継続すれば財政赤字拡大, 景気過熱, インフレを生み出すという限界を内包するものであった。事実, ジョンソン大統領がこの成長政策を継承するもとで, 緩やかなインフレ傾向が現れ, 「マイルド・インフレーション (mild inflation)」, 「忍びよるインフレーション (creeping inflation)」と呼ばれた。しかもジョンソンは「偉大な社会 (Great Society)」政策によって社会保険, 公的扶助, 教育支出を一挙に拡大するとともに, ベトナム戦争を強行していったので, 1960年代中葉, 米国は"大戦後最高で最長"と呼ばれた繁栄とともに, 財政赤字の激増, 景気過熱, インフレ加速, 貿易黒字激減を生むこととなる (→次章第2節)。

## 第2節　多国籍企業の躍進と本国経済への打撃

1950年代末以降, 米国の巨大寡占企業は「多国籍企業」として西欧諸国に怒濤のように進出していったが, このことは米国の経済停滞化を倍加する役割を果たし, 実体経済の行詰りを助長していくことになった。

20世紀初め〜第2次大戦前においては, 資本主義国の対外進出の中心は資源獲得を求めた植民地・従属地域に対する帝国主義的「垂直的」進出であ

った。他の資本主義国に対しては輸入制限を乗り越える直接投資・販路確保のための「水平的」対外進出がある（米国フォード社等自動車企業の西欧進出等）が、帝国主義対立下では資産凍結・資産喪失の危険のために制約されていた。

　大戦後、西欧資本主義諸国は廃墟となっていたので、しばらくの間は米国企業の対外直接進出はカナダ、中南米向けで低水準にとどまっていた。西欧主要諸国が復興・成長を遂げ1958年末に通貨の交換性を回復し、資本取引規制も緩和されたため、米国巨大寡占企業は西欧諸国に対し一挙に直接進出を進めていった。米国の製造業企業の海外直接投資残高は57年80億ドルから、65年193億ドル、70年322億ドルへとわずか10年余で4倍になった。

　巨大寡占企業の西欧諸国に対する直接進出は、これまでの直接進出とはまったく異なる「多国籍企業」としての進出であった。

> 「多国籍企業」の名称、定義は国際機関・各国機関で異なっており統一されておらず、名称は「Multinational Corporation：MNC」、「Multinational Enterprise：MNE」、「Transnational Corporation：TNC」とさまざまである。国連は「資産を2国ないしそれ以上の国々において支配するすべての企業（enterprise）」と規定し（1973年）、これに従って世界の該当企業を推計したが、あまりにも漠然とした規定でこれによる推計も莫大な数となり意味がない。
>
> 著者は独自の立場でその内容・特質を明らかにする。

　1950年代末以降、米国巨大寡占企業が西欧先進諸国に「多国籍企業」として直接進出した理由、これを可能にした根拠は何か。

　大戦後、圧倒的な生産技術の優位性と豊富な資金力を持った米国巨大寡占企業は、米国のマーシャル援助によって復興・成長を遂げる西欧諸国に対し直接投資を遂行することを待望していた。1958年の西欧諸国の通貨の交換性回復、資本取引の規制緩和は、それを現実的に可能にしたが、西欧諸国の方はEECの共同市場を形成し、域内経済交流強化・域外共通関税によって米国に対抗した。これが「多国籍企業」という経営戦略を生み出す基礎となった。米国巨大寡占企業は、このEECの強い域内結束・域内交流を利用してEECの「多くの国」にわたって生産・販売網を展開するという「多国籍

企業」の対外経営戦略を打ち出し,「多くの国」への直接進出によって域外共通関税を回避しようとしたのである。

そしてまた米国において早くから政治・軍事を中心に高度 ME 技術・コンピュータ技術に基づいた国際的通信情報網,情報処理機能が発展していたことが,かかる国際的経営戦略をとることを可能にしていった。これなしには米本国の本社,進出先の西欧諸国,世界（販路拡大先）にわたって,国際連携を持った「多国籍企業」戦略を構想することは不可能だったといえよう。

「多国籍企業」の基本的特徴は,数ヵ国にわたる進出先の諸国について原料・部品調達条件,労働力利用条件（賃金・公的負担金・労働能力・労働組合等）,租税,関税,独占禁止法等の法的規制,輸送・港湾設備等を検討して,最も有利な国において原料・部品の調達および各工程の生産,組立てを行い,製品の販売拠点や研究開発拠点を設置し,徹底的な効率化・コスト削減を図って,利潤の長期的最大化を目指すことにある。

米国「多国籍企業」の主要な産業は,自動車,新しい電子産業・コンピュータ,石油精製,食料・飲料品である。OECD 資料によれば現地子会社の EEC 内での生産総額に占めるシェアは 1966 年,米国が圧倒的技術力を持つ電子・コンピュータでは,集積回路 95％,コンピュータ 80％ をも占め,米国企業が価格支配力を掌握している。自動車は EEC 平均のシェアは 28％ で,英国では 50〜58％ である。石油精製では英国,西ドイツでのシェアは約 30％ 台である。

米国「多国籍企業」は現地法人子会社を設立し現地企業の買収を行うが,現地企業との合弁は限られており,完全な経営支配権の掌握を目指す傾向が強かった。

米本国巨大寡占企業・「多国籍企業」は,対外進出先では,進出先の相手国寡占企業の独占力（市場集中度・参入障壁）や寡占間協調・独占的価格支配の状況を勘案するとともに,自らの現地子会社の生産・販売のシェアと,当該製品の販売価格と需要拡大の関連を検討して,長期的に独占的利潤を最大化するよう行動する。そして本国の本社,現地子会社の全体として最も有利

な形で，本国，進出先それぞれでの独占的価格設定を行い，西欧および世界への販売拡大を行う。そして本国企業・現地企業それぞれでの利潤の配分や，その後の固定設備増設・生産規模拡大を決定していく。

こうして寡占企業は一国経済内における独占的価格設定・独占利潤獲得ではなく，本国・進出先諸国の諸条件を勘案して，全体として長期的な独占的利潤の最大化を行うように変容していったのである。このことは，巨大寡占企業の投資行動，経済停滞化への作用をも，一国経済だけではなく，本国・進出先諸国を含めたものとし，変化させていくことになる。

1957・58 年以降における米国経済の停滞化，その後の経済停滞下でのインフレ発生，賃金上昇は，「多国籍企業」が生産・販売活動のますます多くを本国から西欧現地子会社へと移していくことを促進していった。とくにベトナム戦争下での物価と賃金上昇の悪循環，インフレ昂進はこの移転を格段と加速した。さらにまた米国のドル防衛策が大きな役割を果たした。

### ドル防衛策と多国籍企業

1960 年以降における米国のドル防衛策は「多国籍企業」の西欧進出を加速するきわめて重要な役割を果たした。

第 1 に，第 1 章で見たように，ドル防衛策の主要な柱は直接投資以外の長期資金流出を抑制する規制であったので，1960 年代には米国からの直接投資以外の長期資金流出は頭打ちとなり，対外投資の中心は直接投資となり「多国籍企業」の直接進出が激増していった。

第 2 は，ドル防衛策が対外進出した「多国籍企業」に対して本国からの資金供与の途を絶ったため，「多国籍企業」がユーロ市場で巨額の資金調達・資金運用を行うようになったことである。「多国籍企業」は 1960 年代にはロンドン市場でユーロダラー取入れとユーロボンド（ユーロ債）の発行に依存して巨額の資金調達を進めていった。これに対応して 60 年代後半以降には，米国大手銀行がロンドンを中心に西欧へ進出し急激な活動を展開していった。米国「多国籍銀行（Multinational Bank）」である。米国「多国籍銀行」は米国

「多国籍企業」の利益や一時遊休資金の受入れと資金供与の業務を行い，「多国籍企業」と「多国籍銀行」とは相互促進的に急速に発展を遂げていった。このことは「多国籍企業」の活動が資金の調達・運用を含め，本国から西欧へと移っていくことを加速していった。

なお「多国籍企業」と「多国籍銀行」の躍進はロンドンのユーロダラー市場，自由金市場を活性化させるうえに重要な役割を果たし，投機的金融取引を急速に拡大した。他方，米国本国の国際的金融市場の沈滞，国際的金融活動の遅れを深化させていく。

### 「多国籍企業」の本国経済への打撃

米国「多国籍企業」は米国経済の動向を左右する存在となったが，注目されるのは，「多国籍企業」の躍進が米本国の経済停滞化，実体経済の行詰りを倍加・促進する役割を果たしたことである。

「多国籍企業」の躍進による長期資金流出が米国の国際収支悪化の要因だといわれることが多いが，しかし米国では1960年代以降には年々の長期資本流出額（直接投資額＋その他長期資金）を上回る対外投資収益があるので，この面では国際収支上にマイナスをもたらしてはいない。

「多国籍企業」の本国経済に対する最も大きい打撃は，進出した西欧現地子会社が西欧さらには世界に製品販売を大幅に拡げていき，本国企業の輸出市場を奪っていったことである。米国の製造部門の海外子会社の販売総額は1957年183億ドルから65年423億ドル，70年768億ドルへと激増した。この海外子会社の輸出額は57年には米国の工業製品輸出総額129億ドルの1.4倍であったが，70年には米国の工業製品輸出総額の実に2.4倍にもなったのである。

多国籍企業の現地子会社が，西欧での膨張する市場，さらにその他の国際市場を，米本国の企業から奪っていったのである。

また「多国籍企業」の現地子会社が西欧周辺地域へ拡大した輸出の多くは，米国の対外（軍事）援助資金を使って被援助国が購買したものであった。米

国はドル防衛策で，対外援助・対外軍事支出のバイ・アメリカン（ひも付き輸出）を奨励していたが，西欧の現地子会社が相対的に安い製品の輸出によって本国からの「ひも付き輸出」に取って代わっていった。

　米国の貿易収支黒字は1960年代前半に減少を始め，ベトナム戦争による輸入の急増で71年に赤字に転落し，金ドル交換停止を余儀なくされていった（第3章）が，この貿易収支黒字減少・赤字転落に対し，米国多国籍企業は大きな役割を果たしたのである。70年代後半以降には，「多国籍企業」の現地子会社が生産物の本国への逆輸入を始め，貿易赤字膨大化を生むことになる。

　米国多国籍企業の躍進は，米国の復興援助によって復興・成長を遂げた西欧諸国に対するものであって，米国の大戦後の世界経済戦略の成功の証しであったといえる。この多国籍企業の躍進が本国経済の停滞を促すようになったのである。これについては当時，国家が経済過程に大規模に介入する資本主義において，「国家の政策」と「資本制企業（寡占企業）の利益」とが背反するという問題として議論されてきた。しかし問題は大戦後，軍事力強化・軍事的支配を最優先して国防支出・対外軍事関連支出を累増し，国際収支を悪化させ一方的にドル防衛策を打ち出した「米国国家の政策」と「寡占企業の利益」とがぶつかったのである。大戦後における米国の世界戦略・世界経済戦略における軍事力強化を抜きにして，「国家」と「寡占企業の利益」との対立を一般的に論じることはできない。

## 第3節　技術開発の歪みと実体経済の行詰り

　米国の（非軍事）一般産業における革新的技術の途絶・実体経済の停滞の根底には，大戦後，政府・軍と民間が総力をあげて原子力・核をはじめ先端兵器開発・先端軍事技術開発を推進したことがある。米国の大戦後の画期的な技術開発のほとんどすべては先端兵器開発・軍事技術開発から生まれたも

第2章　米国経済の停滞化，実体経済の行詰り

のであった。この過程で，米国は世界に先駆けてマイクロエレクトロニクス（ME）技術を発展させ，ME 技術発展は軍事以外の一般産業の技術改良にも大きく貢献するが，しかし ME 技術の開発・発展が軍事中心に進められていったことは，一般産業における新しい技術開発，製造技術を歪めていったといえる。

## スプートニク・ショックと軍事技術開発・宇宙開発

1957 年 8 月のソ連の大陸間弾道ミサイル ICBM の実験成功，同年 10 月の史上最初の人工衛星スプートニク 1 号打上げ成功は米国に対し 49 年のソ連の原爆実験成功を上回るくらいの一大衝撃（"スプートニク・ショック"，"ミサイル・ギャップ論"）を与えた。これまでは米国が原爆，水爆等を史上最初に開発してきたが，今回はソ連が米国よりも早く ICBM，人工衛星を開発したのであり，これによる核攻撃力はそれまでの米国の核戦略を無効にするものだったからである。

これに対して米国議会はただちに米国の安全保障と技術の先駆性が脅威に晒されていると警告し，アイゼンハワー政権は根本的な対策を検討し，1958 年 7 月旧来の組織 NACA に代わって，大統領直属機関として新たに「米国航空宇宙局（National Aeronautics and Space Administration：NASA）」を設立し，宇宙開発，航空技術を担当させることにした。同時に軍事技術開発のためにあらゆる分野での最先端技術の研究・開発を吸収・利用する目的で，大統領と国防長官の直轄組織として「高等研究計画局（Advanced Research Projects Agency：ARPA）を設置した（72 年に Defence Advanced Research Projects Agency：DARPA に改称）。米国ではそれまで陸海空軍がそれぞれ民間研究所と連繋し独自に航空・宇宙関連の軍事的技術の研究・開発を進めていたが，これらをすべて国家の直轄組織 NASA・ARPA として一元化し莫大な資金を供与し，国家の威信をかけて総力をあげることにしたのである。

　　NACA（National Advisory Committee for Aeronautics：米国航空諮問委員会）は 1915 年第 1 次世界大戦中に戦争関連技術推進のため米国連邦政府

161

機関として創設され，大戦中・大戦後，時代の要請に応じて航空関連の技術開発を進めてきた。NASA は NACA の研究施設・研究技術・研究員をそのまま継承したが，これには有力な「陸軍弾道ミサイル局」等も含まれていた。

その後，米国は原子力潜水艦，弾道ミサイル搭載原子力潜水艦を開発，ICBM の開発・改良を進め，1969 年 7 月 21 日，アポロ 11 号で世界初の飛行士の月面着陸に成功し，ミサイル・宇宙開発の技術でもソ連を凌駕していった。

### ME の開発・ME 技術革新

以上の過程を通じ，米国では 1958 年，世界で初めてマイクロエレクトロニクス（ME）技術の基礎である IC（Integrated Circuit：集積回路）が開発され，68 年にはその集積度の高い LSI（Large Scale Integration：大規模集積回路）が開発された。

さらに 1971 年，ME 技術発展史において画期的な意義を持つ技術として，コンピュータの中央演算処理装置（CPU）の機能を半導体基板に組み込んだ MPU（Microprocessor Unit：マイクロプロセッサー）が開発された。MPU は 70 年代に新たな「ME 化」・「ME 技術革新」のうねりを生み出す原動力となり，その中枢部分となる。コンピュータでは IBM が 64 年自前の IC を導入した IBM360（第 3 世代コンピュータ）を開発した。他方 71 年には MPU に基づいてマイクロコンピュータ（略称マイコン）が開発され，73 年改良型となる。MPU，マイコンの導入によってコンピュータの超小型化，超低廉化，分散処理機能発達が進む。ME 技術革新とコンピュータ変革は結合して進む。

  IC は数ミリ角の半導体基板（通常はシリコン）の上にトランジスタ，抵抗等を集積し回路を構成したものである。1 個の IC に集積される素子数が大規模化したのが LSI → 超 LSI である。IC はこれらの総称である。
  MPU は 1 つの半導体基板の上に CPU の演算回路，それらの制御回路，入出力回路等を集積したもので，超高速度で連続的な情報処理を行う。一度に処理できるデータによって 4 ビット，8 ビット等があるが，劇的に高度化

第 2 章　米国経済の停滞化，実体経済の行詰り

する。MPU はマイコンを生み出すとともに，各種の機械機器の制御素子，情報処理素子として活用されていく。半導体基板の LSI 化によって急激に高機能化・高速化を進めた各種の改良型 MPU が生まれていった。

　マイクロコンピュータ（マイコン）は MPU にそれを動かすプログラム記憶装置，演算処理結果の記憶装置，MPU と外部の装置とを結合する入出力装置を付けたものである。中央演算処理機能を LSI 化した MPU と記憶装置等を結合する改良型マイコンも開発された。ただし，その後マイコンはこの意味では使われなくなる。

　なお MPU を IC の中に含める見方もあるが，MPU の画期的意義を明確にするために区別する必要がある。

　画期的な MPU，マイコンの開発・発展を軸にして，「ME 技術革新」，「ME 化」と呼ばれる技術革新が進んだ。大別すると IC・LSI，MPU，マイコンが各種の機械・装置への内蔵化によってそれら機械・装置の高精度・高機能化，超小型・軽量化，大幅コスト削減を一挙に可能にしたこと，および ME 技術・ME 部品を応用した新しい多種多様の機械・装置を開発したこと，である。

　MPU・マイコンの開発によってコンピュータでの数値制御（Computer Numerical Control : CNC）への途が開かれ，CNC 工作機械，CNC マシニング・センター（Machining Center），高度産業用ロボット，各種の CNC 装置が開発されていく。

　　　大戦直後から米空軍・MIT（マサチューセッツ工科大学）の研究によって 1952 年，工具の移動量や移動速度を数値制御する NC（Numerical Control）工作機械が開発されたが，その後 MPU の開発に基づいて数値制御機構にコンピュータを内蔵する CNC 工作機械が開発された。軍・民の取組みで開発・改良された CNC が軍・民にわたって爆発的に普及した。

　　　大戦後のマシニング・センターは目的に合わせて各種工具を自動交換する機能を持つ自動工具交換装置であったが，その後コンピュータ数値制御となり多数の工具を備え高精密・高精度に加工するものとなる。

　　　（数値制御）産業用ロボットは NC 工作機と共通性があるが，人間の腕のようにさまざまな対象に対し加工，溶接等の作業を行うことができる。

163

米国におけるME技術の開発・ME技術革新は，核兵器，ICBM等の各種ミサイル，宇宙開発等の追求の中から生まれ，これら先端兵器・宇宙開発を実現していった。ME技術革新による高精度・高機能化，超小型・軽量化，迅速化，大幅コスト削減，量産化によって初めて，ICBM等の各種軍用ミサイル，各種の先端兵器の開発，人工衛星，宇宙開発が可能となったのである。ベトナム戦争で初めて実戦に使用された「誘導爆撃システム」（俗称スマート爆弾）は大量破壊・大量殺戮能力を大戦中よりも格段と強めた。

その後のいっそうの発展過程を通じて情報・通信技術の発展とインターネットの開発とが結合して，後の「情報通信革命」，「IT革命」が生み出されていく。

### ME技術革新による（非軍事）民間産業の変革とその限界

1970年代初めからのME技術革新，マイクロコンピュータ，コンピュータ数値制御（CNC）は，軍事以外の一般産業においても画期的なさまざまな革新を生み出していった。IC・LSI，MPU，マイコン等が製造業をはじめ各種の機械・装置に内蔵され，CNC機械・装置を生み，製造業のみならず通信・情報産業，金融業，流通業をも変革し，それらの新しい分野を創出していった。

大戦後における一般産業での生産技術開発で著名なのは，フォード社が大戦中の技術進歩に基づいて1950年代に開発した自動車エンジン製造でのトランスファー・マシンであった（→94頁）が，これとME技術革新による変革との差は決定的である。

しかし，ME化・ME技術革新による機械産業の変革は米国経済全体の成長を促すことにはならなかった。ME内蔵化，CNC導入は基本的にはME，CNCが既存の機械・装置に内蔵あるいは付加されて効力を発揮するのであって，多くのばあい現存する古い機械・装置の廃棄を迫ることはない。したがって，新しい機械・装置を生産するための新たな固定設備投資の群生を惹起することはなかった。固定設備投資は通信・情報等の新しい応用分野の開

拓のばあいに限られた。

　しかも米国では，ME技術のほとんどが，政府・軍，NASAによる軍事技術開発計画と莫大な開発援助によって生まれ，MEの製造・改良は軍事技術開発特有の価格・需要面での優遇条件のもとで行われてきたので，技術開発・製造の中心は，特殊な高性能技術，高度に精密な特殊製品の製造となり，大量生産技術の発展といっても中心はこれらの高度な特殊製品の大量生産技術の発展であった。このためME技術を一般消費手段へ広く応用していき，それらの大量生産技術を発展させる面では，日本企業に大きな遅れをとってしまった。

　日本には大戦後，米国からトランジスタやIC技術を輸入し，その製造技術を高度にするとともに，それを一般家電製品に応用し世界にわたって市場を爆発的に拡大する伝統があった。1955年東京通信工業（後のソニー）が米国から輸入したトランジスタの製造技術を高めてトランジスタ・ラジオを開発し，さらにトランジスタ・テープレコーダーと同カセット方式，トランジスタ・テレビ等を開発，その後IC，LSI化を進め，米国での需要を爆発的に拡大し世界中に需要を激増していった。早川電機（後のシャープ）は66年，輸入したMOS型ICを応用したIC電卓を開発し超小型・軽量化，大幅低廉化を実現，69年にはLSI化によって小型化・軽量化・低廉化を格段と進め，世界市場を席巻していった。これらにおいて，日本企業はトランジスタ，IC等を民生用機器に幅広く応用することで，トランジスタ，IC，LSI自体の性能・機能の向上と大量製造技術の開発・改良，コスト削減を図るとともに，応用した製品の性能・機能の向上，小型化・軽量化・コスト削減を実現していった。このため日本企業は製品の販路を拡大するとともに，半導体製造技術をも急速に向上させ，それらの輸出をも行っていく。この結果，ベトナム戦争のもとでは日本からの各種製品の輸入が激増し，米国の貿易収支黒字を激減させていくことになるのである（→次章第2節）。

# 第3章

# ベトナム戦争と国際収支危機・ドル信認の失墜

　米国は第2次世界大戦中から，大戦勝利後には，西欧の旧宗主国に代わって「米国が単独で」中華民国を拠点にして，アジアへの支配力を拡大・強化しようという「アジア戦略」を立てていたが，これは中華人民共和国の成立によって完全に破綻したため，日本を拠点にした新しい「アジア戦略」を構築していった。

　米国が「ベトナム介入〜ベトナム戦争」を推し進めていった根拠は，「中国を失った」後にインドシナを失うならば，ドミノ倒しのように東南アジア全体を失ってしまうという単純だが強烈な「ドミノ理論」であった。米国は西欧に対してはマーシャル援助によって経済復興・資本主義的再生を行ったが，長い間西欧諸国の植民地として支配され経済・社会ともに著しく遅れていたアジアについては強い差別意識を持っており，援助も軍事援助が中心で，経済を勃興させることは長い間考えていなかった（日本は例外）。

　米国は，ベトナム等インドシナに対しては最初から軍事力で圧倒する姿勢を堅持しており，西欧におけるような「冷たい戦争」ではなく，直接に軍事介入・戦争を進めた。

　だが米国がベトナム等インドシナに対して強引に軍事介入し，ベトナム戦争を強行したことは，軍事的な敗北のみならず米国の国際収支危機をもたらし，大戦後米国が努力して構築したIMF体制を崩壊させ，大戦後再生・発展させた資本主義経済を動揺させ混乱に陥れていったのである。

# 第3章　ベトナム戦争と国際収支危機・ドル信認の失墜

## 第1節　ベトナム介入強化～ベトナム戦争

### ベトナムへの介入の強化

　中華人民共和国成立，朝鮮戦争の後，1952年の米国の国家安全保障会議（NSC124/2）は早くも，もし一国が失われると同地域の残りが共産主義に屈服するという"ドミノ倒し"の主張を述べていた。54年1月の国家安全保障会議（NSC5405）はそれを格段と強め"ドミノ理論"に立ってインドシナの戦略的重要性および経済的重要性を力説している。53年発足したアイゼンハワー政権では"ドミノ理論"の強力な主張者であったダレスが国務長官に就任し，東南アジア全体を維持するためにインドシナを防衛するという路線を強めた。

　1954年7月，第1次インドシナ戦争でベトナム軍がフランス軍をディエンビエンフーで破って勝利し，7月21日関係9ヵ国でフランス軍の撤退と民族自決権を容認したジュネーブ協定が締結され，56年にベトナム統一選挙が実施されることになった。大戦終了直後から長期にわたった戦争がようやく終わったが，米国はこの調印を拒否して南ベトナムへの介入に乗り出す。54年にゴ・ジン・ジェムをバオ・ダイ政権の首相に擁立，55年10月ゴ・ジン・ジェム大統領の「ベトナム共和国」（南ベトナム）を成立させ，ジュネーブ協定で決まっていた56年のベトナム統一選挙はボイコットされた。

　1955年4月18日，大戦後に植民地支配から独立したアジア諸国が中心になって「アジア・アフリカ会議」（通称バンドン会議）が開催され，「平和10原則」が採択された（→135頁）が，米国はこれら勢力を抑え込むために，同年南ベトナムを成立させ強大な支援を続けていく。

　　　　なおジュネーブ協定までは「インドシナ（ベトナム，ラオス，カンボジア）戦争」と呼ばれ，ジュネーブ協定もこれらとの休戦協定となっていたが，

## 第Ⅱ部　大戦後資本主義経済の行詰り

その後は米国の介入は中心が「ベトナム」であるので,「ベトナム介入」・「ベトナム戦争」と呼ばれる。

以下では一般呼称に従い「ベトナム共和国」を「南ベトナム」,「ベトナム民主共和国」を「北ベトナム」とする。

ゴ・ジン・ジェムは農民・民衆を無視した独裁的強権政治を続けたため, 1960年12月, 幅広い住民各層がゴ政権打倒の「南ベトナム解放民族戦線」を結成し, ゴ政権との激しい抗争, ゲリラ戦を展開していく。米国はゴ政権に対し, ヘリコプター等の兵器供与とともに, 軍事援助顧問団を派遣し戦闘参加を強める。

1961年に登場したケネディ大統領はソ連との協調・共存と平和を唱えるが, ベトナムに対しては介入の拡大を決め, それを視野に入れて,「柔軟反応戦略 (Strategy of Flexible Response)」を打ち出した。「相手の出方に対して柔軟に」かつ敏速に対応するために核戦略から特殊なゲリラ戦等に至るまでの戦力を備えるという戦略である。

米国は強権と腐敗で民衆の支持を失ったゴ政権の支援を断念し, ゴ政権は米国の黙認した1963年11月1日のクーデターによって崩壊しゴ・ジン・ジェムは殺害された。その後政権争いで混乱が続く。なおゴ政権崩壊の直後, ケネディは暗殺された。

### ベトナム戦争の強行・激化

ケネディに代わって大統領に就任したジョンソンは短期間で勝利するという甘い見通しのもと, ベトナムへの戦闘行動を強めた。1964年8月, 米駆逐艦が北ベトナム魚雷艇に攻撃されたという事件("トンキン湾事件")によってジョンソン大統領は米国議会から戦争遂行権を付与され, 65年2月に持続的な北ベトナム爆撃を始め, 3月に本格的に戦闘部隊を投入し, 宣戦布告の無いまま, ベトナム戦争を強行していった (後に"トンキン湾事件"が米国による捏造であることが判明, 米国議会もこれを認めた)。

ジョンソンがベトナム戦争に突入した時, 米国の国際収支, 金準備・ドル

信認，国内経済等は，とうてい戦争を敢行できる状況ではなかった。しかもジョンソンは戦争とともに「偉大な社会」政策を掲げて福祉支出を一挙に拡大し，福祉のために増税を回避し，軍事支出拡大を財政（赤字）拡大で行おうとした。戦争・軍需生産拡大への備えも対策もないまま戦争に突入し，戦争を激化させたのである。無謀極まりない戦争突入であり，戦争拡大であった。

ジョンソンの甘い期待はただちに破られ，ベトナム戦争はきわめて巨大規模で長期にわたる戦争となった。米国のベトナム派兵は1965年2月2万3000人から69年ピーク時には54万3000人（周辺地域を加えると約70万人）へと激増する。米国国防費は65年度506億ドルから69年度825億ドルへと激増，うち「東南アジア特別作戦費」は65年度1億ドルから69年度288億ドルへ激増，65〜70年度計1067億ドル（38兆4120億円）に上る。このベトナム直接費用支出だけでも，米国は68・69年度に1日当たり約260〜280億円にも上る戦費を毎日毎日ベトナム戦に投入していたのである。

ベトナム戦争で米国は核兵器を除くあらゆる近代兵器と残虐極まりない手段で史上最大といわれる殺戮・破壊を行った。米国が使用した爆弾755万トン（ロケット弾，機関砲弾を含む）は，第2次世界大戦中における連合国軍全体の使用量の約3.5倍にも上った。米軍側発表では死亡者は米軍4万5933人，南ベトナム軍18万3528人，韓国等援助軍5200人，北ベトナム・南ベトナム解放民族戦線92万4048人，民間人120万人に上る。

米国は1966年3月から本格的に北ベトナムの首都ハノイをはじめ中枢部に対して徹底的な無差別絨毯爆撃を続け，最新鋭のB-52が初めて実戦に参加した。B-52はボーイング社が，東京はじめ日本の都市に対する無差別絨毯爆撃，広島・長崎への原爆投下を行ったB-29（"超・空の要塞"）を格段と改良し，より大量の爆弾を搭載するように開発した最新鋭長距離戦略爆撃機（"Strato Fortress"・"成層圏の要塞"）である（B-52は各種の改良型があり，改良型が現在まで使用されている）。B-52は，米国の施政権下にあった沖縄の嘉手納基地に65年7月台風避難を口実に飛来，68年2月以降常駐し，北ベトナム

攻撃のB-52の大半が嘉手納基地から出撃した。

　米国はベトナム介入の初めから原爆使用を検討したが国際世論を考慮して見送り，代わりに大量破壊・大量殺戮の手段として開発した「枯葉剤」，巨大クラスター爆弾を大量に使用した。米軍がダウ・ケミカル社等に依頼して開発した「枯葉剤」はダイオキシンの毒性が強く，動物実験で奇形性発生等が確認されていた。原子爆弾と同様，大量破壊・大量殺戮を目的として開発されたものであるから，人類や自然界への有害性はいっさい配慮されていない。米国はゲリラの潜む森林および農業基盤を破壊し尽くすため，広範囲に大量の「枯葉剤」を散布したので，非戦闘員を含めて膨大な人々が被爆し，強度皮膚炎，癌誘発，多数の奇形児出産が今なお続いている。米国兵士も多数被爆し健康障害を被り，後に集団訴訟を行って補償を受けた。しかし米国はベトナムに対してはいっさい謝罪もしていないし補償もしていない。

　また当時「ボール爆弾」と呼ばれた巨大「クラスター爆弾」がベトナム戦争で実戦に使用され，大量に投下された。これは野球ボール大の約300個の子爆弾を内蔵した長いケースの親爆弾が投下途中で分裂して，広範囲にわたって多数の子爆弾の爆薬が多数の人間を殺戮し大量の車輌等を破壊するものである。第2次世界大戦中には，日本の木造家屋焼滅のために開発した38個の焼夷弾・子爆弾を内蔵するクラスター焼夷弾によって日本のほとんどの都市が焼き尽くされたが（→24頁），米国は大戦終了後にさらに格段と殺傷力・破壊力を強化した巨大「クラスター爆弾」を開発し，ベトナムの非戦闘員居住地域を含めて徹底的な無差別爆撃を行ったのである。

　同時に当時「スマート爆弾」と呼ばれた「誘導爆弾」が1972年5月のタンホア鉄橋破壊のため初めて使用され，その後鉄橋，鉄道，発電所を破壊するために大量に投下された。投下されるとレーザー誘導により自ら軌道修正して落下し，目標物を破壊する大型爆弾である。

　ベトナム戦争で米国は第2次大戦後に開発した最新鋭の大量殺戮・大量破壊兵器を初めて実戦に使用し，その性能を試したのであり，ベトナムはその実験場であった。

第3章 ベトナム戦争と国際収支危機・ドル信認の失墜

著者は第2次世界大戦を"狂気の世界大戦"と規定したが，米軍のベトナム戦争はまさに米国の"狂気の巨大戦争"であった。

## ジョンソンの敗北「自認」表明

米国は莫大な戦費と大量の兵力を投入し各種の最新鋭兵器を使用したにもかかわらず，勝利を収められなかった。1963年1月，南ベトナム解放民族戦線は北ベトナムの支援のもと，テト攻勢で首都サイゴン（現ホーチミン）をはじめ米軍・南ベトナム政府軍基地をいっせいに攻撃して破壊し，泥沼に陥った米国の惨状を世界に暴露した。米国内でもベトナム戦争に対する批判と反対運動が未曾有の高揚を遂げた。

> マクナマラはフォード社社長に就任した直後，ケネディ大統領に請われて国防長官に就任し，ジョンソン政権下でベトナム戦争の作戦を指揮したが，途中で和平推進に転じ，1968年国防長官を辞任し，後にベトナム戦争が誤った戦争であったことを認めた（*In Retrospect: The Tragedy and Lessons of Vietnam*; *Argument Without End: In Search of Answers To the Vietnam Tragedy*.）。

しかも米国は経済的に追い詰められた。第2節で見るように，国際収支赤字累増，ドルの信認低下，金ドル交換の不安が進んで外国為替と金をめぐる投機的活動が猛威を振い，1968年3月15日「金プール制」破綻＝「金の二重価格」移行によってドル信認は完全に失墜してしまった。

ジョンソンは1968年3月31日，突然北ベトナム爆撃の停止と大統領選挙出馬断念の表明によってベトナム戦争の「敗北」を「自認」し，米国および世界に衝撃を与えた。戦争で勝利できなかったうえ，「金の二重価格」でドル信認が完全に喪失し，もはや経済的に戦争継続が不可能となったためであった。

## 「ベトナム戦争のベトナム化」

1969年に大統領に就任したニクソンは同年7月，有名な「グアム・ドク

トリン」(別称「ニクソン・ドクトリン」)によって「ベトナム戦争のベトナム化」を提唱し,「米国は太平洋国家として今後も政治的経済的に深い関係を持ち続けるが,今後のアジアの安定はアジア自身の責務であり,米国はこれに対し協力的役割を果たす」,今後米国はアジアへの単独介入を避け,「地域的相互防衛機構」を強化して,これに米国が軍事的経済的援助を与えるという。

米国がジュネーブ協定を破って「南ベトナム」を作り上げ,南ベトナム内での対立・戦闘,およびベトナムの南北対立を惹起していったにもかかわらず,ベトナム戦争で勝利を収められなくなったから,アジア人同士の戦いで決着を付けさせるというのである。

覇権国家米国のあまりにも身勝手な決定である。しかも米国は地上軍を撤退させるが,北ベトナムへの空爆と機雷封鎖は継続し,「アジア化」・「ベトナム化」の提唱の後にこれら攻撃を格段と強化したのである。

しかしニクソンが「ベトナム化」を提唱しても,「ベトナム化」を担う南ベトナム政府軍はまったく頼りにならなかった。

### ベトナム戦争の敗北

1971年7月15日ニクソン大統領は,貿易収支の赤字転落,国際収支の危機によって,米国大統領自らが長期にわたって国際社会から追放してきた中国を訪問するという驚くべき声明を発表し,続いて翌8月15日には一方的に金ドル交換停止を公表し,世界に大きな衝撃と混乱を与えた。事実上のベトナム戦争敗北を認めたものであるが,米国は戦争の終結の仕方もしたたかであった。米国は文化大革命の混乱によって経済的破綻寸前にあった中国に対し,それまでの国際的締出しを一大転換して米中和解を進める。米国は中国接近によって,中国と北ベトナムとの反目・断絶を図り,中ソ対立深化も期待した。実際に北ベトナム政府は米中接近に対して怒って中国との関係を断絶し,ソ連との関係を急速に深め,中ソ対立も強まった。これがベトナム戦争終了後のベトナムと中国の対立・交戦を生み出していく。

米国は1949年の中華人民共和国成立に対し，台湾を中華民国の継承者として容認し国連常任理事国の地位を継承させ，中国の国連加盟を長期にわたって阻止してきたが，72年2月27日「ニクソン大統領の訪中に関する米中共同声明」で米国は事実上，中華人民共和国を容認し，両国の「関係正常化」を約束した。米国の中国接近によって71年10月25日，国連総会で中国の国連加盟が承認され，同時に中華民国を国連から追放することが決定された（中華民国については中華民国を留任させる二重代表制案と追放案とが対決した結果の採決である）。

1972年ニクソンは中国を訪問し（2月），ソ連も訪問する（5月）が，米国はそれと同時にベトナム戦史上最大といわれる激しい北爆によって，首都ハノイ市街地等へ無差別爆撃を繰り返し，北ベトナム全港湾の機雷封鎖（5月公表）を実施した。ベトナムと中国を分断し，「力」を背景に和平協定を進め，ようやく73年1月27日，パリ和平協定（「ベトナムにおける戦争終結と平和回復に関する協定」）が調印され，米国は戦争行動を止めた。だが協定は，南ベトナムにおける対立勢力をそのままにしたので，米軍撤退後も抗争が続く。

1975年3月北ベトナム軍は総攻撃を開始，4月30日に北ベトナム戦車隊・南ベトナム解放民族戦線がサイゴンを解放し，ベトナム戦争は終わる。76年7月，国家統一が実現し，「ベトナム社会主義共和国」が成立した。

米国の完全なる敗北であった。

## 第2節　ベトナム戦争による米国の貿易収支・国際収支悪化

ジョンソンがベトナム戦争を強行した1965年，米国では長期にわたる国際収支赤字のもとで，金準備高は138億ドルに減少し，外国（公・民）保有ドルは296億ドル，このうちの外国公的機関の保有ドルが158億ドルとなっ

て米国の金準備額を上回っていた。国内ではジョンソンがケネディの成長持続政策の継続のうえに「偉大な社会」政策を始めたため，財政赤字は膨大化し，製造業の操業率は最高に達し，完全雇用に近い状況で，景気は過熱し，インフレが進みつつあった。かかる状況下でのベトナム戦争突入であった。

ベトナム戦争は長期にわたる「国家総力戦」となって米国経済に対し深刻な打撃を与えたが，大別すると第1は貿易収支の赤字転落・国際収支危機であり（本節），第2はドルの信認の完全なる失墜である（次節）。

### 莫大な派兵による「広義軍需」激増，国内需要拡大

ベトナム戦争の特徴は，最新鋭B-52はじめ最新鋭兵器が大動員されたほか，ピーク時の1969年に54万3000人（周辺地域を含めると約70万人）に上る莫大な数の兵士が派兵され，長期にわたって熾烈な地上戦が展開されたことである。

莫大な派兵による地上戦のため，「戦車，武器，弾薬，その他在来型の戦闘用兵器」に対する軍需が激増した。ミサイル需要の相対比重は大幅に減少し，需要の「最も劇的な増加」は弾薬を筆頭に衣料・繊維，戦車・車輌，食糧であった（「米国議会公聴会証言」）。莫大な戦闘用の戦車，軍用車輌，武器，弾薬のほかに，莫大な数の派兵のための衣料，テント等仮設住居，繊維品，食糧・飲料等の兵士の生活物資が激増したことが，ベトナム戦争における軍需の特徴であった。ここでは「広義軍需」と呼ぶ。ベトナム戦争での軍需の役割について戦闘用軍需のみを対象とするものが少なくないが，これではベトナム戦争の米国経済に及ぼした影響は決して明らかにならない。

戦争拡大は，「広義軍需」激増によって米国経済のほとんどあらゆる産業部門にわたって直接・間接に需要を拡大していき，1966年には早くも製造業の操業率は90％を超え，一部産業では完全操業となった。超過需要，生産余力不足である。この間，米国寡占企業が多国籍企業として西欧諸国へ直接進出したことが，国内産業での操業率上昇・生産余力不足を倍加した。

雇用は急速に拡大し，1966年には失業率は「完全雇用目標」の4.0％を

割り込んだ。完全雇用に近くなったうえ、徴兵が急増し、家計収入は増大し、国内の個人消費支出は拡大を続けた。

ジョンソンが戦争とともに「偉大な社会」政策を遂行、財政支出を膨大化する一方、福祉のために増税を回避したため、国防支出膨大化とともに財政赤字が激増していき、1968年には大戦後最大の財政赤字となった。

### インフレの進行、寡占企業の独占的価格設定

財政赤字の激増、金融緩和、「広義軍需」激増による超過需要・生産余力不足、完全雇用状態のもとで、1960年代中葉のマイルドといわれたインフレは66年以降しだいに上昇率を高め、かつ長期持続していった。消費者物価の対前年上昇率は68年4.2%、69年5.4%、70年5.9%、71年4.3%、卸売物価（同）は68年2.8%、69年3.7%、70年3.5%、71年3.1%と上昇を続けた。賃金は完全雇用・労働力不足状態のもとで消費者物価とほぼ同様に上昇を続けた。

この財政赤字膨大化、超過需要・生産余力欠如、インフレ加速が、貿易収支の赤字転落、国際収支悪化によって米国を窮地に追い込むこととなった。

インフレ加速で注目されるのは、ここで主要産業の寡占企業がコスト上昇分を上乗せして価格を引き上げる独占的価格設定を行ったことである。すでに見たように、1957・58年不況期では寡占企業特有の独占価格設定によって、「不況下での価格の下方硬直性」が現れていたが、60年代では需要超過傾向のもとで、コスト上昇の上乗せ・価格引上げという価格設定が拡がっていった。生計費上昇については、生計費上昇にスライドさせて賃金を引き上げ（実質賃金同一）、賃金コスト上昇分を価格に上乗せしていく労資協調的な独占的価格設定方式が拡がっていった。生計費上昇にスライドさせて賃金を引き上げる「生計費調整（Cost of Living Adjustment：COLA）」労働協約は70年代に急速に普及していった。

以上のような独占的価格設定方式は、政府・軍との軍需取引によって拡がったといえる。政府・軍との軍需取引では、各種コスト・賃金コストを算定

して契約価格が決められており（→100頁），供給側の民間寡占企業はコスト上昇分を容易に価格に上乗せする慣例を持っていた。ベトナム戦争で軍需が激増しインフレが進むもとで，寡占企業側はインフレによるコスト上昇見込みを十二分に上乗せする傾向が強かった。大戦後の米国では主要生産部門（自動車，航空機，電子・電気，鉄鋼，アルミ等やそれら部品）において同じ巨大寡占企業が軍需生産と民需生産とを併せて行っている（→99頁）ので，全体的な需要超過・生産余力不足傾向のもとで，政府・軍との契約価格決定方式が，同じ寡占企業の非軍需生産における独占的価格の設定に影響を与えたといえる。

このような寡占企業によるコスト上昇分・賃金上昇分を価格に上乗せしていく独占的価格設定の普及は，インフレを産業全体に拡げていくとともに，インフレがひとたび生じるとインフレを加速させていくメカニズム，インフレがひとたび生じるとインフレ収束を困難とするメカニズム，が生み出されたことを意味する。インフレ体質ともいえるものである。

以上，財政赤字膨大化，通貨膨張によってインフレが進むもとで，インフレと寡占企業の独占的価格支配とが結合し相互に促進しつつ，価格上昇が進むという特徴が生み出されたのである。新しいインフレ・価格上昇の特質である。したがってインフレと独占的価格支配とは区別できないものとして進行することとなる。

著者はこのような価格上昇の新しい特質に注目し，これを「インフレ的価格上昇」と規定している（井村喜代子『現代日本経済論』）。ただし現実では，インフレと独占的価格は一体となっており，区別できない。米国はじめ各国ではインフレ（インフレ対策）と価格上昇（価格抑制政策）とを区別しないで用いているので，注意されたい。

この「インフレ的価格上昇」の特徴は，金ドル交換停止後にさらにいっそう明確となり，「スタグフレーション」を生むことになる（→第Ⅱ部第5章）。

第3章　ベトナム戦争と国際収支危機・ドル信認の失墜

## 広義軍需激増，輸入の激増，米国貿易収支の赤字転落

　1968年の初め，米国は「史上最長の好況」に突入したといわれ，好況は69年末まで続いたが，それは以上のような景気過熱，物価・賃金の悪循環，インフレ加速が進む過程であり，貿易収支の赤字転換という驚くべき事態を生み，米国を金ドル交換停止に追い込む過程でもあった。

　米国の貿易では1960〜64年には国際競争力の低下・貿易収支黒字幅の縮小が始まったとはいえ，貿易収支黒字は年平均54億ドルを維持していたが，ベトナム戦争開始後の60年代後半に急激に黒字は減少していった。60年代後半，輸出はバイ・アメリカン策の効果もあって一応増大しており，貿易収支黒字激減の原因はもっぱら輸入の激増であった。

　米国は先端兵器のすべてを自国で製造していたので，輸入の拡大は上のような「広義軍需」激増による基礎資材と一般消費手段の輸入の激増であった。

　米国への輸入総額は1960年前後の140億ドル水準から，65年215億ドルを経て，70年に400億ドル，71年には456億ドルへと膨大化し，10年余の間で約3倍強となった。輸入激増によって，貿易収支黒字幅は65年の50億ドルから，68年には一挙に6億3000万ドルへと激減した。輸入激増と輸出低迷により71年にはついに米国の貿易収支が赤字に転落した。大戦後世界一の貿易大国であった米国の劇的ともいえる貿易収支の赤字転落であった。

　米国が国際収支悪化・インフレ昂進にもかかわらず，ドル平価1オンス＝35ドルをそのまま維持し続けたこと，他方1967年11月英ポンドの切下げ，69年8月仏フランの切下げが行われたことが，米国の輸出低迷・輸入拡大を促す基礎にあった。

　ベトナム戦争下での米国の輸入激増・貿易収支黒字幅激減に対し，米国に対する輸出を激増させ貿易収支黒字を激増させていったのは日本であった。日本は米国のベトナム戦争に対し，派兵以外，徹底的に協力した。米国は当時統治下にあった沖縄と日本本土の軍事基地をベトナム戦争の軍事拠点としており，北ベトナムを爆撃するB-52長距離戦略爆撃機は沖縄嘉手納基地から発進していた。日本はこうした協力関係のもとで，米本国と「ベトナム周

辺地域」に対し、輸出を飛躍的に拡大していった。日本の主要輸出品目は米国での「広義軍需」の拡大に対応し、鉄鋼を中心とする金属品、合成繊維、一般機械であり、乗用車の輸出も初めて始まるが、同時に先に見たソニーのトランジスタ応用のポータブル型テープレコーダと小型・薄型のカラーテレビ、早川電機（シャープ）の世界最初のIC電卓等が、対米輸出を驚異的に拡大した。日本の対米貿易は戦後一貫して大幅の赤字（入超）を続けていたが、日本の米国への輸出額はベトナム戦争下で1963年15.1億ドルから65年24.8億ドル、68年40.9億ドル、70年59.4億ドルへと激増し、71年には75.0億ドルへと大膨張する。63～71年で約5倍、65～71年で3倍強の拡大である。このため対米貿易収支はベトナム戦争開始の65年に大戦後初めて黒字（出超）に転じ、68年に黒字は5.6億ドルとなり、71年には黒字25.2億ドルへと拡大した。

### 「ベトナム周辺地域」をめぐる米国国際収支の悪化

　米国の貿易収支悪化・国際収支悪化は、「ベトナム周辺地域」に対する対外軍事支出・対外軍事援助をめぐっていっそう深化していった。

　米国はベトナム戦争拡大とともに「ベトナム周辺地域（沖縄、韓国、香港、台湾、フィリピン、タイ、南ベトナム）」に対する対外軍事支出・対外軍事援助を急速に拡大していった。米国は戦争開始とともにドル防衛のため、バイ・アメリカンの強化を指令したが、米国の対外軍事関連支出の多くは、日本が輸出拡大で獲得していき、米国に還流しなかった。

　米国の1965～70年における「ベトナム周辺地域」に対する対外軍事支出額は81.3億ドルに上る。対外援助額は南ベトナムとベトナム戦争に多数の派兵を行った韓国に集中している。

　　　　「ベトナム周辺地域」の用語は日本の通産省・外務省等の統計で用いられ
　　　　たもので、日本は含まれていない。関連数値は日本の公的統計に依る。米国
　　　　ではベトナム戦争の対外軍事支出関係諸国というばあい、上の諸国に日本を
　　　　含めている。

米国の「ベトナム周辺地域」に対する支出は，米軍基地や軍関連施設の道路，空港，港湾，輸送・通信施設，宿舎の補充・新設，軍用機・艦船・車輌の補修，燃料補給，米兵・帰休兵・家族の各種支出等に向けられた。南ベトナムに対してはほとんどが直接戦争のための支出であった。それ以外では軍事基地補修・建設や軍用機・艦船等の修理のほか，道路・空港・港湾等の多くは軍事用と一般インフラ投資とが結合していた。

米国はバイ・アメリカンを掲げたものの，米本国ではインフレ・生産余力欠如が進んでおり，「ベトナム周辺地域」に近距離で米国よりはるかに低廉な製品を大量に供給できる日本が，輸出を激増させていった。米国の投下した莫大な対外軍事支出・軍事援助に依存して日本が輸出を激増させていき，米国の投下した資金・ドルの多くを日本が獲得していった（日本の「ベトナム周辺地域」への輸出は，1963年10.1億ドルから65年13.5億ドル，68年27.8億ドル，70年36.4億ドルへと大幅に拡大している）。

「ベトナム周辺地域」諸国に対する輸出額第1位の国は，かつてはほとんどすべて米国であったが，1969年には，（対南ベトナム輸出以外）すべて日本となった。日本の輸出拡大品目は第1は米軍基地・軍関連の施設の補修・新設のための原材料・部品の鉄鋼をはじめとする金属・金属製品，セメント等であり，第2は「ベトナム周辺地域」での米兵・帰休兵・家族が購入する各種電気機器，カメラ等の各種消費財，および基地関連労働者等のための消費財である。

なお「ベトナム周辺地域」輸出拡大においては，日本が米国の要求に従ってこれら地域に対する対外援助（ひも付き援助）を拡大したことが日本の輸出拡大を促したが，日本の対外援助は米国の日本に対する対外軍事支出＝「特需」の収益（純益）をそれに当てたという関係である。

日本は，ベトナム戦争下，それまでの貿易収支の赤字基調を1965～70年に一挙に25.9億ドルの黒字に転じ，「輸出大国」（『経済白書』71年版）となり，長い間20億ドル前後の低水準で苦しんでいた外貨準備は69年35億ドル，70年末44億ドル，71年末152億ドルへと大膨張を遂げた。この基礎上に，

開放体制移行（64年IMF8条国移行，OECD加盟）における国際競争力強化を意図して，主要産業の寡占巨大企業は大規模な大型化設備投資を強行し，この大規模な設備投資の一大群生を軸として66〜70年度には「史上にもたぐいまれな息の長い」高度成長（いわゆる"いざなぎ景気"）が出現した。GDPは66年度から70年度のわずか4年で倍増，GDP規模は65年度世界第5位から67年度西ドイツをも抜いて世界第2位に浮上した。まさにベトナム戦争下での"いざなぎ景気"であり，「経済大国」化であった。

## 第3節　ベトナム戦争によるドル信認の失墜

　第1章第2節で明らかにしたように，1961年，すでに米国は金価格の安定・ドル価値の安定のために西欧諸国と国際協力する組織＝「金プール制」を構築しており，金1オンス＝35ドル（IMFの基本）は国際協力によって補強されるものとなっていた。ベトナム戦争のもとで加盟西欧諸国は保有ドルの金交換要求を自粛しており，実際に66年以降フランス以外は金交換をほとんど行っていない。かかる国際協調のもとでなお米国の国際収支赤字が累増したのである。

　しかしベトナム戦争下での米国の国際収支赤字の累増とベトナム戦争での戦局不利のもとで，外国為替，自由金市場の金をめぐる投機的活動が猛威を振い，「金プール制」は崩壊していった。

### 「金の二重価格」によるドルの信認喪失

　1967年11月18日，英ポンドは激しい売り投機に見舞われ，平価切下げを余儀なくされた。その直後ロンドン自由金市場で金購入が殺到してゴールド・ラッシュ第1波（11月21〜24日）が生じ，第2波（12月16日〜），第3波（68年2月29日〜）が相次ぎ，金価格が暴騰した。この金投機・金価格暴騰の嵐のもとで，米国は「金プール」の金売り介入操作によって大量の金

（準備）を失った。67年フランスが「金プール」から脱退し，米国がその負担・損失の肩代わりをした。米国の「金プール」拠出による金喪失額は不明だが，米国の金準備額は1967年11月から「金プール」閉鎖の68年3月までの5カ月の間に約22億ドル強も減少しており，この間金ドル交換はわずかであるので，この金減少のほとんどが「金プール」での金喪失だと推察できる。

　米国は1968年3月15日「金プール」参加国と協議し，「金プール」の金売り介入を停止し，17日以降参加7ヵ国は金1オンス＝35ドルで金取引を行うことを決定した。この決定は自由金市場で金価格が1オンス＝35ドル以上に高騰しても，これを放置するというものである。これによって金価格は，公的機関の間での「公的価格」である金1オンス＝35ドルと，自由金市場での金の「市場価格」との2つが存在するいわゆる「金の二重価格」となる。米国はこの決定にあたり，内密に参加諸国にドルの金交換を自粛するよう要求し同意を得ていた。これは「金二重価格制」と呼ばれているが，単なる合意であって，システムではないので本書では「金の二重価格」とする。

　「金の二重価格」はドルが金の代わりではなくなったこと，ドルが金の裏付けを持っていないこと，金1オンス＝35ドルがもはや有名無実となったことを世界に示すものであった。ドルが金の代わりであり，ドルが金1オンス＝35ドルで金と交換されることが大戦後の基軸通貨＝ドルの信認を支え，IMF体制を支える基軸であったから，米国が「金の二重価格」を自ら容認したことは，ドルの信認が完全に失墜し，IMF体制の基軸が失われてしまったことを米国が公式に認めた「画期的」な一大事であった。

　ジョンソン米大統領は「金の二重価格」を決定した直後の3月31日，北爆停止と大統領選挙出馬断念を表明したが，このことは，「金の二重価格」の衝撃の大きさを示すものといえる。

　「金の二重価格」によってロンドン金市場は一時落ち着いたが，米国の国際収支は改善されずドル信認低下が続いたので，西欧での為替投機・為替変動が再現し，各国金利変更も相次ぐ。1969年10月西独マルクが切り上げら

れたが，それにもかかわらず 70～71 年に西欧市場でドル売り・マルク買いの激しい投機が生じ，71 年 5 月西ドイツは一時変動相場へ移行した。為替投機はスイス，フランス，オランダの通貨にも拡がった。

　　なお 1968 年 IMF は国際収支安定化のために SDR（Special Drawing Rights）制度を創設した。これは早急な効果を望めないものではあるが，IMF はこの発表によって国際協力体制の安定に取り組んでいることをアピールした。SDR 制度は，IMF の発行した SDR を加盟国に IMF 出資額に応じて無償で配分し，国際収支上必要なばあいには SDR を使って外貨を取得できるようにした（68 年 7 月 IMF 協定改正，69 年 7 月発効）。

以上，ベトナム戦争が米国経済に与えた打撃はきわめて深刻で，もはや 1971 年のニクソン声明は不可避であった（第 4 章）。

# 第 4 章

# 金ドル交換停止と
# IMF 体制崩壊，変動相場（制）

　ニクソン大統領は 1971 年 7 月 15 日，長い間国際社会から排除し徹底的に敵対視してきた中国を米国大統領自らが訪問するという決定を公表し世界を驚かせた後，8 月 15 日，「新経済政策」によって突如として金ドル交換を「一時」「停止」することを公表し，世界に対して大きな衝撃と混乱を与えた。「ニクソン・ショック」，「ドル・ショック」と呼ばれる一大衝撃である。（「ニクソン・ショック」に中国訪問を含めるものもあるが，本書では含めない。）

　米国は「スミソニアン体制」を発足させるが破綻し，1973 年初めには西欧諸国・日本が相次いで変動相場に移行し，IMF 体制は崩壊していく。

　金ドル交換停止は米国が追い詰められ余儀なくされたものであるが，しかしここに米国の追い詰められた姿だけを見るのは大きな誤りである。米国政府はもはや金ドル交換のためにドル防衛することは国益に反すると判断し，金準備・国際収支を顧慮しないで，自由に国家政策の遂行を可能にするよう，政策を大転換し，新しい世界経済戦略を打ち出したのである。

　本章の課題は，金ドル交換停止〜IMF 体制崩壊を余儀なくされた米国の経済状態と米国の政策転換の意図を明らかにしたうえで，その後における「変動相場（制）」の現実と理論を解明することである。これは次章の「スタグフレーション」を明らかにするためにも，不可欠である。

第Ⅱ部　大戦後資本主義経済の行詰り

## 第1節　金ドル交換停止～IMF体制崩壊

金ドル交換停止を迫ったもの

　1971年，米国の金準備高は102億ドルに減少し，外国の（公・民）保有ドル総額（対外短期債務）は677億ドル，そのうち外国の公的機関の保有ドル総額は512億ドルへと膨大化し，外国の公的機関が即時金への交換を要求できるドルが米国の金準備高の実に5倍を超えたのである。ドルがもはや金を表すものではなくなり，金と交換することが不可能であることは誰の目にも明らかとなった。

　しかも1971年，米国の貿易収支が実に83年ぶりに赤字に転落するという驚くべき事態が発生した。世界の誰もが予想しなかった赤字転落であった。大戦後における米国の国際収支の構造は，米国の圧倒的な国際競争力によって貿易収支が膨大な黒字を続け，この貿易収支黒字が巨額の対外軍事支出・対外軍事援助を埋め合わせるものであった。貿易収支の膨大な黒字こそが米国の対外軍事戦略を可能にする源泉であった。50年代後半以降貿易収支黒字幅は減少したが，60年代中頃までは貿易収支黒字が国際収支赤字拡大を抑える唯一の要因として機能していた。この貿易収支黒字がベトナム戦争下，65年の50億ドルから86年6億3000万ドルへと一挙に減少し，71年赤字へと転落したのである。したがって貿易収支の赤字転落は，米国の国際収支が文字どおり危機的状況に陥ったことを示すものであった。

　さらにまた「金プール」閉鎖・「金の二重価格」以降，西欧主要諸国はベトナム戦争下で金ドル交換を自粛していたが，米国の国際収支危機によって西欧諸国での為替投機・為替変動が絶えないことに対して不満を強め，フランスは1971年5月，8月に金ドル交換を実施し，英国は8月に巨額の金ドル交換（後に30億ドルと判明）を求めた。これが同月の金ドル交換停止の公

表を促したといわれている。

### 金ドル交換停止声明＝ニクソン・ショック

ニクソンの「新経済政策」の骨子は，①米国ドルと米国保有の金との交換の一時停止，②10％の輸入課徴金の賦課，③物価・賃金の90日間凍結である。もちろん世界に衝撃を与えた中心は，①金ドル交換の停止である。この①のドルの交換停止は，金だけではなく米国の「すべての準備資産」との交換停止である。

ニクソンはこの金ドル交換停止を，IMF理事会に諮ることも，連絡することもしないまま，突如として一方的に公表した。IMFのルールをも破った暴挙である。ニクソンは金ドル交換停止を「一時的」であるといったが，その後金ドル交換再開の動きはいっさい無く，金ドル交換は「廃止」されたのである。大戦後，IMFの原則を守るよう他国に厳しく要求してきた米国のあまりにも身勝手な決定である。

また一方的に10％の輸入課徴金を賦課することはGATTの原則に反するものである。

> ニクソンが金ドル交換停止をいつの時点で決断したかを知る手がかりはないが，注目されることは，「金の二重価格」・ドルの信認喪失によってジョンソンが大統領再選を断念した後に大統領となったニクソンが1969年就任以降，ドルの信認回復，金ドル交換の再開を行う努力をなんら行わなかったという事実である。ニクソン政権は金ドル交換停止の公表のかなり前から金ドル交換停止を検討していたと推察される。ニクソンが70年5月に設置した「国際貿易投資委員会」は，翌年米国企業の海外投資活動の規制は好ましくないし効果的でないと述べていた。

### スミソニアン体制とその崩壊＝IMF体制の終焉

ニクソン・ショックで西欧・日本の経済は大混乱に陥った。米国は金ドル交換停止の4ヵ月後の1971年12月17～18日，10ヵ国蔵相・中央銀行総裁会議（略称G10）を開いて多国間為替相場調整（ドルの切下げと先進諸外国の為

替相場の大幅引上げ）を行ったうえで，固定レート制とする「スミソニアン合意（Smithsonian Agreement）」を行い，「スミソニアン体制」を発足させた。ドルを純金1オンス＝35ドルから38ドルへ7.89％切り下げ，他方円を1ドル＝360円から308円へと16.88％切り上げ，マルクを13.58％切り上げ，英ポンドと仏フランは8.57％切り上げた。また固定レートでの許容変動幅を上下1％から2.25％に拡げた。米国の輸入課徴金賦課は撤廃された。

諸外国は米国に対して強い不満を持っていたが，ドルに代わる安定的通貨も存在しない現状のもと，この為替相場の大幅変更によって米国が国際収支を抜本的に改善することを大前提として合意した。

「スミソニアン体制」は，米国が国際収支の抜本的改善・ドル安定化を行なわないかぎり維持できないものであったが，しかしニクソン政権は，公約した物価・賃金安定化の努力は一時のみで，自国の景気回復のために常軌を逸した通貨供給拡大，信用膨張，財政赤字拡大を続けた。1971～73年の通貨供給拡大は$M_1$，$M_2$とも，インフレを惹起したベトナム戦争下での通貨供給増加を上回り，卸売物価指数の対前年同期比上昇率は72年平均4.5％，73年9月15.6％となる。米国多国籍企業はインフレ・ドル減価のもとで投機的意図を持って巨額の短期資金を海外に移した。

米国の貿易収支赤字は，多国間為替調整と輸入課徴金賦課にもかかわらず，1971年23億ドルから翌72年には64億ドルへと激増し，71年・72年の国際収支赤字総額は66～70年の過去5年間の赤字総額の約2倍にもなった。

固定レート制のスミソニアン体制では，米国がインフレや貿易収支赤字・国際収支赤字を累増すれば，ドル保有の累増した先進欧日諸国は固定レート維持のために大量のドル買い介入を余儀なくされ，自国の通貨供給拡大でインフレが進み（米国発の「インフレの輸入」と呼ばれる），黒字拡大国は為替再切上げを迫られる。黒字が急増した日本等は為替レート切上げよりは通貨膨張・インフレによる景気刺激策を選ぶという「調整インフレ」政策を模索した。米国発のインフレが急速に先進諸国全体に拡がり，インフレ要因が積み重なり，インフレ体質が定着していった。同時に，激しい為替投機と為替の

大幅変動が拡がった。1972年6月には英国がポンドの激しい売り投機に見舞われフロートに追い込まれ，翌73年初めには大量のドル売り投機が西欧・日本通貨を襲った。

スミソニアン固定レート制で，欧日諸国がドル買い介入を余儀なくされ米国発インフレの輸入と為替投機の嵐に晒されているにもかかわらず，米国は自国の惹き起した混乱・犠牲をすべて欧日諸国に押し付けて，自らは何も行わずいわゆる"ビナイン・ネグレクト（benign neglect）"を続けていた。

これでは「スミソニアン体制」の崩壊は不可避である。事実1973年2月には激しいドル売り・マルク買いが再燃し，西ドイツは2月12日為替市場を閉鎖し，ドル売りは円にも及んで日本は2月14日単独フロートに移行した。米国はドル売り激化に対しドルの再切下げ（金1オンス＝約42.22ドル）を行うが，これによってかえってドル売りは拡大し，金価格は一挙に急騰した。3月2日ついに西欧諸国と日本は相次いで市場を閉鎖した。日本，スイス，英国，イタリアはそのままフロートを続け，EC6ヵ国は3月11日「共同フロート」を決定し，主要国はすべて米ドルに対しフロート制をとることになった。スミソニアン体制はわずか1年少しで崩壊していった。

> EC諸国は1972年4月に為替安定化のため，EC諸国間の通貨変動幅を対米ドル変動幅と同じにする為替相場同盟（スネーク：Snake）を作っていたが，3月のフロート移行において，西ドイツ，フランス，オランダ，ベルギー，ルクセンブルク，デンマークの6ヵ国が域内国通貨を固定レート，それ以外の米国等に対してはフロートとする「共同フロート（Joint Float）」を実施し，EC外のノルウエー，スウェーデンも参加した。


### 米国の金ドル交換廃止の意図と結果

ニクソンは金ドル交換停止を「一時的」といっていたが，金ドル交換再開の努力をいっさいしないまま，金ドル交換を永久的に「廃止」していった。

金ドル交換はもはや米国にとっては大きな重荷であった。金ドル交換保持・ドル防衛策は景気回復政策・成長政策を制限するものであり，また西欧

での国際金融取引を膨大化させ，米国の国際金融市場の沈滞を深めるものでもあった。経済停滞化のもとで米国内の産業界・金融界の不満が高まっていた。

　ニクソン政権は金ドル交換の「廃止」によって，金準備・国際収支を顧慮しないで，財政赤字拡大，金融・信用膨張に基づいた強力な景気回復政策を実施するとともに，対外投融資規制を廃止して米国の国際金融市場・証券市場の活性化を実現するために，積極的に政策の大転換を敢行していったのである。

　その政策転換において，ニクソン政権はたとえ金ドル交換を「廃止」しても，米国が強大な軍事力に基づいて国際金融・経済において支配力を維持することができると考えていたと思われる。ベトナム戦争に敗れたとはいえ，米国はいぜんとして圧倒的軍事力を持った軍事大国であり，最先端の軍事技術・宇宙開発，それを支えるME技術革新，コンピュータ革新では世界を圧倒し，1969年に人間の月面着陸に成功し，ソ連を凌駕していた。ニクソンは，金ドル交換「廃止」の後も軍事力・(軍事)技術開発力に基づいて国際金融・国際経済における支配力を維持し，事実上ドルを基軸通貨としていくことができると判断していたのであろう。

　　　　ニクソンは1969年にソ連と「第1次戦略兵器制限（Strategic Arms Limitation Talks：SALT1)」の交渉を行い，72年ニクソンの訪ソ時に調印するが，それは両国の保有する弾道ミサイル発射台数を追認し新しい増加を制限しただけで，核弾頭数は規制されていない。米国はSALT1で軍事力の増強を抑制しようとしたが，ソ連を上回る先端軍事力の開発・強化を目指す基本戦略は維持していた。

　ニクソン政権が1971年の金ドル交換の「一時停止」の声明の時から金ドル交換「廃止」を決めていたであろうことは，ニクソン政権が71年の声明後きわめて早くに資本取引の規制緩和・自由化措置をとったことにも現れている。

　西欧諸国・日本は金ドル交換停止の後，続く「スミソニアン体制」の動

揺・崩壊のもとで一大混乱を深め，その対応に追われていたのに対し，米当局はきわめて早く国内での金融取引の規制緩和を進めるとともに，世界に対し為替・貿易に関する規制の撤廃・自由化を求めていった。

米国ではすでに 1972 年 5 月，「シカゴ・マーカンタイル取引所（Chicago Mercantile Exchange：CME）」内に史上初めて通貨の先物取引を行う「国際通貨先物市場（International Monetary Market：IMM）」が設立され，外国通貨（英ポンド，円，マルク等）の先物取引が始まっていた。これは投機的な金融活動を一挙に膨大化し，各種の手法を創出していく端緒となる。

また米国は IMF 体制崩壊後ただちに 1974 年 1 月，これまでの対外投融資規制（金利平衡税等）を撤廃し，世界に対し IMF 協定では容認されていた「国際資本移動」の国家「管理」の撤廃を強く要求していった。

国内では 1975 年 5 月，「証券市場メーデー」と呼ばれる証券市場の委託手数料の自由化が実施され，証券投資活動の自由化・活性化が進められる。

## IMF 体制崩壊のもたらしたもの

まず第 1 に，金ドル交換の廃止・IMF 体制崩壊によって，IMF 体制が不充分ながらも一応持っていた国際収支均衡・為替安定化の機能，通貨・信用膨張や財政赤字累増を抑止する機能（→第Ⅰ部第 3 章）が無くなってしまい，インフレへの歯止めも景気過熱への歯止めも消失してしまった。

そして財政赤字に基づく資金供給・通貨供給・信用膨張は「金交換による制約」無しに，拡大を続けることが可能となった。米国は金ドル交換停止・IMF 体制崩壊によってこれらの歯止めを除去し，財政赤字膨張，通貨・信用膨張に基づく景気回復政策をとることが可能となった。

さらに，IMF 体制の崩壊は以上と関連して，恐慌・金融危機を阻止する国家の力を強大化した。IMF 体制では国家は財政赤字や通貨・信用膨張によって恐慌を抑制する力は上の歯止めによって制約されていた。IMF 体制崩壊は財政赤字累増，通貨膨張・信用膨張に対する歯止めを取り除くことによって，国家（中央銀行）が単独あるいは国際協調で，巨額の資金供給によ

って大手金融機関破綻の救済，不良債権買取り等を実施し，恐慌・金融危機を抑止する「力」を強大化していったのである．恐慌・金融危機の抑止は，巨大金融機関が不良資産を抱えたまま，寡占大企業が過剰生産能力を抱えたまま残存していくことを許し，経済停滞を長期化させるのであるが（→第Ⅳ部第5章）．

またIMF規約による「国際資本移動」の「国家管理」容認は除去された．

最後に指摘するきわめて重要なことは，金ドル交換停止・IMF体制崩壊が，実体経済・財貨取引から離れた投機的金融取引の本格的展開（→第Ⅲ部，第Ⅳ部）への途を開いたことである．IMF体制では為替投機は，固定相場制のもとでの「平価変更」の予想をめぐるものに限られており，投機は概して一時的・部分的であった（ニューヨーク・ダウ平均株価が1956年から金ドル交換停止直後の72年11月までの十数年間において500ドルから1000ドルまでしか上昇しなかったことは注目に値する）．


IMF崩壊後，国際金融システムを検討するため，1972年7月「20ヵ国委員会」が設立されたが失敗し，その後「暫定委員会」が76年，IMF協定から金に関する規定をすべて削除し，金ドル交換を完全廃棄する法的改正に合意し，78年4月に発効した．キングストン体制と呼ばれる．

大戦後のIMFとはまったく異なる質のものとなったにもかかわらず，名称は同じIMFと呼ばれている点，注意する必要がある．

## 第2節　変動相場（制）の理論と現実

米国は大戦後，基軸通貨国としてその特権を享受してきたのであるから，金ドル交換困難，IMF体制動揺に対しては基軸通貨国の責任として，自国経済の建直しと国際収支の根本的改善を行う必要があったし，1973年3月の欧日諸国の為替市場閉鎖・フロート移行に対しては，国際通貨の安定化シ

第4章　金ドル交換停止とIMF体制崩壊，変動相場（制）

ステムの検討・構築の努力を払うべきであった。しかし米国はかかる努力はいっさい行わないで，変動相場への全面的移行を黙認することによって，変動相場移行を「選んだ」のである。それゆえIMF体制崩壊の意義とその後の展開は，変動相場の現実と理論の解明によって明らかになるのであって，この変動相場の理論的解明は本章の最重要課題である。

### 変動相場（制）への移行

「変動相場制（Floating Exchange Rate System）」は，それが現実に登場するまでは，為替相場を完全に市場の需給に委ねる「クリーンな変動相場制（clean float）」と見なされており，それ以外は「汚れた変動相場制（dirty float）」といわれていた。

1973年2～3月，西欧主要国と日本が変動相場に移行し，変動為替相場が国際的に拡がっていった。当初，米国はじめ各国の政府・通貨当局は「変動相場制」は為替相場の変動を通じて国際収支の均衡化・為替相場の安定化をもたらす「自動的調節力」を持っている「制度」であるから，各国当局はまったく対策をとる必要がないと考えていた。IMF体制では，固定レート維持のために国内経済（成長・雇用）を犠牲にしなければならなかったが，変動相場制では国内経済を犠牲にする必要はない，といわれていた。変動相場は「クリーンな変動相場制」として発足した。

　　　ニクソン声明の前の1968年，M. フリードマンは著書 *Dollars and Deficits* で変動相場制では「国際収支問題は完全に解決される」，「流動性問題を解消する。公的為替準備を持つ必要はない。個々の民間主体が必要な準備を提供する……」，投機について「不安定化的投機」はありえない，「実証研究」では「投機が安定化に貢献した」「証拠が圧倒的である」と述べている。非常に多くの経済学者が追随し同じ見解を述べていた。

　　　日本の『経済白書』（1973年）は，変動相場制が「理論的に」優れたものであると強調し，①「国際収支の均衡はほぼ自動的に確保される」，②外国為替の「需給のアンバランスは為替相場変動によって調節される」，③為替相場の変動→輸出入の変化を通じ「外国為替の需給のアンバランスを縮小

させる」，④「世界的インフレーションの国際収支面を通じる波及は抑えられ，不況期における輸出ドライブも働きにくくなる」という。同じ見解は『通商白書』等にも広く見られる。

ところが「変動相場制」発足後ただちに「変動相場制」がかかる「自動調整力」をまったく持っていないことが明らかになった。発足直後，西欧為替市場でドル売り投機が再燃し，ドルはとくにマルク，仏フランに対して急落，金の自由価格は高騰，為替市場は混乱を極めた。先進諸国は即刻為替市場への介入を繰り返すことを余儀なくされ，「変動相場制」はただちに各国通貨当局が為替市場へ介入するいわゆる「管理された変動相場制（managed float）」となる。

為替相場を完全に市場の需給に委ねる「変動相場制」は，最初に現れただちに消滅してしまい，現実に存在することはなかった。

米国は1973年7月の「国際決済銀行（BIS）」中央銀行総裁会議で，為替介入のための資金を調達するため，各国中央銀行が相互に自国通貨を預け合う「スワップ協定（swap agreement）」の資金枠の拡大について合意を取り付けた。「国際決済銀行（BIS）73〜74年年次報告」は「かつて"汚れた変動相場制"と呼ばれたものが，必要な政策手段として容認された」という。

### 変動相場における「実需取引」と「投機的取引」

変動相場についてまず第1に指摘したいのは，この変動相場が金ドル交換廃止・IMF体制終焉という歴史的・現実的諸条件のもとで現れ，これら諸条件によってその内容が根底的に規定されているということである。

変動相場が拡がったとき，すでに西欧の市場を中心に，実体経済・「財貨取引」とは関係のない「投機的取引」が展開していた。そしてまた金ドル交換停止・IMF体制終焉のもとで，各国の通貨供給・信用膨張は「金との関係」なしに進むようになっていた。「国際資本移動」の「国家管理」は廃棄され，投機的取引を含む国際的資本取引が自由化された。

この変動相場では，「財貨取引のための取引」＝「実需取引」のほかに，

「財貨取引」とは関係のない「投機取引」が行われ，「投機取引」を含む為替取引全体の需要・供給によって為替相場が決定され，変動するのである。

　　現実には，純粋な「財貨取引のための取引」，純粋な「投機取引」だけではなく，区別できないさまざまな取引が存在する。たとえば財貨取引における為替リスクを避けるためのヘッジ取引は多くは投機要因を含んだ投機取引の一環であるし，各種の裁定取引も両者を含んでいる。そしてこのような「実需取引」か「投機取引」かが区別できないような為替取引の需給が膨大化し，為替変動を大きく動かしているのである。
　　ただし理論的検討では純粋な「実需取引」と純粋な「投機取引」を分析すればよい。

「投機取引」は本来為替変動それ自体から変動差益＝投機利益を獲得しようとする取引である。「投機取引」では為替相場上昇が予想されれば投機によって為替上昇 → 投機が促され，投機と価格上昇とが相互促進する傾向がある。そればかりでなく投機取引業者は変動を歓迎し，可能であれば自ら変動を助長し，変動によって差益拡大を狙う。投機の本質から見て，投機は為替相場の安定化作用を損なうものである。この為替投機による為替の変動は，財貨取引の交易条件を動かすうえ，投機と価格上昇の相互促進とその破綻は実体経済に影響を及ぼし，実体経済の混乱を惹起していくことにもなる。

それゆえこの変動相場とは，金ドル交換停止・IMF 体制崩壊によって，為替相場の安定・国際収支の均衡をもたらすシステムがなくなってしまったもとで，為替相場が「投機取引」を含む膨大な為替取引によって絶えざる変動に晒されるようになったという状態なのである。

そこでは為替変動を通じて為替相場を安定化させる作用は働かない。理論的に見て，ここでは為替相場の適当な「基準」・「適正水準」ということ自体が成り立っていないのであって，為替の変動が為替相場を適当な「基準」・「適正水準」に「収斂」させるような作用を果たすわけでは決してない。

　　もし仮に国際為替取引が実体経済に基づく財貨取引＝「実需取引」のみであって，為替相場がこの財貨取引＝「実需取引」の需給のみによって決定されると仮定すれば，為替相場の変動を媒介にして国際的な財貨取引の均衡化

作用,為替相場の安定化作用が働くであろうが。

それゆえ一般に「変動相場制」と呼ばれるものは,本来的な意味で「制度・システム」では決してない。一般的には「金本位制」,「IMF体制」,「変動相場制」と分類されることが多いが,しかし変動相場制は金本位制,IMF体制と並ぶような「制度・システム」では決してない。大戦後の為替安定化のために構築されたIMF体制が崩壊し,その後それに代わる為替安定化の国際的秩序が構築されないまま,為替相場が「絶えざる変動に晒されている」ところに,この変動相場の特質があるのである。そして「絶えざる変動に晒されている」ことによって,投機取引の本格的展開の途を開いたところに,この変動相場の役割があったといえる。

著者が「変動相場制」ではなく「変動相場」であるとする所以である。ただし本書では,一般に「変動相場制」と呼ばれていることを考慮して「変動相場(制)」とする。

このような絶えざる変動に晒されている「変動相場(制)」が現在まで続いているのである。

そしてこのことが,その後の「投機的金融活動」の膨大化・多様化を生み出し,金融と経済の関連をも変質させていくのであるが,これは第Ⅲ部・第Ⅳ部の課題である。

### 変動相場(制)についての「理論」の誤り

一般に変動相場(制)とは,理論的には,外国為替相場が市場での為替取引の需給によって決定され,為替相場の変動を通じて国際収支の不均衡が自動的に調整される制度であり,現実には通貨当局が介入・管理していると説明するものが多い。「変動相場(制)」は「理論的に」自動調節力が働く制度だと説明されているが,理論的といわれるのは,「現実」から離れた「仮定」のもとで,「仮定」された為替相場における自動調節作用に他ならない。

このような「変動相場(制)」の「理論」の基本的な誤りは,実在しえない外国為替市場・為替取引を「仮定」していることである。「投機取引」の

作用は捨象され,「投機」の役割はまったく除外されている。あたかも為替取引のほとんどが実体経済に基づいた財貨取引のための「実需取引」であるかのように「仮定して」,為替変動を論じている。このような「現実」から離れた「仮定」を設けたもとで,現実にありえない「仮定」された変動相場について,為替変動を媒介とする「自動調整力」を主張しても「机上の空論」である。

また「変動相場(制)」は「管理された変動相場制 (managed float)」と呼ばれており,一般的には為替変動を管理(コントロール)している「制度」であるという説明も少なくない。しかし,「変動相場」が「管理できる」ものではないからこそ,各国,あるいは各国協調によって介入・管理を行っても為替を安定させることができないのであり,国家・国際協調が介入・管理を恒常的に行う必要があるのである。それゆえ著者はこれを「管理しようとするが管理できない変動相場(制)」と呼ぶ。

先進諸国は 1975 年,フランスのジスカール・デスタン大統領の提唱で,「石油危機」による経済対策をめぐって 6 ヵ国の「主要国首脳会議 (Summit Meeting, 略称サミット) を行った (米国, 英国, フランス, イタリア, 西ドイツ, 日本, 第 2 回にカナダ参加)。石油対策とともに,ドルを中心とする為替相場の安定化を図ろうとしたが,しかし各国の利害の対立から,なんらの成果もあげられなかった。年 1 回定期的にサミットの開催を決めたが,これら会議では,変動為替相場(制)では国際協調は為替相場の一時的調整を図るのみで,為替相場の安定化を実現することはできないことが浮彫りになった。

## 米国の国際収支「総合収支」公表中止

米国商務省は 1975 年までは,国際収支表で「総合収支」を公表していたが,変動相場移行の後,76 年以降は「総合収支」の公表を取り止め,「国際取引表」のみを公表することにした。「国際取引表」では「経常取引(収支)」,「資本取引(収支)」が示されるが,「資本取引」では「長期」と「短期」の区別はなく,外国からの自発的な対米投資による「資本流入」(プラ

ス)とともに,「経常収支」赤字を埋め合わすための資本借入れも「資本流入」(プラス)として表示される。ここではつねに「経常収支」の赤字・黒字に見合うだけの「資本取引」の黒字・赤字があることとなり,国際収支が均衡する形となっている。たとえ「経常収支」赤字が累増しても「資本流入」で埋め合わされればよいという米国の立場を表すものといえる。

## 第3節 「第1次石油危機」

　IMF体制崩壊・変動相場移行の直後の1973年10月16日,突如として「第1次石油危機」が勃発,先進諸国経済に一大衝撃を与え,変動相場をも混乱に陥れた。「石油危機」は大戦後における米国系を中心とするメジャー(「国際巨大石油資本」)の中東原油支配に対する中東産油諸国の長年の怒りによるものであるが,怒りを爆発させたのは,60年代以降の米国ドルの信認低下・ドルの大幅減価と米欧のインフレによる産油国の巨大な損失拡大であった。

### OPEC・OAPECの成立と「第1次石油危機」

　メジャーの中東原油に対する基本政策は,価格を低く抑えて西欧を中心に原燃料の石油転換・石油多消費を促し,膨大な石油需要を創出して大量販売によって利益拡大を図ることであった(→54頁)。中東産油諸国は,メジャーが原油価格をきわめて低く設定して,石油を湯水のごとく採掘して膨大な利益を取得することに対して不満と怒りを強めていた。

　1950年代末にメジャーがソ連の大量石油輸出に対抗して中東原油公示価格を引き下げたのに対し,60年9月,五大産油国のサウジアラビア,イラン,イラク,クウェート,ベネズエラが「石油輸出国機構 (Organization of Petroleum Exporting Countries：OPEC) を結成し,石油各社に対して石油価格の安定,現行価格の値下げ前への回復を要求し,公示価格を凍結した(その後71

第4章　金ドル交換停止とIMF体制崩壊，変動相場（制）

年までにカタール，インドネシア，リビア，アブダビ，アルジェリア，ナイジェリアが加盟）。公示価格は一応据え置かれたが，メジャーが販売価格を決定する権限を握っている状態はそのまま続いた。68年1月にはサウジアラビア，リビア，クウェートの3ヵ国が加盟国の利益と石油政策とにおいて協力するために「アラブ石油輸出国機構（Organization of Arab Petroleum Exporting Countries：OAPEC）を結成した。OAPECはOPECの決定に従うことを合意していた（その後アルジェリア，アブダビ，カタール，バーレーン，ドバイ，シリア，エジプト，イラク，チュニジアが加盟）。

さらに1960年代のドル不安，71年以降の金ドル交換停止，スミソニアン合意，IMF崩壊が，中東産油諸国に対して大きな損失を与えたことはOPEC・OAPECの怒りを強めた。ドル建てで原油取引を行い西欧からの輸入が多い中東原油産出国にとっては，ドルの大幅減価は原油価格の実質的値下がり・収益の実質的減少を意味したうえ，ドルに対する西欧通貨の大幅上昇とインフレ昂進は産油国の輸入における不利益を拡大したためである。

1973年10月6日，エジプト・シリア（アラブ側）とイスラエルとの第4次中東戦争が勃発したのを契機として，10月16日にOPEC加盟国のうちのペルシャ湾岸6ヵ国は突如として原油の公示価格（代表的品種のアラビアン・ライト，以下同じ）を即刻1バーレル当たり3.01ドルから5.12ドルへと70%引き上げると公表し（「第1次引上げ」），結束して原油価格の決定権を掌握していった。翌17日，OAPECは米国をはじめイスラエル支持国に対し原油輸出を制限する措置をとり，10月20日以降，イスラエル支持の米国，オランダに対し全輸出を禁止すると公表し，11月4日には原油生産を9月実績比25%削減すると通告した。OAPEC諸国の原油生産量は72年末，世界の約32%を占め，さらに輸出量では世界全体の55%をも占めていたため，全世界に一大衝撃を与えた。

11月11日の中東戦争休戦協定によってこの輸出の削減・禁止と生産削減は緩和され，産油国は重点を価格政策に絞っていく。12月23日，ペルシャ湾岸6ヵ国は原油の公示価格を5.12ドルから11.65ドルへと一挙に2倍以

197

上に引き上げ、74年1月から実施した（「第2次引上げ」）。第1次・第2次計で原油公示価格は10月半ばからわずか2ヵ月余りの間に3.87倍に引き上げられた。先進諸国をはじめ世界に一大衝撃を与えた「第1次石油危機 (oil crisis)」（通称「石油ショック」）である。

## 中東石油の国有化・メジャー支配体制の崩壊

　この「第1次石油危機」が大戦後の世界の石油供給の歴史において画期的な意味を持つのは、中東産油諸国が原油価格の大幅引上げを行っただけではなく、原油の生産・供給と価格決定の権限を掌握していき、原油産出国政府の外国石油事業への参加、さらにはその国有化を実現し、長期にわたるメジャーの支配体制を崩壊させたことである。

　1972年12月、サウジアラビア等とメジャーとの間で締結されたリヤド協定で産油国の石油事業参加への途が開かれた。クウェートは74年一挙に60％の事業参加を宣言し、75年に事業参加を100％に引き上げ、国内石油事業を完全に国有化した。リビアでは69年9月カダフィ大佐が軍事クーデターで王政を打倒し、73年外国石油企業をすべて国有化した。イラクは72年国営石油会社を設立、ベネズエラは74年国有化を実施した。サウジアラビアは遅れるが、76年アラムコの石油事業を完全に国有化した。

　中東において長期にわたって石油の探鉱・開発から生産・販売、価格に至るすべてを支配してきたメジャーの支配体制は完全に崩壊していった。メジャーは中東石油の買取りを行うことになる。

　米国の国際収支危機によるドル不安、ドル減価、西欧通貨上昇、米国発のインフレが、米国メジャーを中心とする中東石油支配を揺るがし崩壊させていったのである。

　以上の「石油危機」での産油諸国の結束は、同じ発展途上国の各種原料供給諸国の結束を強化し、銅輸出国政府間協議会（1968年）についで、コーヒー輸出国機構、鉄鉱石輸出国機構、南洋材輸出国機構の結成、ASEAN 5ヵ国輸出国機構の結成準備が相次いだ。これら動向と国際通貨危機のもとで、

これら諸原料の投機的買付け，リスクを回避するためのヘッジ買いが活発化し，国際原料価格は相次いで高騰した。これらは，先進諸国に対する「第1次石油危機」の衝撃を倍加する作用を果たす。

> 一次産品価格の代表的総合指数であるロイター指数は，過去のピークである朝鮮戦争中の1951年4月627.3に比べ，71年9月502.6から73年6月1004.5，74年3月1395.6へと急上昇する。72年年間上昇率は40%，73年年間上昇率83%である（ただし73年の上昇には穀物不作による価格高騰も影響している）。

### 産油諸国の収益膨大化と巨額のオイル・マネー

「第1次石油危機」の後，OPEC諸国は原油生産能力の限界に近い状態で石油生産を続け，収益拡大を追求し続けていた。

原油価格高騰の結果，石油輸出国の経常収支黒字は激増した。世界第1位の石油輸出国のサウジアラビアの経常収支黒字は1971年9.7億ドルから74年には一挙に230.3億ドルへと激増，中東諸国計では経常収支黒字は71年13.4億ドルから74年に一挙に533.1億ドルに達する。この黒字は消費国の石油需要の大幅減少によって74・75年にはサウジアラビア143億ドル・同額，中東諸国計289億ドル・371億ドルへと大幅に減少するが，それでも71年に比べれば中東諸国の経常収支黒字の激増という大変化は明らかであった。莫大な資金が石油輸入国から中東産油国へと移っていった。

産油諸国はこの収益拡大によって，工業化，経済開発を急ぐため輸入を拡大し各種インフラ投資を図ったが，多くは資金として蓄積・運用された。巨大なオイル・マネーの出現である（ほとんどがドル建てで運用されるのでオイル・ダラーとも呼ばれる）。最初はその多くは産油国の短期流動資金として産油国の外貨準備となり，その大部分はユーロ市場での短期預金となって，一部資金は「石油危機」で経常収支の大幅赤字となった先進国，非産油途上国に対する貸付に向かう。その後長期資金として主としてユーロ市場で，次いでニューヨーク市場で運用された。これらオイル・マネーは第Ⅲ部で見る投

機的な金融取引の膨大化を促すうえに大きな役割を果たす。

なお「第1次石油危機」の後，1978年イランにおけるパーレビ国王に対する不満の爆発，79年2月イラン革命・ホメイニ体制確立の混乱のもとで，OPECは78年12月に79年の原油価格値上げを公表，「第2次石油危機」となる。

### 先進国経済への衝撃

原油価格の4倍近い高騰は先進資本主義諸国に対し一大衝撃・「石油ショック」を与えた。大戦後，米国資本主義は石油化学，自動車の躍進に支えられて発展し，石油は自動車・航空機用燃料，火力発電燃料，プラスチック，合成繊維，合成ゴム等の各種消費手段の原料として，産業の基軸をなすと同時に，軍需生産・軍事作戦を支える基軸でもあった。米国は1948年には石油輸入国に転じていた。米国の影響によって西欧諸国，遅れて日本でもまたエネルギー・原料の石炭から石油への一大転換が進み，石油多消費が浸透し，石油輸入大国となっていた。石油輸入・石油精製会社は，原油価格の高騰と中東諸国による原油輸出の大幅削減措置に対し，それまでの原油・石油保有分をも含めて販売価格を吊り上げ・売惜しみを行った。石油使用産業の企業は便乗値上げ・売惜しみを行い，価格高騰が倍加された。個人消費者もガソリン，灯油および石油関連製品の買急ぎ・備蓄に走り，価格高騰に拍車をかけた。

先進国の寡占分野では，寡占巨大企業がコスト上昇分を上乗せして価格を引き上げる独占的価格設定方式，生計費上昇にスライドして引き上げた賃金上昇分を上乗せして価格を引き上げる労資協調的な独占的価格設定方式は一段と強まり，多くの産業に拡がっていった。

先進諸国は原油暴騰による石油輸入価格総額の激増と各国貿易の縮小によって貿易収支悪化・経常収支悪化に陥る。

このほか，「石油危機」は非産油発展途上国に対しても大きな打撃を与えた。これら諸国は自国の石油輸入価格総額の急増のうえに，先進諸国に対す

る資源輸出の大幅削減が加わり深刻な貿易収支赤字・経常収支赤字に陥った。これは先進諸国の当該諸国への輸出を縮小させ，世界貿易縮小を促進した。これらは世界大不況によって倍加され，以前よりも一段と厳しい「低開発国問題」が生じることになる。

　「石油危機」による価格高騰に対し，先進諸国は価格上昇抑止・総需要抑制政策を強化し，これを契機として1974・75年世界大不況が生じる。

　以上の「第1次石油危機」は米国の大戦後世界経済戦略に対する中東産油諸国の共同的対抗であって，非常に重要な問題ではあるが，これをスタグフレーションの原因とすることはできない。石油価格高騰は高率ではあるが1年だけであって，先進諸国の物価を高騰させてもインフレを長期化させるわけではないからである（→第5章）。

# 第5章

# 大戦後資本主義経済の行詰り，スタグフレーション

　米国はじめ先進諸国は実体経済の行詰りとそれに対する景気対策の繰返しのもとでインフレ的価格上昇が加速したため，1973年には総需要抑制政策を余儀なくされつつあったが，同年10月，「第1次石油危機」による物価高騰に対し先進諸国が強力な総需要抑制政策を実施し，これを直接の契機として「1974・75年世界大不況」となった。

　この「1974・75年世界大不況」は大戦後最大の世界同時の大不況であったが，しかし問題は不況の深度ではない。「1974・75年世界大不況」が資本主義の歴史上画期をなすのは，それがこれまでの資本主義の歴史では経験しなかった「スタグフレーション」となったことにある。

　「スタグフレーション（stagflation）」は，「stagnation（不況・経済停滞）」と「inflation」の合成語であり，一般には不況・経済停滞とインフレとが「併存する」ことといわれている。

　しかし不況とインフレとの単なる併存ではない。著者は「スタグフレーション」とは，不況とインフレが相互に促進しつつ進行し，景気回復政策をとるとインフレが加速し，インフレ抑制政策をとると不況が倍加されるので，不況とインフレとを同時に克服する政策手段が無くなってしまい，経済停滞・失業とインフレとが長期化する状態であると規定している。

　「スタグフレーション」が現れたことは，大戦後米国が構築してきた資本主義経済が行き詰まって，もはや有効な国家政策が無くなってしまったこと

を告げるものに他ならない。「スタグフレーション」は、すでに第Ⅱ部で見てきたように、大戦後の経済発展が長期的な経済停滞に転じ、大戦後の金ドル交換・IMF体制が崩壊し変動相場（制）へ移行し、国家が制約の無くなった景気回復政策を拡大し続けたことの重なりあった産物である。それゆえ、「スタグフレーション」の基本的解明は、これまでの第Ⅱ部の分析の綜合で果たせるのである。

### 世界大不況とインフレ

　1974・75年世界大不況は、大戦後初めて資本主義諸国で同時に生じた深刻な世界的大不況である。大戦後の不況は、米国の57・58年の景気後退を除くと、そのほとんどすべてが実質成長率の低下であったが、ここで大戦後初めて資本主義諸国が同時に実質GNPの減少＝実質マイナス成長に陥ったのである。またこれまでは景気後退下でも実質個人消費支出総額は減少しなかったが、ここで初めて実質個人消費支出総額の減少が生じた。鉱工業生産の落込み（ピークの73年第4四半期から谷の75年第2四半期まで）もOECD全体で大戦後最大の11.7％の低下となった。製造業の稼働率は75年第2四半期、米国66.5％、西ドイツ74％と大戦後の最低となり、その他諸国でも同様の大幅低下であった。OECD諸国の失業者総数は69年の580万人から75年には一挙に約3倍の1525万人に達し、失業率は5.5％となる。これが国内消費の実質的縮小を促した。米国では71年に失業が増加を始め、75年には失業者総数は一挙に戦後最高の783万人、失業率は8.5％に達する。先進諸国の輸出は75年以降減少する（OECD諸国の輸出数量は数％減、西欧諸国は2桁近い減少）。

　ところが1974・75年世界大不況では、OECD主要7ヵ国の卸売物価も消費者物価も上昇を続け、インフレ昂進となった。

　　　　卸売物価の前年比上昇率（7ヵ国平均）は1973年8.5％から74・75年にはついに2桁上昇となり、74年13.7％、75年13.2％の上昇が続いた。消費者物価も2桁上昇となる。国によって上昇率と上昇時期には差があるが、卸

売物価の前年比上昇率は米国72年4.5%，73年13.1%，74年18.9%，日本73年15.9%，74年31.3%，英国は遅れて73年7.3%，74年23.4%，75年24.1%である。西ドイツは72年秋から金融引締め・インフレ抑止対策をとっていたため，概して上昇率は低く，74年だけが2桁の13.4%でその前後は数%である。消費者物価上昇率は，米国72年3.3%，73年6.2%，74年11.0%，75年9.1%，日本73年11.7%，74年24.5%，75年11.8%，76年9.3%，英国は71年から9%前後が続き，74年16.0%，75年24.2%，76年16.5%。西ドイツだけがこの間数%に止まり，最高が73・74年の7%である。75年後半にはOECD諸国の上昇率は概して1桁となるものの8〜9%で，深刻な大不況後としては異例の高さが続いた。

日本は石油危機の前に，ニクソン・ショックとスミソニアン協定での円切上げに対し，1972年7月発足した田中内閣が調整インフレーション政策と"列島改造論"を掲げて財政拡大と超金融緩和によって強力に成長政策を推進したため，景気は上昇するが，土地投機・地価高騰とともに卸売物価は石油危機の前の73年中葉にすでに2桁上昇となり，政府は総需要抑制を余儀なくされた。その直後に石油ショックに見舞われ，総需要抑制政策を強化したが，その後の物価高騰でも，日本は先進諸国の中で最も早く最も高率であった。国民は石油危機に先立つ投機と価格高騰の経験から，灯油をはじめトイレットペーパー，洗剤，醬油等の買溜めに走った。文字どおりの"狂乱物価"である。

## 経済停滞と景気回復政策の悪循環

以下では「スタグフレーション」について，第Ⅱ部のこれまでの分析に重要な補足を加える。

まず，経済の長期停滞とこれに対する長期にわたる景気回復政策・インフレの台頭との悪循環である。経済停滞が克服されないまま，景気回復政策が進められインフレが台頭すると，経済停滞・国際収支悪化が深まる。

この悪循環は，金ドル交換停止・IMF体制の動揺によって財政赤字・通貨膨張に対する歯止め，インフレへの歯止めが無くなるもとで，長期にわたる景気回復政策の強行，節度のない通貨供給，信用膨張が続きインフレが進

第5章　大戦後資本主義経済の行詰り，スタグフレーション

むことによって一段と強まった。

　スミソニアン体制では，米国の国際収支赤字激増・インフレが固定レート制を通じて西欧諸国・日本にインフレを波及させ（「米国発インフレの輸入」），黒字国は通貨切上げよりも景気促進強化（インフレ容認）を選ぶという「調整インフレ政策」をとり，インフレが促進されていった。

　このように経済停滞が克服されないまま，長期にわたって景気回復政策が進められインフレが深化したことが，経済停滞化，財政悪化・国際収支悪化を深化させ，景気回復政策のさらなる強化を必要としていったのである。

## インフレ加速体質の定着・強化

　このように長期にわたってインフレが続く過程において，米国では，インフレがひとたび始まってしまうとインフレを加速する体質・関係，インフレ収束を困難とする体質・関係が強化され，拡がっていった。

　まず，経済の中枢生産部門の寡占巨大企業が大不況で需給悪化が深刻であっても，インフレにおけるコスト上昇分を価格に上乗せして価格を引き上げる独占的価格設定を維持していったことがある。「石油危機」によって原油価格が暴騰するもとでは，寡占企業はコスト上昇見込みを十二分に価格に上乗せして価格を引き上げていき，独占価格設定はより多くの産業に拡がった。

　巨大寡占企業は，不況に陥って需給悪化が深化しても，多くのばあい稼働率の引下げ・供給量調整を行いつつ，コスト上昇を上乗せしていく独占的価格設定を続けたのである。

　また，米国巨大寡占企業がインフレ進行のもとで，生計費上昇にスライドして賃金を引き上げ（実質賃金同一維持），賃金コスト上昇分を上乗せして価格を引き上げる労資協調維持の独占的価格設定方式（→175頁）も不況深化のもとで維持された。米国では1970年以降「生計費調整（COLA）」労働協約が拡がっていった。これもまた「石油危機」のもとで維持され拡大していった。

　他の先進諸国の寡占企業も，米国に遅れて同じような賃金引上げを上乗せ

して価格を引き上げる独占的価格設定をとっていった。イタリアでは賃金の物価スライド制が実施されていたので、大不況下において生計費上昇に対応してかなりの賃金上昇が注目された（日本では実施されない）。

この労資協調維持の独占的価格設定方式は、大不況となり失業が拡大していったところでも維持され、大不況・失業拡大にもかかわらずインフレ・生計費上昇に対応して就業者の賃金を引き上げ、価格上昇と賃金上昇の悪循環を生むことになる。なお寡占企業は賃金上昇分を上乗せする際に、時間賃金ではなく「賃金コスト」（生産1単位当たり時間賃金）上昇分を上乗せする。

もちろん以上は寡占部門の巨大企業に限られていた。

### インフレ加速体質による不況促進効果

寡占企業が上のような政策をとったことは、かえって大不況を深化させる作用を果たした。

第1に、各国の寡占企業は大不況下でも、かかる独占的価格設定で利益確保を続け、不況を乗り切るために生産力向上の努力、新産業開発の努力を払わなかった。米国、西ドイツを筆頭に、先進諸国では、1974以降、長期にわたって民間設備投資は低迷を続け、これが不況持続の主要な原因となった。

第2に、インフレと大不況によって耐久消費財に対する需要が大幅に縮小した。米国、英国では自動車販売が大幅に減少し、その他の耐久消費財がそれに次いで減少した。その他西欧諸国でも程度の差はあれ、同様の減少であった。1975年OECD諸国の失業者は1525万人に上り、中小企業就業者の賃金上昇は低率であった。この結果、すべての先進諸国では、大不況下で、実質個人消費支出総額が大戦後初めて大幅に減少し、この個人消費需要の大幅減少が続いたことが大不況を深化させる主要な原因となったのである。

なお、日本では大不況下、就業者の賃金は大幅に切り下げられ、西ドイツでも賃金引下げが行われ、このことが日本・西ドイツが相対的に早く不況を脱出する重要な要因となる。

　　　　　日本政府は、金ドル交換停止、円大幅切上げ、IMF崩壊、「石油危機」と

いう「外圧」を強調し，他の先進諸国に例を見ない徹底的な"減量経営"を実行していった。①労働面でのコスト削減，②生産の効率化，③金融費用削減であり，中心は①であった。大量解雇とともに，賃金面では経営側が〝賃金自粛"（賃上げ自粛）を提唱し，大企業の（本工）組合は自ら"賃上げ自粛"を行い，1975年春闘での賃上げ率は日経連の提唱したガイドラインを下回った。臨時工・社外工制度の再編，中小企業下請の効率化のもとで，これらの賃金上昇は抑制された。

## 「世界同時」の大不況・「世界同時」のスタグフレーション

　最後に，1974・75年世界大不況が先進諸国すべてにおける世界同時の大不況であり，スタグフレーションもまた先進諸国すべてに生じた世界同時のスタグフレーションであったことについて触れておく。

　これは第Ⅰ部・第Ⅱ部で明らかにした大戦後の資本主義の再生・発展と行詰りからすれば，むしろ当然のことであった。

　大戦後では米国が革新的な新産業を軸にして自国の繁栄を実現するとともに，米国主導のもとで西欧諸国の資本主義的再生を実現し，そのもとで西欧諸国は域内協力を進めてきたのである。したがって米国に次いで西欧諸国，少し遅れて日本と若干のずれがあるものの，先進諸国すべてが揃って経済発展を進めたのであるし，また米国を中心に共通して革新的技術の途絶・経済停滞に陥ったのである。そして，米国の経済停滞と国際収支赤字累増，ドル信認の低下・金ドル交換停止，スミソニアン体制とその崩壊，IMF体制崩壊・変動相場（制）移行のもとで，他の先進諸国はそれらの改善のために米国に協力しつつも，米国によって振り回され，被害を被り，米国への対応に追われてきたのである。

　1974・75年の世界同時の大不況，世界同時のスタグフレーションは，第2次大戦後の資本主義経済の発展の特質を表すものに他ならない。

　1974・75年大不況が世界同時の大不況であったことから，29年世界恐慌との共通性を強調し両者の量的比較をする見解が一部に見られるが，大戦後

の資本主義の発展・行詰りの特質を無視する誤りである。

　以上の大戦後資本主義の行詰りは,「大戦後資本主義経済の一大変質」を生み出す基礎となる（→第Ⅲ部序）。
　スタグフレーションの後, 米国がいかなる世界経済戦略によってかかる事態を克服しようとしたのか, そしてそれがいかなる事態を生み出していったかは, 第Ⅲ部で明らかにする。

# 第Ⅲ部

# 大戦後資本主義の「一大変質」

―― 「新自由主義」政策への転換 ――

# 序　第Ⅲ部の課題と分析視角

　1970年代初め，第2次世界大戦後資本主義経済は米国による金ドル交換停止～IMF体制崩壊，「変動相場（制）」移行を経てスタグフレーションに陥り，行き詰まってしまった（→第Ⅱ部）。このことが大戦後資本主義の「一大変質」をもたらすのであるが，しかしこの変質はいわば自動的に生じたわけでは決してない。

　1980年代初めに，レーガン米国大統領（81年1月～89年1月）がサッチャー英国首相（79年5月～90年11月）とともに，資本主義経済の行詰りの原因は大戦後における国家政策の誤りにあると非難し，「新自由主義」の徹底した規制緩和・市場原理導入による経済活性化を打ち出したことが，大戦後資本主義の「一大変質」を現実化したのである。

　レーガンの「新自由主義」は規制緩和，とくに金融の規制緩和・国際化を遂行し，大戦後の「実体経済重視の政策」を「金融重視の政策」に転換させていった。なお「新自由主義」は大戦後米国の強大な軍事力保有・「産軍複合体」を全面的に容認し，レーガンは最初から軍事力強化を強力に推進した。

　　「新自由主義」は旧くから「自由主義」の理念あるいはシステムを掲げるものといわれているが，思想，政治，経済にわたってかなり異なる見解が含まれ明確な概念規定はない。しかもレーガン自身の「新自由主義」の主張は曖昧なうえに変化するので，とくに不明確であるが，ここではこれには深入りしないでレーガンの実際の政策を検討する。


　著者は大戦後の資本主義を「新しい段階の資本主義」と規定している。新自由主義による「変質」はきわめて重要なものではあるが，大戦後の「新しい段階」の特質の内部における「変質」であるので，「大戦後資本主義にお

ける一大変質」と規定する。

「大戦後資本主義の一大変質」は「大戦後資本主義の行詰り」とそれに対するレーガンの徹底的な規制緩和・競争市場原理導入，金融重視の政策への転換によって現実化したのであるから，「大戦後資本主義の一大変質」の解明は，「資本主義経済の行詰り」を解明した第Ⅱ部と，第Ⅲ部のレーガンの「新自由主義的政策」の解明とによって果たされる。第Ⅲ部のタイトルは「大戦後資本主義の一大変質」としたが，この点了承されたい。

### レーガン政策の基本＝「強き米国」

レーガンは1981年大統領就任直後の2月18日「経済再生計画（Program for Economic Recovery）」を公表した。その柱は，①大胆な歳出削減（国防費のみ増大）による財政収支均衡（84年達成目標），②大幅企業減税および高所得層優遇の個人所得税減税，③「規制緩和」・「競争市場原理」の徹底化，④マネー・サプライのコントロールによるインフレの克服，である。

この「経済再生計画」は，ケインズの「有効需要拡大」政策に反対するレーガンの「供給面重視」（supply side economics）政策といわれ，また「大きな政府」に反対する「小さな政府」ともいわれた。しかし「計画」はこれらを理論的に明確にしたわけではないうえ，実際にはレーガンは就任早々「計画」の第1の柱を破って史上最大の財政赤字を生み出し，その後「計画」を次々と破っていくので，第Ⅲ部では実際のレーガン政策を明らかにする。

レーガンが実際において終始強調したのは「強き米国」──「超軍事大国」と「金融大国」とによる「強き米国」──の構築であった。

### レーガンの「超軍事大国」

レーガンが「強き米国」の再生で目指したのはなによりもまず「超軍事大国」を構築しソ連を圧倒することであった。米国は1970年代初めには先端軍事・宇宙技術でソ連を完全に凌駕していたが，レーガンはソ連脅威論を唱え，ソ連のアフガニスタン侵攻を最大限に利用して，就任早々，ソ連の核弾

道ミサイルを「迎撃」・「破壊」する「戦略防衛構想＝SDI（Strategic Defense Initiative）」を打ち出した。このため軍事支出は空前の規模となり史上最大の財政赤字となった。

レーガンはSDI用ハイテク産業の育成・強化だけを重視し，（非軍事）民間産業には徹底的な「競争市場原理」を強要していった。このため米国製造業の構造変化と衰退がもたらされることになった。

### レーガンの金融の規制緩和，「金融大国」化，「金融重視の経済政策」への転換

レーガンが「強き米国」で同時に目指したのは，西欧ユーロ市場に奪われていた国際金融の王座を奪い返し，米国金融市場を世界の金融活動の中心とすることによって経済停滞を打破し，米国の経済を活性化させることであった。

1970年以来，IMF体制崩壊，「変動相場（制）移行」によって，ドル・外国為替をはじめ国際金融市場の不安定性・混乱が深まっていたが，レーガンは国際金融の安定化を検討・努力することもなく，むしろこれらの不安定性・混乱を利用する形で，自国米国の金融業の躍進を求めたのである。レーガンが規制緩和について最も重視したのは金融の規制緩和・国際化であり，レーガンの「経済再生」は金融業の再生・発展を軸とした「金融重視の経済再生」であった。レーガンが大統領就任直後の1981年12月に行ったのは「ニューヨーク・オフショア市場」の設立であった。異常高金利によって，世界的な経済停滞のもと投資先のなかった外国の膨大な余剰資金が米国に怒濤のように押し寄せた。

レーガンの規制緩和政策によって「実体経済」から離れた「投機的金融活動」が本格的展開を遂げ，新しいデリバティブをはじめ多種多様な「金融商品」・「金融手法」，金融活動の担い手（ヘッジ・ファンド等）が創り出された。

米国の国際金融市場が一挙に世界の中心となり得た基礎には，米国の軍事技術開発・宇宙開発におけるME技術革新・コンピュータ革新が，大量の

情報を瞬時に処理・管理し人工衛星による送信・伝達システムを構築していったことがあった。これに依拠して電子資金取引・資金決済が進み，膨大な国際金融取引情報を即座に処理・管理し世界中に伝達するシステム網が構築されていった。レーガンの「金融大国」化は「超軍事大国」化と結合していたのである。

以上，レーガン政策で注目されるのは，大戦後における「実体経済重視の経済政策」を「金融重視の経済活性化政策」へと転換させたことである。

## 第Ⅲ部の構成

### 第1章　「競争市場原理」と米国製造業の構造変化・衰退

　　レーガンの政策による「製造業の衰退」と，米国の「再生産構造の解体」の内容とその意義を解明する。

### 第2章　金融の規制緩和・国際化と「実体経済から離れた投機的金融活動」

　　レーガンの金融の規制緩和・国際化によって本格化した「実体経済から離れた投機的金融活動」の意義と特質，「過去の投機との決定的な違い」を理論的に解明する。これは最重要課題である。これとともに1980年代に政府が史上初めて着手した「住宅ローン証券化」の意義・特質をも理論的に解明する。

　　以上は，第Ⅳ部における金融活動の膨大化・金融危機の分析のための理論的基礎となる。

### 第3章　レーガン政策の役割とその帰結

　　レーガン政策の役割を総括する。

　　最後にレーガンがソ連・東欧諸国の崩壊，冷戦勝利に果たした役割を補足する。

# 第1章

# 「競争市場原理」と
# 米国製造業の構造変化・衰退

## 第1節 「競争市場原理」,生産・雇用の対外移転,労働慣行の変更

　米国の長期にわたる経済停滞は,製造業における革新的な新生産方法・新産業開発の途絶に基づくものである。そしてこの根源には大戦後米国が軍事力強化・軍事技術開発を最優先してきたことがあった。それゆえ米国にとって必要なことは,(非軍事)一般製造業を建て直し,一般製造業の再生・発展を図ることであった。

　しかしレーガン大統領は(非軍事)一般製造業の建直しを放置したまま,SDI用のハイテク産業の発展のみを推進し,(非軍事)一般産業に対しては徹底した「競争市場原理」を強要していったのである。

### SDI計画によるハイテク産業強化策

　レーガンは米国製造業の低迷には目を向けないで,これまでよりもさらに徹底した軍事技術・軍需生産最優先策を打ち出し,SDI用のハイテク産業強化策を遂行していった。

　レーガンは1983年3月25日,「弾道ミサイルの脅威の除去(Eliminating

the Threat from Ballistic Missiles)」というタイトルの「国家安全保障決定指令 (National Security Decision Directive Number 85)」を出し，巨大規模の SDI 計画が発足する。レーガンは，これまでのような「攻撃的な核兵器」の強化によって相手に「脅威」を与えるだけでは不十分だから，ソ連の核弾道ミサイル攻撃に対し，着弾する前に「捕捉」し「迎撃」・「破壊」する「防衛システム」を完備する必要があるという。宇宙空間をも含んだ核弾道ミサイルの攻撃をかかるシステムで果たして「迎撃」・「破壊」できるかは疑わしいが，この戦略構想は，米国のハイテクノロジーに基づいた，宇宙をも含む核警戒探知，戦略指揮，戦略通信等のシステムの構築を目指したのである。レーガンはこの SDI のために「ハイテク産業の強化」を強調し，ハイテク関連の巨大寡占企業は豊富な援助と巨額の需要拡大のもとで，軍事関連の特殊な高性能技術開発と特殊製品の限定生産を進め，収益を拡大し発展を続けた。

　　　レーガン政権は「ハイテクノロジー産業 (high technology industries)」という用語を正式に多用しているが，厳密な規定はなく，公文書でも具体的内容は統一されていない。商務省統計では 3 種類の定義があるが，よく使われている「技術集約度」の高いものをハイテク産業とした定義では，具体的に「誘導ミサイル・宇宙機器」，「通信機器・電子部品」，「航空機・同部品」，「事務機器・コンピュータ」，「武器」，「医薬品」，「工業用無機化学品」，「精密機器」，「エンジン・タービン」，「プラスチック製品」の 10 品目となっている。
　　　「ハイテク産業」は国際的にも正式に広く使用されていったが，内容の規定も具体内容も統一されていない。さらにそれ以降には，新しい開発技術・新産業も含まれていくので，その内容はいっそう曖昧になっている。

　SDI のため，国防費は 1980 年度の 1340 億ドルから，86 年度 2734 億ドルへとわずか数年の間に一挙に 2 倍に拡大し，歳出総額に占める国防費の比重は 80 年度 22.7% から 86 年度 27.6% に上昇した。このため連邦財政赤字はカーター政権末の赤字のピーク＝80 年度の 738 億ドルよりもはるかに拡大し，83 年度には景気回復にもかかわらず 2078 億ドルという史上最大の赤字を記録し，84 年度に若干縮小するものの 85・86 年度には再度 2000 億ドル台と

なる。レーガン政権のわずか数年間で、86年度財政赤字は80年度に比べ1484億ドル増大した。「再生計画」の第1項目であった「財政均衡化」はレーガン就任直後に破られてしまった。

この巨額の軍事支出拡大・ハイテク産業への需要拡大は、1982年の深刻な不況を乗り切って成長を持続する柱となった。これは、レーガンが徹底的に批判した「財政赤字に基づく政府の有効需要拡大政策」と同質であって、SDI関連を中心とした「財政赤字に基づく軍事的有効需要拡大政策」といいうるものであった。

**競争市場原理、徹底的効率化の強要**

レーガンの経済活性化政策の基本は規制緩和、競争市場原理導入による徹底的な効率化の実現であったから、(非軍事) 一般製造業は経済停滞と競争激化のもとで効率化・コストダウンのための経営改革を強要されていった。

さらに異常ドル高の持続が製造業に対して大打撃を与えた。上の膨大な財政赤字・大規模な国債発行は、財務省証券の利回り高騰、国内金融市場の圧迫により異常な高金利を生み、この異常高金利と金融規制緩和によって外国から大量の余剰資金が米国へ殺到したため、異常ドル高が続いた。ドルの実効為替レートは1980年代前半に急上昇した。ドルの為替相場指数（FRB発表）は75年5月＝100から、70年代末に90弱に低下した後、81年から急上昇し、85年には130近くなり、約50％も上昇し、「異常ドル高」が続いた。

レーガンにとっては異常高金利は、莫大な外国資金の米国への投資によって財政赤字をファイナンスすると同時に、米国の国際金融市場を一挙に活性化させるために、有効かつ必要なものであり、それによって生じるドル高騰は、米国経済の躍進を表すものであった。

> レーガンは1984年2月「大統領経済報告」で、「米国の高金利と低いインフレ率は、世界の人々、企業にとって、ドル建債券を魅力あるものとしている。さらに米国は株式投資や直接投資においても魅力を持っている。その結果、ドルはその他通貨に対して上昇を続けた」と述べ、これを自らの政策の

成果として喜んでおり，ドル高騰が製造業に与えた打撃には目もくれていない。

実体経済・製造業を顧みないレーガンの，金融重視の政策の表れである。

## 国内の生産・雇用の対外移転と輸入依存強化

一般製造業では，異常ドル高のもと，コストダウンのために，海外から低廉な部品を調達する"アウトソーシング（outsourcing）"が急速に進み，輸入依存が急速に強まった。同時に，国内消費者は低廉な輸入品購入への転換を進め，国内消費における輸入依存率が急速に高まった。次に見る日本企業の低廉な新消費財開発は米国の消費財の輸入への転換を加速した。レーガン政策による減税は，消費者が減税分＝購買力増加分を外国製品の需要（輸入）拡大に向けるという役割を果たした。輸入消費財への転換は，消費財関連の国内製造業に打撃を与えた。さらにまたこの時期には，米国の「家計」では住宅ローンとともに消費の借入依存が急速に高まり，家計の赤字（債務超過）に依存した消費が拡大したが，これが大型消費財の輸入拡大を促した。

他方，米国製造業企業は安い労働力・資源・原料を利用できる外国・新興諸国に対して直接進出する動きを強めた。米国多国籍企業は異常ドル高のもと，西欧等の進出先の現地生産を拡大し現地生産物の本国への逆輸入を拡大する方針を一段と強めた。1980年代に注目されたのは，巨大な多国籍企業とともに各種の中小企業が低廉な原料・労働力を求めて対外進出を展開したことである。

これらはいずれも本国製造業の衰退を促し，貿易収支の赤字転落・赤字激増を促す作用を果たした。

## コストダウンのための雇用条件・労働慣行の変更

レーガンは就任直後，航空管制官のストライキに対し禁止指令を出したが労働組合がこれに従わなかったため，管制官全員を解雇し国内外に衝撃を与えた。レーガンはそれまでの労使関係，雇用・労働慣行の転換を意図したが，

それは法的規定の変更によってではなく，レーガンの強硬姿勢によって「力」を得た民間経営側が実現していった。民間巨大企業は1980年代初めの深刻な不況と，レーガンの徹底的な効率化・コストダウンを促す政策のもとで，労働慣行の廃棄・雇用条件変更を強行した。

米国では製造業の雇用者の全雇用者中の比重は，大量解雇とサービス産業での雇用拡大によって，1980年代中頃には20％弱へと低下した。

労働組合組織率は製造業24％に対し雇用の伸びた小売業は7％，金融・保険・不動産は2％にすぎないため，労働組合の力は弱体化していった。

労働慣行の廃棄の第1は，「生計費調整 (Cost of Living Adjustment；COLA)」方式の放棄・廃止である。米国寡占企業は1960年代後半以降生計費上昇にスライドして賃金を引き上げる「生計費調整：COLA」方式（多くは労働契約）をとり，賃金コスト上昇分を価格に上乗せしていく労資協調的方式を採用していたので（→175頁），失業が増大しても就業労働者は実質賃金のかなりを維持できる状態にあった。巨大寡占企業は80年代以降，かかる方式を放棄して，賃金削減，労働コスト削減を自由に実施するようにしていった。賃金契約のうちCOLA条項を含む契約のある労働者数の比率は85年の57％から87年には37％へと低下した。これは80年代における労働コストの削減に貢献した。

米国の労働組合は1970年代末以降の厳しい経営状況とレーガンの労働組合に対する強硬姿勢のもとで，雇用の確保を最優先し，雇用をできるだけ確保することと引き換えに，これまでの労働組合が守ってきた労働慣行や賃金契約等を手放す「譲歩交渉 (concession bargaining)」に応じ，次々と譲歩を行っていった。

第2は，米国大企業で慣行化していた先任権付き「レイオフ (layoff) 制」の棚上げ〜廃止である。米国には，不況や経営不振で雇用を削減するばあい，景気が回復したら先任順に再雇用するという条件を付けて解雇する「レイオフ制」が存在していたが，1980年代初め，厳しい不況とレーガン政策のもとで，「再雇用条件なし」の完全な大量解雇が実施されていった。とくに

ME技術革新により熟練不要化が進んだ企業では，雇用削減では「再雇用条件なし」で完全に解雇し，雇用拡大の際は新しい技術習得者を雇用しようとした。さらにまた80年代中頃以降の合併・買収（M&A）ブームにおいて，有望部門の企業の買収，不採算部門の切捨てが強行される際には，一挙に「再雇用条件なし」の大量解雇が拡がっていった。こうして，「再雇用条件付き解雇」制度は，一部の自動車産業等を除いて，姿を消していった。なお米国ではその後，先任権・再雇用条件がないものでも，企業による解雇をレイオフと呼んでいるので，注意が必要である。

## 第2節　米国を脅かした日本の躍進

　米国は1970年代のME技術革新・コンピュータ革新を実現していったにもかかわらず，その応用において米国企業は日本企業に遅れをとっていった。
　大戦後の革新技術の中軸のME基本技術はこれまでの技術とは異なって，高性能化・超小型化・超軽量化と低廉化を可能にし，多種多様の応用・改良機器の開発を可能にするものであった。とくにMPUを軸にした"ME技術革新"はきわめて広い範囲にわたって，その開発可能性を爆発的に拡大していった。コンピュータへのIC, MPU, 磁気ディスクの技術導入は，超小型化・超低廉化，分散処理システム，ワークステーション等の開発を可能にするというコンピュータ発展史上における画期的な変革を生み出した。個人利用目的のパーソナル・コンピュータや各種の事務処理専用小型機＝オフィス・コンピュータ等が開発されていった。また生産過程（運搬を含む）においては，産業ロボット，生産工程制御コンピュータ，CNC (computer numerical control) 工作機械等を生み出し，生産工程の自動化，省力化・コスト削減を促し，大規模生産の基礎上で多品種・多性能の製品を製造する可能性を拡げていった。
　しかし米国企業はこれらの応用・新製品開発によって活路を切り開くこと

はできず，スタグフレーション下に米国経済は停滞を続けていた。

　これに対し，米国の開発した ME 基本技術を応用して新製品を開発し，米国製造業を圧倒していったのは日本企業であった。日本は東京通信工業（ソニー）のトランジスタ・ラジオ開発（1955 年），早川電機（シャープ）の IC 電卓開発（67 年）以来，米国の開発したトランジスタ，IC，LSI 等を導入して，それを組み入れた一般消費者向け新製品を開発し，米国はじめ世界中に膨大な需要を開拓していく伝統を持っていた。米国の "ME 技術革新"・コンピュータ革新は日本企業の躍進にとってはきわめて有利であった。

　しかも日本は 1970 年代において，米欧先進諸国とは異なって，徹底的に労働コスト削減を中心とする "減量経営" を実施しており（→207 頁），この "減量経営" と ME 技術・コンピュータ技術の応用・新製品開発によって，スタグフレーション下で，日本は「例外的発展」を遂げていた。

　1980 年代初め以降の異常ドル高は，かかる日本製品の米国への輸出激増をもたらし，日本企業の大量生産化によるいっそうの輸出拡大を促していった。

　　　日本企業が 1970 年代後半以降開発し 80 年代に大量需要を開拓していったのは，VTR，パーソナル・コンピュータ，オフィス・コンピュータ，ワードプロセッサ，（中小型）電子式複写機，（小型，家庭用）ファクシミリ，（家庭用）カメラ一体型 VTR（ビデオカメラ），コンパクト・ディスク（CD），CD プレーヤー，ビデオ・ディスク（VD），VD プレーヤー等で，80 年代末以降には自動車用・携帯用電話，録音可能 CD 等が続く。

　　　日本企業は，生産過程（運輸を含む広義）において，産業ロボット，CNC 工作機械等に次いで，これらを組み合わせて生産の多様化に対応する FMS（Flexible Manufacturing System）や CIM（Computer Integrated Manufacturing）を進めるとともに，高性能の産業ロボット，NC 工作機械等の製造を急速に進めていった。

　　　工作機械製造では，かつては米国が圧倒的優位性を持っていたが，これに対し，日本企業が NC 化，CNC 化，それと結合した中型・小型の高性能化とコストダウンを進めて，対米輸出を激増していった。米国の工作機械の輸入依存度は 1970 年代初めの 10〜15% から 89 年には 48% にもなる（「86 年

第Ⅲ部　大戦後資本主義の「一大変質」

12月日米工作機械取極」締結～日本の輸出の自主規制)。

　またコンピュータでも日本企業は超小型化・超低廉化と分散処理システム等の分野で急速な躍進を遂げ，コンピュータ生産総額は，1982～87年に米国は333億ドル→501億ドルで平均年拡大率8.5%に対し，日本は65億ドル→304億ドルで年平均拡大率は39.2%という高さである。

　さらに重要なことはICそれ自体の生産における日本の躍進であった。日本企業は最初ICを米国からの輸入に全面依存していたが，IC利用の新製品を大量生産する過程で，1970年代中葉にICの量産体制を図り，生産工程へのコンピュータ技術の導入によって微細加工技術を改良した。日本企業は80年代初頭にはコンピュータ用をはじめ汎用メモリーとして最大需要を持つDRAM（Dynamic Random Access Memory：記憶保持動作が必要な随時書込み読出しメモリー）において，超LSIの64kDRAMの生産で世界一となり，その後も急速な技術改良・高集積化の進むDRAMで最先端製品を開発・供給し，これら製造でも米国を脅かす存在となった。ここでは通産省が超LSIの製造技術開発のために発足させた国内5大メーカーとの共同研究組織＝「超LSI技術研究組合」（76年）の貢献が大きかった。日本のICの対米貿易は，米国からの輸入に依存していた70年代の大幅入超（赤字）から80年には出超（黒字）に転じ，82年輸出1168億円・黒字333億円，84年輸出3722億円・黒字2086億円となる（86年，米国側の提訴による「米日半導体協定」締結)。

　半導体（IC中心）の世界の生産に占める米国企業（自社専用生産メーカの生産を除く）のシェアは1974年の73%から88年38%へと低下してしまい，米国の半導体の貿易収支は70年代の大幅黒字から，80年代初めに赤字に転落し赤字幅を急増していく。もっとも設計・技術改良段階でソフトの蓄積が重要であるマイクロプロセッサや，注文・仕様に応じて設計・製造を行う特定用途向けIC＝ASIC（Application Specific IC）では，米国はいぜんとして優位性を保持していた。

　乗用車では，2回の石油危機による米国はじめ世界での「小型車ブーム」

に対し，日本企業は小型車の燃料効率改良の努力，NC 工作機械・産業ロボット等の導入，省力化，下請制利用での効率化等によって，品質改良・コストダウンを進め，米国はじめ世界に対し輸出を急激に拡大していった。1981年に米国政府による「乗用車輸出自主規制」（1年 168 万台上限）を受け入れるが，その後，より一段と FMS や CIM の利用体制整備，乗用車内安全装置やラジオ・電話設置を進め，輸出を維持した。日本の米国に対する自動車輸出台数は 70 年 42 万台から 80 年 241 万台となった後，85～87 年にも 300万台強を維持している。なお自動車では 80 年代，米国に対して日本メーカーが直接進出していった。

以上の結果，日本の米国に対する輸出は 1980 年から 85 年までのわずか数年間で，314 億ドルから 653 億ドルへと 2 倍強に拡大した。日本の対米貿易は敗戦後大幅赤字を続け，ベトナム戦争によって 65 年初めて黒字に転換し黒字幅を拡大したが，それでも黒字は数億ドル～71 年 25 億ドルであった。それが 70 年代後半から黒字は拡大を続け，80 年代に一挙に激増したのである（詳しくは井村喜代子『現代日本経済論』を参照されたい）。

## 第 3 節　企業合併・買収ブーム（M＆A），LBO 方式

1980 年代，米国産業・米国製造業は史上最大といわれる第 4 次 M＆A（Mergers and Acquisitions）ブームと投機的金融活動の嵐の中にあった。

米国では 1960 年代，M＆A が著しい高揚を遂げたが，この特徴は，自社の業種とは関係のない異なる多種多様な部門の企業の合併・買収によって，巨大で広範な支配力を持った「コングロマリット（conglomerate, 定訳はない）」企業となることであった。

### M＆A ブームと LBO 方式

M＆A は 1970 年代には沈静化していたが，70 年代末から新たに M＆A が

第Ⅲ部　大戦後資本主義の「一大変質」

活発化し、レーガン政策のもとで、一大ブームとなった。注目すべきは、たんなる量的巨大さではなく、これがそれまでのM&Aとは質の異なるものであったことである。レーガン政策のもとで、レーガン政策の特徴を表すM&Aであった。

　1980年初め、レーガンの独占禁止措置の緩和、規制緩和・競争市場原理導入のもとで、経営悪化・競争激化、国際競争力低下に苦しむ寡占大企業は、高収益分野と予想される部門の企業買収を進めると同時に自らの衰退部門・不採算部門を切り捨て、短期的な収益拡大・経営改善策を断行していった。主な買収先部門は電子・ハイテク産業、金融・新サービス部門の企業であった。買収・合併、切捨てが繰り返された。ここでの特徴はM&AにDivestiture（事業の分割・切捨て）が加わったことであるので「M&A&D」というべきであるが、米国では一般的に「M&A」といわれているのでここでは「M&A」とする。

　レーガン政策は次節で見るように、国内での新しい投機的金融活動の爆発的拡大と外国の米国に対する証券投資・直接投資を一挙に膨大化し、これによる株式・証券の価格変動と上昇傾向が進むもとで、キャピタルゲイン・投機的収益を求める国内外の新しい投資家が殺到し、従来の株主・証券保有者も安定的な配当・収益の取得ではなく、キャピタルゲイン・投機的収益を求める傾向を強めていった。このことが経営者側に短期的な収益拡大・経営改善・株価引上げを迫った。

　しかも1980年代のM&Aを一大ブームにしたのは、LBO（leveraged buyout）方式での巨大企業買収であった。LBO方式の特質は標的とした被買収大企業の資産や将来の期待収益を担保にして巨額の資金を借り入れ、この資金で標的大企業を買収し、買収先企業の資産（株式）の処分＝転売・（再）上場や一部運営によって借入金を返済し収益を獲得するというものである。さらに買収資産の売買による売買差益の獲得も追求される。これまでの企業買収とは異なって、巨額の買収資金を一挙に調達できるので、買収規模は驚異的なものとなった。

LBO 方式は「買収ファンド」の KKR（→247 頁）が開発し,「買収ファンド」が強力に推進し, 急速に普及していった。主な分野は石油・ガス, 銀行・金融・生命保険, 食品加工である（1988 年には KKR が米国最大の食品メーカのナビスコ：RJR Nabisco を 250 億ドルで買収し世界を驚かせた）。敵対的な株式公開買付（take-over bid：TOB）も進んだ。巨大買収資金のため, 信用が低くリスクは高いが高利回りの「ジャンク・ボンド（junk bond）」までが大量に発行され, 米国投資銀行（証券会社), 各種金融機関をも巻き込んで, 巨大企業買収が拡大していった。

　LBO 方式での巨大企業買収攻勢, TOB 攻勢は, 米国巨大企業・製造業巨大企業に対してきわめて重大な影響を与えた。経営上に問題のない巨大企業までもが買収・TOB の脅威に晒され, すべての巨大企業は買収を防ぐための対策に追われた。自社株買戻しによって, 株式流通市場での需給をタイトにし, 株価を引き上げ, 株主を優遇した。買収対策だけではなく, 経営上の有利性を求めた自社株買戻しもあった。巨大企業は買収防止戦略と実施のための組織を構築し, 巨額の内部留保を自社株買戻し等に当てていった。こうしたもとで非金融企業が余剰資金によって投機的金融活動を行う傾向も強まっていった。

　以上によって製造業の巨大企業では, 短期的な収益拡大・経営改善を求める傾向が強まり, 瞬時に有望部門の企業買収・不採算部門の切捨てを実施する方針が強化されていった。こうして将来を見通し技術開発・設備投資等の長期計画を策定してその実現のために長期にわたって努力するという経営姿勢は, 程度の差はあれ失われていった。

　1980 年代の M&A の中心は, 異なる多種多様な部門の企業の合併・買収といっても, 多種多様な部門の経営によって巨大で広範な支配力を強化する「コングロマリット」的買収・合併とは質が異なるものであった。

第Ⅲ部　大戦後資本主義の「一大変質」

## 第4節　米国の再生産構造の解体，製造業の貿易収支赤字転落

### 製造業の貿易収支の赤字転落

　米国の貿易赤字はレーガン時代に1980年の255億ドルから84年1125億ドル，85年1221億ドルへと，わずか5年で5倍近くになった。しかし問題は赤字の量的増大だけではなかった。

　注目すべきは，1980年代に「米国製造業の貿易収支」が赤字に転落し赤字幅が激増したこと，しかも大戦後米国が圧倒的な競争力を誇っていた「機械」・「輸送機械」が赤字に転落し赤字を膨大化したこと，である。米国の貿易収支は65年に赤字に転落し赤字拡大を続けたが，70年代前半では製造業全体も，機械・輸送機械も，貿易収支は黒字幅縮小傾向とはいえかなりの黒字を維持していた。しかしレーガン時代のわずかの間に，製造業，さらには機械・輸送機械の貿易収支は赤字に転落し，赤字が激増したのである。88年の米国の貿易収支赤字1332億ドルのうち，機械・輸送機械の赤字が619億ドルにも上っている。機械・輸送機械のうち輸出超過＝黒字の品目は，航空機・同部品のみで，その他はすべて赤字である。この機械・輸送機械の貿易収支赤字が製造業全体の赤字激増，貿易収支全体の赤字激増を促したのである。この貿易収支の大幅赤字の恒常化は，米国経常収支赤字の恒常化を生む主要な原因となる。

　なお米国の製造業の衰退は「産業の空洞化 (industrial hollowing)」とも呼ばれたが，これは曖昧な用語であるし，不適切なので本書では使用しない。

　　　「空洞化」は1970年代末〜80年代，米国企業が賃金等のコストの安い海外で生産を行うことによって，本国の産業が「空洞」となるという意味で使われた。しかし以上のように低廉な外国製品の輸入激増が本国製造業を衰退させる重要な役割を果たしているので，米国製造業の低迷・衰退を対外移転

による「空洞化」とするのは，不適切である。

## 米国の再生産構造の解体，新しい経済停滞長期化の要因

　レーガン政策は製造業の衰退を通じ，米国の再生産構造を解体していったが，これは大戦後の米国経済に対してきわめて重要な意味を持つものである。
　米国では大戦中，わずかの資源輸入を除いて，原材料と労働手段（機械設備・化学装置・工場施設）の生産から最終消費手段・武器の生産に至るまで，すべての再生産を自国で行うという再生産構造が構築されており，このもとで連合国へ大量の武器・生活物資等を供給していた。大戦後においても軍需生産の「民需再転換」政策によって，同じような再生産構造が継承されており，このもとでマーシャル・プランによる西欧諸国に対する各種生産物の供与・輸出が行われていた。
　このような再生産構造では，各種の生産手段＝労働手段（機械設備・化学装置・工場施設）プラス原材料の生産部門（第Ⅰ部門）と，消費財生産部門は相互関連を持っており，これらは雇用・賃金，利潤の増大と消費財の需要増大と相互関連を持って，再生産全体が拡大するのである。そして長期間利用される耐久的な労働手段では，固定設備の新設・増設が耐久的な労働手段に対して一挙に膨大な需要を生み出すとともに，労働手段用原材料（鉄鋼・金属製品・化学製品等）の需要・生産の一挙拡大を誘発していく。この固定設備投資による労働手段生産の一挙拡大を基軸として，関連生産諸部門の需要・生産が誘発され，雇用拡大，利潤拡大，消費財生産部門（第Ⅱ部門）の需要・生産の拡大も誘発されていき，これらの生産諸部門での固定設備投資の拡大が，さらなる労働手段の需要・生産の一挙拡大を惹起していく。
　このような再生産の構造があるからこそ，革新的な生産方法の開発，新生産物の開発が労働手段に対する需要の一大群生を軸にして，再生産を相互誘発しつつ再生産全体の拡大，雇用拡大を実現していくのである。
　ところが，レーガン政策による各種国内生産の対外移転，各種の原材料・消費手段，さらには機械・輸送機械の輸入依存度の急上昇，産業連関を無視

したM&A（&Dが大きな役割）は，米国の大戦後の再生産構造を解体していった。このことはたとえある部門で革新的な生産方法の開発や新生産物の開発があっても，固定設備投資拡大を軸とする需要誘発のかなりは外国への需要拡大・米国の輸入拡大となり，米国内の生産の誘発効果は削減されてしまい，再生産全体を引き上げる力が無くなってしまうことを意味する。

したがって再生産構造の解体は，国内再生産の誘発効果の削減によって，経済停滞を長期化させる要因を生み出したのである。経済停滞長期化の新しい要因の出現である。独占資本主義固有の経済停滞化はすでに述べたように，革新的な生産方法・新生産物の枯渇，寡占企業独特の慎重な投資行動によって固定設備投資の群生・再生産の誘発が生じないことであったが，今や革新的開発があっても，国内の再生産の誘発的拡大を生み出す産業連関が弱まっており，再生産全体を押し上げる力，経済停滞を克服する力が乏しくなってしまったのである。

米国の再生産構造の解体によって，経済停滞の長期化の新しい要因が生み出されたことは，その後の米国経済に対してきわめて大きな役割を果たすものである。

> なお大戦後の日本では，1955年以降の新鋭重化学工業の確立によって，素原料を除き，労働手段（機械設備・化学装置），原材料のほとんどすべてを自国で再生産する再生産構造が構築されたのであり，それゆえに，そのもとで固定設備投資群生を軸とした高度成長，70年代の経済発展（いざなぎ景気）が実現されたのである（井村喜代子『現代日本経済論』）。

### レーガンの打開策＝「新通商政策」

米国では貿易収支赤字拡大のもとで通商政策は保護主義的傾向を強めた。1974年の「通商法（1974 Trade Act）」「301条」は米国大統領が外国の貿易慣行が「不公正」であると認めたばあい，相手国と交渉し交渉が不首尾に終わると「対抗措置」をとることができるという厳しい内容であったが，国際的にGATT上疑義があるということでその発動は控えられていた。

1985年9月レーガンは，財政赤字の大規模化，貿易収支赤字激増に対し，

その原因をもっぱら「諸外国の不公正な貿易慣行」によるとして,「通商法301条」を積極的に活用して「諸外国の不公正な貿易慣行」に対し「報復措置」や「救済措置」をとるという宣言を行った。これはGATTの原則に違反すると国際的に大きな波紋を呼んだが,米国は88年,さらに強力な「包括通商競争力強化法(Omnibus Foreign Trade and Competitiveness Act of 1988)」を制定し,「スーパー301条」での「外国の不公正な貿易慣行」の認定と「報復措置発動」を「米国通商代表部(Office of the United States Trade Representative: USTR)」が迅速に行うようにするとともに,「知的所有権」保護のための「スペシャル301条」を新設した。これらにおいて米国が意識していたのは日本であった。米国はただちに日本のスーパーコンピュータ,人工衛星,林産物を「スーパー301条」に「指定」した。もっとも,米国は「直接発動」ではなく,これらの「指定」を脅しにして相手国の譲歩を次々と引き出していった。

　レーガンは規制の緩和・撤廃,自由貿易を掲げて外国に市場開放を強く求めたにもかかわらず,自国の貿易赤字激増が生じると一方的な対抗・報復のための規制を強化していったのであり,レーガンの規制緩和・撤廃が規制強化と併存する身勝手なものであることが明らかになった。国際的な非難が強まったが,米国はその後もかかる通商政策を維持していった。

## 米国内での危機意識の増大

　米国では,米国製造業の衰退,とくにハイテク産業の衰退について危機感が拡がった。レーガン政権発足直後,商業・貿易閣僚会議がハイテク産業に関する調査を命じ,82年大統領任命によるハイテク産業に関する特別委員会を設けたが,これらの報告書は米国ハイテク産業が一部を除いて,日本によって,生産・技術面の優位性を失いつつあることを明白にしている。

　　　　1983年2月の米商務省「米国のハイテク産業の競争力についての報告書(International Trade Administration: An Assessment of U.S. Competitiveness in High Technology Industries, Feb. 1983)」は「米国に対する主要な技

第Ⅲ部　大戦後資本主義の「一大変質」

術挑戦は日本からきている」とし，65年と80年との比較検討により，米国はハイテク産業の中でも最高の技術集約度の航空機・部品，コンピュータ・事務機器の2分野で高い技術優位を保持しているが，日本はそれに次ぐハイテク産業である電気機器・部品，光学・医療機器，エンジン・タービン，自動車で相対的優位性を急速に高めたことを指摘している。また個別産業分析では，コンピュータではいぜんとして米国がハードとソフトの生産・技術面でリードしているが，日本は各機種でこのギャップを埋めはじめ，大型機でも米国製と同等かそれを凌ぐコンピュータを生産し，米国の独壇場であったスーパーコンピュータにも乗り出し，半導体では日本がMOS, CMOSで最高水準となり，光ファイバーの光源技術と応用で明確にリードし，米国の開発した産業ロボットの生産・利用面で米国を凌駕した，と指摘する。

　また，1985年1月の「ヤング・レポート」と呼ばれる有名な大統領特別委員会の報告書（The Report of President's Commission on Industrial Competitiveness, Global Competition）も，米国産業の国際競争力の衰退により貿易収支赤字が80年代に急増し，ハイテク産業では65～80年，世界の輸出総額に占める米国の輸出シェアが，10部門中，航空機，事務用コンピュータ・計算機，農業の3部門を除く7部門で低下し，米国の優位性が失われつつあることをはっきりと認めている。そしてその原因について，ドル高の影響は大きいが，貿易収支赤字拡大はそれ以前から始まっているとし，その主要原因を最新技術開発・進歩のあり方に求めている。すなわち第2次世界大戦後，連邦政府が研究開発のために提供した資金の約3分の2が国防と宇宙プログラムに使われ，こうした研究開発が航空機やエレクトロニクス産業に波及する形であったが，最新技術では産業界が技術進歩を推進するようになってきたので，従来の米国の技術発展のあり方が現状に適応しなくなったためである，という。また米国がロボット，オートメーション等を開発したにもかかわらず，日本が製造・加工技術の改良によって国際競争力を強化したことを指摘し，米国は製造技術の面で優位性を確保するための各種対策を立てるべきこと，また開発した技術についていわゆる「知的所有権」の保護を強化すべきことを強調している。

　他方，1986年には，マサチューセッツ工科大学（MIT）は米国産業に対する危機意識から「産業生産性調査委員会」（ソロー経済学部長等6名）を設立，2年間にわたって自動車，鉄鋼，民間航空機，家庭用電子機器，化学，繊維，

工作機械，半導体・コンピュータ・複写機の8分野について膨大な調査を行い，有名な報告書 *Made in America* を刊行したが，これも米国産業の立遅れを明らかにしている。

　　この報告書は米国産業が構造的弱点6つによって国際ビジネスの環境についていけなくなっているといい，①規格品の大量生産にこだわり，新しい市場ニーズについていけなくなったこと，②人的資源の軽視，③企業内の連繋の欠如による製品開発の遅れ，敵対的労使関係，④製品開発・製造面での技術的遅れ，⑤官民協調の欠如，⑥短期的利益追求重視の欠陥，を指摘している。

　これらの危機意識は，米国政府・軍・民間による米国産業・米国製造業の再生のための結束を固めていき，1987年，先端産業強化のために米国半導体工業会が中心となってセマテック（Semiconductor Manufacturing Technology: SEMATECH）が設立され，政府・軍・民の協力体制が整えられていった。

# 第2章

# 金融の規制緩和・国際化と 「実体経済から離れた投機的金融活動」

　1960年代後半，米国のドル防衛政策，対外投融資規制のもと，国際的金融活動の主要舞台はロンドン・シティを中心とする西欧に移っていた。米国の多国籍企業・多国籍銀行は西欧で活動しており，米国の国際金融市場は沈滞してしまっていた。米国は金ドル交換停止〜IMF体制崩壊の後，74年1月に対外投融資規制措置を撤廃し，米国内ではこれまでの遅れを取り戻そうと新しい「金融商品」・「金融仕組み」が開発されたが，33年以来の「グラス＝スティーガル法（GS法）」の規制のもとで伸び悩んでいた。
　レーガンが目指したのは，西欧市場に移っていた国際金融の王座を奪い返すとともに，米国の新しい金融活動の躍進を図り，「金融大国」を構築することであった。
　レーガンの金融規制緩和と異常高金利持続によって，長期的な経済停滞のもとで投資先のなかった諸外国の膨大な余剰資金が米国に殺到し，米国の国際金融市場は一挙に活性化していった。米国金融業は瞬く間に世界的支配力を掌握していったが，その基礎には，米国が軍事技術開発・宇宙開発を通じて構築したところの，大量の情報を瞬時に処理・管理し宇宙までも送信・伝達できるシステムの存在があった。
　このレーガン政策のもとで新しい質の「金融商品」・「金融仕組み」が拡がり，「実体経済から離れた投機的金融活動」が本格化していった。「過去の投機」とは決定的に質の異なる「投機的金融活動」の本格化であった。これは

それまで経験しなかった金融混乱・金融危機が生み出される根源でもある。

本章の課題はレーガン政策による「金融の変質」,「実体経済から離れた投機的金融活動」の特質とその内在的矛盾をできるだけ理論的に解明することである。

## 第1節　金融の規制緩和・国際化

レーガン政策の基本は,米国における各種の金融規制の緩和・撤廃であるので,あらかじめグラス＝スティーガル法と IMF 体制における規制の内容を明らかにする必要がある。

### グラス＝スティーガル法の意義

ルーズヴェルト大統領は1929年大恐慌の教訓から,銀行経営の健全性・安定性を維持するために,33年に大胆な「グラス＝スティーガル法（Glass-Steagall Act：GS 法）」を制定した。

規制の第1は「金利規制」である。大恐慌前の米国では,預金獲得のため高利息を付けハイリスクの融資を行う傾向があったので, GS 法は, いつでも引き出せる「要求払預金」への利付を禁止し, FRB が「レギュレーション Q（規制の Q 項）」によって金利競争の過熱を抑え, 金利規制（上限制限）を行うこととした。

第2の最も重要で厳しい規制は「銀行業の証券業務からの分離」（「営業範囲規制」）である。まず銀行本体が「適格証券」（財務省証券, 州の一般財源債等）以外の「非適格証券」である株式・社債の引受けやディーリングを行うことを禁止した。また銀行が「非適格証券業務」を行う証券会社と系列関係を持つことを禁止した。したがって銀行が「持株会社―子会社」を通じて「非適格証券」の引受け等を行うことも禁止された。他方銀行以外の証券会社・証券業者による預金受入れを禁止した。さらに銀行と証券会社との役員

兼任を禁止した。GS 規制の中心をなす銀行業と証券業務との分離を規定した以上の4ヵ条は「グラス゠スティーガル条項」と呼ばれる。

第3に，国法銀行・州法銀行について，支店設置，営業範囲を自らの本拠地の州に限定し，それ以外の州での営業活動を制限した。

> 米国では預金金融機関である「銀行」は，商業銀行（Commercial Bank）と貯蓄金融機関（Saving Institution），信用組合（Credit Union）で，商業銀行が資産規模で圧倒的である。商業銀行には「国法銀行：National Bank」と「州法銀行：State Bank」があり，国法銀行は連邦準備制度への加盟が義務付けられるが，州法銀行では加盟は任意である。
> 
> 「投資銀行（Investment Bank）」は預金業務を禁止され，その中心業務は有価証券の新規発行の引受け・仲介，証券売買の媒介および企業の合併・買収等に関する助言である。証券業者・証券会社ともいわれる。日本ではBank（銀行）という呼称は誤解を招くので，本書では「投資銀行（証券会社）」あるいは「証券会社」とする。

ルーズヴェルトはGS法を確実にするため，GS法だけではなく，銀行経営の健全性・安定性を保つための金融制度を構築していった。1933年，銀行経営の安定・預金者保護のため「連邦預金保険公社（Federal Deposit Insurance Corporation：FDIC）」を設立し，銀行破綻時に預金（1人10万ドルまで）を補償することにし，次いで住宅金融関係の保険機関「連邦貯蓄貸付保険公社（Federal Savings and Loan Insurance Corporation：FSLIC）」および住宅ローンの債務保証を行う「連邦住宅局（Federal Housing Administration：FHA）」を設立した。

さらに1935年「連邦準備制度理事会（Board of Governors of the Federal Reserve System, Federal Reserve Board：FRB）」が金融政策を決定し連邦準備銀行および加盟銀行の監督等を行うこととした。他方それまで不正の多かった株式・債券の取引を監督・監視するため「証券取引委員会（Securities and Exchange Commission：SEC）」を設立した。

GS法を確実なものにするために，公的保険機構，監督機構が構築されたのである。米国金融制度はその後大戦後においても長い間，このような

「GS法体制」の厳しい規制のもとに置かれていたのであり，このため金融面での投機は抑制されていたのである。

### 大戦後のIMF体制における通貨安定，投機の抑制

大戦後のIMF体制ではドルを金と結び付けた厳しい固定相場制によって，ドル価値（金1オンス＝35ドル）と加盟諸国の通貨（固定レート）は維持されており，米国以外の加盟諸国では国際収支均衡の維持が至上命令であり，景気過熱・インフレは抑制されていたため，価格変動に基づく投機は抑制されていた（→第Ⅰ部第3章）。

大戦後に設定された米国の長期経済政策は経済・雇用の安定を持続するために景気過熱・インフレの抑制に努めていた（→104頁）。投機は基本的に抑制されていた。

### レーガン政策と国際金融取引の膨大化

1981年，レーガンが大統領就任後ただちに実施した重要なことは同年12月の「ニューヨーク・オフショア市場（International Banking Facilities：IBF）」の設立であった。オフショア市場は，自国の国内市場から切り離され，非居住者からの資金吸収，非居住者への資金運用を行う「外―外取引」の市場で，金融規制，税制，為替制限等が緩和されている。84年には非居住者の利子・配当等受取りへの源泉徴収税が撤廃された。

さらにレーガンの金融の規制緩和と財務省証券利回りの大幅引上げ，異常高金利継続は，長期的な経済停滞下で有利な投資先のなかった諸外国の膨大な余剰資金を米国に引き寄せ，米国金融市場を一挙に活性化させた。

膨大な財政赤字・大規模な国債発行は国債消化の必要から財務省証券利回りを高騰させ，財務省証券の長期債，3年債・10年債の利回りは，1980年11.55％・11.46％，81年14.44％・13.91％，82年12.92％・13.00％，84年11.89％・12.44％，と高水準を続けた。国債発行の膨大化・国債金利上昇は国内金融市場を圧迫し，レーガンによる通貨供給管理で上昇傾向にあった金

利は一段と上昇した。プライム・レート（米国大銀行による信用度のとくに高い大企業に対する無担保の短期事業資金貸付の金利）は81年18.87％，82年14.86％，83年10.79％，84年12.04％，公定歩合は81年13.42％，82年11.02％，83年8.05％，84年8.80％で，国際的に異常といえる高金利が続いた。83年金融緩和で若干低下するがその後も異常高金利が続く。

外国の政府および民間による財務省証券購入が激増し，米国の財政赤字をファイナンスした。

外国民間による米国の株式・債券への証券投資は1980年81億ドルから85年714億ドル，86年748億ドルへと一挙に膨大化したが，これらの外国民間の証券投資の目的は，国際的金融市場の不安定性・リスクの増大するもとで，安定的な配当・収益ではなくキャピタルゲインの獲得が中心であり，投機目的のものも拡大していった。これらは株式・債券の価格動向だけではなく，金利，ドル，米国財政や経済動向の見通し等に対応して売買を行い，これら売買が株価・債券価格，金利等の変動を増幅させていく。売買回転率は急上昇した。

直接投資でも一大変化が生じ，米国に対する外国の直接投資額（多くは米国既存会社の株式取得，新会社設立等も含む）は1970年15億ドルから83年119億ドル，86年341億ドルへと膨大化した。

以上によってドル（為替相場指数）は1981年以降急上昇し異常ドル高が続き，製造業には打撃を与えるが，レーガンたちは金融業の強さの現れと見ていた。

### 「資本純流入国」化，「対外投融資収益」激減，「経常収支赤字」，「対外純債務国」への転落

しかし以上の結果，外国の対米証券投資が米国の対外証券投資を上回るようになり，外国の対米証券投資の超過額（米国証券投資収支の流入超過額）は1980年45億ドルから85年639億ドル，86年705億へと激増した。米国の対外直接投資は60年代以降の米国多国籍企業の急激な西欧直接進出によっ

て拡大を続け，70年米国の対外直接投資（76億ドル）は外国の対米直接投資（15億ドル）を61億ドル上回っていたが，81年を境にして逆転し，83年には外国の対米直接投資（119億ドル）が米国の対外直接投資（67億ドル）を52億ドル超過し，86年には外国の対米直接投資（341億ドル）が米国の対外直接投資（187億ドル）を154億ドルも超過するようになった。

こうして第2次大戦後，世界最大の資本輸出国であった米国が，1983年を境にして「民間資本収支」（ネット・フローでの直接投資・証券投資・銀行取引計）において「純流入国」へと転じ，その流入超過額（純流入額）は83年291億ドル，85年1101億ドル，86年957億ドルと一挙に激増した。米国の外国民間に対する投資収益支払額が急増し続けた。

このため，大戦後「経済大国」米国の誇った「対外投資収益収支黒字」は1981年に大戦後最高の341億ドルを記録した後に減少に転じ，86年には110億ドルと3分の1に激減してしまった。米国では巨額の「対外投資収益収支黒字」が，71年の貿易収支の赤字転落以降にも貿易収支赤字と対外軍事関連支出赤字を埋め合わせ，「経常収支」を黒字にする役割を果たしてきたが，しかしレーガン政策によって貿易収支赤字の激増のうえに「対外投資収益収支黒字」の大幅減少が加わったため，「経常収支」は82年赤字に転じ，経常収支赤字は85年には1200億ドルを超え，87年1589億ドルと激増し，大幅経常赤字が定着することになった。

レーガン政策によって生じた巨額の「財政赤字」と巨額の「経常収支赤字」は，「双子の赤字」と騒がれた。

以上の結果，世界最大の「純債権国」であった米国が1985年に，14年以来70年ぶりに「純債務国」へと転落し，1114億ドルの純負債を計上した。「純債務国」とは，「対外投資ポジション」で米国が海外に持つ資産残高よりも，外国が米国国内に持つ資産残高が上回ることである。世界の誰もが予想もしなかった一大変化である。純負債額はその後急増を続け，89年6637億ドルとなっている（ただしこの「対外資産」の中には，「債務というよりは株式持分権も含まれており」，「対外債権・債務」が株式の所有・被所有を含んでいる点，注

意を要する)。

　レーガンによる米国国際金融市場の繁栄は，以上の一大変化を惹起し，「経常収支赤字構造」，「双子の赤字」，「対外純債務国」転落を伴いつつ，実現されたのである。


### レーガンの金融規制緩和と米国の余剰資金の金融活動への出動

　ところでレーガンの国内金融規制の緩和は，GS 法等の規制の法的改正ではなく，実際上の規制緩和として進められた。新しい「金融商品」・「金融仕組み」等を開発・発展させていった米国の証券会社・各種証券業は FRB の監督を受けず，SEC の比較的緩やかな規制のもとにあったので，新しい活動を急速に拡大していった。

　GS 法については，GS 法条項の柔軟な解釈＝解釈見直しや実際の適用上の緩和が進められた。

　まず GS 法の「金利規制」の緩和が，1970 年代以降大口（10 万ドル以上）定期預金金利の自由化から次第に小口に拡がった。82 年商業銀行等の預金金融機関が自由金利の預金機能を持つ MMDA（市場金利連動型普通預金）の取扱いを認められた（→248 頁）ことで，「レギュレーション Q」が放棄された。83 年には，定期性預金金利が自由化されることで預金金利規制は撤廃された。

　また商業銀行の本拠地以外の業務制限については，条項解釈の見直しや各州の銀行法改正によって，実際に本拠地以外の各州での銀行支店規制が緩和された（法改正は遅れて 1994 年）。

　最も重要な「銀行業と証券業との分離」に関する緩和は複雑で遅れるが，監督当局＝FRB による GS 法規制の柔軟な解釈・解釈見直しを通じ，銀行持株会社の子会社に許される証券業務認可の範囲が拡大された。1987 年，「非適格証券」業務を「主としない」ならば銀行持株会社の子会社として容認すると解釈を見直し，初めて銀行持株会社の子会社の「非適格証券」業務を容認し，その後銀行持株会社の子会社が「非適格証券」業務として行える

証券業務の容認幅を拡げていった（GS法改正は99年「グラム゠リーチ゠ブライリー法，Gramm-Leach-Bliley Act：GLB Act」で実現されるが，80年代以降にすでに実質的に緩和されていたことを見落としてはならない）。

米国内で長期的な経済停滞によって有利な投資先の無かった膨大な余剰資金は，いっせいに金融活動に向かっていった。

以上，レーガンの金融規制緩和政策によって，「実体経済から離れた投機的金融活動」が本格化していくが，その内容は「過去の投機」とは決定的に異なるものであった。

## 第2節 「実体経済から離れた投機的金融活動」：「過去の投機」との決定的な違い

### 投機，「過去の投機」

「投機（speculation）」は生産活動から離れて，将来価格の予想に基づいて価格変動から価格差益＝投機収益を獲得しようとする取引である。投機はなんらの生産物・価値を生み出すことはなく，たんなる価格変動それ自体から投機収益を獲得するのである。一般的に投機の資金は借入れに依存するので，投機の失敗は資金返済不能によって貸付主へ損失を与え，金融市場に混乱をもたらす可能性が大きいということも投機の特徴である。

投機の歴史は旧い。1636年オランダのチューリップ球根をめぐる熱狂的投機・価格暴騰が生じ，わずか1年の後に一気に価格暴落・投機崩壊・大損失の波及・混乱に陥った。1720年には英国のサウス・シー会社の株式をめぐって，政界も関与して熱狂的投機・株価暴騰が起こり，1年足らずで株価暴落，投機崩壊，損失の一挙拡大となって，英国の経済界・政界に大混乱をもたらした。いわゆる「南海泡沫事件（South Sea Bubble）」である。これらでは「狂気」，「熱狂」ともいえる投機ブームが生じ，わずか1年ぐらいで崩壊したのである。

第Ⅲ部　大戦後資本主義の「一大変質」

　競争の支配する19世紀資本主義では投機は広範化し，とくに天候に左右されやすい農作物・素原料で投機が進んだ。また好況期・活況期で全体的に需要拡大・価格上昇の予想が膨らむもとで，原材料，各種生産物をめぐって投機的買付が活発化する。そしてこの投機的買付けの活発化が過剰生産の発現を一時隠蔽して外観的な繁栄・過度な膨張を生み出す役割を果たし，この投機の破綻・在庫の投売りと関連金融機関の損失・破綻を直接の契機として，全般的過剰生産恐慌が勃発することが多い。投機の膨張も投機をめぐる信用膨張も，恐慌によって一挙に破壊され収縮する。株式も一般的に，景気高揚の見込みが膨らむ好況下で投機的買付け・株価高騰が進むが，恐慌によって価格暴落となる。このほか，新産業開発をめぐっても投機が噴出する。英国では1840年代に鉄道建設大事業をめぐり，政府認可に基づく大量の株式発行，金融機関の株式担保融資，株式投機ブームが惹起された。
　以上，競争の支配する19世紀資本主義では，「投機」は基本的に実体経済に関連し，実体経済の動向と結び付いていたのである。本書ではこの投機を「過去の投機」と呼ぶ。なおここでは主題の限定により，独占資本主義のもとでの投機の特徴は省略する。

### 「投機的金融活動」の特質，「過去の投機」との決定的な違い

　1980年代に本格化した「投機的金融活動」の特質は，たんに投機の対象が金融面だということでは決してない。
　この「投機的金融活動」が「過去の投機」と決定的に異なるのは，これがIMF体制崩壊・変動相場（制）移行後における実体経済の長期停滞化と，外国通貨をはじめ国際金融市場での不安定性拡大・混乱が恒常化するもとで，金融の不安定性・変動をめぐって「投機的な」収益を獲得しようとすることにある。IMF体制崩壊・変動相場（制）移行による不安定性・混乱の拡大・恒常化こそが，「新しい投機的収益獲得」の広大な「場」を生み出したのである。
　それゆえこの「投機的金融活動」は，金融面での投機的活動といっても，

たんに外国為替・証券の価格変動差益を得るために外国為替・証券(現物資産)を売買するのではない。

「投機的金融活動」の特徴は,国際金融市場での不安定性・動揺の拡大(リスクの拡大)をめぐって,外国為替・証券・金利等を加工した「金融派生商品」の取引,金融先物・直物の裁定取引,先物と通貨スワップの組合せ,新金融手法による企業買収等によって「投機的な」収益を獲得することにある。これまでの資本主義の歴史では経験しない,予想もされなかった金融面での「投機的」活動・「投機的」収益獲得の出現であった。これらは「過去の投機」における「投機」の対象の限界や時間的限界を打ち破って,投機活動を一挙に膨大化し恒常化していった。

19世紀資本主義における「過去の投機」では,投機が再生産過程における財の価格変動をめぐって行われるので,投機の対象は制限され,投機の規模は自ずと実体経済の再生産の規模によって制約されていた。投機は一部農作物等を除くと,産業循環において旺盛な需要拡大・価格上昇が見込める好況・活況下か,鉄道等の大規模新産業の開発局面に限定されていた。株式投機でも,株式会社設立・上場か増資がないかぎり,投機の対象となる株式は増大しないという制約があった。

これに反してIMF体制崩壊・変動相場(制)の後における「投機的金融活動」は,かかる投機拡大の壁・限界を打ち破って,より大きな収益を獲得できる有利な新しい投機対象・新しい手法を次々と開発・改良し,いわば「無制限的」に「投機的な」活動の「場」を創り出し,投機的収益獲得の「場」を拡げていった。同時に,「過去の投機」のように好況や新産業開発に限定されないで,年中休みなく24時間活動し,取引速度も高速化された。多種多様の膨大な「投機的金融活動」が恒常的に,国境を越えて世界にわたって拡がっていったのである。

さらにまたさまざまな新手法・LBO等の開発によって,少ない元手で元手をはるかに上回る取引を行う「レバレッジ(leverage:「てこ」の効果)」を劇的に高めていった。

第Ⅲ部　大戦後資本主義の「一大変質」

　ニューヨーク外為市場における外国為替取扱高1日平均は1983年4月260億ドル，86年3月585億ドル，89年4月1289億ドルと飛躍的に拡大した。世界の外国為替取扱高（二重計算を避ける修正後）1日平均は89年6500億ドルとなったが，これは世界の財・サービス輸出額の1日平均の約40倍強である。財・サービス輸出の約40倍強もの外国為替取引が行われているという驚異的事実は，80年代における「実体経済から離れた投機的金融活動」を象徴するものといえる。

　以上で注目されるのは，「投機」の内実が「過去の投機」と決定的に異なるようになったことである。「投機」の本質は，実体経済の生産活動から離れて，なんらの生産物・価値を生み出さないで，価格変動から価格変動差益＝投機収益を獲得することである。「投機的金融活動」も，実体経済の生産活動から離れて，なんらの生産物・価値を生み出さないで，収益を獲得するのであるから「投機」の本質を備えている。だが「投機的な」収益獲得の内容，収益の内容が，「過去の投機」とは異なっているのである。

　そしてここでは，投機は「純粋な形」では現れないようになった。「過去の投機」では投機の担い手は価格変動差益の獲得を求めて，そのリスクを自ら担って投機を行うので，投機は「純粋な形」で現れる。しかし「投機的金融活動」は複雑な金融商品・金融仕組みの取引であるうえ，多くはリスクを回避する「ヘッジ（hedge，垣根）取引」と結び付いて投機的な収益を獲得するので，「純粋な形」の投機としては現れないのである。そして「投機的金融活動」では，「純粋な投機」とそうではないものとを区別することは，理論的にも現実的にも困難である。

　本書において著者が「投機」ではなく，「投機的金融活動」と規定したのは，以上のためである。

　以上のような「投機的金融活動」は，「過去の投機」のように単純に理論化することはできないので，以下では主要な取引内容の解明を通じて「投機的金融活動」の特質と内在的矛盾（金融危機発生の基礎）を明らかにする。

第2章　金融の規制緩和・国際化と「実体経済から離れた投機的金融活動」

## 「投機的金融活動」の基本——デリバティブ

　米国で開発された「デリバティブズ（derivatives——日本ではデリバティブ，金融派生商品）は，外国為替，証券（債券・株式等）の現物資産＝原資産を受け渡さないで，外国為替，証券，金利等を加工して作った債券先物等のさまざまな金融商品をめぐって，これらの将来のある時点での価格や金利水準等を現時点で決めて取引することで，原資産のリスクを回避するとともに，投機的収益を獲得しようとするものである。この取引は，「本源的」な現物資産の取引ではなく，「本源的」取引から「派生した」取引という意味でデリバティブと呼ばれる。

　デリバティブは，大別して，①通貨，債券，株式等の将来の価格をあらかじめ決めて取引する「先物取引」，②金利（変動金利と固定金利）や異なる通貨建て債権・債務等を交換する「スワップ」，③為替や債権を売る権利・買う権利を売買する「オプション」がある。かかるデリバティブは，外国為替，証券，金利等の不安定性・変動が拡大・恒常化するゆえに，それを利用して，投機的な収益を獲得するのである。

　　　実物での「先物取引」は西欧では旧くから存在し，日本でも江戸時代に大坂の米取引で先物取引が行われていた。
　　　「金融の先物取引」の先駆は，金ドル交換停止の翌1972年，シカゴ・マーカンタイル取引所（CME）が「国際通貨先物市場（International Monetary Market：IMM）」を設立し，外国通貨の先物取引（英ポンド，日本円，西独マルク等）を行ったことである。M.フリードマンがこの開発に理論的に関与していたといわれている。

　デリバティブの第1の特徴は，外国為替，債券・株式等の現物資産を受渡ししないので，わずかの元手＝「証拠金」によって，高いレバレッジで，元手をはるかに上回る額の取引を行ってその成果を獲得できることである。「デリバティブ取引の元本」は「想定元本（notional amounts）」と呼ばれるバーチャルなもので，このバーチャルな計算基準に基づいて将来の損益が計算され，将来時点で損益が授受される。わずかの元手＝「証拠金」で，それを

243

はるかに上回る「想定元本」の取引を行いその成果を受け取るのである。ただし巨額の損失発生予想により現金差出しや清算を迫られる危険，実際に巨額の損失発生で元手が喪失する危険もある。

　第2に，デリバティブでは現物資産は受渡しされないので，運用当事者のバランスシート（貸借対照表）に計上・記載されない「オフバランス」（簿外取引）となる。したがって銀行・金融機関は，金融面での規制から逃れることができるし，公的監督を受けることも情報開示の義務を負うこともない。銀行にとってはBISの規定する「自己資本比率」から除外されるので，非常に有利でもある。これがデリバティブ普及を加速する主要因の1つである。

　第3に，デリバティブはリスク回避の手段ではあるが，高いレバレッジで多種多様な巨額取引を行って外国為替，証券価格等の変動・不安定性をかえって増大させ，多種多様なリスクを拡大し，リスク回避のためのデリバティブの必要性をさらに拡張していく。つまりリスク回避のためのデリバティブがリスクを拡大して，自らのデリバティブ需要を拡張していくのである。米国が開発し世界に普及させたデリバティブは，世界中にわたって外国為替や保有金融資産のリスクの増幅・新しいリスクの発生を促し，世界中にリスク回避のためにデリバティブを活用せざるを得ない関係を押し付けていき，同時に投機的金融活動を世界に拡げていったのである。

　「BIS（国際決済銀行）年次報告〈1990年〉」は「取引所や店頭で取引される派生商品（デリバティブズ）の市場が急拡大したことは，1980年代に金融市場で生じた最も注目すべき出来事といえよう」という。

　デリバティブではその後，新しい多種多様の金融商品との結合・合成の開発が進みますます複雑化している。2000年代初めに開発され爆発的に普及したCDS（→322頁）は金融保険のデリバティブである。

## 「投機的金融活動」の巨大な担い手＝ヘッジ・ファンド

　ヘッジ・ファンド（Hedge Fund）は富裕層や機関投資家から私募によって巨額の資金を預かって高収益での運用を請け負う「私的な投資運用組織」で

ある。米国で1980年代に一挙に増大し，国際的な投機的金融活動の主要な担い手となった。戦略はファンドによって異なるが，中心は各国の通貨，証券（株式・債券）をめぐる空売り・先物取引，裁定取引等である。

なお一般に，ヘッジ・ファンドはクォンタム・ファンド，LTCMのような「投資運用組織」を指すほか，運用される個々のファンド（基金）を指すが，ここでは「投資運用組織」を中心に考察する。

> ヘッジ・ファンドは米国で1950年代に現れ，70年代に拡がり，80年代には一挙に巨大ヘッジ・ファンドが現れ，中規模のものも急増する。ヘッジ・ファンドという用語はリスクを回避する「ヘッジ（垣根）」取引という意味ではあるが，80年代のヘッジ・ファンドがそれとはまったく異なることは当時から一般に広く認められていた。

特徴の第1は，私募によるきわめて自由度が高い投資運用であるため投機的利益を最大限に獲得する手法・活動を徹底的に追求することである。きわめて高いレバレッジで，預かった資金＝元本をはるかに上回る莫大な投機的取引を行って巨額の収益を獲得する。

第2は，ヘッジ・ファンドが監督当局の規制，情報開示の義務を免れていることである。米国では投資信託は投資家保護の見地から「投資会社法」の適用を受け証券取引委員会への登録や情報開示の義務を負っているが，一定の条件を満たす投資スキームについてはこの適用を基本的に免除するとされている。ヘッジ・ファンドは「私募」で出資者を少数富裕層に限定している（投資家保護は不要）等，この免除規定を受けることができるように作られた。また課税等を避けケイマン諸島等のタックス・ヘイブン（課税回避地）で設立されるものが少なくない。したがって活動の実態の把握はきわめて困難である。

第3は，ヘッジ・ファンドが膨大な取引によって各国の為替，金利，証券等の変動を操作する力を持っており，これらの操作によって莫大な投機的利益を獲得できることである。1992年8月末，米国クォンタム・ファンド代表のジョージ・ソロスは英国の70億ドルのポンドを徹底的に空売りし，こ

れに対して英国中央銀行のイングランド銀行はポンドを買い支えようとしたが，ポンドは暴落に追い込まれた。ソロスは60億ドルのマルクを買い，巨額の利益を獲得した。英国はポンド暴落によって，「欧州通貨制度」の「為替相場メカニズム（Exchange Rate Mechanism：ERM）」（各国通貨間の変動幅を一定の枠に収めようという仕組み）からの離脱を余儀なくされた。米国の私的投機組織が英国ポンドを暴落させて投機的利益を獲得することなど，これまでの国際通貨の歴史からは予想もできない暴挙であった。ヘッジ・ファンドの手法はその後変化するが，投機的力は強化されていった。

> 1997年夏のタイのバーツに始まるアジア通貨危機でも，ソロスが仕掛け巨額の利益を獲得したと噂されており，マレーシアのマハティール首相がソロスを非難し，米国政府が反論する一幕もあった。

著者が注目するのは，英ポンドを操作して英国中央銀行に大打撃を与えるような米国ヘッジ・ファンドが長い間野放しのまま莫大な収益を獲得していたことである。米国および国際機関が公的にヘッジ・ファンドを問題にしたのは，1998年のロシア通貨危機で米国最大のヘッジ・ファンドのLTCMが破綻し，大混乱を回避するため一時的に救済措置をとった時である。

レーガン，サッチャーの新自由主義による金融の規制緩和・金融の自由化は，かかるヘッジ・ファンドの自由をも保証するものであったのか。

## プライベート・エクイティ・ファンド，LBO方式

1980年代に現れ巨大規模になった「プライベート・エクイティ・ファンド（Private Equity Fund：PEF）」は，ヘッジ・ファンドとは異なって，機関投資家や個人投資家から巨額の資金を集めて企業買収を行い，取得した資産（株式等）の売却・（再）上場や経営によって収益を獲得するものである。多くはLBO（leveraged buyout）方式によって標的とする被買収企業の資産や将来の期待収益を担保にして巨額の資金を借り入れ，この資金で巨大規模の標的企業買収を行うので，それまでの企業買収とは異なって，巨額の買収資金を一挙に調達し，驚異的な巨大買収が可能となる。

第2章 金融の規制緩和・国際化と「実体経済から離れた投機的金融活動」

単純な企業の買収・処分を行う「買収ファンド（Buyout Fund）」に対し，「プライベート・エクイティ・ファンド」は独特の買収方法，多様な買収資産の処分や運営を行うが，両者の明確な区別はなく，同じように使用されることも多い。1980年代，わずか数人の「買収ファンド」がLBOを駆使してわずかの間に巨大な「プライベート・エクイティ・ファンド」となり，投機的企業買収の威力を国内外に見せつけた。

　　　1976年に3人で設立した「買収ファンド」KKR（Kohlberg Kravis Roberts）が80年代初めにLBO方式を開発して大成功を収め，一挙に巨大規模に成長し，88年に米国最大の食品メーカのナビスコをLBO方式によって250億ドルで買収した（現在までLBOの最大記録）。ブラックストーン（Blackstone Group）は85年にリーマン・ブラザースを退職した少数者が設立した「買収ファンド」から出発し，買収をめぐる多様な業務を行い，米国最大規模のプライベート・エクイティ・ファンドとなった。


　LBO方式による巨大企業買収の激増をめぐり，証券会社・証券業，さらには商業銀行が買収資金の融通・融資と各種証券引受けを競いあって，巨額の収益を獲得した。
　特定企業の株式について時価を上回るプレミアム付き買付価格を提示して不特定多数の株主から株式を購入し経営権を掌握する「株式公開買付（Take-Over Bid：TOB）」も増大した。
　さらにまた以上の企業買収資金調達のため，信用が低くリスクが高いが高利回りの「ジャンク・ボンド（junk bond："がらくたの債券"）」が発行された。これは信用度等に差のあるものを1つのパッケージにまとめてリスクを分散する「寄集め」方式の開発によって一挙に膨大化した。証券会社・証券業を中心に各種金融機関をも巻き込んで，ハイリスクのジャンク・ボンドが米国金融市場において爆発的に拡大したが，1980年代末に壊滅状況となり，金融市場に大混乱を及ぼした。
　　　ドレクセル・バーナム・ランバート（証券会社）に勤めていたマイケル・ミルケンが「寄集め」方式を開発して大成功を収め，莫大な資産を築いて活

動を拡げたが,1989年インサイダー取引等で実刑判決を受ける。ブラック・マンデーの打撃でドレクセルは倒産し,ジャンク・ボンドは壊滅状態に陥った。

以上の巨大企業買収,TOB等の激しい攻勢を受け,標的となった企業だけではなく米国のほとんどの巨大企業が防衛のために株価引上げ策と「自社株買戻し」を活発化した。上述の企業買収の手法は株価の大幅上昇を促したうえ,企業側の株価引上げ策・「自社株買戻し」活性化は株価上昇をさらに加速した。

### ミューチュアル・ファンド

米国では1980年代,ミューチュアル・ファンド（Mutual Fund,米国投資信託の総称）が驚異的な拡大を遂げた。その代表格のMMMF（Money Market Mutual Fund,1971年創設,MMFともいわれるので注意）は,ヘッジ・ファンドとは異なり,不特定多数の顧客から小口資金（500～1000ドル程度）を集めて高利回りの短期証券で運用する「公募型小口投資信託」で,請求により随時換金のできる「オープンエンド型」である。77年には米国大手証券会社のメリルリンチ社がコンピュータ技術を利用してクレジットカード・小切手による決済機能,証券担保融資機能等を備えたCMA（Cash Management Account）を開発し,急激に需要を拡大した。

MMMFは証券会社・証券業による銀行預金に対する強力な対抗商品であり,証券会社・証券業はこれによって膨大な一般家計の預貯金を集め,証券投資活動に活用していき,証券投資市場を膨大化していった。

米国関係当局は1986年に商業銀行等の預金金融機関に対し,証券会社のMMMFと同じようなサービスを提供する「市場金利連動型普通預金（Money Market Deposit Account：MMDA,82年開発）」の自由な取扱いを許し,これらを連邦預金保険の対象としたので,商業銀行がこれを激増させていった。

第2章　金融の規制緩和・国際化と「実体経済から離れた投機的金融活動」

## 企業年金・公的年金基金その他

　米国の巨額にのぼる企業年金基金・公的年金基金はそれまでは，安全な財務省証券，地方債，公団・公社債や優良社債で運用されてきたが，1980年代には急速に各種証券への投資に乗り出し，（程度や内容に差はあるが）投資信託，ヘッジ・ファンド，LBO等への投資を拡大していった。これら年金基金などの巨大機関投資家はヘッジ・ファンドや各種投資ファンドとの結合を深めていった。78年には従業員が退職給付拠出金を自己責任で投資先を決定・運用する「確定拠出型」退職貯蓄プラン，略称401(k)（国内歳入法401条k項で規定）が容認され，この莫大な資金がすべて証券で運用されるようになった。次に見る住宅ローン担保証券への投資も急増していった。生命保険も従来安全運用を行ってきたが，各種の新しい証券への投資を拡大していった。

　こうして一般家計の預貯金のみならず将来の年金のための資金までもが，各種の仲介機関を経て証券投資活動に利用されていった。

## 投資銀行（証券会社）の業務内容の変質と躍進

　以上の過程で注目されるのは，投資銀行（証券会社）が大躍進を遂げるとともに，投資銀行の業務内容が大きく変質したことである。

　それまで投資銀行の主要業務は有価証券の売買取引の媒介，新規発行の引受け・仲介および企業の合併・買収等に関する助言であったが，しかし1970年代，実体経済の長期停滞と企業の内部金融の拡充によって株式上場・増資が低迷を続けるもとで，投資銀行は新しい収益獲得へと舵を切り，80年代にこれらの投機的金融活動を膨大化させ一挙に躍進していった。投資銀行はさまざまな仕組みで富裕層，一般家計，各種機関投資家から莫大な資金を寄せ集め，それらを高いレバレッジで運用し，LBOの巨大企業買収等をも推進し商業銀行の預金業務・銀行信用創造に対する強大な対抗力となる。投資銀行は80年代の躍進を基礎にして，90年代での「証券の証券化」による投機的金融活動の「新たな展開」で，重要な役割を演じていくので，

その内容は第Ⅳ部で明らかにする。

商業銀行はGS法の規制で証券業務参入は抑制されていたが，1980年代後半にはGS法規制の実際上の緩和とともに子会社設立・証券会社買収によって子会社による証券業務を急速に拡大し，投機的金融活動への間接的関与を深めていった。

## 第3節 「投機的金融活動」と金融危機（ブラック・マンデー）

ブラック・マンデー

米国ニューヨーク株式市場のダウ平均（ダウ工業株30種平均）は1970年代には値上り気味ではあるものの1000ドル台を超えなかったが，82年を境に上昇に転じ，87年8月25日には史上最高の2722ドルに達しわずか数年で2.7倍に高騰した。それが10月6日に下落し，10月19日月曜日には，ニューヨーク株式市場でダウ平均が1738.74ドルに暴落，前日比22.6％低下と，1日当たり下落率で史上最高を記録した。これはただちに世界中に波及し株価暴落を惹起した。ブラック・マンデーである。

この1982年に始まる株価の高騰とその大暴落は，まさに80年代の国際金融市場の不安定性のもとでのレーガンの金融政策が，「実体経済から離れた投機的金融活動」を通じて惹起した株価高騰であり，株価大暴落であった。

1982年以降米国では財政赤字による軍事的需要拡大を軸に景気は回復したが，財政赤字膨大化，異常ドル高のもとで製造業ではアウトソーシング，生産の対外移転，最終消費の輸入依存率上昇によって国内生産が低迷し，製造業貿易収支の赤字転落・赤字激増となり，貿易収支・経常収支の赤字激増，「双子の赤字」（財政赤字と経常収支赤字）が進んでいった。国内製造業が低迷し貿易赤字が膨大化し，実体経済が難題を抱えるもとでの株価の異常高騰であった。

第2章　金融の規制緩和・国際化と「実体経済から離れた投機的金融活動」

　金融規制緩和と異常高金利による外国からの莫大な資金投下と，国内でのさまざまな新しい「仕組み」「手法」での投機的証券投資膨大化によって，株価上昇と株式投資が相互促進的に進んだ。ここでは株式取得の主要目的は安定的な配当取得ではなくキャピタルゲイン取得となり，投機的な株式投資が拡大した。しかも1980年代，株価高騰はLBO方式での巨大企業買収での買収・買収株式の売買・（再）上場，プレミアム付き価格でのTOBの盛行によって加速されたのであり，さらにかかる企業買収攻勢に対する巨大企業の防衛のための株価引上げ対策・自社株買戻しの活発化が株式市場での株価を押し上げる作用を果たしていた。

　以上のような株価高騰であったから，そこにはさまざまな株価反転の危険が内在していた。キャピタルゲイン・投機的収益を求める株取引，とくに外国投資家の株取引は，株価の動向だけではなく，米国の財政・貿易収支・経常収支の見通し，ドルの動向，各国金利の動向に敏感に反応するようになっていた。

　反転を惹起した主要因は，1980年代中葉，財政赤字・貿易収支赤字・経常収支赤字が格段と激化し，ドル急落の不安が拡がったことである。ドルの実効為替レートはレーガン政策のもと81年から急上昇し，「異常ドル高」が続いた後，85年ドル暴落の危機感が生じた。先進5ヵ国（G5）がドルの「秩序ある切下げ」と金利の協調引下げを合意した（プラザ合意）にもかかわらず，ドルは安定せず，ドルはG5直前の1ドル＝242円から1年後に150円台へと大幅に下落し，ブラック・マンデーの87年の2月には再度G7がドル低下に対する政策的協調を合意した（ルーブル合意）。3月から9月にかけて長期国債利回りは約2％上昇，7月にはドル下落・インフレ再燃不安から金利が上昇しはじめた（9月公定歩合引上げ）。金利上昇は株売却・投資先変更により，株価下落を生む要因となる。10月6日に株価が下落しはじめた。暴落直前からドル不安，金利引上げ懸念が強まっていたのに加えて，10月14日，貿易収支大幅赤字が発表され，株価暴落は不可避な状況であった。

　しかも当時米国には，株価がひとたび低下を強めると，株価下落に対応し

て株売却を増大させる「市場の仕組み」があった。株価下落が生じるとリスクを回避するため自動的に株売りを加速する「ポートフォリオ・インシュアランス (Portfolio Insurance)」や，わずかの価格差を狙って大量の売買を行う「株価インデックス裁定取引」の「仕組み」が設けられており，これらによって10月の株価下落は急速かつ急激となったのである。事実，19日に株価先物の多額の売りが生じたが，これはかかる「市場の仕組み」によるものであったという。

　　　　暴落直後の10月22日，レーガン大統領は「株式市場機構に関する大統領特別調査委員会」を設置し暴落の原因と対策の解明を命じた。これに対する88年1月の報告書「ブレディ・レポート（"Report of the Presidential Task Force on Market Mechanism," Jan. 12, 1988)」は，「下降局面で暴落が生じた原因」として，株価の下降局面で市場の仕組み＝「市場機構」が売りを加速したことを強調し，今後の「対策」として，株価の下降局面に入ったばあいに下降を警告し下降を阻止する「仕組み」の開発を訴えている。ここでは株価の「下降局面を生み出した原因」の解明はないが，この解明こそが必要だったはずである。

　株価暴落は，グリーンスパンFRB議長の素早い流動性供給によって下げ止まり，年末には株価は一応沈静化した。ドルは年末にかけ急落し130円台割れとなり，FRBはこの対策を急ぎ，G7でドルの安定が必要でありルーブル合意を確認するという声明を出した。

　ブラック・マンデーは下落率史上最高の株暴落であったが，景気は後退するものの，実体経済に大打撃を与えることはなかった。

　以上，ブラック・マンデーは1980年代での国際金融市場の不安定性のもとでのレーガンの経済・金融政策とそれによる「実体経済から離れた投機的金融活動」が生み出したものであって，史上に例のない新しい内容の株価高騰であり，株価暴落である。それはかつての再生産過程全体の相互促進的拡大・過熱における株価上昇，全般的過剰生産恐慌とともに生じた株価暴落，とは質が異なるものである。

　ブラック・マンデーによって金融市場の混乱が拡がった。ジャンク・ボン

第2章　金融の規制緩和・国際化と「実体経済から離れた投機的金融活動」

ドはこの直前から行き詰まっていたが，ブラック・マンデーの打撃によってジャンク・ボンドで巨大証券会社となったドレクセルは倒産，ジャンク・ボンドは壊滅状態に陥って米国金融市場の混乱を深めた。

### 投機的金融活動とS&L危機

「S&L (Savings and Loan Associations, 住宅貯蓄貸付組合)」は，旧くから組合員の零細な預金・出資金に基づいて長期住宅ローン貸付を行う組織で，1970年代には米国住宅ローンの長期貸付の約半分を担っていた。だが80年代初めの金利高騰により，短期預金に基づいて長期固定金利貸付を行うS&Lでは利鞘が逆転し，組合員の預金離れも進み，経営が悪化した。82年に規制緩和によってS&Lが住宅以外の商業用ローンや商工業貸付を行うことが可能となったので，S&L経営者はこれらに乗り出して危険なジャンク・ボンドや商業用不動産関連融資に走り，86年以降貸付の不良債権化が深化し，S&Lの倒産が相次いだ。S&Lには政府機関のFSLIC（「連邦貯蓄貸付保険公社」）による預金保険が適用されていたので，S&L破綻の拡大によってFSLIC資金は枯渇し，88年には遂にFSLICが750億ドルの債務超過で破綻してしまった。「S&L危機」である。89年S&Lの救済・監督強化の立法措置がとられ，FSLICは「連邦預金保険公社：FDIC」に引き継がれたが，S&L危機の処理のために政府は1529億ドルといわれる莫大な公的資金投入（詳しい内訳は不明）を余儀なくされた。

## 第4節　政府による「住宅ローンの証券化」の開始

1980年代レーガン政権のもとでの今1つの金融面での大変化は，政府機関が史上初めて「住宅ローンの証券化」を始めたことである。この「住宅ローンの証券化」それ自体は投機的金融活動ではないが，しかしこれは，これまで市場で取引されなかった住宅資産を「証券化」し膨大な証券市場を作り

出していったのであり，これらが90年代の「証券の証券化」を生み出し，2000年代の金融危機を惹起していく基礎となるので，「住宅ローン証券化」の開始とその意義を明らかにしておくことが不可欠である。

## 長期住宅ローン貸付とその限界

米国での「住宅ローン貸付」の枠組みは，ルーズヴェルトによって作られた。1929年大恐慌で住宅金融市場が大打撃を受けたのに対し，ルーズヴェルトは先に述べたGS法をはじめとする安定的金融制度を確立する際，34年に住宅ローン関連について借り手の債務不履行による貸し手の経営破綻に対する保険を行う公的保険機関を設立した。組合員組織で住宅ローンを行う「S&L」については「連邦貯蓄貸付保険公社（FSLIC）」を，低所得層に対する住宅ローンについては「連邦住宅局（Federal Housing Administration：FHA）」を設立した（この保険付きローンはFHAローンと呼ばれた）。公的保険を付けることで住宅ローン供給を拡大し，保険を付ける条件として安全性等を守らせた。38年にはその拡大のためFHAローンの買取り（証券化の萌芽）を目的に「連邦住宅抵当金庫（Federal National Mortgage Association：FNMA）」を設立した。大戦終了直前の44年，退役軍人を対象にFHA保険と同様の制度を設けた。大戦終了後，以上の枠組みが継承されたのである。

米国の本土は大戦の被害を受けなかったが，大戦中に民間住宅建設は大幅に抑制されており戦後に需要が激増した。これに対し，大戦後米国政府は戦時中に軍事用土木建設を担当した土木建設業に民間住宅建設を委ねる方針をとって，公共住宅をまったく建設しなかったので（→97頁），大戦後の人口急増のもと住宅不足はきわめて深刻であった。英国，イタリア，フランス等の西欧諸国が大戦後に真っ先に公的住宅の建設に着手していたのと対照的であった。

ところが長期住宅ローン（米国では平均30年間）では住宅ローン供給の拡大が制約されるし，公的保険の負担が増大傾向となった。また保険制度の付いているS&Lローン，FHAローンのほかに，大量の小零細業者による住

宅ローン取引が拡大し，さまざまな紛争・混乱が多発した。

このため政府・公的機関関係者は1970年代に，政府・公的機関が「住宅ローン債権の証券化」を始めるよう舵を切ったが，レーガン政策のもとでこの政府機関による「証券化」が一挙に拡がっていったのである。

### 住宅ローン債権の「証券化」——ファニーメイ，フレディマック

金融機関による長期住宅ローンにおいては，貸し手の金融機関が単独で長期にわたって貸付を続け，債権を保有して賃貸料を受け取るとともに債務不履行のリスクを負っている。当然のことながらローン供給の規模は制約される。

これに対し「証券化」では，まず住宅ローンの借り手と正式に契約したオリジネーター（住宅ローン専門会社等）はこの住宅ローン債権を証券組成機関に売却する。これら住宅ローン債権を大量に買い集めた金融機関が，これら債権から生じるキャッシュフロー（元利返済）を担保にして，債権を多数の投資家の購入しやすい証券に仕立てて，「住宅ローン債権担保証券（Residential Mortgage-Backed Securities：RMBS）」を発行し，多数の投資家に販売して，資金を回収する。RMBSはMBSともいわれるが，MBSは非住宅関連を含むので，住宅ローン関連はRMBSとすべきである。本書ではRMBSとする。

> 米国では旧くから住宅等の不動産への貸付の際，債務者＝借り手は住宅等の不動産を担保として「担保証書（Mortgage，モーゲージ）」を振り出していたので，モーゲージ（債権）を担保とするという意味で「住宅ローン債権担保証券」は「モーゲージ担保証券」と呼ばれる。

証券化による変化の第1は，金融機関は証券販売によって多数の投資家から膨大な資金を調達できるので，住宅ローン取扱額と収益を一挙に膨大化できることであり，住宅ローン市場を一挙に拡大する役割を果たした。

第2は，住宅ローン借り手の返済遅延・不能のリスクが多数の証券投資家に分割・移転されるため，一部で返済不能が発生しても個々の投資家のリスクは軽微であることである。証券発行機関は，個々の返済不能の処理法を勘

案し（一部資金をプールして処理する等），一部での返済不能が証券価格・証券取引に悪影響を及ぼさないようにする。なお住宅ローン債権は完全に証券発行機関のものとなるので，最初の契約担当のオリジネーターが倒産しても，証券発行機関も証券購入者（投資家）もなんらの影響も受けない。

　第3に，住宅ローン債権は証券化されると金融機関の貸借対照表の資産（貸付）には計上されなくなる。証券化はBIS規制による自己資本比率を維持するうえに有効であり，このことが証券化を促す役割を果たした。

　しかし証券化では，住宅ローンを貸し付けたオリジネーターは住宅ローン債権をただちに売却してしまい，貸付先が返済不能となっても自分の損失とならないため，返済能力を充分検討しないで貸し付け，契約数を拡大し取扱手数料収入を拡大させる傾向が強くなるという問題が生じる。

　このような「住宅ローン債権の証券化」はその証券を組成・販売する金融機関への信用が不可欠であるので，米国ではまず政府・公的機関がこれを担当して，強力に推進していった。

　まず1968年設立された連邦政府機関である「政府抵当金庫（Government National Mortgage Association：GNMA，愛称はジニーメイ：Ginnie Mae）」が，70年に最初のFHA保険付きの住宅ローンの証券化を行い，RMBSを発行した。ジニーメイの発行額は少額である。これに次いで「政府支援機関（Government-Sponsored Enterprises：GSE）」の2社が「証券化」を推進し，これが米国の「証券化」の中心となっていく。

　ジニーメイの証券発行の翌1971年，「連邦住宅金融貸付公社（Federal Home Loan Mortgage Corporation：FHLMC，愛称はフレディマック：Freddie Mac）」が「証券化証券」RMBSを発行し，81年に「連邦住宅抵当金庫（FNMA，愛称はファニーメイ：Fannie Mae）」がRMBSを発行し証券業務を開始した。

　　　「連邦住宅抵当金庫（ファニーメイ）」は1938年に設立され，民間金融機関からFHAローンの買取りを行っていた。68年に当局がファニーメイから一部業務を分離して完全な連邦政府機関としてジニーメイを独立させ，ジニ

第 2 章　金融の規制緩和・国際化と「実体経済から離れた投機的金融活動」

ーメイが最初の住宅ローン債権の「証券化」を行った。ファニーメイは 70 年に株式をニューヨーク証券取引所に上場し，完全に民営化された。以上の関係で「証券」発行はフレディマックより遅れたが，規模は米国最大である。

　「連邦住宅金融貸付公社（フレディマック）」はこれとは異なり，ジニーメイの証券発行の翌 1970 年に連邦住宅貸付銀行の出資によって「住宅ローン債権の証券化」を主要業務として設立され，翌 71 年に大手ファニーメイよりも 10 年も早く「証券化」を始めた。88 年に株式を上場し翌年完全に民営化された。

　GSE 2 社は GSE の設けた「GSE 買取り基準」を満たした比較的信用のある住宅「適格ローン」を買い取り，これらを担保にして証券 RMBS を組成し，この元利支払いを保証して証券を販売した。GSE 2 社は「民間企業」ではあるが，当初政府関係機関の出資で設立された後に民営化されて証券化業務を担っていった関係で，連邦政府と一定の関係を持ち，一定の特典が与えられていた。GSE の発行する証券は「連邦政府の保証はない」が，しかし国内外の市場関係者は「暗黙の政府保証」があると認識しており，このことによって「GSE 証券」・RMBS の発行が急激に拡大していったのである。

　1980 年代のレーガンの金融自由化政策のもとで「住宅ローン債権の証券化」が一挙に進み，米国で「住宅ローン証券化」が定着していったが，これはすべてジニーメイ，GSE 両社によるものであった。米国商業銀行等の預金金融機関は無制限に GSE 債券を購入することができたし，企業年金基金等の安全な投資を行うリスク回避傾向の機関投資家は GSE 債券への投資を拡大した。

　米国の政府・公的機関が 1980 年代初めに始めた「住宅ローン債権の証券化」が S&L の経営悪化を促したが，相次ぐ S&L 破綻・S&L 危機の発生は，米国の「住宅ローンの長期貸付」から「住宅ローン債権の証券化」への転換を決定的なものとし，米国住宅ローン担保証券市場を一挙に膨大化していった。

　1980 年代，ファニーメイ，フレディマックは米国「住宅ローン債権の証券化」の基礎を築き，「証券化」によって新しい金融市場＝資産担保証券市

場を膨大化する重要な役割を果たした。このことが90年代に金融工学に基づいた「証券の証券化」が爆発的に拡張を遂げる基礎となる。

### 資産の証券化・資産担保証券の開発

1980年代後半以降，上の住宅ローン証券化の仕組みを応用して，金融資産を担保とする「資産担保証券（Asset-Backed Securities：ABS）」の組成・販売が急激に拡大していった。85年GM（ゼネラル・モーターズ社）の金融子会社であるGMACがRMBSの方式を応用して自動車ローン債権を担保とする証券＝ABSを発行した。その後クレジットカード債権，リース債権等の金融資産を担保にした各種のABSが相次いだ。これによってGMAC等の取扱い機関が金融取引・金融収益を大膨張させるとともに，自動車ローン，クレジットカード等の市場をも飛躍的に拡大させていった。80年代後半にこれらの各種の資産が証券化され，多種多様なABSが急速な拡大を遂げていったことは，90年代において住宅ローン担保証券とこれら証券を組み込んだCDO＝「証券の証券化」が大拡張を遂げる基礎となる。

なおRMBSは住宅ローン債権という「資産」を証券化したものであるから一種の「資産担保証券（ABS）」といえるが，本書ではRMBSとABSの役割の差を明らかにするために，RMBSとABSを区別して用いる。

# 第3章

# レーガン政策の役割とその帰結

**レーガン政策の果たした役割──「超軍事大国」・ソ連圧倒の実現**

　レーガン政策の基本目標は「超軍事大国」と「新自由主義」的政策による経済活性化とによる「強き米国」の構築であったが，SDIに基づく「超軍事大国」構築とソ連に対する圧倒は見事に実現していった。

**レーガン政策の果たした役割──大戦後資本主義の「一大変質」**

　1970年代中頃，大戦後資本主義経済がスタグフレーションに陥り行き詰まってしまったのに対し，レーガンが行ったことは，実体経済の建直しを行わずに，「新自由主義」的規制緩和，とくに金融の規制緩和・国際化によって経済を活性化させる政策を強行したことである。経済の行詰りに対するレーガン政策は，大戦後資本主義の「一大変質」を生み出していった。

　レーガンによる「一大変質」は，大戦後における「実体経済重視の経済（政策）」を「金融重視の経済（政策）」へと転換させ，実体経済の再生産構造の解体・実体経済の衰退，経済停滞の長期化とともに，通貨・金融の不安定性の深化，実体経済から離れた投機的金融活動の膨大化を生み出すものであった。それゆえ「一大変質」は，大戦後資本主義の内在的矛盾を克服するものでは決してなく，「新しい矛盾」を生み出し拡大させるものであった。そしてかかる「一大変質」，その内在的矛盾がその後基本的に存続していくことになったのである（第Ⅳ部）。

　もっともレーガンの新自由主義的経済政策自体は1980年代後半に行き詰

まり完全に破綻していくが，しかし「一大変質」，内在的矛盾は基本的にその後存続し深化していく。以下でレーガン政策の破綻を見ることにする。

### レーガンの新自由主義政策の破綻

　レーガン政策の行詰りは，1985年以降，財政赤字の激増，製造業の衰退，貿易収支・経常収支赤字，ドルの不安定性増大等によって明らかとなった。これらに対してレーガンは「新自由主義的政策の変換」によって対処するが，事態はかえって悪化する。

　米国の第1の対策は，国際協調による異常ドル高の是正，ドルの安定化であった。1985年9月25日，ニューヨークのプラザ・ホテルで開催された米，日，西独，仏，英の先進5ヵ国蔵相・中央銀行総裁会議（Conference of Ministers and Governors of the Group of Five : G5）は，ファンダメンタルズの現状と見通しから見て，「主要非ドル通貨の対ドル・レートのある程度のいっそうの秩序ある上昇が望ましい」からその是正のための協調行動をとり，将来必要な際には協調を行うというプラザ合意（Plaza Accord）を行った。またドル高の背景をなす高金利について，各国が協調して利下げを行うとした。

　G5によるプラザ合意は変動相場（制）が国際収支均衡化・為替安定化の自動調整作用を持っていないこと，ドル・為替の安定化には国際協調が不可欠であることを証明するものといえる。

　レーガンは規制緩和，金融の自由化・国際化を掲げ，世界に対して規制緩和・市場競争原理導入を強く要求してきたにもかかわらず，自国がドル切下げ・金利引下げの必要に迫られると，競争市場原理を棚上げにして，国際協調の合意（事実上の強要）によってそれらを実現していったのである。ここにはレーガンの新自由主義のいかがわしさ，身勝手さが露呈されている。

　G5によるプラザ合意は史上初めて先進諸国がドルの変更・為替相場安定化のために協調行動をとることを合意した点で，国際金融政策史上画期的なものといわれたが，しかし国際的協調はドル・各国為替を安定化することは決してできなかった。プラザ合意の後ドル下落は予想以上に進み，ドルは

G5直前の1ドル＝242円から1年後に150円台へと大幅に下落し，投機による為替相場の大幅変動，ドル暴落の危険が生じたため，87年2月にはG5にカナダを加えて為替レートを安定させる合意＝ルーブル合意（Louvre Accord）を行った（イタリアが署名し7ヵ国合意となる）。さらに同年10月には米国の株価暴落＝ブラック・マンデーによって年末にかけてドルが急落し130円台割れとなったため，G7は12月23日にルーブル合意を確認するという声明を発表した（クリスマス合意）。

　変動相場（制）に対して為替を安定化させる国際通貨システム構築を検討することなしに，先進諸国がたんにドル相場を是正する協調介入を合意したところで，一時的な効果だけに終わるのは当然至極であった。

　第2の対策はプラザ合意と同じ1985年9月に発表された「新通商政策」である。レーガンは，自国の累増する貿易収支赤字の原因をもっぱら外国の「不公正な貿易慣行」によるものとし，これらに対して厳しい「対抗措置」「報復措置」をとるという「新通商政策」を発表し，88年にはさらに強力な「包括通商競争力強化法」を制定し，国際的に強い批判・非難を受けた。ここでも，世界に対してそれまで規制緩和・競争市場原理導入・市場開放を強く要求してきたレーガン政策の無責任さ，身勝手さが明らかであった。米国の貿易収支赤字はドルの大幅下落の効果も加わって88年にある程度縮小するとはいえ，いぜんとして1000億ドル台を超える赤字を続けた。

　第3の対策は財政赤字抑制であった。1985年12月，財政赤字膨大化に対する緊急措置として，大統領と議会に対して財政収支均衡を義務づける「グラム＝ラドマン＝ホリングス法（Balanced Budget and Emergency Deficit Control Act of 1985：GRH Act）」が制定されたが，しかしこのGRH法の実効力は乏しく，財政赤字はいぜんとして1500億ドル前後を続け，89年度には国債残高2兆8363億ドル，国債利払費1693億ドルとなる。

　レーガンが任期最後に直面したのは，巨大な財政赤字，製造業の衰退，貿易収支赤字激増・経常収支赤字拡大であり，株価大暴落＝ブラック・マンデーをはじめとする新しい金融危機であり，解決できないドル不安であった。

レーガンの新自由主義的経済政策の完全な破綻の姿であった。

　レーガンが変えたのは米国経済だけではなかった。世界全体に対し規制緩和・競争市場原理導入を要求し，世界全体にわたって「実体経済から離れた投機的金融活動」を浸透させていった。

　英国ではサッチャー首相が1986年，一連の証券制度改革を行い，これは宇宙創造時での大爆発にたとえてビッグバン（Big Bang）と呼ばれた。シティの国際金融センターとしての地位強化を目指し，委託手数料の自由化，コンピュータ利用による株式取引（無人化），取引所会員権の廃止，銀行や外国業者の市場参加の促進，株式取引税引下げ等が行われた。

　レーガン政権は莫大な財政赤字・経常収支赤字とドル不安・ドル暴落の危機を抱えながらも，先進諸国のドル安定化の国際的協調によってなんとか事態に対処した。しかし以上の第Ⅲ部で見たレーガン政権の「金融重視の経済政策への転換」・「実体経済から離れた投機的金融活動」の本格化は，実体経済の停滞，国際金融市場の肥大化と不安定性拡大により資本主義の「新しい矛盾」を生み出し拡大する基礎を作り出したのである。このことは第Ⅳ部で明らかになる。

### ソ連・東欧社会主義諸国の崩壊，中国の市場経済化

　レーガンは米国経済に対しては惨憺たる結果をもたらしたが，東欧社会主義諸国・ソ連の崩壊に対しては重要な役割を果たし，このことで米国に対して，また資本主義体制に対して大きく貢献した。

　1970年代，米国はベトナム戦争で敗北したとはいえ，ME技術革新・コンピュータ革新によってソ連の軍事技術をはるかに凌駕していたのであるが，レーガンはソ連が強大な軍事力を持ち軍事的脅威であると訴え，ソ連に対抗するために莫大な費用のかかるSDI戦略の必要性を強調した。このSDI計画の公表はレーガンの狙いどおりに，軍事力の劣るソ連に対して大きな脅威・恐怖を与えた。

　またレーガンが各国の規制緩和・競争市場原理，市場開放によって，世界

の自由な市場経済の発展が実現すると主張したことは，東欧諸国に大きな影響を与えた。この時期，米国・西欧からの国境を越えたテレビの情報伝達の発展が，米国・西欧の影響力を強めるうえにきわめて重要な役割を果たし，東欧諸国の「自由・民主化」への動きを拡げていった。レーガンは 1987 年 6 月 12 日，ベルリンの壁に向かい，63 年 6 月のケネディ大統領の有名な演説を超えることを意図したといわれる演説を行い，ゴルバチョフに対し，"Mr. Gorbachev, tear down this wall" とベルリンの壁を取り除くよう呼びかけた。米国で株価大暴落（同年 10 月 19 日）が勃発する直前のことである。

> 1989 年 8 月ポーランドとハンガリーでの非共産党政権の誕生に始まり，89 年 11 月ベルリンの壁崩壊，同 12 月ルーマニアのチャウシェスク政権崩壊，90 年東西ドイツ統一で，東欧"社会主義"諸国は崩壊する。ただしユーゴでは激しい内戦が続く。

ソ連では 1970 年代，ブレジネフ政権（1964〜82 年）の無策で強権的支配が続き，経済，とくに消費財生産・農業が低迷を極め，国民生活の困窮・環境破壊が深化しており，そのもとで 79 年アフガニスタンへの軍事介入を行い，国際的非難を浴びた（80 年モスクワ・オリンピックはボイコットされた）。85 年に共産党書記長に就任したゴルバチョフは，「ペレストロイカ」（経済の「建直し」，民営・自由化導入），「グラスノスチ」（「情報公開」），「新思考外交」（国際協調・核軍縮）を打ち出したが，これはレーガン，サッチャーの新自由主義の影響下で，ソ連の一大改革を意図したものである。ゴルバチョフはまず軍事面で核軍縮へと舵を切り，85 年レーガン＝ゴルバチョフの米ソ首脳会談で戦略核 50％ 削減等に合意し，89 年 12 月に米国 H. W. ブッシュ大統領と核兵器削減で合意し「冷戦終結」の宣言（「マルタ宣言」）を行った。だが，ゴルバチョフが根本的な社会主義的建直しを図ることなしに，新自由主義のレーガン，サッチャーに迎合して「自由」「民主」を提唱しても，真の社会主義再生の途が開けるはずがなかった。それはむしろ「自由」「民主」を利用する反社会主義勢力の台頭を許すことになった。

核兵器削減の合意も世界軍縮への途を開くものではなかった。米国は

第Ⅲ部　大戦後資本主義の「一大変質」

1991年1月の「湾岸戦争」で米国の軍事力の圧倒的優位性と国際的支配力の強さを世界に示すことによって，ソ連崩壊への急激な動きを促し，「冷戦勝利」を勝ち取っていく。

ソ連では東欧社会主義諸国の崩壊，「湾岸戦争」の後，1991年8月クーデターでゴルバチョフが一時失脚し，新たにロシア共和国の議長から91年6月同大統領となったエリツィンが「保守派」に対抗して権力を拡大していった。エリツィンは選挙や法的手続きをいっさいとらずに，超法規的行動によってソ連の国家機関・財産をロシア共和国に移し，同12月21日ソ連11共和国による「独立国家共同体（英訳略称CIS）」創設の調印を行い，ソ連邦を消滅させた。25日ゴルバチョフソ連大統領の辞任によってソ連邦は正式に消滅した。ワルシャワ条約機構の解体，ソ連邦の消滅で，冷戦は終焉，西側の冷戦勝利となる。

ソ連・東欧諸国の崩壊の分析はここでの課題ではないが，一応次のことを指摘しておく。

　　ソ連の崩壊の原因については，後進資本主義における"一国社会主義"の建設という革命・建国当初からの無理，新生ソ連を取り巻く厳しい国際的状況，それらから生じた個人独裁の誤り等がある。第2次大戦終了後については，ソ連が大戦で世界最大の死傷者と国土破壊を被ったにもかかわらず，スターリンが強力な独裁制のもとで，原爆開発をはじめとする軍事力強大化，東欧諸国に対する軍事支配を最優先し，米ソ間で熾烈な核開発競争を強行していったことによって国民生活を歪め，国民の思想の自由を奪い，社会主義国としての基本を失い，社会主義とは縁遠い国にしてしまったのである。それゆえに，エリツィンが行ったような社会主義解体が，民衆不在のまま，強行され得たのである。

　　他方，東欧諸国は，第2次大戦末からの米英・資本主義体制とソ連・社会主義体制との対抗下で，ソ連の政治的・軍事的支配によって，社会主義建設のための主体も未成熟で，生産力基盤のまったくないところで，民族問題への充分な配慮もないままに，"社会主義"国として成立し，建国後，冷戦激化によってソ連の管理と，資本主義諸国からの厳しい"封じ込め"を受けた。真の社会主義への途を歩むこともなく，自由な政治機構を欠いたまま，経済

的行詰りを深めていった。

　東欧社会主義諸国・ソ連の崩壊後，発展した西ドイツに統合された東ドイツを除き，混乱のなかで権力を掌握していったいわゆる"改革派"が，欧米側の情報によって刺激された国民の旧体制への不満の爆発を利用して国家体制を変革し，資本主義側の経済援助を求めて市場経済化に走ったが，市場経済化していく道筋も付けられず，内容や程度に差はあれ，市場経済化政策のもとで経済的低迷・混乱が続き，一部では民族・宗教問題をめぐる対立・紛争が続いた。

他方中国では，1970年代後半には毛沢東の「大躍進」，「文化大革命」の誤り・破綻によって中国経済は破滅寸前に陥っていた。「文化大革命」で失脚した鄧小平が復権して79年実質的に権力を掌握し，経済の「改革開放」による市場経済化・生産力向上至上主義を打ち出し，「先富」（先に豊かになれる人が豊かになり，他の人も豊かになるよう助ける）を唱え，一部の「経済特区」を設置した。レーガンが外国，とくに新興諸国に対し，規制緩和・競争市場原理導入，市場開放を強く要求したのに対し，鄧小平はこれを受け入れる形で「改革開放」・市場経済化を唱え，一部地域での米日等からの技術導入・米日等の直接進出を歓迎し，中国の対米・対日輸出拡大を目指した。

鄧小平は政治的には共産党独裁を堅持し，経済的「改革開放」に伴って拡がる自由化・民主化を抑制し，1987年民主化を唱える胡耀邦共産党総書記を辞任に追い込んだ。89年6月胡耀邦死去追悼大会から始まった学生運動は武力で弾圧された（天安門事件）。ベルリンの壁崩壊の年である。

1992年には鄧小平は「南巡講話」で経済発展の重要性を格段と強調，「改革開放」の強化＝「社会主義市場経済」を提唱していく。

### レーガンと「冷戦勝利」

米国をはじめ資本主義諸国はソ連・東欧社会主義諸国の崩壊＝冷戦勝利に凱歌をあげ，旧ソ連・東欧諸国に対して経済援助を行うとともに，規制緩和，競争市場原理導入による市場経済化・資本主義化を促し，これらの広大な地域を資本主義経済の貿易市場・投資市場，資源獲得の場とすることを目指し

た。
　レーガンは米国経済を惨憺たる状況に陥れ，国際金融市場における不安定性・混乱を激化していったが，ソ連・東欧社会主義諸国の崩壊，「冷戦勝利」を導いた大統領として米国内外の賛辞を受けることになった。

# 第 IV 部

## 冷戦勝利後の世界戦略と米国経済，金融大膨張，金融危機勃発

—— 克服されない金融危機，終わりなき戦争 ——

# 序　第Ⅳ部の課題と編成

### 冷戦勝利〜湾岸戦争勝利（第1章）

　レーガン政権の副大統領を務め大統領に就任したジョージ・H.W.ブッシュ（父）は冷戦勝利の直前，紛争の続く中東へ介入し，「湾岸戦争」で米国の強さを世界に見せつけ，「米国のみ」が「新世界秩序」を実現すると宣言した。これは第Ⅲ部で扱うこともできるが，しかし「湾岸戦争」は冷戦勝利後の米国の世界戦略・対中東軍事介入を示すとともに，「自国兵の被害を極小とする破壊戦争」の始まりであり，かかる戦争がその後継承・強化されていくのであるから，第Ⅳ部冒頭で取り扱う。この間経済停滞は深刻化しH.W.ブッシュは大統領選挙で敗北する。

### クリントン政権の経済建直し，経済・産業と軍との連携強化，情報通信技術革新，持続的経済発展（第2章）

　民主党クリントン大統領（1993年1月〜2001年1月）は衰退を極めた米国経済を建て直していった。著者が注目したのは，経済建直しの中心が経済・産業と軍との連携強化であったことである。クリントンはまず，国家最高機関の「国家安全保障会議（NSC）」と並んで「国家経済会議（NEC）」を創設するとともに，米国の超先端軍事技術の民間応用によって民間活性化を推進する。「全国情報インフラストラクチャー計画（NII），グローバル計画（GII）」の実施と，先端軍事技術（「全地球測位システム：GPS」および「兵站後方支援システム：キャルス」）の民間応用が進められ，民間での技術開発のうねりが生じ，画期的な「情報通信技術革新（ICT革新）」が生まれる。クリントンはまたサービス輸出拡大を重視し，WTOを設立した。

　インフレなき経済発展，失業縮小，財政均衡化が実現し，クリントンは自

らの政策の成果であると自画自賛したが，退任直前に IT ブームは終焉し，深刻な経済停滞に陥った。

## 金融工学に基づく CDO・CDS の開発，投機的金融活動の新展開，「金融の変質」の深化（第3章）

クリントン時代で注目すべきは，クリントンは言及していないが，この時期，金融工学に基づいた画期的な「証券の証券化」によって，CDO と CDS が開発されたことである。

第3章の課題は，「証券の証券化」（CDO・CDS），「投機的金融活動の新展開」の内実・内在的矛盾を解明し，「金融活動の大膨張」〜金融危機深化の根源と特質を解明することであるが，解明すべきことはきわめて多い。第1は CDO の開発による住宅ローン膨大化〜住宅価格上昇〜住宅資産価値膨張＝「虚（資産価値）膨張」（著者の規定）の解明である。第2は CDO 組成の仕組みと「収益膨張の仕組み」，サブプライム・ローン担保証券の CDO 組入れの仕組み，「格付け」，CDO の発売・運用における収益拡大，「虚（資産価格）」膨張等の解明である。第3は CDS の仕組みと収益獲得等である。最後に「金融活動の大膨張」の基本，賃金・家計収入の制限による金融活動の抑制，金融危機の基本を取り上げる。そこにおいて商業銀行の「伝統的な信用創造」とは別の，「新しい信用創出メカニズム（著者の規定）」（いわゆる「シャドウ・バンク」に当たる）をも解明する。

第3章の理論的解明は第4・5章の2000年代の分析の理論的基礎となる。

## 2000年代初めの景気対策，「金融活動の大膨張」と戦争（第4章）

2000年代初め，熾烈な対アフガニスタン，対イラク戦争が長期化するとともに，景気刺激のための異常な FF 金利引下げ・超金融緩和政策によって住宅ローン取引の大膨張と投資銀行・商業銀行投資事業体の大躍進，CDO・CDS の激増が進んだ。対イラク戦争が熾烈化するもとで，資本主義の歴史で経験したこともない「金融活動の大膨張」が現れ，景気は好転した。

第4章の課題は第3章の分析を踏まえて，この金融大膨張の内実と内在的矛盾を明らかにすることである。

### 金融危機勃発と国家の異例の金融救済策，大量の長期失業・経済停滞，克服されない金融危機（第5章）

2007・08年に金融危機が勃発し金融市場は機能麻痺に陥る。政府・財務省とFRBは事実上融合し未曾有の金融救済策を実施，金融市場を一応安定化させるが，金融危機を克服できず，金融救済策はオバマ政権下長期にわたって遂行された。このもとで戦後最大の長期的失業と経済の一挙収縮・経済停滞が出現した。

この他オバマ大統領は史上最大の景気対策を打ち出したが効果があがらず，産学官軍結合による強力な「先端製造」技術の研究開発政策へと変化していった。また「金融規制改革」（「ドッド＝フランク法」）を実施したが，金融危機抑止には効果がなく，投機的金融活動は再び活発化し，金融危機がいぜんとして続いている。

第5章の課題は，金融危機勃発，国家の金融救済策，大量の長期失業，経済停滞の解明を通じて，なぜ金融危機が克服されず，経済停滞が克服されないのかを明らかにすることである。

第5章の課題はきわめて困難なため，第5章は多くの分析を含む長い章となった。

最後に「補」として「中国の躍進と米中対決」によって，世界的に軍事力拡大と投機的金融活動が格段と進みつつあることを指摘する。

# 第1章

# 米国の冷戦勝利・中東介入・湾岸戦争

　1989年大統領に就任したジョージ・H. W. ブッシュ（父）はCIA長官を経てレーガン政権で副大統領を務め，大統領時代にレーガン同様の強力な反共主義の立場で東欧「社会主義」諸国・ソ連の崩壊を促す役割を果たしたので，ブッシュ政権はレーガン政権に続いて第Ⅲ部で扱うこともできよう。

　しかしH. W. ブッシュは湾岸戦争によって米国の強さを世界に見せつけ，冷戦勝利後に「米国のみ」が「新世界秩序（New World Order）」を実現すると強調していた。またこの湾岸戦争は，米国が直接，中東へ介入することを世界に示すものであると同時に，「自国兵被害を極小にする」という戦争が始まる起点でもあった。したがって，これを第Ⅳ部の第1章とする。

### 米国の中東介入

　1989年11月のベルリンの壁崩壊に始まる東欧「社会主義」諸国の解体とソ連の動揺は中東諸国に対してきわめて大きな影響を与えた。米ソが対抗する冷戦下では，米国とソ連は中東の国々を援助に基づいてそれぞれの傘下に入れており，それぞれの支配のもとで一応の安定が図られていた。

　中東諸国はOPEC，OAPECを結成して，1973年の原油公示価格の3.87倍への引上げ（第1次「石油危機」）とその後の石油事業の国有化によって，長期にわたるメジャーの支配体制を崩壊させ，莫大なオイル・マネーを獲得するようになり，これによって各国は先端兵器の輸入・軍事力強化を進めた。この過程で旧勢力（王族）との権力闘争，独裁者の台頭，ソ連・米国への反

第 1 章　米国の冷戦勝利・中東介入・湾岸戦争

抗・独自路線追求も拡がったが，経済の疲弊・大衆の貧窮・貧富格差は放置されたままであった。イランではパーレビ国王が米国の支援を受けて近代化を進めるもとで大衆の貧窮・貧富格差が拡大したのに対し，78～79 年のイスラム革命で勝利したホメイニ師が新体制を確立し，米国に対し敵対政策を強めた。イラクではイラクを中東での巨大帝国とすることを目指すサダム・フセインが権力闘争を制してイラク大統領に就任し，翌 80 年，イランを攻撃し，熾烈なイラン・イラク戦争が長期にわたって続いた。88 年に停戦するが，両国とも戦争によって破壊され疲弊し尽くしていた。イラン革命以前には米国がイランを支援し，ソ連がイラクを支援していたが，イラン革命後ホメイニ政権が米国を敵対視したため，イラン・イラク戦争では米国および西欧側はイラクを支持し大量の先端兵器を供与（援助と輸出）した。米国が支援先をイラクに転じたことは世界を驚かせた。だが米国はこの戦争中に「独自に」中東に直接介入する方針を固めていたのである。

　米国は 1980 年代中葉以降，東欧・ソ連体制の揺らぎ，中東の不安定化を見据えて，中東全体に対し政治的・軍事的支配を強める方針を確立・強化していた。冷戦体制下では米国は中東に有力な実動部隊を持っていなかったが，83 年に「米国中央軍（United States Central Command：USCENTCOM）」を設立し，中東全域，中央アジアの一部の国々に駐留する米軍部隊を統合・指揮することにした。この CENTCOM は湾岸戦争において威力を発揮した。88 年以降この司令官を務めていたシュワルツコフ陸軍大将が湾岸戦争で事実上全軍の総指揮をとって圧倒的な勝利を収めた（CENTCOM はその後のアフガニスタン攻撃・イラク戦争で重要な役割を果たす）。

　米国は中東のうち強固な王族支配で安定し世界最大の石油埋蔵量を有するサウジアラビアと親密な関係を築き，イラクが 90 年 8 月 2 日クウェートに侵攻するとただちに 8 月 7 日，サウジアラビアにおける米国の巨大軍事基地と周辺交通網の設置および米軍の長期駐留の容認を取り付け，サウジアラビア防衛の「砂漠の盾作戦（Operation Desert Shield）」を開始した。

第Ⅳ部　冷戦勝利後の世界戦略と米国経済，金融大膨張，金融危機勃発

## 湾岸戦争とH. W. ブッシュの「新世界秩序」

　フセインは対イラン戦争での疲弊にもかかわらず，米ソの冷戦対抗が動揺するのを好機ととらえて，1990年8月2日クウェートに侵攻し，8日クウェート「併合」を宣言した。しかしこれに対する米国の対応は素早く，侵攻当日の2日に国連安全保障理事会でイラク軍の撤退を求める「決議660」を採択し，11月29日に安保理は，翌91年1月15日までに撤退しなければ，クウェートと協力する加盟諸国に対し「地域の国際平和および安全を回復するために，必要なあらゆる手段を行使する権限を与える〈Authorizes……to use all necessary means〉」という「決議678」を採決した（キューバ，イエメン反対，中国棄権，ソ連賛成）。

　H. W. ブッシュはイラクのクウェート併合直後の1990年9月11日，米国議会で「新世界秩序へ向けて（Toward a New World Order）」という演説を行い，このペルシャ湾危機の「機会を利用して」「新世界秩序」を打ち立てると述べた。また湾岸戦争開始直後の91年1月29日，「大統領一般教書」で冷戦勝利の後に米国が「新世界秩序」を実現する，「世界各国の中で，米国のみが倫理とそれを支える資力を持ち続けてきた。世界中でわが国のみが，平和のための勢力を結集することができる（We are the only Nation on this earth that could assemble the forces of peace）」と述べた。

　　　「New World Order：新世界秩序」という用語は第1次大戦後に米英の政
　　　治家によって使われはじめた。第2次大戦直後，チャーチル元英国首相が平
　　　和体制の実現への言及の際この用語を使った。1988年ソ連のゴルバチョフ
　　　書記長も国連演説で使用している。もちろん「新世界秩序」を自国政策の前
　　　面に押し出したのはH. W. ブッシュであり，これが世界に知られている。

　米国は，イラクが撤退に応じなかったため，1991年1月17日バグダットを空爆，米軍中心の国連加盟国の「多国籍軍」で「砂漠の嵐作戦（Operation Desert Storm）」を開始した。米国の長距離戦略爆撃機B-52やステルスF-117の大編隊を中心に1ヵ月以上にわたる空爆によってイラク軍，軍事施設，交通通信施設等を徹底的に破壊したうえで，2月24日に地上戦を始め，ク

第1章　米国の冷戦勝利・中東介入・湾岸戦争

ウェートに集中したイラク軍の裏をかいてイラクの砂漠地帯からの攻撃によってわずか100時間でイラク軍を制圧した。27日クウェートは完全に解放され，H. W. ブッシュが勝利宣言を行った。

　　　　　　湾岸戦争で「多国籍軍（Coalition forces, Multinational force）」と呼ばれたものは，「国連」（「安保理」）決議によって組織された「United Nations Forces：国際連合軍，略称国連軍」ではない。国連正式文書では「クウェートおよびクウェートと協力する加盟国の軍隊（the Forces of Kuwait and the Member States cooperating with Kuwait）と表現されており，略して「連合軍（Coalition Forces）」「同盟軍（Allied Forces）」と呼ばれている。したがって活動，指揮や資金等も国連によって規定されていない。米国が事実上，全軍の指揮を執って軍事作戦を遂行したのである。

多国籍軍はアラブ合同軍を加えて29ヵ国，兵力は（資料によってかなり異なるが）地上戦直前には総数約84万人，うち米軍はベトナム戦争のピーク時とほぼ同じ53万人にのぼった。

## 湾岸戦争の歴史的意味

「湾岸戦争」は歴史上，画期的な戦争であった。

まず第1に湾岸戦争では，米国単独で行ったベトナム戦争とは異なって，米国が国連を舞台に各種の決議を行い，国連加盟国の「多国籍軍」を結成して米軍の指揮によって戦争を遂行したのであり，これによって米国がいまや世界を束ねる唯一最大の「軍事大国」であることを世界に示したのである。ただし米国は国連を舞台にしたとはいえ，「国連軍」ではなくいわゆる「多国籍軍」を選んだ。「多国籍軍」であれば国連の規制・管理を受けずに，参加国によって即刻結成でき，米軍が事実上指揮することができるうえ，巨額の戦費の多くを他国に負担させることができるからであった。11月7日の安保理「決議678」は，「必要なあらゆる手段を行使する権限」を与えるというだけで，軍事行動という言葉を避けた不明確なもので，軍事行動の範囲・制限も規定されていないが，米国はこの安保理「決議678」に全面依拠して，加盟国軍隊全体を指揮して戦争を開始，自由に作戦を遂行した。この

275

ような「多国籍軍」が，世界には国連の組織した「国連軍」であるように受け取られた。

また「国連軍」であれば戦費は国連が支出し不足分は米国負担となるが，湾岸戦争の「多国籍軍」の戦費は8割強の520億ドルを米国以外の国が拠出し，うちサウジアラビア168.39億ドル，クウェート160.06億ドル，日本107.40億ドルでこの3国が約8割を拠出した（日本に対して米国は戦争終了後の円レート低下による目減りの補塡を要求，日本は700億円・約4.7億ドルを追加拠出した）。米国は戦費分担金の流入によって政府移転収支が大幅黒字となり1991年の経常収支は一時的に黒字となったくらいである。

第2に，湾岸戦争は米国がこれまでの冷戦体制下とは異なって，中東・アフリカの一部に対し，独自に直接政治的・軍事的に介入しそれらへの支配力を強化していくことを世界に示した戦争であった。

だが同時にこの米国の直接介入・戦争は，中東・一部アフリカにおける文明，宗教，民族の歴史を無視したものであったため，冷戦体制での米ソ傘下では封印されていた諸国内・諸国間での宗教・民族の対立・紛争が，一挙に噴出するとともに，反米勢力が一挙に拡大，反米テロを生む温床をも作り出すことになった。米国のサウジアラビアでの巨大軍事基地の設置，米軍の長期常駐は，イスラム最高の聖地でイスラム教徒巡礼の地であるメッカ（サウジアラビア中西部）を冒瀆するものだという非難と反米勢力を増強させた。サウジアラビア出身のオサマ・ビン・ラーディン（後のアルカイダ指導者）は聖地メッカのあるサウジアラビアでの米軍基地・米軍常駐に強く反対していた。

第3は，湾岸戦争が米国の超新鋭兵器による一方的攻撃，「自国兵力の損失なき戦争」への始まりだったことである。空爆では，ベトナム戦争で初めて登場した核戦略用の長距離戦略爆撃機B-52（"成層圏の要塞"）の編隊による大量破壊に加えて，米国が秘密裡に開発した世界最初の画期的な「発見されない」ステルス実用機＝F-117（エフ・ワン・セブンティーン，愛称ナイトホーク：Nighthawk）が初めて編隊で参戦した。F-117は敵のレーダーに発見されないように，独特の多面体の形状と構造を採用した世界最初のステルス機

で，自らはレーザー誘導爆弾を搭載し確実な爆撃ができる。湾岸戦争で44機参戦し42日間連日出動したが，被害はゼロであった。また天然ウラン濃縮過程の副産物の劣化ウランを原料とする合金を使用した「劣化ウラン弾」を始めて使用した。自国兵力損傷を極小にする一方的大量破壊を目指した攻撃であった。米兵力はベトナム戦争とほぼ同数が参戦したが，湾岸戦争はわずか2ヵ月足らずで勝利し，戦死者はベトナム戦争での米軍戦死者約5万人に対し，戦死148名，事故死含め計357名である（多国籍軍全体で約500名といわれる）。イラク側の死亡者数推計（米国・イラクとも公表なし）は各種の推計で数値はかけ離れているが，大体のところ兵士・民間計十数万人といわれている。

さらにまた湾岸戦争は「情報管理」に基づく「情報戦争」の始まりでもあった。米国はベトナム戦争ではジャーナリストの報道が米国による殺戮・破壊を世界に知らしめたので，湾岸戦争では徹底的な報道管制を実施し，多国籍軍に同行できる記者を厳しく制限しその報道内容も点検・管理した。そして戦争開始とともに米国テレビ（CNN中心）が連日連夜リアルタイムで，F-117の攻撃命中の瞬間，長距離戦略爆撃機 B-52 による破壊を放映し，米国ハイテク兵器の威力を世界に見せつけた。戦争の総指揮を執っていたシュワルツコフ司令官が自ら連日プレス発表を行った。他方では，有名な「原油まみれの海鳥」がフセインの環境破壊のシンボルとして連日放映されたが，後にこの海鳥の撮影場所が多国籍軍の攻撃で原油が流出した場所である可能性が高いことが判明し，情報操作への批判が生じた。

米国は湾岸戦争で圧倒的な勝利を収め，この勝利が同年8月以降のソ連での混乱，12月のソ連の崩壊を決定的なものとした。

湾岸戦争は，レーガン政権による国内経済の低迷・製造業の衰退を一時好転させたものの，その後低迷・衰退はいっそう深化していった。H. W. ブッシュは湾岸戦争圧勝，冷戦勝利にもかかわらず，1992年の大統領選挙で敗北した。

# 第2章

# クリントン政権の役割と意義
―― 経済建直し,産軍連繋強化,情報通信技術革新 ――

## 第1節　クリントン政権の経済建直し,産軍連繋強化

　1992年の大統領選挙で民主党のクリントンは,冷戦勝利後の米国経済の再生・発展と米国の国際的地位の強化を掲げて現職H. W. ブッシュを破り,93年1月大統領に就任した。

### 国家最高機関の再編・「国家経済会議 (NEC)」の創設
　クリントンが就任直後に行った第1の大統領行政命令は,それまでの国家最高会議の「国家安全保障会議 (National Security Council：NSC)」と並んで,それと同格の「国家経済会議 (National Economic Council：NEC)」を新たに設立するものであった。米国では第2次世界大戦終了直後,国家安全保障上の最重要課題を取り扱うため,正副大統領・主要閣僚から成る国家最高会議としてNSCが創設され,これが長い間維持されてきたが,クリントンは「経済安全保障」という考えから安全保障をも含めた総合的立場で経済政策を取り扱うNECを創設したのである。これによって国家最高会議に軍事・安全保障関連のNSCと経済・産業関連のNECが並び,これら両者が正副大統領・主要閣僚のもとで相互に交流・連携を図ることとなった。

そして同 1993 年 11 月に連邦政府直轄の「国家科学技術会議 (National Science and Technology Council：NSTC)」を新たに設立し，NSC と NEC，軍事と経済・産業を含めた国家科学技術の政策・戦略の検討と予算の調整・統合を行うことにした。

このようにクリントンが国家最高会議に NSC と NEC を設けて相互の交流・連携を図るようにしたことと対応し，クリントンの情報技術開発政策は軍事用と民需用の双方で利用・応用できる「軍産両用技術 (dual-use technologies：DUT)」の開発を目指している。大統領「1994 年経済諮問委員会 (CEA) 年次報告」は，冷戦終結により「クリントン政権のテクノロジー・イニシアティブは，連邦政府の研究開発 (research and development：R&D) の構成を軍事から非軍事に，軍事 R&D の構成をいわゆる軍産両用技術 (DUT) の開発に向けてシフトしている」という。

新しい NSC と NEC との交流・連携の体制の構築と，そのもとでの政府・軍と民間による「軍産両用技術・DUT」開発の促進であった。

## 全国情報インフラストラクチャー (NII) 計画

クリントン政権が「経済戦略の基礎」として具体的に打ち出したのは，①「高性能コンピューティング通信」の研究開発計画 (High Performance Computing and Communications Program：HPCC) と，②「全国情報インフラストラクチャー計画」(National Information Infrastructure：NII) であった。これらの「計画」はゴア副大統領が中心となって策定し実施していったので，「クリントン＝ゴア計画」というべきものである。

「HPCC 計画」は 1991 年にゴア上院議員（当時）が成立に尽力した「高性能情報処理のプログラム」のための「HPC 法 (High-Performane Computing Act)」をクリントン政権が継承・拡充したものである。これは政府が直接資金を出して情報技術基盤のための研究開発 (R&D) を行うという巨大計画で，「より高性能のコンピュータ，より高速のコンピュータ・ネットワーク，より精密なソフトウエアのための R&D」を標榜していた。新設された NSTC

がこれを直接担当する (*Computing, Information and Communication : Technology for the 21$^{st}$ Century,* 1997)。

「全国情報インフラストラクチャー計画（NII）」は，ゴアがかねてから提唱していた「情報スーパーハイウェー（Information Super Highway）」構想に基づくものである。このゴア構想は米国内のあらゆるコンピュータを光ファイバー等によって高速通信網に接続するというもので，この名称はかつてのハイウェー建造が米国物流の革新をもたらしたのに対応して付けられた。NII はゴア構想に基づいて構築された巨大な国家計画であって，上の HPCC による技術基盤に基づいて「膨大な情報を提供するコンピュータ，データベース，コンシューマー・エレクトロニクス，および通信機器を結合したネットワーク相互の接続網」を構築し，全米のあらゆる世帯，あらゆる企業，公的機関，政府にわたって接続することを目指すという（NSTC *"Agenda for Action, Executive Summary"*）。NII はその後，範囲を世界中に拡張する「グローバル情報インフラストラクチャー計画（Global Information Infrastructure : GII）」となった。

> NII は「情報スーパーハイウェー」（ゴア構想）とほぼ同じように使われ，NII を「情報スーパーハイウェー」と呼ぶものも少なくない。だが「構想」は同じでも，NII は広大な具体的内容を含む正式の「計画」となり，その後さらに拡充されていったので，「情報スーパーハイウェー」（ゴア構想）と区別する必要がある。

なお一般には，クリントン＝ゴアの「情報技術開発」政策は「全国情報インフラストラクチャー，NII」として把握されているが，しかし注目すべきは，クリントン＝ゴアが「NII」計画の前提として，政府の高度情報技術の研究開発・R&D をきわめて重視して巨大規模の「HPCC 計画」を実施したことである。「HPCC 計画」と「NII 計画」の両方が結合して実施されたからこそ，「情報インフラ計画」が成功を収めたのである。この結合が次に見る「情報通信技術革新」を生む基礎となる。

以上のクリントン＝ゴア「計画」は大胆な巨大「構想」ともいえるもので，

いろいろ不確かな面を含んでいるし，概念・用語も明確に規定されていない。しかし粗削りで大胆な巨大「計画」＝「構想」であったためにかえって国中に衝撃を与えるとともに，民間企業を活性化して急速かつ広汎な技術開発を生み出していったといえよう。

　　クリントンも政府も「情報技術」を明確に規定しないで，new technology, science and technology, infra-technology, information technology, telecommunications 等（単数あるいは複数）を雑然と使っている。クリントン政権の「テクノロジーと米国経済」を回顧した「2000 年 CEA 年次報告」は主に「Information Technology」を使い，「広義には Information Technology とは，情報を加工し保存し伝達するための技術からなる」という。

　　しかしこの時期の技術革新は「情報通信技術：Information and Communication Technology：ICT」革新と呼ぶべきであろう（→285 頁）。

　以上の「計画」に次いでクリントン政権は 1996 年 2 月，62 年の間続いていた「通信法」を抜本的に改正する「Telecommunications Act of 1996」を制定した（「電気通信法」と訳されているが「遠距離高速通信法」が適当）。米国ではルーズヴェルトが金融制度改革の際，34 年に電話事業を中心とする長距離通信の規制に関して「通信法（Communications Act of 1934）」を制定し，その規制監督を行う「連邦通信委員会（Federal Communications Commission：FCC）」を設立した。これが大戦後も継承され，テレビ，通信ネット等の発展に対して政府は FCC の規制変更で対応してきたが，通信分野の急激な発展とレーガンの規制緩和政策のもとで混乱が深まっていた。NII を掲げるクリントンの「1996 年法」は「Free for All（規制緩和）」を原則として，新規事業者の各種事業への参入の自由，事業者間のネットワークの相互接続の義務等を定め，FCC の権限縮小を明確にした。この改正は規制緩和，競争促進によって国内企業の情報通信技術の発展と競争・淘汰による強力な統合企業の出現を促すと同時に，外国に電気通信面での規制緩和・市場開放を迫り，米国企業が国際的合併・提携を進め，米国が国際的情報通信業における支配力を強める途を開いた。

第Ⅳ部　冷戦勝利後の世界戦略と米国経済，金融大膨張，金融危機勃発

## 技術開発における軍と民，先端軍事技術の民間応用

　以上についてとくに注目したいのは，このクリントン＝ゴアの情報通信技術開発計画が，米国の超先端軍事技術を民間に開放し民間に応用させることによって民間の活性化，民間での情報技術の応用・開発を促し，この民間での技術開発の成果を軍が吸い上げていくという，軍主導の軍と民間との連携による技術開発であったことである。

　民間応用の第1は「全地球測位システム（Global Positioning System：GPS）」である。GPSはARPAが軍事目的で開発したもので，複数の人工衛星を利用して，軍事行動用の自己の位置や進行情報を提供するシステムであり，国防総省はこれらのGPS用衛星を新設，運営，管理し，GPS技術内容を発展させてきた。クリントンは政権発足直後に，このGPSの民間利用を許す措置をとり，1996年3月には大統領決定命令で，GPS衛星群による民間GPSの精度を現在米軍使用のものと同水準に引き上げることとした。

　第2は「キャルス（Computer-Aided Acquisition Logistics Support：CALS）」の民間応用である。CALSは，米軍の兵員，食糧，兵器・弾薬，装備，装置等の調達・補充・貯蔵を管理する「兵站（Logistics）」活動が膨大化し機能麻痺に陥ったのに対し，1985年国防総省がこれらをコンピュータとネットワークで管理するために開発したシステムである。兵器の調達システム（供給業者との注文・生産・納入の情報交流）にも応用されていた。クリントン政権の発足直後，商務省がCALSの民間諸産業への応用に乗り出した。

　そしてこれらによって民間が先端軍事・宇宙技術を利用し独自に進めた技術改良・開発の成果を，軍が吸い上げていくことになっていた。1990年代において軍事技術を応用した民間の幅広い技術開発が軍事・軍事技術に対してきわめて大きな貢献を果たしたといわれている。

　国防総省は1980年代中頃以降，軍事技術開発戦略を改め，「軍産両用技術（DUT）」の開発に向かっていたが，以上のようなクリントン＝ゴアの技術開発政策は，「DUT開発」を格段と高い水準に押し上げたということができる。新たに創設した軍事・安全保障のNSCと経済・産業のNECとの連携体制

の構築と膨大な資金供与がこれを支えたのである。

### 武器輸出推進の決定

クリントンは1995年2月,「通常兵器移転政策 (Conventional Arms Transfer Policy)」で,武器輸出を積極的に推進することを決定した（内容は秘密扱い）。クリントンは民主党リベラルで大統領選挙に勝利したため,冷戦終結後の武器輸出推進の決定は国内外に驚きを与えた。

冷戦終結によって外国を傘下におくための武器輸出は不要となっていた。クリントンは冷戦終了による国内軍需産業の生産能力の過剰化・軍需産業の衰退に対し,武器輸出の推進が米国経済にとって有効であるという。だが武器輸出が必要であった基礎には,超先端兵器のたえざる改良・開発を進めるためには,先端兵器をたえず戦争等によって処分していく必要があるという事情があった。事実,当時およびその後の米国の武器輸出の中心は航空機,ミサイル等の先端兵器であって,旧くなった過剰兵器の輸出ではない。

このクリントンの決定はその後の先端兵器開発・輸出に対しきわめて大きな役割を果たした。

> なおソ連崩壊後は「対共産圏輸出統制委員会 (Coordinating Committee for Export Controls to Communist Area：COCOM)，1949年設立」が不要となったのに対し，96年,ある国家・地域での通常兵器の過大な蓄積を防ぐため「ワッセナー協定 (Wassenar Arrangement, 通称「新COCOM」)」が33ヵ国によって作られたが,武器輸出抑制の効力は乏しかった。

## 第2節 先端軍事技術の民間応用,情報通信技術革新

### 民間産業での技術開発の一大躍進

以上のようなクリントン＝ゴアの政策によって,民間は先端軍事技術を応

用し，多種多様の情報通信技術開発を一挙に進めていったが，その基礎はインターネット技術である。

「インターネット（Internet, Internetwork）」の開発・改良では米国政府・軍（関係機関）が大きな役割を果たしてきた。「インターネット」は複数のコンピュータ・ネットワークを相互に接続したネットワークを意味するが，「インターネット」の原型は，大統領・国防長官の直轄機関のARPA（「高等研究計画局」）が1969年に，米国内の大学・研究所にあった4つのコンピュータ・ネットワークを相互に接続したARPANET（ARPA Network）である。86年には「全米科学財団（National Science Foundation：NSF）」がこの技術に基づいてスーパーコンピュータに接続できるNSFNET（NSF Network）を開発し，これによって各種の連邦機関，大学，研究所，民間企業で各種のインターネットが拡がっていき，各種の商業用インターネット開発も進み，インターネットの接続範囲が急激に拡大していった。

クリントン＝ゴアの政策はコンピュータ，コンピュータ・ネット，通信ネット等を相互に繋ぎ合わせる「全国ネットワーク」の構築を目指すものであったから，インターネットの接続分野は世帯，医療・教育現場，図書館，各種産業，政府機関等に一挙に拡がり，その接続範囲・接続数は爆発的に拡大していった。「2000年CEA年次報告」は，「インターネットは，ある標準通信プロトコルによって繋ぎ合わされた『ネットワークのネットワーク（network of network）』と表現できる」という。

またクリントン政権の「全地球測位システム（GPS）」の民間応用の認可によって，ただちに自動車の走行中に現在位置や目的地への経路情報を示す「カーナビゲーション（Automotive Navigation System）」が開発され急激な発展を遂げた。その後携帯型のナビゲーションが開発されて急速な普及を遂げた。他方，GPS技術を応用して航空・航海輸送の航路誘導・管制のシステムが確立されるとともに，道路・ハイウエー輸送の管制システムを構築する努力も始まった。これらは巨大市場を相次いで開拓していった。

さらにまた「キャルス（CALS）」では商務省が民間諸産業への普及のため，

その用語も「軍用」の Logistics を除いて「Continuous Acquisition and Life-cycle Support」に変え，製品の開発・設計から対外取引までに至る全ライフサイクルにわたって情報全般をコンピュータ支援するものとして，国内外に宣伝しその普及を図った。CALS は金融，商業，サービス業をはじめ多くの産業で応用され，調達品の改良・開発，設計，生産，在庫管理，対外取引等を細分化・標準化しコンピュータ・ネットワークで一元的に管理し，品質向上，効率化，コスト削減を図るシステムが開発され普及した。建設土木業や製造業では，CALS 技術を応用し，製品の改良・開発，設計，製造，在庫管理，納入の過程をコンピュータ支援によって標準化・効率化し，それぞれに必要な情報を発注側と受注側とで交換し合うシステムが構築された。ここでは支配力の強い側が相手側に対して効率化・コスト削減を促し，納入価格切下げや経営傘下への統合が進んだ。CALS 応用システム構築とともに，細分化され標準化された部分で，コンピュータを用いて設計・製図を行う CAD（Computer-Aided Design），CAD のデータにより生産手順，製造を行う CAM（Computer-Aided Manufacturing）等が進んでいった。なお CALS，CAD，CAM 等はその後の改良・応用過程で，内容も名称も変化しているので注意する必要がある。

　以上の新しい「情報技術開発」のうねりは「情報技術革命・革新（Information Technology Innovation：IT 革命・IT 革新），「情報通信技術革命・革新（Information and Communication Technology Innovation：ICT 革命・ICT 革新）等，さまざまな名称で呼ばれており，意味する内容もさまざまである。なお名称は概して「IT 革命・革新」から「ICT 革命・革新」へと移っていった。
　著者は 1990 年直前〜90 年代における「情報通信技術革新」は，大容量の情報を瞬時に処理・保存・加工する情報処理技術の革新と，それらを接続し相互に送信・受信し合うネットワーク，インターネット技術革新，それら送受信のための機器・機構の発達，さらには製品の開発から対外取引にわたる情報の一元管理と発注・受注相互間の情報交換のシステムからなるものと理

解している。本書ではかかる内容で「情報通信技術革新」(「ICT 革新」) を用いる。

### WTO の成立

大戦後,世界貿易について米国主導で「自由」「無差別」「多角」を原則とする GATT が成立したが (→83 頁以降),その後米国は GATT に含まれていない「サービス貿易の自由化」,「知的所有権の保護」,「農産物貿易の自由化」を強く要求し,1986 年ウルグアイ・ラウンドが始まったが難航していた。

クリントン政権は情報通信技術における米国の圧倒的優位に基づいて,輸出の大規模化,国内生産・産業の拡大を図るためにウルグアイ・ラウンドの決着に総力を傾け,1994 年,基本原則の合意と,新しい「世界貿易機関 (World Trade Organization:WTO)」創設の合意にこぎ着け,95 年 WTO が設立された。GATT が「国際機関」ではなく「暫定的」な協定 (Agreement) であったのに対し,WTO は「機関 (Organization)」となった。WTO では,既存の貿易ルールの強化のほか,新しい「サービス貿易に関する一般協定 (General Agreement on Trade in Services:GATS)」で金融,運輸・通信等のサービス貿易の自由化を進め,また「貿易関連知的所有権協定 (Agreement on Trade-Related Aspects of Intellectual Property Rights:TRIPS)」で,「知的所有権」の国際的基準を明らかにし,半導体,コンピュータ・ソフトウェア等の「知的所有権」保護の強化が図られた。いずれも米国が圧倒的な技術優位を占める分野での貿易の自由化・所有権保護の強化であった。また農産物貿易については,国内補助金の削減,関税引下げ,輸出補助金引下げが合意された。なお WTO 加盟国間の通商紛争に関する紛争解決制度が作られた。

クリントンは 1994 年「大統領経済報告」でウルグアイ・ラウンド貿易交渉が成功裡に終結したことを大いに誇り,この成功によって「10 年間で米経済の規模は 1000 億ドルから 2000 億ドル拡大するだろう」と述べた (「CEA 報告」の説明でもこの推計根拠は不明確であるが,米政府がこのような期待を持って

ウルグアイ・ラウンド交渉を推進していたことを示すために引用しておく)。

## 「経済と軍事」——クリントン政権の歴史的役割

すでに明らかにしたように第2次大戦後，米国は原爆・核技術をはじめ先端兵器・先端軍事技術の保有・開発を国家の最優先課題とし，政府・軍が民間巨大企業を統率して新鋭兵器開発・軍需生産技術を実現し，この過程で生み出された基本技術が民間企業によって民需分野に応用されてきた（民間への「spin-off」)。

しかし先端兵器開発・軍事技術開発が宇宙開発にまでも進んだため，民間企業の統率も，開発技術の民間への「spin-off」も困難となっていった。しかもレーガン政権下での米国製造業の衰退は，半導体・軍需生産の基礎を揺るがしていった。危機感を深めた国防総省は1980年代後半に先端軍事技術開発に民間巨大企業を参加させ，「軍産両用技術（DUT）」開発のために87年に，官民共同による「半導体製造技術研究組合：セマテック（Semiconductor Manufacturing Technology：SEMATECH）」（主要半導体製造企業14社参加）を設立したが，半導体製造の困難は大きかった。

> セマテックは，日本が政府・業界の総力をあげて設立した「超LSI技術研究組合」（1976年，主要7社参加）によって半導体製造技術で大躍進を遂げ米国を脅かしたことを参考にしていた。

米国の半導体産業は1980年代後半にようやく動き出し，マイクロソフト社がOS（Operating System：基本ソフト）の「MS-DOS」を開発して「事実上の標準」を確立し，インテル社は高性能MPUで知的所有権を確立し，90年代初めにはコンピュータ中枢技術で日欧を完全に凌駕し独占的地位を確立していったが，全産業にわたる発展に繋がらなかった。

難題を抱える軍事技術開発・軍需生産と行き詰まった経済とを抜本的に建て直すことは冷戦勝利後の米国の国家的課題であった。

これに対しクリントン政権が行ったことは，経済の建直しを「経済と軍事の連繋強化」を軸に実現することであった。国家最高会議における軍事の

NSCと経済のNECの連携体制の構築であり，超先端軍事技術の民間応用による民間活力の活性化であり，「全国・グローバル情報インフラストラクチャー（NII・GII）」計画と強力なR&D機構の構築，である。

　先端軍事技術の民間応用によって民間の力を活性化し，民間が軍事技術応用分野で大量生産技術を開発し関連技術改良を進めた成果を軍（機関）が積極的に吸い上げ，軍事技術・軍需生産技術向上に利用していく体制であった。このもとで「情報通信革新（ICT革新）」が進み，また湾岸戦争で始まった「自国兵力の損失のない攻撃兵器」強化，それによる自国兵力の縮小と効率化・費用削減が進められた。クリントンは同時に武器輸出政策も打ち出した。

　以上，クリントン政権は，冷戦勝利後，軍事力・軍事技術が超先端水準となるもとで，「超先端軍事力に対応する」「軍事と経済の連携・結合の体制」を構築したのであるが，これは従来の政府・軍が統率する軍事力強化体制を，超先端技術に対応した合理的，効率的な体制に編成変えしていったといえる。この意味で，SDIによる「軍事大国化」を掲げたレーガンよりも，クリントンの方が米国の軍事体制強化に対してはるかに大きな貢献を果たしたといえる。

## 第3節　情報通信技術革新による持続的成長とその限界

　1993年を境に米国景気は好転し，「情報通信技術革新」のうねりとともに経済は成長軌道に乗る。この経済成長は実質成長率90～99年平均3.1%でとくに高いとはいえないが，中断されずに長期にわたって安定的に続いた点で稀に見る成長であった。クリントンは任期最後の2000年の2月「大統領経済報告」の冒頭で，「今日，米国経済はこれまでになく強力である。われわれはわが国の歴史の中で最長の景気拡大をまさに記録しようとしている」と述べ，就任以来「2000万人を超える新たな職を作り出し」，1965年以来最

低水準のコア・インフレ（core inflation）と 30 年間で最低の失業率となったことをあげ，自らの政権の成果を自画自賛した。

## 情報通信関連設備投資を基軸とする経済成長

　1993 年来の経済成長の特徴は，「情報通信技術革新」関連の民間固定設備投資を基軸として惹起され，かつ 10 年近く続いたことである。米国では民間固定設備投資を基軸とした経済成長の実現は，（大戦終了直後の特殊なばあいを別にして）第 2 次大戦後初めてのことである。

　　　米国の「国内総生産」統計では，「固定的投資（fixed investment）」は①「民間（非住宅）固定投資」と②「住宅投資」に分類される。①の「民間非住宅」投資はⒶ「構築物（structures）」とⒷ「設備機器とソフトウェア（equipment and software）」に分類される。
　　　Ⓑ「設備機器とソフトウェアは　Ⓑⅰ「情報処理機器・ソフトウェア（information processing equipment and software）」―「コンピュータ・周辺機器（computers and peripheral equipment）」と「ソフトウェア」と「その他」，およびⒷⅱ「産業機器」，Ⓑⅲ「輸送機器」に分類される。

　「実質国内総生産」統計によれば，この時期①「民間（非住宅）固定投資」のうちのⒶ「構築物（structures）」投資は低迷を続けている。製造業の巨大企業の低迷・生産拠点の海外移転・外部委託の拡大で巨大規模の工場・装置投資が冷え切り，巨大規模の工場・装置の必要性の低い広義サービス産業の比重が増大したためである。Ⓑⅱ「産業機器」投資もほぼ同じ理由で，低迷を続けている。

　これに反し，この時期急激な拡大を遂げた中心はⒷⅰ「情報処理機器・ソフトウェア」であり，この投資年額は 1990 年 1364 億ドルから 95 年 2428 億ドルに拡大，90 年代後半にさらに一段と増勢を強め 2000 年には投資年額は 6095 億ドルと 90 年の 4.5 倍となった。このⒷⅰのうちでとくに「コンピュータ・周辺機器」投資年額は 1990 年 142 億ドルから 2000 年 2903 億ドルへと 20.4 倍へと驚異的に拡大し，「ソフトウェア」も 1990 年 459 億ドルから 2000 年 1876 億ドルへと 4.1 倍に激増した。第 1 節で見たクリントン＝ゴア

政策の推進した情報通信技術開発によるコンピュータ・ネットワーク，インターネット，テレコムの発展等に伴う設備機器とソフトウェアの投資の驚異的な拡大であった。このため，Ⓑⅰ「情報処理機器・ソフトウェア」投資がⒷ「設備機器・ソフトウェア」投資全体に占める比重は，1990年の32.8%から2000年には56.7%へと大幅に高くなっている。「1999年CEA年次報告」は「コンピュータ価格の著しい下落」が設備投資に拍車をかけ，「実質コンピュータ投資支出の並外れた増大は，実質設備投資の成長の重要な構成部分である」という。

なおⒷⅲ「輸送機器」投資も1993年から拡大を始め，投資年額は93年1034億ドルから2000年1927億ドルへと1.9倍に拡大した。

産業（業種）別の固定設備投資の推移では，対前年増加率が最も高いのは「卸売業」，「サービス産業」で「金融業」がそれに続く。とくに「サービス産業」のうちの「ビジネス・サービス業」での設備投資が非常に高い伸びである。これに反して製造業の固定設備投資は電気機械産業が大幅に拡大した以外は減少・低迷している。このためこの時期に，固定設備投資における非製造業の比重，とくに「サービス産業」，「金融業」の比重が高くなっている。

以上，この時期の固定設備投資の特質は，画期的な情報通信技術革新（ICT革新）の進展によってさまざまな「新しい内容」の巨大固定設備投資が次々と拡がったことである。この固定設備投資はたんなる量的な拡大ではなく，ICT革新のもとで新しい産業・経済の内容・構成を創り出すものであった。それゆえにこそこの時期の設備投資は中断されずに拡大を続けたのであり，経済成長を中断なく持続させる役割を果たしたのである。

以上，この時期の固定設備投資の持続的拡大が，第1節で見たクリントン＝ゴアの情報通信技術開発政策によるものであることは明らかといえる。

なお「固定的投資」のうちの②「住宅投資」はS&L危機によって1980年代には低迷し90年代初めに減少したが，93年に対前年増加率がプラスに転じた後，順調な伸びを続け，持続的な経済成長を支える役割を果たした。だがこれは「住宅資産担保証券化」のさらなる発展＝「証券の証券化」によ

るものなので，第3章で取り上げる。

### 持続的な個人消費支出拡大による支え

　長期にわたる経済成長は，この期間における実質個人消費支出の持続的な拡大によって支えられていた。実質個人消費支出の対前年増加率は1980年代の平均3.4%から90年代初めに低下しマイナスとなっていたが，92年にプラスに転じた後上昇を続け，90年代末には4〜5%の伸びとなった。

　ここで注目されるのは，この時期の個人消費支出の拡大が，過去とは異なって，中断されることなしに安定的に拡大したことであるが，この主要原因は自動車をはじめ大型耐久消費財の大規模需要が中断されずに拡大したためである。過去の経済成長では，自動車をはじめとする大型耐久消費財の需要の頭打ち・縮小が設備投資・景気に悪影響を与え，自動車等の需要縮小によって経済停滞を倍加する傾向にあった。1990年代では，ICT革新に伴い新しいネット接続パソコン，情報通信機器が急速に普及しその支出も拡大した。自動車を中心とする「耐久財（durable goods）」の個人消費支出（実質）は90年代後半に順調な拡大を続け，90年4871億ドルから99年には8178億ドルと1.7倍に拡大した。

　自動車等の大型耐久消費財需要の持続的拡大の主要な原因は，経済成長・雇用拡大・所得増加の明るい見通しのもと，株価高騰によるキャピタル・ゲインの増大とともに，第3章第1節で見るように米国独特の住宅資産価値膨張を担保にした「ホームエクイティ・ローン（Home Equity Loan）」利用（借入拡大）が1990年代後半以降に急増し大型消費需要を押し上げたためである。このため90年代後半には，個人所得の増大を上回って消費支出が増大し，米国家計における債務増大・債務比率上昇が始まる。

　またこの時期，ICT革新による新しい情報通信関連「サービス」が普及し「サービス」消費支出も拡大した。「2001年CEA年次報告」は「今日……900万台以上のファックス機が使われ，1億人以上がeメール・アカウントを持ち，6000万人以上がinstant messaging softwareを使っている」

という。これらの個別価格は低下したが，新しい「サービス」消費支出総額は拡大した。これらも経済成長の持続を支える役割を果たした。

他方，クリントン政権が技術革新による医療機器・医薬品開発に基づいて高齢化・長期ケア対策，健康保険制度改善に着手したため，「医療サービス」の個人消費支出（実質）が1990年7109億ドルから99年には8779億ドルへと1.2倍に拡大した。

### 新しい「サービス輸出」の役割

この時期に注目されるいま1つは，クリントンによって新しい「サービス輸出」「サービス貿易」が本格化し経済成長を支える存在となったことである。貿易は元来もっぱら「製品（product）」＝「財（goods）」の「輸出入」であって，「サービス」取引はわずかの「旅行・運輸」のみなので，「貿易収支」は「製品」＝「財」の「貿易収支」として把握されてきた。ところが米国では1970年代以降「旅行・運輸」サービス取引が拡大し，80年代には規制緩和措置と情報通信技術の発展によって「サービス輸出」が急増しつつあった。クリントンはICT開発政策を推進するとともに，国際的に情報通信の規制緩和・自由化を掲げ，95年にWTO設立によって「サービス貿易」「知的所有権」の国際的合意を取り付けた。90年代中葉以降，新しい「サービス輸出」「サービス貿易」が急激な拡大を続け，「サービス貿易」は一躍「財貿易」と並ぶ存在となった。

> 米国の「サービス輸出・貿易」は，①「旅客・運輸（travel and transportation）」，②「特許権使用料およびライセンス料（royalties and license fees）」，③「その他民間サービス（other private services：OPS）」に分類されており，③OPSの中心は「ビジネス・専門・技術サービス（business, professional, and technical services）」で，教育・金融・保険，情報通信関係のサービスを含む。
>
> このほか特殊な「軍事取引（military transactions）」がある。これは「対外軍事支出」が「輸入扱い」のマイナス項目で，これに対し「武器輸出」・「軍事サービス輸出」（プラス）が対応するという特殊な「貿易取引」（扱い）

である。ここでは「輸入扱い」は例外的に「対外軍事支出」である。なお「対外軍事支出」以外の民間の「武器輸出」は「財輸出」となっている。

米国の新しい「サービス輸出」の中心は，②「特許権使用料等」と③OPSであり，最も急速な拡大を遂げ，その後も重要になっていくのは③のうちの「ビジネス・専門・技術サービス」である。これはICT開発と結び付いたコンピュータ・データ処理サービス，研究開発・検査サービス，マネージメント・コンサルティング・サービス等であった。

他方，上に若干遅れて新しい「サービス輸入」も急速に拡大する。次に見る外国への情報処理の委託・アウトソーシングの拡大が③の「サービス輸入」の急増となったのである。これは「輸入」増大ではあるが，米国企業の発展・経済成長を促す重要な役割を果たす。

「サービス貿易収支」黒字は②「特許権料等」と③OPSの合計で1980年89億ドル，85年145億ドル，90年303億ドル，99年739億ドルと飛躍的な拡大を遂げ，米国の貿易収支黒字の重要な柱となる。

他方，「軍事取引収支」はレーガン時代に赤字となっていたが，1993年に武器輸出が対外軍事支出を上回って「黒字」に転じ，クリントンが95年武器輸出を積極的に推進することを決定したのを受けて武器輸出が急速に拡大したため，「軍事取引収支」は90年76億ドル赤字から95年46億ドル黒字，99年26億ドル黒字となっている。

以上，「サービス貿易収支」黒字総額は激増したが，米国の「財貿易収支」は，1990年代にアジアNIES，ASEAN，ラテンアメリカに対する「資本財」輸出が拡大したものの，経済成長下で「財貿易収支赤字」が90年代後半に激増し90年の1110億ドルから99年には実に3454億ドルにも達した。

それゆえ米国の貿易では「サービス貿易収支」黒字が，「財貿易」の膨大な赤字を埋め合わす重要な役割を果たすものとなり，クリントン政権以降政府は「サービス輸出」拡大を貿易政策の中心に据えていくことになる。

第Ⅳ部　冷戦勝利後の世界戦略と米国経済，金融大膨張，金融危機勃発

## 雇用の拡大，サービス産業就業者の激増

　雇用は1990年代前半には景気が好転しても拡大せず，"ジョブレス・リカバリー"（雇用なき景気回復）といわれていたが，90年代後半には雇用は大幅な拡大を続け，非農業就業者総数は90年1億940万人から99年には1億2892万人へと1951万人増大した。「民間産業」は9110万人から1億871万人に増大，「政府」は1830万人から2021万人に増大した。失業者は97年以降急速に減少し，「失業率」は99年4.2％，2000年4.0％と1969年以来の最低を記録した。

　　　米国の雇用者・就業者の産業別統計では，「非農業就業者」は「民間」と「政府（「連邦」「州」「地方」）」に分かれ，民間の就業分野は①「製造業」「建設業」「鉱業」から成る「財生産業（goods-producing industries）」と，②各種の「サービス産業（service-producing industries）」とに分かれている。「政府」は「サービス産業」である。

　　　ただし近年，ICT革新の影響によって「製造業」および「サービス産業」の中の産業項目と分類基準が変更され，産業別数値は以前に遡ってかなり変更されている。また民間「サービス産業」内に「専門職・対企業サービス（professional and business services）」が設けられ過去に遡って推計されている。

　　　ここでは当時の公文書等に従い当時の統計数値を利用するが，「専門・対企業サービス」や新しい「サービス産業」分類は近年の数値を利用する。

　この時期の経済成長過程では「民間」での就業者の産業別構成が大きく変化したが，まず第1に注目されるのは，①「財生産業」の中心の「製造業」就業者の低迷・減少である。「製造業」就業者は1980年代初めの約2000万人から90年には1908万人に減少していたが，90年代前半にさらに100万人減少し，90年代末に回復して99年1855万人となる。「建設業」就業者は90年代前半に減少するが，後半には「財生産業」中で唯一かなりの増加を遂げた。「財生産業」就業者の民間産業就業者全体に占める比重は90年22.8％から99年19・8％へと低下した。

　これに反し②民間「サービス産業」就業者は増加を続け，1990年6619万

人から99年には8320万人へと1701万人増加した。ここでとくに注目されるのは「専門職・対企業サービス」「人材派遣サービス」「コンピュータ・情報処理サービス」「ビル・サービス」等の就業者の増大である。「専門職・対企業サービス」就業者は80年754万人, 90年1085万人から, 90年代後半に急激に増大し, 99年には実に1596万人に達し, 「製造業」就業者に迫った (2000年代初めに製造業を上回る)。うち「人材派遣サービス (temporary help service)」就業者は80年55万人, 90年159万人から, 2000年に373万人へと激増した。このほか「教育・医療」就業者も90年1098万人から99年1480万人へと増加した。「民間」と「政府」の「サービス産業」就業者総数が全就業者に占める比重は90年77.2%から99年にはさらに80.2%へと上昇した。

### リストラクチュアリング, アウトソーシング, 「派遣労働者」の増大

以上の情報通信技術・ICT革新で注目されるのは, ICT革新による生産力発展が謳歌されていた1990年代後半, 米国巨大企業が大規模な「リストラクチュアリング (Restructuring)」を強行し, 「派遣労働者」等の「新しい雇用形態」を生み出していったことである。80年代のレーガン政権下で不採算部門の切捨て, 有望部門の買収・合併, アウトソーシング, 雇用の大量削減, 労働慣行廃棄等が進んだが (→219・220頁), クリントン時代にこれらはICT革新に対応する有利な体制を構築するために, 新しい内容をもって一段と強化されていった。90年代前半, 製造業の巨大企業では大規模な解雇が相次いだが, これは決してたんなる不況・経営悪化による経営縮小・解雇ではなく, ICT革新を巡る競争激化のもと, ICT革新に対応するための新事業体制構築における大量人員整理＝解雇であった (IBM社6万人規模, ボーイング社3万人規模の人員整理＝解雇)。巨大企業はICTの技術発展を見据えて, 有望部門の拡大・新設 (買収・合併) と不採算部門の切捨て・別会社化, 経営面でのスリム化・効率化, アウトソーシング (外部調達・外部委託), 雇用の大量削減を行い, 有効な経営管理機構・雇用体制を確立していった。こ

の時期，軍事用に開発されたCALSの応用によって製造業を中心とする巨大企業が製品の改良・開発，設計，原料調達，各種生産工程，在庫管理，販売の全過程をコンピュータで細分化し標準化・効率化していったことが，それまで自企業内で行ってきたさまざまな業務を分割し徹底的なアウトソーシングを実施するうえに役立った。

アウトソーシングは概して非現業部門で実施され，一般的事務職から各種専門・管理業務，中枢的管理職までの業務をも含めて外部調達・外部委託する体制が構築され，大量の人員削減が進められた。サービス業務のアウトソーシングは海外にも拡がり，米国企業は低コストで効率の良い外国（とくにインド，遅れて中国）に対して情報処理業務等のサービス業務の外部委託を拡張したが，これは米国企業の効率化・コストダウンの有力手段となる。アウトソーシングはこれに次いで製品・技術の開発，設計，さらには生産工程にまで拡がっていき生産現場にも人員削減＝解雇が拡がっていった。

この時期の解雇は，長期雇用が保障されていた常用労働者を「再雇用条件なし」に解雇するものであったので，これによって米国の「再雇用権限付きレイオフ制」の廃止は決定的となり，90年代には「レイオフ」という用語は一般的に「解雇」を指すものとなった（「再雇用権限付き」は伝統的産業の大手の鉄鋼，自動車では残る）。

そして自社内では，アウトソーシング体制と結合して，新しい専門技術を備えた幹部・中枢幹部を擁する強固な経営管理体制，ICT革新に対応する効率的な労働・雇用体制を再構築していった。

### 「派遣労働者」の急増，新しい雇用形態の創出

リストラクチャリング・アウトソーシング体制構築は，それまでの米国で「伝統的」であった「常用」（パーマネント）でフルタイムの「典型的雇用者」・「常用労働者」とは異なる「新しい雇用形態の労働者」を大量に生み出した。「雇用契約が限られ」「一時的」であるという意味で「contingent workers（一時的な労働者）」，あるいは「従来の常用労働者に代替した」とい

第2章　クリントン政権の役割と意義

う意味で「alternative workers（代替的な労働者）」（両方とも適当な訳語は無い）と呼ばれたが，明確な規定は無い。先の統計（→295頁）で近年設定された項目の「人材派遣サービス」就業者は2000年には373万人へと激増したが内容は明確ではない。

米国労働統計局が1995年から始めた「コンティンジェントおよび代替的労働」の調査では，新しい「コンティンジェントおよび代替的労働は①「独立契約者（Independent contractors）」＝コンサルタントやフリーランス等，②「仕事がある時呼ばれる労働者（On-call workers）」＝建設現場作業員等，③「派遣労働者（Agency temporaries）」＝「人材派遣企業」から派遣される労働者，④「請負会社派遣労働者（Contract company workers）」＝企業から仕事を請け負った「請負会社」に雇用され企業で働く労働者，に分類される。

なお以上すべてに「フルタイム」と「パートタイム」がある。「パートタイマー」は新旧あらゆる雇用形態にわたって存在する。

一般的には「派遣労働者」は③「派遣労働者」と④「請負会社派遣労働者」の合計であるが，③のみを指すこともある。本書では③と④の合計とする。ただし③も③＋④も，上記統計（295頁）の「人材派遣サービス」就業者とは一致しない。

「新しい雇用形態」の業務内容はさまざまであり変化するが，③「派遣労働者」と④「請負会社派遣労働者」には，専門技術者で解雇された者等，高度な専門技術を有する者も含まれている。

この「派遣労働者」（③・④）がこの時期以降急速に増大していった。米国には「派遣労働」に関する法的規制が存在しないので，「派遣労働者」はこの時期以降急激に増大し，「人材派遣」業は米国におけるきわめて巨大な事業となり，一躍超巨大規模となった「人材派遣会社」を頂点に，非常に多数の会社がひしめきあうことになった。

なお非農業就業者の実質時間当たり賃金は対前年比，1985年から92年までのマイナスが93年からプラスに転じ，90年代末には3％強の上昇となったが，この時期には「常用雇用者」の大幅削減，「派遣労働者」等の激増が

あったので，常用雇用者と多数の「派遣労働者」等との賃金格差という問題が浮上した。退職金，福利厚生面の差を入れれば，格差はより拡大する。米国労働省資料はIT関連産業とその他産業では，雇用面，賃金面に明らかな格差があることを示している。雇用面，賃金面での新しい格差問題の始まりである。

なお実質賃金平均は上昇したが，経済全体で生み出された付加価値に占める被雇用者所得の割合＝「労働分配率」は1994年以降明らかな低下を続けており，「労働分配率」の低下は米国の90年代の米国経済の特徴となっている。

以上によって，技術の発展・変化とグローバル化での状況変化に対応して，米国企業が必要とする労働力をつねに有利に雇用できる体制，たえず適当な労働力が供給される体制が構築されていったのである。

このことが米国で1990年代においてICT時代に適合した「労働市場のフレキシビリティ（流動性）」が構築された「進歩」だといわれているのである。「2001年CEA年次報告書」は，クリントン時代において「労働市場のフレキシビリティ（flexibility of labor market）」が構築された成果を強調し，この時期における「労働市場のフレキシビリティは米国の経済的成功の1つの重要な側面であった」，「労働市場のフレキシビリティはハイテク産業においてとくに重要である」というが，その実態は以上のようなものであった。

レーガン政策を徹底的に批判して経済の建直しを行い，ICT革新を実現したクリントンが，レーガンのリストラクチュアリング，労働コスト削減，労働慣行の廃止等をさらに一段と深化させていったのである。

### 経済成長の終わり，クリントンたちの見落したもの

クリントンは2000年2月の「大統領経済報告」で「米国経済はこれまでになく強力である」と主な指標をあげて自らの政権の成果を自画自賛した（前掲）。「2001年CEA年次報告」は1993～2000年を通じて米国で「ニュー・エコノミー」が創造されたと謳い上げ，この「年次報告」すべてをこの

「ニュー・エコノミー」の成果の解明に当てた。「ニュー・エコノミー」は，「テクノロジー，ビジネス活動（business practices）と経済政策」の「結合」から「急速な生産性上昇，所得の増加，低い失業率と穏やかなインフレーション」という非常に大きな成果が生じるもの，と「定義」された。

   CEA報告はそれまで，長期的成長を「ニュー・エコノミー」とすることには慎重であったが，クリントン政権最後の2001年「報告」で「ニュー・エコノミー」の創造という見解を打ち出し，公文書で初めて「ニュー・エコノミーの定義」を明らかに示した。

しかし，2000年，ICT関連の株価暴落，ICT関連ベンチャー企業の多数倒産によって景気は一転し，深刻な不況に陥り，「ニュー・エコノミー」論は姿を消した。

クリントンたちが景気の行詰りを最後まで予想できなかった根本原因は，クリントンたちがこの時期のきわめて重要な金融関連の問題を見落としていたことにある。

クリントン時代，米国の株価は異常な高騰を続けていた。ニューヨーク株式市場ではダウ平均株価（工業株30種）は1990年代に上昇を始め，95年2月4000ドルを突破した後に急上昇し，99年5月には1万1000ドルを突破した。全米証券業協会が開設・運営する世界初の電子株式市場ナスダック（National Association of Securities Dealers Automated Quotations：NASDAQ）はICT関連のベンチャー企業が多数上場しているが，ナスダック総合指数（全銘柄の時価総額加重平均）は90年373から95年1052，99年4069と熱狂的な高騰を示した。投機的株価高騰とこれと結合したベンチャー企業の叢生・設備投資急増が相互に促進し，ICTブームを巻き起こした後に，インフレ懸念，FF金利引上げを契機に，ベンチャー企業の多くは倒産に追い込まれ，ナスダック指数は2000年に2470へ暴落した。

また1998年，米国最大のヘッジ・ファンドであるLTCM（Long Term Capital Management）がロシアの金融危機のもとで莫大な損失を出し経営破綻となったが，投資活動規模は1兆2500億ドルに上っており，ヘッジ・フ

ァンドの驚異的高レバレッジによる投機的活動と破綻の実態が世界を驚かした。この破綻は世界の金融市場の動揺を招く恐れがあったため，米国大手14銀行が救済に乗り出しなんとか破綻を一時抑止した。

しかしクリントンたちは株価上昇によるキャピタル・ゲイン拡大は自らの政策による健全な経済活性化の現れのように称えていた。金融面での「投機」，投機的株価高騰は存在しないかのようにである。世界を驚かせたLTCM破綻においてもヘッジ・ファンドを調査・検討し規制を試みることはなかった。

クリントン政権の1990年代，金融工学に基づく「証券の証券化」，CDO・CDSの開発・拡大，「投機的金融活動の新展開」が始まっており，これが株価高騰，ICTブームの背後にあるが，クリントンたちはこのことを理解しなかったのかまったく言及していない。

この根源は，クリントンたちが，IMF体制崩壊以降の変動相場（制）のもとで国際通貨が変動に晒されていることを看過していることにある。この点ではレーガンと同じであるが，クリントンはこの変動のもとで米国のICT革新の世界規模での普及，世界大での金融活動の拡大を推し進めたのであるから，投機的金融活動の世界的拡大を促進したという点では，レーガンを上回る役割を果たしたといえる。クリントン時代に，2000年代の金融活動の大膨張，金融危機深化の基礎が構築されていたのである。

次章の課題はクリントンたちが看過した「証券の証券化」「投機的金融活動の新展開」を理論的に解明することである。

## （補） EU,「単一通貨ユーロ」の発足

西欧の経済統合への動きは，1951年のフランス，西ドイツ，イタリア，ベネルクス3国の6ヵ国による「欧州石炭鉄鋼共同体（ECSC）」設立，57年同6ヵ国による「欧州経済共同体（EEC）」と「欧州原子力共同体（ユーラトム）」の設立から始まった（→125頁）。ユーラトムの成果は乏しかったが，

EECは順調に発展し67年に「欧州共同体（European Communities：EC）」となりEC関税同盟を結成した。その後71年米国の金ドル交換停止に対してEC内の為替安定を図る仕組みを試み、ドル暴落を背景に78年12月には「欧州通貨制度（European Monetary System：EMS）」を創設し、定めた「中心レート」の上下一定範囲内に各国為替相場を留める仕組みERM（Exchange Rate Mechanism）を構築した。この仕組みは「ユーロ通貨」まで受け継がれるが、その後のドル・国際通貨の混迷のもとで「中心レート」は変更を繰り返し、EMSは難航する。73年イギリスがECに参加、EC参加国は86年に12ヵ国へと拡大したが、活動は低迷していた。

だが1980年代末の東欧「社会主義」諸国の崩壊、東西ドイツ統合によって西欧統合の動きが活発化し、92年マーストリヒト条約の調印（93年発効）によりECは「欧州連合（European Union：EU）」へ発展した。ECは通貨統合を目指し、EC、共通外交安全保障、刑事司法協定を備える連合組織を構築した（EUは広義でECを含んで使用されるが、ECの組織・呼称は存続する）。ただしこの92年、米国のソロスのヘッジ・ファンドによって英ポンドが暴落し、イギリスはERMからの離脱を余儀なくされた（→246頁）。

冷戦勝利後、米国・ドルに対抗し、EUは加盟国を拡大、通貨統合を進め、1998年6月には「欧州中央銀行（European Central Bank：ECB）」を設立、単一通貨「ユーロ」導入予定の11ヵ国が各国通貨と「ユーロ」との為替レート（固定）を決め、99年1月1日にそれら諸国＝「ユーロ圏」において「ユーロ」がまず銀行口座で導入された。その後、「ユーロ」と各国通貨とがともに流通する時期を経て、2002年初めに「ユーロ」の紙幣・硬貨の全面的流通が始まる。イギリスは不参加。

ECBは加盟国政府から独立して、物価安定（経済発展の基礎）を主要目的とし、「ユーロ」の発行、為替相場の管理、外貨準備の管理等の責任を持っており、「ユーロ圏」では、ECBと各国の中央銀行とが併存することになる。財政は各国が権限を持つ。

EU、ユーロ体制には、経済力も財政・金融状況も著しく異なっている加

盟諸国に同一の金利，為替レート等を設定するという「無理」，金融面では統合するが国家財政は財政赤字上限の規制のみで各国が権限を持つという「無理」があるが，著者がそれ以上に注目するのは，EU，ユーロ体制が，IMF 体制崩壊〜変動相場（制）移行後の不安定極まりない国際通貨・金融市場をそのままにして，さらにまた 1990 年代，米国の「証券の証券化」・投機的金融活動が「新展開」を遂げるもとで，いかにして「ユーロ単一通貨」の安定・EU の金融の安定を維持できると考えたか，ということである。EU は 92 年の米国ヘッジ・ファンドによる英ポンド暴落，97 年の LTCM 破綻の衝撃を経験している。しかも英国，アイルランド，スペインは 90 年代中頃，米国の「新自由主義的政策」による金融の自由化に同調し，金融革新による金融活動拡大を自国経済の柱とする「金融立国」を表明しており，EU 内には米国の CDO 等証券が大量に流入し，投機的金融活動が拡がり，土地投機も始まっていたのである。

ところが EU，ユーロ体制の膨大な条約・規定では，金融危機はまったく生じないかのようであって，金融不安拡大・金融危機に対する ECB の権限や対応策の規定はいっさい無い。2007 年 8 月にはフランス最大手の BNP パリバ銀行の傘下 3 ファンドの凍結（パリバ・ショック）に始まる世界的金融危機を迎えることになる。

ユーロ体制が金融危機の発生・深化を予測し，その対策を検討することがなかったとすれば，あまりにも安易で理論的にまったく「無理」な体制といえよう。

# 第3章

# 「証券の証券化」, 投機的金融活動の新展開, 「金融の変質」の深化

　クリントンは任期終了の折, 自らの政策の成果として技術開発, 低いインフレ率・低い失業率のもとでの経済成長を誇っていたが, 実はこのクリントンの時代において, 金融工学に基づいた新機軸の「証券の証券化」が開発され, 「実体経済から離れた投機的金融活動」が新たな展開を始めていた。

　本章の課題は CDO (Collateralized Debt Obligation), CDS (Credit Default Swap) の解明によって, 「証券の証券化」の内実・内在的矛盾と「投機的金融活動の新展開」を解明し, 「金融活動の大膨張」～「金融危機」深化の根源と特質を明らかにすることである。まずは「証券の証券化」が「住宅ローン」取引を激増させていくことから考察を始める。

## 第1節　住宅ローンの新展開, 「虚 (資産価値)」の膨張

### 「証券の証券化」による住宅ローンの激増

　米国の CDO は「住宅ローン債権担保証券：RMBS」を中心に組成され, 爆発的拡大を遂げた。CDO の躍進こそが, 米国の「住宅ローン」を急激に拡大させていった原動力である。住宅ローンの年間新規貸付額は1990年代中頃から増勢を強め, 95年6000億ドルから2000年1兆ドル, 02年3兆ドルへと膨大化し, その後も3兆ドルを維持した。住宅ローン残高総額は07

年の金融危機勃発前には実に 11 兆ドルとなった（住宅ローン残高に比べて新規貸付額が多いのは，急激に拡大した「借換え」が新規貸付として計算されるためである）。この時期 RMBS 発行残高（厳密な数値は不明）は 6 兆ドルを超えている（「住宅ローン」返済期間は 30 年であるので，この住宅ローン残高は証券化の無かった時期のものを含んでいる）。

　米国においてこのような住宅ローンの激増が生じた基礎には，第 2 次大戦後，長い間にわたって厳しい住宅事情が続いたことがある。すでに見たように，米国では大戦中～戦後の深刻な住宅不足に対し，政府は軍需へ転換させた民間土木建設会社に戦後の民間住宅建造を委ねる政策をとり，貧困層向け以外は公的住宅を建造しなかった（→97 頁）。米国では自分の家を持ちたいという「持ち家願望」が定着していたが，1970 年代～80 年代になっても大量の「持ち家」取得困難世帯が存続していた。しかも米国の人口は先進国としては比較的高い出生率と移民の増加によって 1995～2005 年に年平均約 300 万人の増加を続け，この間に世帯数は 9900 万世帯から 1 億 1315 万世帯へと 1400 万世帯も増加し，「持ち家」取得困難は深刻化していた。「持ち家」率は 85～95 年には約 64％ 弱で，95 年 64.8％ である。

　米国ではレーガン時代に，政府は「持ち家」取得困難を「住宅ローンの証券化」によって解決することを決め，政府機関によって「住宅ローンの証券化」を始め，住宅ローン規制の緩和と証券化支援策を実施して証券化を促した。1982 年，住宅ローン貸付初期における低率返済を容認し（後のサブプライム・ローン貸付の拡大に大きく貢献），86 年の各種利子の所得控除廃止の際，「住宅ローン利子所得控除」だけは特別に存続させ，上限 100 万ドルまで，住宅ローン 2 戸目までに適用することにした。2 戸目までを税優遇措置の対象としたことは，90 年代末以降，住宅ローン借り手が 2 戸目の住宅ローン借入れを激増させていくうえにきわめて重要な役割を果たした。

　大手投資銀行・商業銀行投資部門は膨大な潜在的需要と政府の支援政策の存在することを踏まえ，住宅ローン需要を掘り起こし，住宅ローンの証券化に基づく CDO 組成を行えば，株式等をはるかに上回る膨大な証券取引市

第3章 「証券の証券化」,投機的金融活動の新展開,「金融の変質」の深化

場・膨大な収益拡大ビジネスを新たに創出できると判断し,住宅ローン証券化を進め,CDO・CDS の開発に驀進していったのである。

  1990年代初めから株価は「根拠なき熱狂」と呼ばれる高騰を続けたが,ナスダックの膨張があるとはいえダウ平均株式発行総数は自社株買いでむしろ減少し投機的対象は制限されていた。

### 米国の住宅ローンは「土地付き戸建て住宅」

 あらかじめ注意する必要があるのは,米国の「住宅ローン」の対象はほとんどが土地と住宅が一体となった「土地付き戸建て住宅」であり,「住宅価格」はこの「土地付き住宅」の価格だということである。主要都市中心部には高級高層住宅と,他方での貧困層向け公共高層集合住宅があるが,一般の住宅ローンの多くは「土地付き戸建て住宅」のものである。

 このため米国には日本の「公示価格」,「市街地価格(指数)」のような細かい地域別の住宅土地価格の統計は存在しない。米国の主要な住宅価格統計である「S&P／ケース・シラー住宅価格指数」,「FHFA(連邦住宅金融局)住宅価格指数」はいずれも「土地付き住宅」の価格であり,このうちの土地だけの価格は不明である。理論的には「生産できない」土地の価格と住宅建物価格とは基本的に異なるが,米国では「住宅」・「住宅価格」は生産できない「土地」・「土地価格」と一体となっていて分離できない。したがって本書での「住宅ローン」・「住宅価格」はすべて「土地付き戸建て住宅」のものを意味する。

  このため住宅の散在する土地が開拓・整備されて住宅が建設され住宅ローンが供給されていくばあい,古い土地価格がいかに算定され,新しい「土地付き住宅価格」上昇(率)がいかに算定されるかが不明であるため,住宅価格上昇(率)がはっきりしなくなっている。

### 住宅ローン貸付拡大と地価上昇・住宅資産価値膨張

 1990年代にはCDO 組成が急増し,CDO 組成のために住宅ローンの貸付

が急増した。これによって膨大な潜在的住宅需要が掘り起こされ，住宅ローン借入れが一挙に増大し住宅価格上昇が始まった。

　米国では大戦後長い間住宅不足が続き，住宅価格がいっせいに低下することは一度もなく，住宅価格は緩やかとはいえ上昇していたので，「住宅価格は低下しない」という「神話」が定着していた。したがって住宅価格がひとたび上昇しはじめると，価格上昇の前に住宅を取得しようという需要が一挙に燃え上がり，住宅ローン借入れ需要の拡大と住宅価格上昇とが急速に相互促進していくこととなった。

　1990年代，主要都市・新興都市の中心部から離れた辺鄙な住宅地が開発され，インフラ整備・住宅建設を行った大規模な新規「住宅ローン」住宅が供給されていった。また米国では投資銀行関連業者が都市の既存の中古住宅地域の多数住宅をまとめて改修しインフラを整備して，住宅ローン貸付を行うものが増大した（住宅所有者との関係は，所有者が販売するばあい，清算した後に改修物件を借り入れるばあい等，さまざまである）。

　　　　米国では州，都市，地域によって住宅価格の差は大きく，住宅需要拡大，
　　　　新規開発，価格上昇の進展も著しく異なっている。

　都市中心部から離れて，大規模な「住宅ローン」用「土地付き住宅」地域の開拓が進んでいくが，開拓は都市中心部から一定の範囲に限定されるので，限定された住宅地域内で住宅ローン需要拡大，住宅価格高騰が進んでいく。

　　　　なおこの時期「住宅ローン」の建物の多くは短期に完成する建材組立住宅
　　　　である。建設資材の需要は激増するが供給が拡大し，建設資材価格は概して
　　　　上昇しておらず，住宅価格上昇要因とはなっていない。


## 「ホームエクイティ・ローン」，「キャッシュアウト・リファイナンス」

　さらにまた大手金融機関は住宅ローン借り手が資産価値膨張分だけ「借入れ」を拡大できる制度を開発していき，このことが，住宅ローン借入れ需要を格段と拡大させる役割を果たした。

　第1は「ホームエクイティ・ローン（home equity loan）」制度である。こ

れは上昇した住宅資産価値から住宅ローン借入残高を差し引いた「純資産価値（equity）」＝エクイティを担保にして，住宅ローン借り手に消費者ローン枠を与える制度である。住宅ローン借り手は住宅資産を売り渡さないままで，巨額の消費者ローン借入れができるのであり，住宅価格が上昇すればするだけローン借入れ枠を増大できた。「ホームエクイティ・ローン」は担保があるので無担保の消費者金融よりも低利である。一般的にこのローン借入れは高額の自動車・家具等の購入と住宅改修等に用いられるとともに，他のより高利の債務の返済に当てられた。この「ホームエクイティ・ローン」制のあることが新規住宅ローン需要を拡大するとともに，借り手の2戸目住宅ローン借入れを拡大することを促進した。1990年代後半に急増したホームエクイティ・ローンは2000年代に一段と増加を加速し，金融危機勃発直前の08年3月には融資残高が実に8800億ドルに達した。

　金融機関はさらにホームエクイティ・ローンの返済を引当てにしてローン債権担保証券（ABS）を発行し，収益拡大を図った。

　第2は住宅価格高騰のもとで開発され爆発的に利用された「キャッシュアウト・リファイナンス（cash-out refinance）」制である。これは住宅ローンの「借換え」を行い，新規借入額を，膨張した住宅資産価値の限度ぎりぎりまで拡大して，ローン残金を返却した残りをキャッシュアウト＝現金化する制度である。住宅価格高騰・住宅資産価値の増大分に依拠した借金増大によるキャッシュアウト＝現金化である。住宅価格高騰が進めば進むほどキャッシュアウトできる額は増大する。これもまた自動車等の高額消費財購入，住宅改装と他の債務返済に当てられた。この制度も住宅ローン需要，2戸目住宅ローン需要の拡大を促した。「2003年CEA年次報告」はキャッシュアウト制度が02年に「ブーム」となり，これが景気後退期において住宅ローン借入れ拡大・消費拡大を生み出し，経済を押し上げる効果を持ったことを強調している。

　だが住宅ローン借り手にとってはこれらはあくまでも「借金」の増大である。住宅ローン借入額の増大のうえにこれら「借金」が増加したため，家計

は債務超過に陥ることになる（→337頁）。

### 住宅価格上昇・住宅資産価値膨張の特殊性

　以上の住宅価格上昇・住宅資産価値膨張は，理論的に見れば，住宅＝「土地付き住宅」が一般財貨のように生産できないため，生産＝供給拡大によって価格が下落しないという住宅地の特質に起因するものである。一般的な住宅地は，利便性・効用の等しい地帯＝「住宅地帯」に分かれて存在しているが，ある「住宅地帯」において住宅需要拡大・住宅価格上昇が続いたとしても，この「住宅地帯」内の住宅を生産し供給を拡大することは不可能である。

　住宅に対して膨大な潜在的需要があるもとでは，ある「住宅地帯」内でより高い価格での売買が進むと，できるだけ早く取得しようという購買者が相次いで，住宅価格上昇が進む。この「住宅地帯」内の住宅所有者は上昇する価格以下では販売しなくなるので，住宅価格上昇・資産価値膨張は実際に売買されない多くの住宅をも含めて，この「住宅地帯」内のすべての住宅に拡がっていく。ある程度の住宅購入・価格上昇が進むと，この「住宅地帯」内の住宅全体の価格が押し上げられ，住宅価格上昇・資産価値膨張がこの「住宅地帯」全体に拡がっていくのである（このことは，限られた「資産」の取引である株式の各銘柄においても共通している）。

　住宅条件のより劣る「住宅地帯」の住宅価格が上昇すると，周辺のより条件の良い「住宅地帯」の住宅は前よりも高い価格でしか販売されなくなり，価格上昇・資産価値膨張がこの「住宅地帯」全体に拡がっていく。

　たとえばこれまで開拓されなかった条件の劣る「サブプライム・ローン住宅地帯」が開発され，かなりの価格で販売されその価格が上昇していくと，これは周辺のそれよりも条件の優れた住宅地域すべてにわたって住宅価格・住宅資産価値を押し上げていく。

　こうして実際に売買が行われていない「住宅地帯」を含めて，周辺地帯の住宅資産全体にわたって，住宅価格上昇・資産価値膨張が拡がっていく。こうしたもとで住宅資産価値は膨張していくのであり，住宅資産価値膨張はい

つまでも続きさらに広汎に拡がっていくという期待・幻想が生まれ，かかる期待・幻想によって住宅ローン需要がさらにいっそう拡大していくのである。

「虚（資産価値）」の膨張

　以上，住宅ローン需要の激増・住宅価格上昇による住宅資産価値の増大は，理論的に見れば，実体的な富＝価値物の増大ではなく，「価値物ではない虚」の資産価値膨張である。「土地付き住宅」の利便性・効用はなんら変わらないにもかかわらず，住宅価格の上昇によって住宅資産価値が膨張し，「虚」の資産価値が膨れ上がっていったのである。

　著者はこれを「虚（資産価値）」の膨張と規定する。この「虚（資産価値）」の膨張は住宅ローン需要拡大・地価上昇が続くことによって支えられており，「虚（資産価値）」膨張はさらなる住宅ローン需要を刺激・拡大することによって，さらなる資産価値膨張・「虚（資産価値）」の膨張を促していく傾向を持っている。

　もっとも「虚（資産価値）」の発生それ自体は，ピカソの絵や骨董品でも生じるが，ここでは最高値の需要によってピカソの絵の価格・「虚（資産価値）」の額が決定されるだけである。

　これとは異なって住宅資産をめぐる「虚（資産価値）」の発生・拡大が大きな問題になるのは，膨大な潜在的需要のある大量の住宅をめぐって，資産価値の膨張・「虚（資産価値）」の膨張が広汎に拡がっていき，さらなる資産価値膨張・「虚（資産価値）」の膨張を誘発していくからである。

　住宅ローン拡大では，膨大な住宅資産の全体にわたって「価値物」ではない「虚（資産価値）」の膨張が拡がっていく。

　この「虚」の膨張は「価値物」の増大ではないが，しかし住宅価格上昇・資産価値増大は「虚」を含めてドルで表示され，ドル価格の上昇・膨張として現れる。それゆえ，「虚」の部分を担保にして借入れを行って実体的な富＝商品を購入できるし，また住宅資産の売却によって「虚」を含めた資産価値を実現し「虚」の部分を現金化することができるのである。ホームエクイ

ティ・ローン，キャッシュアウト・リファイナンスはまさに膨張する「虚（資産価値）」を担保にした借入れ拡大であり，一部現金化に他ならない。

　以上のことによって，資産価値膨張・「虚（資産価値）」が実体的富の増大であるかのように現れ，資産価値膨張の利益を求めて住宅ローン借入れ・2戸目住宅ローンの借入れが増大し，住宅価格上昇・資産価値膨張がさらに膨らんでいき，価格上昇・資産価値膨張がいつまでも続くという期待・幻想が生み出されていくのである。

　しかし注目すべきは，一般的住宅ローン借り手にとっては，住宅資産価値膨張・「虚（資産価値）」膨張の利益は，それを担保にして借入れを増大することだけであって，債務の残っている居住住宅・2戸目住宅を売り払って資産価値膨張・「虚（資産価値）」を現金として獲得することはできないということである。

　このことは，膨大な証券化商品，株式，住宅資産等の資産を保有している金融機関，ヘッジ・ファンド，機関投資家，一般企業，個人資産家が，有利な時期に一部資産を売却して資産膨張＝「虚」を現金として獲得し，それら現金を活用していくのとは決定的に異なるのである。

　住宅ローン借り手は住宅価格の反転・暴落によって初めて，資産価値膨張が「虚」であったこと，「虚」によって借金をしていたこと，今後借金を自らの賃金所得で返済しなければならないことを知るのである。

　次節では住宅ローン証券化と CDO との関連を明らかにしていく。

## 第 2 節　「証券の証券化」・CDO の仕組み，サブプライム住宅ローンの登場

　金融工学に基づいて開発された「証券の証券化」＝CDO（Collateralized Debt Obligation）は，それまでの証券化を超える「証券化」・新たな「投機的金融活動」の舞台を切り開いていった。CDO の革新性は，証券の「信用リ

スク」を解消するため、「住宅ローン債権担保証券（RMBS）」と「自動車ローン」・「クレジットローン」等の「資産担保証券（ABS）」を大量に集めて混ぜ合わせて各種のトランシェ（小片）に切り分け、数種のランク別の新しい証券＝CDOを仕立てたことである。これは「信用リスクの解消」と、投資しやすいランク別CDOの提供によってCDO市場拡大を目指すものである。これは同時に収益膨張を実現する仕組みを構築するものでもある。

CDOは「原証券」のRMBS・ABSからの一定のキャッシュフローを引当てにして組成されるので、ここでは住宅ローンや自動車ローン等の貸し手・借り手関係は消え失せてしまい、「原証券」のRMBS・ABSの売買関係だけが現れるようになっている。「証券の再証券化（resecuritization）」、「証券の証券化」と呼ばれる所以である。

> CDOは一般に「債務担保証券」と訳されているがこれでは意味が不明である。CDOの「原証券」は「原証券」発行体にとっては「債務（debt）」だからdebtと呼ばれるが、CDO組成から見れば「原証券債権」を担保にする「証券債権担保証券」である。適切な訳がないので本書ではCDOをそのまま用いる。

以下では集められてCDOに作り替えられるRMBS・ABSを「原証券」と呼ぶ。

### 「大手組成金融機関」によるCDO組成

CDOを組成できるのは巨大な資金力・組織力・金融技術を持った米国のわずかの巨大投資銀行、商業銀行の投資業務担当部門・傘下機関だけである。以下では「大手組成金融機関」と呼ぶ。

> 「大手組成金融機関」がCDOを組成するといっても、直接組成を行うのが「大手組成金融機関」本体の直轄部門か傘下組織かは投資銀行と商業銀行では異なるし、グラス＝スティーガル法の緩和・廃止によって変化するが、ここではそれには触れずに「大手組成金融機関」を理論的に考察する。

「大手組成金融機関」によるCDO組成について前もって注意する必要が

あるのは,「大手組成金融機関」がCDO・RMBS・ABSを本体のバランス・シートから離して,簿外取引（オフバランス）で金融当局による監督・情報開示から免れる傘下機関に委ねたため,CDOの事業が複雑化したうえ正確な資料が乏しく,CDOの実態把握がきわめて困難となったことである。CDO関連の実態の多くは後の金融危機勃発によって初めて明らかになり,資料はその後に過去に遡って調査されたものが多い。

### CDO組成の前段階

「住宅ローン」を中心に見ると,証券化の前段階としてまずオリジネーター（「住宅ローン専門会社」等）が,「住宅ローン」用の各種の「土地付き住宅」を整備し購入を勧誘してローン借り手と住宅ローンの正式契約を結び,これらの住宅ローン債権＝「資産」をまとめて,証券化を行う機関に売り渡す。オリジネーターと「大手組成金融機関」との関連はさまざまだが,「大手組成金融機関」はとくに「住宅ローン専門会社」との関係を強めていっている。

「大手組成金融機関」の多くは傘下に簿外取引の「特別目的事業体（Special Purpose Vehicle：SPV）」を設立して,オリジネーターから「住宅ローン債権」等を集めて「原証券」を組成することをSPVに委ねている。SPVは大量の住宅ローン債権や自動車ローン債権,クレジット・ローン債権を大量に集めてリスク評価,ランク別分類をしてRMBSや各種ABSを組成し,これら大量の各種の証券＝「原証券」を「大手組成金融機関」に渡すのである。（一部残りは2次CDO～数次CDOを加工する国内外の金融機関やヘッジ・ファンドに販売する。）

RMBSはCDO開発以降は,CDOに組み込まれるRMBSとなり,以前のRMBSとは質が変わっている。GS2社のRMBSも変化する。以下ではCDO開発後のRMBSを対象とする。なお米国の公的統計・資料では,RMBSから組成されるCDOの数値が無く,すべてがRMBSとして表示されているので注意を要する。

第3章 「証券の証券化」，投機的金融活動の新展開，「金融の変質」の深化

## CDO 組成の仕組み

「大手組成金融機関」はRMBSを中心に，夥しい量のリスクの異なるさまざまなRMBS・ABSを集めて，リスクの異なるこれらの原証券を混ぜ合わせてリスク別のトランシェ（小片）に切り分けていく。リスクがほとんどない最も安全なAAAから，AA，A，BBB，BB，Bまで，リスク順に格付けされ，新しい証券＝CDOが仕立てられていく。ここでのCDO組成の特徴は，それぞれのトランシェにリスクの程度の異なる各種の原証券を混ぜ合わせ，リスクの高い原証券をリスクのより低いより上位のトランシェに混入させ，評価価値の高い上位ランクのCDO証券に仕立てあげることである。債務不履行のリスクが非常に高い原証券がきわめて安全なAAA，AAに混入されていき，AAA，AAという高いランクのCDOに仕立てられていく。以上のランク以外に，リスクがきわめて高いためランク付けされない「エクイティ」部分がある。

CDOはほぼ数年償還であるが，「優先劣後」で最上位のAAAから順に元金償還を支払い，他方損失発生の際はエクイティから支払停止となるので，損失が発生してもランクの高いCDO，とくにAAA，AAは安全だというのである。

販売されるCDOは，リスクがほとんどないが収益率のやや低いAAA，AAから，リスクが増えるが収益率のやや高いものに分類され，ランク外にハイリスク・ハイリターンのエクイティが設けられる。このエクイティ部分は「大手組成金融機関」関連とヘッジ・ファンドが引き受け，順調な期間中ハイリターンを享受する。

CDOはさらに再組成されていく。米国内外の多くの金融機関は最初の（1次）CDOを組成できないので，1次CDOを購入して独自にRMBS・ABS，社債，国債等を加えて2次CDO，3次CDO……を組成，販売する。CDOの内容はますます複雑になっていく。

以上のように，CDO組成では多種多様のリスクの異なる原証券を混ぜ合わせてランク別の新証券CDOが仕立てられていった結果，新しい個々の

CDO の中にどのようなリスクの原証券がどれだけ含まれているか分からなくなってしまう。2次 CDO, 3次 CDO ではいっそう分からなくなる。個々の CDO の内容・リスクが分からなくなったということは，CDO をめぐってさまざまな問題が生じる根源である。

以上，CDO 組成は金融工学による債務不履行リスク発生の諸関連・諸条件の統計的検討によって，債務不履行の「信用リスク」を分散・移転しその発生確率を極小化しようとしたものである。だが本来リスクは将来において生じる不確実なものであるから，統計的にいかに詳しく検討してもそれらは過去のデータに基づくもので，将来に生じる「信用リスク」を正確に算定できるわけでは決してない。しかもこのリスク処理はあくまでも CDO 組成の局面における，いわば「机上」での「信用リスク」発生確率の極小化であって，後に見るように CDO の販売・取引で生じる価格低下・販売不能の「市場リスク」に対してはまったく効果がないのである。

### 「格付会社」による格付け

「格付会社」は有価証券の格付けを行い証券投資での情報提供を行うものであるが，CDO についてはきわめて重要な役割を果たした。米国では「全国的に認定されている統計格付機関 (Nationally Recognized Statistical Rating Organization：NRSRO)」があり，この認定指定が参入を阻止し指定企業に独占力を与えていた。スタンダード・アンド・プアーズ (S&P)，ムーディーズ・インベスターズ・サービスの2社が格付総額の約8割を占め，CDO の膨大化とともに急激な成長を遂げた。

きわめて複雑な CDO のリスク評価について，これら強力な独占力を持った「格付会社」は大顧客である「大手組成金融機関」と癒着して甘い格付けをする傾向が強く，「大手組成金融機関」は自らの CDO 組成において原証券のリスク評価，新しいトランシェのリスク評価・ランク付けをずさんに済ませる傾向にあった。CDO の内容・リスクが分からなくなったもとで投資家は「格付会社」の格付けに大きく依存する状態にある。

第3章 「証券の証券化」，投機的金融活動の新展開，「金融の変質」の深化

しかし理論的に見れば，金融工学に基づいた「革新的」な手法でリスク評価を行い，ランク別に組成し，リスクを解消したといわれているCDOが，「格付会社」の「格付け」を必要とし，その「格付け」に大きく依存するということは，CDO組成の明らかな自己矛盾である。CDOの「理論的無理」の現れといえよう。

### CDOの「収益膨張の仕組み」，サブプライム・ローンの役割，「虚（資産価格）」膨張

以上のCDO組成の仕組みは，「大手組成金融機関」の「収益膨張の仕組み」である。CDO組成においては，高いリスクの原証券がよりリスクの低いより上位のトランシェに混入されていき，高いランクで「評価価値」の高いCDO証券に仕立てられる結果，CDOは原証券の価値＝価格プラス組成コストを上回る，より高い「評価価値（＝価格）」を持つ新証券に仕立てられていくのであり，この超過分は組成金融機関が自由にできる収益となるのである。したがってリスクの高い低廉な原証券を，リスクの低い上位ランクのトランシェに混ぜ合わせて新証券CDOを仕立てていくCDO組成の仕組みは，「収益膨張の仕組み」であり，「収益膨張のトリック」といえる。

「収益膨張の仕組み」「トリック」によって生じた「収益」は，もちろん「実体的な富＝価値物」の増大ではなく，「価値物ではない虚」の増大である。CDOは現物資産の裏付けもない，「原証券」のキャッシュフロー（見込み）を裏付けとする証券であるが，かかる証券CDOの価格の「虚」の膨張なのである。このような「虚」の膨張ではあるが，しかしCDOの評価価値＝価格は，ドルで表示され，「虚」を含めてドル価格として現れる。それゆえ大手組成金融機関は「虚」膨張をドル現金として取得し，これによって実体経済における商品・サービスを獲得（購入）することができるのである。著者は証券CDOの「虚」増大を証券価格の「虚（資産価格）」と規定し，住宅資産価値の「虚（資産価値）」と区別する。

以上のようなCDOの開発によって，それまでリスクが高く証券化は無理

だといわれていた「サブプライム住宅ローン」が大量に証券化されることになったのであり，「サブプライム住宅ローン担保証券」がCDOの上位ランクに混入されていったのである。

米国では，個人の信用力（返済遅延等の信用履歴，借入残高，借入内容等）を示す「FICOスコア」（FICO社開発のクレジット・スコア）があり，これによって信用力のあるものを「プライム」，信用力の低いものを「サブプライム」としている。サブプライム住宅ローンは信用力の低い借り手に対するリスクの高い住宅ローンである。

> サブプライム・ローン借り手は「支払いの不履行，過去の延滞や法的判決，あるいは自己破産，低いクレジット・スコア，高い債務負担率，低い資産比率の信用履歴」であるといわれる（「2008年CEA年次報告」）。

CDO開発はこの危険なサブプライム住宅ローン担保証券のCDOへの組入れを可能とし，大手組成金融機関が低廉なサブプライム・ローン担保証券をCDOに組み込み，これらをリスクの低い上位のトランシュに混入させて収益膨張を図ったため，サブプライム・ローン貸付が一挙に拡大したのである。

なお2000年代におけるサブプライム・ローンの貸付の激増が金融危機に対して大きな役割を果たしたので，金融危機勃発ではこれらのずさんで強欲な貸付，不正・詐欺，借り手のモラル欠如が批判の的となったが，しかし危険なサブプライム・ローンの貸付・証券化が激増したのは，CDOが「収益膨張の仕組み」であるという本質に根ざすものである。

以上のCDOの仕組みによる収益増大について，CDOがリスクを解消する優れた仕組みであるとする立場では，各種の「原証券」を混ぜ合わせてリスクの分散・移転を図った結果，「リスクの低いより高い価値」を持った「新しい証券CDO」となったといわれている。しかしこの見解はリスクを解消したことを大前提としているので，リスクを解消したことを理論的に論証しないかぎり，リスクの低い「より高い価値を持つ新証券」になったという見解は理論的に成り立たないのである。

第3章 「証券の証券化」,投機的金融活動の新展開,「金融の変質」の深化

なお一般的に,原証券からのキャッシュフローが投資家に配分されていき,CDO組成金融機関は「手数料」を受け取るという説明が少なくないが,「手数料」というだけではなんの説明にもならない。これでは,金融機関がなぜこのような複雑なCDOを組成したのか,がまったく明らかにならない。

## CDO の発行・運用による収益増大

CDOによる収益は,CDO組成における上の「収益膨張の仕組み」によるものだけではない。

大手組成金融機関は,CDOの発行において,CDOへの需要拡大を予測して,CDOの販売「基準価格」を,CDOの「評価価格」よりも吊り上げ,最も収益を拡大できる価格とすることによって収益拡大を図る(販売「基準価格」は相対取引がこの上下一定幅のうちで行うようにする「基準価格」)。これは理論的には,販売価格を独占的に吊り上げて独占的超過収益を取得することである。ここではCDOの販売価格は「評価価格」を上回り「虚(資産価格)」を含むものとなっており,大手組成機関はこの「虚(資産価格)」膨張分を獲得したことになる。このCDO販売における販売価格吊上げは収益拡大のきわめて重要な柱である。販売価格吊上げ幅はCDOが順調な拡大を遂げ,投資家たちの投資意欲が強大化するとともに拡大し,大手金融機関はより巨額な「虚(資産価格)」を現金として取得していく。

また大手組成金融機関は,CDOの発売において,「エクイテイ部分」以外にも,かなりの量のCDOを保有し続け,当該CDOの資産価格・「虚(資産価格)」が膨張した後に,自らが望むときに望むだけを売却し,現金=ドルでの収益を獲得していく。「虚(資産価格)」の「現金化」である。CDOでは保有者(大手組成金融機関,ヘッジ・ファンド等)がCDOを自由に売却し「虚(資産価格)」の膨張分を「現金化」して現金を獲得できる点,ローン住宅借り手が(ローン)住宅を売却して「虚(資産価値)」膨張分を「現金化」できないのとは異なる。

そればかりではなく大手組成金融機関は他社発行のCDOをも大量に購入

し保有しているが，それは他社CDOの「虚（資産価格）」膨張の利益を享受するためだけではなく，相手側のCDOの資産価格上昇を促す役割をも果たし，CDO売却による現金化収益を拡大する。

そして以上の販売価格吊上げによるドル現金の取得・保有CDO売却による「虚（資産価格）」の「現金化」によって，大手組成金融機関は実体経済における商品・サービスを獲得（購入）していくのである。このような購入は商品・サービスの横取りともいえるが，実体経済の商品・サービスに対する需要拡大によって実体経済の拡大を促す役割を果たしていく。

もちろん，販売価格吊上げ，「虚（資産価格）」膨張分の「現金化」は旺盛なCDO投資需要拡大が続くかぎりであって，なんらかの不安材料によってCDOへの不安・疑惑が生じると，次に見るように証券売却・CDO価格下落への逆転が一挙に進んでいく。CDOは「現物資産」の裏付けもない，たんなる「格付け」と証券化商品の将来予想に支えられた証券であるので，ひとたび不安が生じると「証券売却」と価格低下は「急速かつ際限もなく」進んでいき，CDOはまったくの「紙屑」となる。「紙屑」となることでCDOがたんなる「紙」に等しいものであったこと，資産価格膨張が「虚」の膨張であったことが一目瞭然となる（住宅では価格がいかに低下しても「紙屑」とはならない）。

著者が住宅（ローン）資産の「虚（資産価値）」と区別して，CDOについては「虚（資産価格）」としたのは，以上のためである。

## CDOにおける「損失の一挙拡大の連鎖」

ところで「証券化商品」（CDO・RMBS・ABS）の売買が株式売買と決定的に異なるのは，CDO等では株式・債券のようなオープンな売買市場，売買時価が存在せず，投資家と金融機関との相対取引であることにある。投資家は上のようにCDOの内実が分からないまま，「大手組成金融機関」と巨大「格付会社」の格付けへの信頼によって，曖昧な価格で相対取引を行っているが，CDO需要拡大・価格上昇傾向が続くかぎり，取引は順調に進む。

第3章 「証券の証券化」，投機的金融活動の新展開，「金融の変質」の深化

しかしひとたびサブプライム・ローン焦付きのような不安がどこかで生じると，CDO のすべてが，サブプライム・ローンとはまったく関係のない CDO までもが疑わしくなり，証券保有者は疑心暗鬼に陥ってしまう。株式のようなオープンな売買市場・売買価格が存在しないため，証券保有者は販売不能を恐れて「安値での売り」に走り，売急ぎと価格暴落・販売不能との連鎖が一挙に作動していくのである。この「損失の一挙拡大連鎖」は CDO 組成の仕組みの特質が生み出したものにほかならない。CDO 組成において，多数のリスクの異なる原証券を混ぜ合わせて新しい証券が組成されそれぞれの CDO の内容が分らなくなったために，ひとたびどこかで不安が生じるとリスクの不安が CDO 保有者全体に拡がってしまい，保有者すべてが疑心暗鬼に陥って CDO を売り急ぎ，損失を一挙に拡大するのである。この「損失の一挙拡大連鎖」は金融危機の勃発を促す重要な役割を果たす。

### SIV による CDO の販売・運用と ABCP 発行

実際には「大手組成金融機関」の多くは，CDO・RMBS・ABS を自分のバランス・シートから切り離すために，これらの販売・保有・運用を，傘下に設立した簿外取引（オフバランス）の「投資専門事業体（Structured Investment Vehicle：SIV，以下原語のまま）」に委ねて，販売上のリスクを SIV に移転するとともに，金融当局の監査も情報公開義務も免れるようにした。またこれによって BIS 規制への対応のため自己資本比率の向上をも図った。

SIV は CDO・RMBS・ABS を担保にして「資産担保コマーシャル・ペーパー（Asset-Backed Commercial Paper：ABCP）」を発行して大量の低金利の短期資金を調達して長期証券（満期数年）の CDO・RMBS・ABS への投資を行い，その保有・運用を行った。CP（コマーシャル・ペーパー）は本来信用力の高い企業が短期資金調達のために発行する無担保の約束手形であるのに対し，ABCP はリスクのある CDO 等の証券化商品を担保とする CP であって質が異なっている。しかも SIV は ABCP での短期資金の調達によって長期証券 CDO を運用するので，たえず ABCP の再発行によって借入金の借換え＝

「ロールオーバー」を繰り返す必要がある。

こうしてSIVはわずかの自己資金しか持たないにもかかわらず，きわめて高いレバレッジ（「てこ」の効用）によって何十倍ものCDO等を運用し高い収益を獲得することができた。「大手組成金融機関」はSIVに対し，ABCPが支払い不能に陥った際はABCP保有者への支払いを保証する「バックアップ・ライン」（保証枠）を与えており，この保証がABCPの流通を支えた。これによって「大手組成金融機関」はSIVから収益を受け取るのである。1980年代中頃以降，とくに2000年代に，SIVによるCDO等の販売・運用とABCP発行・資金調達とが相互促進的に膨れ上がった。SIVは発行CDOのかなりの量を保有し，CDO価格の上昇を待って自由にCDOの「虚（資産価格）」を現金化していく。

しかし，このように高いレバレッジでCDO等の販売・運用とABCP取引を激増させたことは，どこかで不安が生じると，ABCP市場を巻き込んだ「損失の一挙拡大連鎖」として発現することを意味する。ここではひとたびどこかの一部で証券販売の不安が生じると，ABCPの再発行不能からSIVは一挙に資金不足に陥り，資金繰りのために保有CDOの一部販売に迫られ，自らの手でCDO売却によってCDO価格下落・CDO売急ぎとABCP取引の縮小とのマイナスの相互促進を一挙に惹起していく。大手組成機関は「バックアップ・ライン」規約によりSIVの保有証券を引き取ることを余儀なくされる。

ただし以上の実態は「大手組成金融機関」がSIVを利用したため，これらの実態は把握できなくなっている。米国政府・金融当局は2000年代初めの金融危機でABCP市場が大混乱に陥るまでその実態を把握していなかった。

### リスクは解消されない

CDO証券をめぐるリスクには，①債務支払い困難・支払い不能が生じる「信用リスク」と，②取引市場における価格下落，さらには販売不能が生じ

る「市場リスク」がある。

　上に見た金融工学に基づくCDOでの「リスク解消」といわれたものは理論的に見て，①の債務不履行による「信用リスク」をリスクの分散・移転によってその発生確率を極小化しようとするものであって，あくまでもCDO証券組成の局面における，「机上」での，「信用リスク発生の確率極小化」の措置に他ならない。

　そして，この①の「信用リスク」を縮小させる措置は，②の販売価格低下・証券売却不能の「市場リスク」縮小に対してはまったく効果がないのである。金融工学は②の「市場リスク」に対しては無力である。そればかりか，①の信用リスクの程度の異なる「原証券」を混ぜ合わせたことが，販売における「損失の一挙拡大の連鎖」を生み出したのである。

　CDOによってリスクは解消されたという説は文字どおり「机上の空論」である。CDOがリスクを解決できなかったからこそ，次節で取り上げる「金融保証」のCDSが開発されていくのである。

### GSE（ファニーメイ・フレディマック）の変化

　米国の住宅ローンの証券化は政府が1980年代にGSEのファニーメイとフレディマック（その後民営化）によって実現していったが，GSE 2社は80年代には比較的安全な「適格ローン」の住宅ローン債権だけを「オリジネーター」から購入し，元利保証をしたGSE-RMBSを組成していた（→257頁）。

　GSE 2社はCDOの組成は行わないが，1990年代には大手投資銀行が金融工学に基づいた画期的なCDOの組成を急増させたのに対応して，金融工学の手法に準じて，各種の住宅ローン債権，サブプライム・ローン債権をも多数購入し，これらを混ぜ合わせて各種のRMBSを組成するよう変化していった。

　GSE 2社は資金調達のために巨額の「GSE債券」を発行し，これらは「政府の暗黙裡の保証」のおかげで投資家，とくに外国の投資家（公的機関含む）によって大量に購入された。GSEはわずかな自己資本できわめて高いレバ

レッジで膨大な RMBS の発行・運用を行い，驚異的な収益拡大によって大躍進を遂げていった。GSE 2 社は民営化後も政府の便宜を受け，SEC（証券取引委員会）登録が免除され SEC の監督・情報開示義務を免れており，1992 年 GSE 2 社のために設立された「連邦住宅公社監督局（Office of Federal Housing Enterprise Oversight : OFHEO）」が財務内容の監督をするだけであった。なお GSE 2 社は巨大金融機関ではあるが，預金業務も資金貸付業務も行わないので BIS 規制による自己資本比率維持の必要もなかった。

## 第 3 節　CDS の仕組みとその特質・内在的矛盾

「証券化」における画期的開発の第 2 は，貸付債権，社債，CDO 等の証券化商品の「信用リスク」を回避する「デリバティブ（金融派生商品）」＝「クレジット・デフォルト・スワップ（Credit Default Swap : CDS）」の開発である。CDS が「画期的開発」といわれた理由は，貸付債権・証券等の「現物資産」を動かさないで，その「リスク」だけを切り離し，「リスク」を移転して金融保証を行うことにある。だが「リスク」だけを切り離して取引するという CDS の基本的仕組みは，金融保証から離れた投機的な CDS を拡げていくとともに，これまで存在していなかった新しいさまざまなリスクを生み出し，「リスク拡大の連鎖」を創り出していったのである。

### 金融保証の「モノライン」

米国で最初に金融保証を行ったのは「モノライン : mono-line」である。「モノライン」は自動車や火災などの各種保険を扱う「マルチライン」に対し，金融保証のみを扱うという意味で「モノライン＝単一事業」と呼ばれている。モノライン会社は 1970 年代，地方自治体等の発行する地方債への保証から出発したが，RMBS・CDO の拡大に対応してこれら証券化商品の金融保証に乗り出し急激な拡大を遂げた。米国では巨大な「4 大モノライン」

第3章 「証券の証券化」,投機的金融活動の新展開,「金融の変質」の深化

が圧倒的シェアを占め,独占力を持っている。

　モノラインはRMBS・CDO等の組成金融機関や運用機関が保有証券の「信用リスク」を回避するために,定期的に保険料を支払う代わりに,「信用リスク」が発生した際にモノライン会社が契約に従って「損失支払い」を行うという仕組みである。モノラインはCDO等の「信用リスク」そのものを軽減させるわけでは決してないが,巨大モノラインによる金融保証はCDO投資家が実際に損失を被る確率を低め,「格付会社」によるCDO格付けを高めたので,あたかもCDOの「信用リスク」自体が解消されたかのように受け止められ,CDOの「リスクは解消した」という「神話」が強まり,CDO等への投資需要を拡大した。

　モノラインは金融保証という膨大な金融取引市場を創り出すとともに,CDO等への投資を拡大し,金融取引の膨張を倍加した。

　しかし金融保証は「信用リスク」の高い証券等を作り出し,リスクを高める役割をも果たした。CDO等の格付けを高め投資需要を拡大したので,CDO組成金融機関はリスクの高い「原証券」をも集めて組み入れる傾向を強めたし,モノライン側はリスクの高いものを保証してより高率の保証料を得ようとする傾向を強めた。より高い「信用リスク」を持つ証券化商品が作り出され,リスクの高い証券等が市場に持ち込まれたのであり,金融保証はこのリスク拡大によって自らの需要を拡大していったのである。

　　　なおモノライン会社はほとんどのばあい,契約と同時に別の保険会社に保
　　　険を委託する再保険契約を結ぶので,リスク引受け関係は錯綜していく。


## CDSの仕組みと基本的特質

　「デリバティブ（金融派生商品）」はすでに見たように,外国為替や各種証券の現物資産の受渡し（「本源的取引」）をしないで,先物取引等の金融商品の「派生的取引」を行うことによって,リスクの回避と収益獲得を図ろうとするものである（→243・244頁）。

　これに対して金融工学に基づいて開発されたCDSは,CDO等の「現物資

産」の受渡しをしないで，「現物資産から生じる信用リスク」だけを取引する「デリバティブ」である。非常に複雑な仕組みであるが，CDO をめぐる単純な取引を例にしてその仕組みの特徴を明らかにする。

CDS では，CDS の「買い手」は保有する CDO 等の「信用リスク」による損失を回避するために，「信用リスク」が発生したばあいに「損失支払いを受け取る権利」＝「プロテクション」を購入してこの「権利の対価」として「プレミアム（保証料）」を定期的に支払うのであり，これに対し CDS の「売り手」が実際に「信用リスク」が発生したときに「損失支払い」を行うのである。「売り手」は契約期間内（ほぼ数年間）に「信用リスク」が生じなければ「対価」（保証料）をすべて受領する。CDS の「買い手」は CDO を組成・運用する投資銀行・商業銀行の関連機関や CDO を大量保有するヘッジ・ファンド等であり，「売り手」は保険会社，モノライン会社であるが，「買い手」は「売り手」にもなり，「売り手」は「買い手」にもなる。CDS の保証料率は CDS「スプレッド」と呼ばれ，CDO 等の「信用リスク」が高ければ高い。「保証料率」＝スプレッドは金融工学の手法によって決定され，予想の変化に応じてたえず変更される。

以上のように CDS の仕組みの革新性は，CDO・社債等の本体をそのまま動かさないで，リスクだけを切り離して「買い手」から「売り手」に移転し，リスク発生時に損失支払いを受け取る「権利」＝「プロテクション」が取引され，その「権利の対価」（保証料）だけが実際に授受されることである。CDS が「クレジット・リスクの売買」，「クレジット・デリバティブ」だといわれるのはこのためである。

　　　　　「swap」はデリバティブで金利・通貨・債権債務を「交換する」ことであるが，CDS での「swap」は「プロテクション」（権利）と「プレミアム」（保証料）という質の異なるものの交換である。

CDS は，CDO の「格付け」を高める。CDS は金融保証であって，CDO 等の債務不払いの「信用リスク」それ自体を縮小するものでは決してないが，CDO 投資家は CDO の「信用リスク」発生による損失は遮断されたとして

歓迎した。「格付会社」はCDSの付いたCDOをリスクが減少したと見なして「格付け」を高めた。それゆえCDOにとってはCDSが不可欠となり，CDSが急激に普及・拡大していき，CDO投資需要は急増した。CDSの「買い手」はCDOの組成拡大・収益増大を進め，「売り手」も取引拡大・収益膨張を進めていった。

CDSはCDSという新しい膨大な金融取引を創り出すとともに，CDOの組成と収益を膨大化させ，金融取引を驚異的に拡大した。

だがCDSのおかげでCDOの組成金融機関＝「買い手」は（前に述べたモノラインの金融保証と同様に），「信用リスク」の高い原証券をも組み入れてCDO組成を拡大し収益獲得を増大させていき，「売り手」はリスクの高いCDOの金融保証を引き受けようとするので，CDSによってかえって「信用リスク」の高いCDO等が市場に出回っていくようになる。

## CDSに内在する矛盾と各種リスクの拡大

CDSは「信用リスク回避の画期的開発」といわれたが，次のような内在的矛盾を抱え，新しい投機的CDSを創出し，これまで存在していなかった新しいさまざまのリスクを生み出していった。

注目すべき第1は，CDSでは「想定元本 (notional value, or notional amounts)」を基準として，「対価」（保証料）とリスク発生時の支払諸条件が決定されるが，実際に授受されるのは「対価」（保証料）だけであって，「想定元本」は実在しない「notional：架空」なものだということである。「買い手」は「信用リスク」発生の際の損失支払いを受け取る「プロテクション＝権利」を買うが，この「プロテクション」の裏付けは現実に存在していない。「想定元本」があたかも実在するかのように「想定」され，これを基準にして「対価」が決定され，「対価」だけが授受されるのである。CDO等の販売が順調であるもとでは，「想定元本」が存在しないことは忘れられたままである。CDSの統計も実在していない「想定元本」ベースでの統計である。

第Ⅳ部　冷戦勝利後の世界戦略と米国経済，金融大膨張，金融危機勃発

　ところでこの「想定された元本」を基準として「対価＝保証料」の「保証率＝CDSスプレッド」が決定され変更されることについては，CDO組成におけるリスク評価の算定と共通する根本的な難点がある。リスクは本来将来生じる不確定なものであるから，金融工学に基づいていかに詳しく検討しても将来リスクに対する「対価＝保証料」を正確に算定することはできない。しかも「保証率＝スプレッド」は見通しの変化によってたえず変更されるが，何を根拠にして将来リスクの見通しを変更するのか理論的に不明確である。

　金融工学に基づくCDSの仕組みは，理論的に見れば，CDSの取引が順調に進み，スプレッドがあまり変更しないもとで，「信用リスク」発生への保証が想定されているのであるが，実際にはあたかも正確にリスクを算定しリスクを排除しているように思われて普及したのである。

　第2に注目すべきは，CDSでは「想定元本」が存在しなくてもよいという特質に基づいて投機的収益獲得のための多種多様のCDSが開発され，一大膨張を遂げたことである。すでに強調してきたように，CDSではCDO等の「リスク」だけが「買い手」から「売り手」に移転し，「リスク」だけについて「プロテクション＝権利」とその「対価」が取引されるのであるから，CDSではCDO等の「資産」・債権が実在しなくとも取引が行われうるのである。生命保険・火災保険とは異なって，「資産」・債権が実在しなくともよいのである。

　それゆえCDSでは，CDO等の資産や債権をいっさい保有していない業者たちが，元手なしで，「信用リスク」をめぐって取引するCDSを開発し，投機的収益を獲得することができる。たとえば「売り手」がいろいろな企業や証券化商品を「一束」にしたCDSを売り出し，「買い手」はこれら企業の倒産やCDO等の「信用リスク」発生による損失支払いを期待してCDSを買い保証料を払うCDSがあるが，ここでは対象の企業や証券化商品とはまったく関係なくCDSが作られ売買されており，企業倒産やCDOの「信用リスク」が発生しても，「売り手」は損失支払いを（倒産企業やリスク発生CDO保有者とは関係なく）CDSの「買い手」に対して支払う。これは「束」にし

第 3 章 「証券の証券化」，投機的金融活動の新展開，「金融の変質」の深化

た企業倒産や CDO 等の「信用リスク」発生に対する一種の「賭け」である。数十から 100 を超える企業・証券化商品を「束」にした複雑な「賭け」も現れた。元手が不要なので各種の CDS がいわば無尽蔵に作り出されているのである。

こうしたもとで，金融取引や企業経営のみではなく，経済，社会の至るところで「リスク」を見出し「リスク」の不安を誇張して，リスクの金融保証を行う取引が大量に作り出されていった。CDS と呼ぶかどうかはともかく，CDS の展開によってさまざまな「リスク」の不安が経済・社会に撒き散らされていった。

ここでは取引のすべてが「虚」というべきものとなっている。

第 3 は，CDS には「売り手」の経営危機によって「買い手」が「損失支払い」を受け取れなくなる「危険」があることである。CDO 等の証券化商品では，生命保険における死亡発生とは異なって，「損失支払い」は景気動向，ドルや金利等の外的条件の変化によって左右され多数の「損失支払い」が揃って発生する可能性があるうえ，一部で生じた CDO をめぐる不安が「損失の一挙拡大」を惹起する傾向があるので，「損失支払い」の要求が集中的に生じ，「売り手」の経営を悪化させる危険性がある。さらにまた CDS の「売り手」の保険会社は国内外の多くの保険業務を行っているので，CDS 以外での損失発生によって経営悪化が倍加される危険もある。CDS が新たに生み出した（「市場リスク」といえない）「リスク」である。事実，2000 年代初めの金融危機勃発の前に大手モノライン会社の経営危機・倒産が相次ぎ，金融危機勃発では AIG 社の経営破綻が国内外に衝撃を与え，政府が救済することになった（→374・375 頁）。

以上，金融リスク回避の「画期的」仕組みといわれた CDS は，これまで存在していなかった各種リスクを生み出し膨大化させていったが，これらはすべて CDS の基本的特質に起因するものである。

## CDSによる「シンセティックCDO」

CDSの開発・普及とともに，CDSを用いてCDOを組成するシンセティックCDO（Synthetic CDO）が急激に拡がっていった。「シンセティックCDO」が第2節で見た「本来のCDO」と決定的に異なるのは，「本来のCDO」では組成金融機関が「原証券」のRMBS・ABSを実際に購入してそれらを混ぜ合わせてCDOを組成したのに対し，「シンセティックCDO」では組成金融機関は「原証券」のRMBS・ABSを集めないで，CDS取引によって「売り手」としてCDSの「買い手」から「原証券」の金融保証＝CDSを集め，CDSの「買い手」からの「対価」（キャッシュフロー）を引当てにして，多種多様のCDSを混ぜ合わせてCDOを組成するのである。

「シンセティックCDO」の具体的仕組みを見ると，CDOを組成しようとする大手金融機関は，CDSの「売り手」として，RMBS・ABSや債券を保有する「買い手」に対し「損失支払い」を行うとして，「買い手」から「対価」を受け取るCDS取引を行う。そして（本来のCDO組成手法と同じように）大量の多種多様のCDSを集めてこれらを混ぜ合わせ，トランシェに切り分けてランク別の各種のシンセティックCDOを組成し，ランク分類以外にハイリスクの「エクイティ」を設け，「優先劣後」でシンセティックCDOを販売していくのである。大手金融機関は，CDSの「売り手」であると同時に「シンセティックCDO」の組成機関である。

「シンセティックCDO」では組成金融機関はその販売によって販売代金を手にしても，「原証券」を購入する必要はないので，これを償却基金として（ほぼ数年間）運用してそこから収益を獲得することができる。

「synthetic」は本来のものではない「擬似的なもの」を作り出すという意味である。ここでは組成金融機関はRMBS・ABSを現実に購入していないのであるが，CDSによってRMBS・ABSの資産を「擬似的に」集めたことになり，あたかもRMBS・ABSの「現物資産」を組成したかのように「擬似的に」CDOが作り出されたのである。一般には「合成CDO」と訳されているが，しかしこの訳では意味が通じないので，本書では本章第2節で見た

「本来のCDO」に対し,「擬似的」だという意味で「シンセティックCDO」とする。

以上,「シンセティックCDO」は組成機関にとっては,原証券を購入しないでCDOを組成・販売し販売代金の運用もできるので,きわめて高いレバレッジで巨額の収益を獲得できる有利な仕組みである。投資家のほうは,「原証券」の「信用リスク」を回避したCDSの組成によって,「原証券」のリスクは回避されたと見て,「シンセティックCDO」のほうが安全であると歓迎した。1990年代末以降「シンセティックCDO」が拡大し,2000年代にはCDOの中心となって急激な拡大を遂げた。その後一般には「CDO」は「シンセティックCDO」を含んで用いられているので注意が必要である。

だが「シンセティックCDO」は「本来のCDO」では存在しなかった新しいリスクを生み出した。まずCDSでは金融保証によって格付会社によるCDO等の格付けが上昇するので,CDO組成機関はリスクの高いサブプライム・ローン担保証券のような「原証券」をも組成する傾向を強め,「売り手」はリスクの高いCDOを保証して高率の保証料を取得しようという傾向を強めている。したがってリスクの高い「原証券」をも含めて「信用リスク」を保証したCDSを用いるのであって,全体として「本来のCDO」の「信用リスク」が軽減されたわけではない。

また「シンセティックCDO」組成機関は巨額の販売代金を償還まで長期にわたって運用し収益をあげることができるが,この資金運用には当然のことながらリスクがある。「本来のCDO」にはなかった「シンセティックCDO」固有のリスクである。さらにまた「シンセティックCDO」では組成金融機関は同時に大量のCDSの「売り手」であるので,この組成金融機関が経営危機に陥るならばCDOの価格低下・元利支払い不能とともに,CDSの「買い手」が「損失支払い」受取り不能となる混乱を惹起する「リスク」が生み出されている。

以上,「証券化」はリスク解消のために新しい仕組みを次々と開発してい

くが，新しい仕組みによって新しいリスクが生まれていき，リスクは解消されずに，仕組みが複雑化するばかりである。

CDS は「リスク」だけを切り離し「リスク」だけの画期的取引を行うものだといわれるが，それは以上のような内容の取引だったのである。

## 第4節 「金融活動の大膨張」と「金融危機」の深化

第3章最後の本節の課題は，以上の「証券の証券化」＝CDO・CDS の展開，「投機的金融活動の新展開」によって，史上例のない「金融活動の大膨張」が生み出されること，この「大膨張」が内在する矛盾によって「金融危機の深化」を必然化すること，を明らかにすることである。本節はその基本的内容の理論的考察であって2000年代初めの現実的展開は第4・5章の課題とする。

### (1) 「金融活動の大膨張」

「実体経済から離れた投機的金融活動」は IMF 体制崩壊，変動相場（制）移行によって始まったが，「証券の証券化」CDO，CDS の大膨張とともに「新しい質」のものとなって大膨張を遂げていった。

CDO が大膨張を遂げる根源は「証券の証券化」＝CDO の特質にある。

金融業以外の諸産業の「株式」では，実体経済での当該企業の実績，生産能力，技術力，技術開発能力，長期経営計画等に基づいて株取引が行われ，配当は基本的に実体経済で生み出された利潤から支払われる。「社債」も実体経済における大手企業の実績に対する信用によって発行され，利子は利潤から支払われる。したがって，株式・社債の発行総額の拡大は実体経済によって制約されている。

これに反し CDO は「現物資産」の裏付けもなく，たんなる証券（RMBS,

ABS）からのキャッシュフローを引当てにして組成・発行される長期証券（ほぼ数年満期）である。したがってCDOは実体経済によって制約されないで，実体経済の伸びをはるかに上回って拡大していくのであり，「金融活動の大膨張」を生み出す原動力となるのである。

## 「新しい信用創出メカニズム」

「預金業務」のできない「大手組成金融機関」（大手投資銀行・商業銀行投資事業体）は，CDOの組成・発行において，預金に基づかないで，巨額の資金を調達していった。伝統的な預金取扱金融機関（商業銀行）の信用創造（預金創造）とは別に，預金業務を行わない投資銀行等において「新しい資金調達メカニズム」が構築されたのである。

> IMF体制下では資金貸付の基本は，預金金融機関＝商業銀行の預金と信用創造（預金創造）による実体経済の企業に対する貸付であり，企業の元利返済は現実資本の順調な運動と利潤によって行われる。商業銀行の信用創造，信用膨張は金ドル交換によって基本的に規制されていた。IMF体制崩壊後には通貨膨張・信用膨張に対する歯止めがなくなった。

伝統的な預金金融機関の信用創造が実体経済からの預金に基づいた実体経済のための貸付であるのに対し，預金業務を行わない大手投資銀行等による「新しい信用創出メカニズム」は実体経済のためではなく，「証券の証券化」，「投機的金融活動の新展開」のための信用創出である。

資本主義の歴史では存在しなかった，金融投資活動のための「新しい信用創出メカニズム」の創造である。

「新しい信用創出メカニズム」は当然のことながら商業銀行での預金保護はないが，銀行規制からは免れており情報開示の義務もないので，大手投資銀行・商業銀行投資事業体（SIV委託）は伝統的「預金金融機関の信用創造」ではとうてい不可能である膨大な資金を一挙に集めることが可能となり，自由な方式で，投機的金融活動の規模を一挙に拡大し，莫大な収益を一挙に拡大していくことができた。

主要な資金調達ルートは ABCP（資産担保コマーシャル・ペーパー），CP，米国の一般家計が貯蓄を預金に代って預託する預金型の投資信託 MMMF，短期資金調達のために保有国債・証券と現金との短期交換（買戻し条件付き）を行うレポ（repos）市場である。これらに公的年金・企業年金基金，ヘッジ・ファンド（富裕層委託金），一般家計の貯蓄，その他各種ファンド等から膨大な資金が投下される。これらについて注目すべきは，これら資金が実体経済から生じた余剰資金，家計貯蓄，年金の個人積立金等のみでは無いことである。各種の年金基金，ヘッジ・ファンド等は株式や証券化商品投資に運用され，運用資産の「虚（資産価格）」の膨張，その「現金化」の増大によって膨れ上がっているのである。したがって，膨れ上がったものからの資金供給を含むものとなっている。

そしてこのような資金調達ルートができたことは，各種年金基金の「預金離れ」，一般家計貯蓄の「預金離れ」を促し，預金金融機関の預金獲得の低迷を促していく。

著者は，投資銀行等の非預金金融機関が預金に基づかないで金融投資活動のために資金を調達していくことを，伝統的な「預金金融機関の信用創造」と対比して，「新しい信用創出メカニズム」と規定する。

なお米国の商業銀行は 1990 年代，（傘下）投資事業体を通じて証券化業務に乗り出しているほか，商業銀行本体がヘッジ・ファンドへの貸付を拡大し，各種証券化商品を担保にする貸付も拡大しており，伝統的な「預金金融機関」からの変質が深まっている。

世界的な深刻な経済停滞と低金利のもとで外国でも米国に倣ってヘッジ・ファンド，各種の証券化が進んでいたが，米国金融機関の CDO・RMBS，GSE 債券の対外売込みに応じ，外国の資金が主としてヘッジ・ファンド，証券取扱い金融機関，新興諸国の「政府系投資ファンド」等を経て，米国に殺到した。ケイマン諸島をはじめ租税回避地（Tax Haven）における素生も内容も分からない莫大な資金が投下されている。

2000 年代には熟達した金融技術・手法によって「新しい信用創出メカニ

ズム」のルートや運用の内容も拡張し，規模も一挙に拡大した。

　　　　ただし，以上の「新しい信用創出メカニズム」は銀行規制を受けず情報開示の義務も免れていたので，「新しい信用創出メカニズム」とその運用に関する公的統計資料は金融危機勃発まではいっさい存在していない。

　以上によって，「新しい証券の証券化による資金の流れ」が生み出されていった。

　最近では，伝統的な「預金金融機関」とは別に，預金に基づかないで資金調達を行う非預金金融機関が「シャドウ・バンク (Shadow Bank)」，「シャドウ・バンキング・システム」と呼ばれて注目されているが，多種多様に用いられており明確な概念規定はない。

　　　　「シャドウ・バンク」概念は 2007 年，米国大手債券運用会社 PIMCO のマネージング・ディレクター，ポール・マッカリーが用いたことに始まるといわれる (PIMCO, Global Central Bank Focus, 02／09) が，今なお概念が明確化されないまま多様に用いられている。金融危機勃発の後になって設立された国際的な金融システム監視組織の FSB（Financial Stability Board：金融安定理事会，2009 年設立）が 11 年ようやく「シャドウ・バンキング・システム」を検討しその規制，監督を提言しているが，いくつかの規定があるといい，明確な規定を示していない。この実態・議論については高田太久吉『マルクス経済学と金融化論』が詳しい。

　著者は不明確な「シャドウ・バンク」概念は使用しない。

## 「新しい信用創出メカニズム」と CDO 組成・発売の膨大化

　大手組成金融機関（大手投資銀行・商業銀行投資事業体）は「新しい信用創出メカニズム」によって CDO 組成を膨大化させ，CDO 組成での「収益膨張のトリック」，発売での価格吊上げ，「虚（資産価格）」の膨大化，「虚（資産価格）」の現金化によって，膨大な収益を獲得し，CDO 組成・発売のさらなる拡大を進めていく。CDO 組成の膨大化によって「新しい信用創出メカニズム」はさらなる拡大を続ける。「新しい信用創出メカニズム」と CDO の組成・発売活動は結合し，相互に促進しつつ，拡大を続けていくのである。そ

してこの拡大によって，住宅ローン激増・RMBS の激増，サブプライム・ローンおよびその証券化の激増を生み出していく。

### 「金融活動独自の領域」の構築

以上では，IMF 体制崩壊以降の「実体経済から離れた投機的金融活動」がたんに量的に拡大しているのではない。

「新しい信用創出メカニズム」と CDO 組成・発売，各種の投機的金融活動が相互促進的に進展しているのであって，これらの「金融活動独自の領域」が「実体経済から離れて」，構築されたといえる。実体経済から離れた「虚（資産価格）」・「虚（資産価値）」の膨張する「領域」の構築でもある。これら「領域」が拡大していくのである。

著者はこれを「金融活動独自の領域」の構築と規定する。

他方，実体経済のための金融を含む「実体経済の領域」が存在している。「金融活動独自の領域」がこの伸びをはるかに上回って膨張していき，「実体経済の領域」から商品・サービスを購入していくのである。

「金融活動独自の領域」の拡大は金融活動の順調な進展のもとでは「繁栄」の現れと見なされるが，しかしかかる膨大な「領域」があることは，ひとたび CDO の不安から，CDO の売急ぎと価格暴落の連鎖が作動すると，それら「領域」の一挙崩壊，「虚（資産価格）」・「虚（資産価値）」の一挙消失を生み出すのである。「証券の証券化」以降，金融危機が金融の大膨張の後に厳しい形で勃発する根拠はここにある。

なお近年，一般には「バブル」，金融危機の原因と関連して「過剰流動性」という用語が拡がっているが，何を理論的基準として「過剰」というのか。

以上のように近年では CDO 等の金融活動は，「実体経済の領域」から離れて，その伸びをはるかに上回って膨大化しているのであるから，「実体経済」を基準とするならば COD 等の金融活動はほとんどが「過剰」となってしまう。近年拡がっている「過剰流動性」という用語は，理論的基準のはっきりしないきわめて曖昧な用語である。

第3章 「証券の証券化」,投機的金融活動の新展開,「金融の変質」の深化

## 「高い格付けシステム」による金融活動拡大

　大手投資銀行・商業銀行投資事業体は,「格付会社」とともに「高い格付けシステム」を構築していく。

　CDO取引では個々のCDOがどのようなリスクの「原証券」をどれだけ含むかが分からないうえ,株式のようなオープンな取引市場・取引価格がなく,投資家は「格付け」と金融保証に全面的に依存しているので,「格付け」,「金融保証」がきわめて重要な役割を果たしている。

　米国の「格付会社」は民間株式会社であるが「認定」制のもとで少数巨大会社（NRSRO）が強大な独占力を持っており,大顧客である大手の投資銀行・商業銀行投資事業体と結託して甘い査定で高い「格付け」を行う。金融工学に基づくCDOのリスク評価は,CDOの「取引市場での価格低下・販売不能のリスク」の評価をまったく含んでいないのであるが,しかし大手金融機関・「格付会社」による「高い格付け」はあたかも取引市場での明るい見通しを示す「高い格付け」であるかのように,強い「力」をもって証券取引を動かし投資需要を拡大し,以上の「金融活動の大膨張」を倍加,促進していく。

　他方,巨大寡占モノライン会社はCDSの普及によってCDO等の「格付け」を上げていき,大手金融機関,格付会社の「高い格付け」に協力する。

　膨大な企業年金・公的年金基金やMMF（公社債投資信託）等はCDO等証券への投資を急増させていくが,その多くは「高い格付け」・CDS付きを投資の条件としており,MMMFも「高い格付け」の運用を行うので,「高い格付け」・CDSはこれら巨大な投資需要を拡大し,「新しい信用創出メカニズム」の拡張,「金融活動の大膨張」を促すよう作用する。

## 期待＝幻想の拡がり

　「高い格付け」,投資需要拡大,資産価格上昇,「虚（資産価格）」膨張が継続していくことは,これらがいつまでも続いていくという期待＝幻想を生み出していくが,証券化商品取引ではかかる期待＝幻想が投資需要を拡大する

335

重要な役割を果たし,期待＝幻想が期待＝幻想を呼び,投資拡大が投資拡大を呼んでいく。これは住宅価格上昇・住宅資産価値膨張がいつまでも続くという期待＝幻想をも倍加していく。

これと同時に,実体経済から離れた金融活動の拡大が実体経済への需要拡大によって実体経済を活性化するので,金融活動拡大が実体経済全体を順調に発展させるという期待＝幻想が拡がっていく。

期待＝幻想の拡がりとともに,資産の価格変動によって生じるキャピタル・ゲイン（capital gain）を求める動きが,経済のあらゆる分野,国民の多くにわたって拡がっていく。製造業の分野ではすでに1980年代のレーガン政策,Ｍ＆Ａブームによって長期的な技術開発計画・長期経営戦略を立てその実現に長期努力する経営姿勢が崩れていたが,以上のもとでこれらは倍加され,製造業の企業は収益を一挙に増大できる金融投資活動に乗り出す傾向を強める。学生,とくに院生は就職において金融分野への選好を強める。

## (2) 「金融危機」の深化

「金融活動の大膨張」は,実体経済から離れて,実体経済をはるかに上回って進展していったが,しかし無限に進展できるわけでは決してない。「金融活動の大膨張」は内在的矛盾によって破綻する必然性を内包していた。

### 「賃金・家計収入」による「住宅ローン需要の制限」

住宅取引の膨大化は,住宅価格上昇・住宅資産価値膨張と（ローン）住宅・2戸目（ローン）住宅需要拡大との価値相互促進によって,進展していったが,しかしこのような膨張は住宅（ローン）購入の減少を生み出す必然性を内包するものである。

住宅価格上昇は賃金収入をはるかに上回って進んでいくが,このことは,新規住宅（ローン）を購入しようとする家計にとっては,住宅ローン負担が拡大し,賃金収入年総額に対する「住宅ローンの年元利返済比率（年負債比

率）」が上昇し家計が圧迫されることである。新規（ローン）住宅購入総数の頭打ち・減退は必然である。

　（ローン）住宅をすでに取得した家計では，住宅価格上昇・資産価値膨張が続くもとでローンの借換えによるキャッシュアウト・リファイナンスで借入れを増大し，ホームエクイティ・ローン，キャッシュアウト・リファイナンスによる借入れの増大が，家計の住宅ローン債務の上に債務を追加し，家計の債務返済額が可処分所得を超過する「債務超過（家計の赤字構造）」を必然化する。2戸目（ローン）住宅購入は困難となり，住宅ローン需要の減少を倍加する。

　住宅ローン需要の頭打ち・減少によって住宅価格上昇が低下に転じると，資産価値膨張＝「虚（資産価値）」が減少に転じ，住宅ローン需要の減少と住宅価格の低下・資産価値減少とが一挙に相互促進していく。

　この過程で，住宅ローン借り手，とくにサブプライム層の借り手の返済の「延滞・焦付き」が拡大する。

　住宅（ローン）購入の減少，住宅ローン返済の「延滞・焦付き」の拡大は，住宅ローン需要の膨大化・住宅ブームが賃金・家計収入によって制限されることの現れに他ならない。住宅ローン需要は，CDOの開発・激増によって大膨張し，「虚（資産価値）」の膨張に依存して進展していき，「賃金・家計収入」から離れて進むのではあるが，しかしこの住宅ローン需要の拡大は基本的に「賃金・家計収入」によって「制約」されているのであり，究極的には「実体経済」によって「制約」されているのである。

　住宅ローン借り手は多額の住宅ローン債務，ホームエクイティ・ローン，キャッシュアウト・リファイナンスによる借入れを，住宅資産価値膨張によって賄うことができず，自らの勤労所得によって支払わねばならなくなる。

　人間生活の基礎をなす住宅問題を，住宅ローンの証券化によって解決しようとした国家政策がもたらしたものはあまりにも大きい。

　賃金・家計収入の制約による住宅（ローン）購入の減退，ローン返済の

「延滞・焦付き」は金融活動膨張の破綻・金融危機を生む根源をなすものである。

しかし，注目すべきは，問題が住宅ローン需要の消失，RMBS の破綻の危機だけでは決してないことである。もしこれだけであったとすれば，米政府は関連金融機関の救済措置によって危機の発現を抑止できるであろう。

### CDO 破綻，投機的金融活動の破綻，金融危機発現

すでに見たように，CDO では含まれる各種原資産の内容もリスクも分からなくなっているので，ひとたび住宅ローン需要減退，「延滞・焦付き」によって将来の不安・疑惑が生じると，CDO 保有者のすべてが CDO への不安・疑惑を深めて販売不能を恐れて売却に走る。不安が不安を呼び，「売却」拡大・価格低下が一挙に拡がり，CDO・RMBS が販売不能に陥り「紙屑」となるのは必然である。

CDO は「現物資産」の裏付けも生産能力・技術開発能力の実績もなく，たんなる発行主体の「格付け」と将来見込み（幻想）に支えられて膨大化したのであるから，売却・価格暴落が生じると，CDO・RMBS が販売不能に陥り「紙屑」となるのは必然である。「紙屑」となる現実は，住宅（ローン）取引の膨大化を生み出す起動力であり金融膨張を牽引してきた CDO が，「現物資産」の裏付けも生産能力・技術開発能力の実績もない，たんなる「紙」のようなものであったこと，それが「紙屑」となるということを明らかにする。

なお住宅ローン需要の減少，「延滞・焦付き」以外でも，景気悪化や通貨市場の混乱，資源取引条件の悪化等によって，投資家の保有 CDO の売却＝現金獲得を進めれば，CDO の価格低下と不安拡大・売却拡大が一挙に拡がり，CDO は「紙屑」となるが，ここでも事態の本質は同じである。

しかも格付会社の「格下げ（「格付け」ランクの切下げ）」が上の「破綻」を激化する。格付会社はこれまで大手金融機関と結託して「高い格付けシステム」を構築してきたにもかかわらず，ひとたび投資家の不安・「売却」が生

じると，高い格付けをしてきたCDO・RMBSと関連企業に対して「格下げ」を強行し，「格付け」したものが「紙屑」になる前に，自分だけの生き残りを図る。将来の安全を保障していたはずの「高い格付け」の「格下げ」によって，CDO・RMBSの価格崩落と関連企業の経営悪化が一挙に激化する。このことによってこれまでの「格付け」が格付会社と大手金融機関による甘い「格付け」であり，「格付け」が「取引市場でのリスク」評価をまったく含んでいなかったことが一目瞭然となる。

これまで大手金融機関のSIVは自社発行CDOだけではなく他社発行のCDO・RMBSをも保有し続け，それらの価格上昇・資産価格膨張＝「虚(資産価格)」膨張を促しつつその「現金化」・「現金収益」の獲得を実現してきたのである。

それゆえにこそ大手投資銀行，商業銀行投資業務担当部門，GSE 2社は販売不能となった膨大な証券化商品を抱え，資金繰りが付かずに経営破綻に陥っていくのである。大手金融機関が販売不能となった膨大な証券化商品を抱えて経営破綻に陥っていくことは，これまでの資本主義では経験したことのない金融機関「破綻」の姿である。

このため2000年代初めの金融危機深化に対し，米国政府が大量の公的資金を投入しても"焼石に水"で金融機関救済に効果はなく，金融危機が勃発した直後に慌ててこれらの証券化商品の買上げを行うことになるのである。

現実において，金融膨張がどのように進展し，危機がいかに生じ，危機深化・勃発が生じるかは，現実的諸条件・国家政策によって左右される(→第4・5章)が，その基本的内容は上のとおりである。

　　　なお著者は「金融の変質」について1970年代当時から注目し，『現代日本経済論——敗戦から「経済大国」を経て』(1993年)で，レーガンの金融の自由化・国際化に基づき，深刻な経済停滞のもとで「実体経済から乖離した投機的金融活動」が活性化したことを取り上げた。その後金融の変質について多くの論文を発表し，『現代日本経済論(新版)——経済復興，「経済大

国』,90年代大不況』(2000年)において90年代の展開を踏まえてその分析を深めた。『世界的金融危機の構図』(2010年)では「証券の証券化」を軸とする「金融の変質」の基本を明らかにしたが不充分であった。本節ではその不充分さを改め,各種の概念をより的確なものに変更した。

## (補)「バブル」濫用の誤り

以上のような2000年代について,日本では「バブル」「バブル崩壊」という用語が氾濫しているが,「バブル」は限定して用いるべきである。

バブル (bubble) は「泡」である。「投機の熱狂」で実体のない泡のように膨れあがり,泡のように消えることからバブルと呼ばれた。旧い代表は1636年オランダでチューリップ球根をめぐる熱狂的投機,価格暴騰が生じ,わずか1年後に価格暴落,大損失の波及となった事件,1720年イギリスのサウス・シー会社の株式をめぐって熱狂的投機・株価暴騰が生じ,わずか1年足らずで株価暴落,投機崩壊,大損失となった「南海泡沫事件」である。

その後バブルが複雑となり変化もするので,関連著作では用語もさまざまであって,欧米では「バブル」を書名にかかげているものは少ない。

> 著書のタイトルでは,J. K. ガルブレイスは *A Short History of Financial Euphoria*(訳『バブルの物語』),C. P. キンドルバーガーは *Manias, Panics and Crashes: A History of Financial Crises*(訳『熱狂,恐慌,崩壊――金融恐慌の歴史』である。エドワード・チャンセラーは *Devil Take the Hindmost: A History of Financial Speculation* だが,訳ではサブタイトルが書名となり『バブルの歴史』と訳されている。

IMF体制崩壊以降では,「金融面での投機」が現れ,「証券の証券化」以降では「投機」は「過去の投機」とはまったく質の異なるものとなっている。著者が「投機的金融活動」と規定した所以である(→241・242頁)。

すでに見たCDOを軸とする投機的金融活動,資産価格膨張とその破綻は,「バブル」といわれたものの投機・価格高騰とその破綻とは,まったく質が

異なっている。これらを「バブル」,「住宅バブル」,「証券バブル」と呼び「バブルの崩壊」とすることは理論的に大きな誤りである。

　日本では一般に1990年代以降の米国「大手投資銀行」の活動,「証券の証券化」等の理解は非常に不充分であった。日本において「証券の証券化」が非常に遅れていた関係であろう。このためCDO・CDSの特質,その激増による住宅ローン取引膨大化の理解も不充分なまま,「住宅バブル」,「サブプライム・ローン・バブル」,「証券バブル」と,その崩壊という誤った用語が氾濫した。

# 第4章

# 2000年代初めの景気対策，住宅ローン激増・金融大膨張，戦争

　2000年代初めに，米国は深刻な経済停滞に陥り，緊急景気対策，FF金利の大幅引下げをしても景気はいっこうに回復しなかった。01年9月11日米国「同時多発テロ」が生じ世界貿易センタービル等が破壊されたのに対し，翌日ジョージ・W.ブッシュ大統領（01年1月就任，先の大統領の息子，以下，W.ブッシュと略）はテロとの戦いを宣言し，アフガニスタンを攻撃，さらに03年3月20日にイラクに対して攻撃を開始し，熾烈な戦争が長期にわたって展開することになった。

　この戦争の最中に，米国政府の景気対策・異例の超低金利政策のもと，第3章で見た住宅ローンの激増，「証券の証券化」，「投機的金融活動の新展開」が怒濤の勢いで進んだ。

## 第1節　対アフガニスタン・対イラク戦争

### アフガニスタン攻撃・イラク攻撃

　2001年9月11日の「同時多発テロ」勃発に対し，翌日W.ブッシュはテロとの戦いを宣言，10月7日にはタリバーン政権がテロ容疑のアルカイダの引渡しを拒否したとして，アフガニスタン攻撃を開始した。NATOは創

第4章　2000年代初めの景気対策，住宅ローン激増・金融大膨張，戦争

設以来初めて集団的自衛権の発動を決議したが，米国は攻撃に協力するいわゆる「有志連合諸国」によって攻撃を開始，「不朽の自由作戦（Operation Enduring Freedom）」と名付けた軍事作戦を遂行していった。米国は最先端性能の武器を総動員し，圧倒的軍事力によってわずか2ヵ月で首都カーブルを制圧し，タリバーン政権は消滅した。12月22日暫定政府，暫定行政機構を成立させた。

W. ブッシュは2002年1月の一般教書演説で北朝鮮，イラン，イラクを大量破壊兵器を保有しようとする「悪の枢軸（axis of evil）」，テロ支援国であると非難し，「世界で最も危険な政権（フセイン政権）が世界で最も破壊力のある兵器を用いて米国を脅かすことを許さない」と述べた。米国はイラクの大量破壊兵器の査察を国連に要求し，イラクは9月16日無条件での査察の受入れを表明した。11月国連監視検証・査察委員会（UNMOVIC）および国際原子力機関（IAEA）が査察を始めたが現地査察は順調に進まなかった。03年1月一般教書演説でW. ブッシュはイラクが自ら大量破壊兵器の廃棄を行うべきと主張し，3月の安全保障理事会で米国はイラクが武装解除（大量破壊兵器の廃棄）をしなかったためイラク攻撃を主張したが，フランス，ドイツ，中国は国連査察による「大量破壊兵器保有」が確認されないもとでのイラク攻撃に反対し査察の続行を要求したので，米国は安保理での合意を断念した。W. ブッシュは国連査察による最終確認を待たずに，3月19日に「イラクを武装解除し，イラク国民を解放し，世界を重大な危険から守る」ための武力攻撃を開始した。イギリス，オーストラリア等が参加した「有志連合諸国」による攻撃であり，米国が「イラクの自由作戦（Operation Iraq Freedom）」と名付けた軍事作戦の実施であった。

　　　湾岸戦争では米国は国際連合（安保理）決議によって組織される「国際連合軍（略称「国連軍」）」ではなく，戦争に参加する国連加盟国を集めた連合軍組織（当時「多国籍軍」と呼ばれた）を作り，国連による戦費・戦闘行動の規制を受けないで，米国が事実上全軍の指揮をとって軍事作戦を遂行した（→275頁）。対アフガニスタン・対イラク戦争では，国連加盟のいかんにか

343

かわらず，戦争参加の意思のある国・地域を集めて，米国の作戦計画に即して軍事行動を行った。イラク戦争勃発の後に「有志連合（Coalition of the Willing）」という用語が使われ一般化した。

米国を中心に高性能の爆撃機・各種兵器を総動員した空爆と巡航ミサイルによってイラク軍の指揮系統は短時間に崩壊してしまい，地上軍の進撃で2003年4月9日首都バグダットは事実上制圧された。5月1日にはW.ブッシュが主要な戦闘終結宣言を行った。7月，イラク統治評議会が発足した。12月13日にはフセイン大統領を逮捕した（フセインはイラク高等法廷での裁判により死刑判決，06年12月30日死刑執行）。

しかし2004年9月，開戦時イラクには大量破壊兵器が存在しなかったこと，W.ブッシュが攻撃開始の拠り所とした情報が誤りであったことが明らかになり，開戦の正当性は否定された。

> 2004年7月，米上院情報特別委員会報告は情報収集・分析に失敗があり，イラクには大量破壊兵器は存在していなかったと指摘した。7月14日の英国政府独立調査委員会の報告書も大量破壊兵器保有情報に「重大な欠陥があった」ことを指摘した。10月6日には米国が派遣していたイラク調査団が「開戦時イラクには大量破壊兵器は存在せず，備蓄もその計画自体も存在しなかった」という膨大な最終報告書を発表した。

W.ブッシュによるイラク戦争強行は，「大量破壊兵器」保有という誤りに基づく暴挙であるとともに，国際法に違反する暴挙であった。たとえフセイン政権が人権無視の独裁政権であっても，他国の政権転覆のために武力行使を行うことは明らかに「国際連合憲章」第2条第4項に違反したものである。

### 戦争の長期化

アフガニスタンでは，米国によって2002年6月カルザイを大統領とした「移行政府」が発足。その後04年10月選挙でカルザイが大統領に就任，「アフガニスタン・イスラム共和国」が成立した。しかし05年から反政府・反米武装勢力が増大し，米英軍との戦闘が拡大し治安は悪化した。14年末な

お米軍戦闘部隊は駐留を続けている。

イラクでは米国の戦争終結宣言の後も，米国の戦闘行動は収まらず，W. ブッシュは2005年11月，敵勢力の掃討，治安地域の確保を目指す「イラクにおける勝利のための国家戦略（National Strategy for Victory in Iraq：NSVI）」を決定，実施したが成功せず，07年1月さらなる増派を進める増派戦略（「イラクの新たな道：New Way Forward in Iraq」）によって攻撃を強化し，戦争は泥沼化した。米国のイラク戦争の行詰りによって「有志連合」から離脱する国が相次ぎ，最大の兵力を派遣してきた英国も07年派遣部隊の大幅縮小と段階的撤退を表明した。

米国はイラク駐留を続けて戦闘を繰り返したが，その後については第5章で取り上げる。

### 超先端兵器の使用，破壊と殺戮のエスカレート

対アフガニスタン・対イラク戦争では，米国がこれまでベトナム戦争，湾岸戦争で使用しその後改良を進めてきた大量破壊・殺戮兵器が使用された。

米国はベトナム戦争では有毒性の強い「枯葉剤」，野球ボール大の約300個の子爆弾を内蔵した「クラスター爆弾（別称「ボール爆弾」）」，誘導装置を備えて滑空し目標に命中する小型誘導爆弾（別称「スマート爆弾」）を初めて実戦で使用し（→170頁），湾岸戦争では「劣化ウラン弾」を初めて使用した。戦争はこれら先端兵器の「実験場」となり，「実験」に基づいて改良が進められた。湾岸戦争以降，先端兵器開発の基本は，自国兵力の被害を極小にし，破壊力を最大にすることになった。

対アフガニスタン・対イラク戦争では，クラスター爆弾は子爆弾内蔵量の膨大化で破壊力が強大化し（最大数千個），1万発以上の親爆弾が投下されたという。しかも平地に残った不発子爆弾を踏んで死傷する危険も大きく，イラク戦争では住民居住市街地にも使用されたため一般住民の犠牲が激増し，国際的に非難が高まり，2008年12月会合で「クラスター爆弾禁止条約（Convention on Cluster Munitions，別称「オスロ条約」）」に94ヵ国が署名した（米国，

中国, ロシア等が不参加, 日本署名)。小型誘導爆弾はここでは全地球測位システムの電波情報を得て設定された目標へ誘導, 目標地域を破壊するものとなっており, 新しい型は航空機的形状に改変してマルチセンサーを搭載し, 命中力・破壊力を高めた。またイラク戦争では使用弾丸のうちの「劣化ウラン弾」の比率は大幅に上昇し住民居住市街地にも使用されたため, 被害が拡大し, 国際的に非難が高まった（米中央軍空軍発表では30ミリ弾31万1597発が使用された。陸軍は戦車から放射したというが, 使用の総体は公表されていない)。以上の兵器は, またしても最先端兵器の「実験場」であるかのように使用され, イラク戦争中にいっそう攻撃側人力を用いないで破壊力・殺傷力を高めるものに改良されている。

さらにまた米国は遠隔操作によって高精度の攻撃ができる「攻撃用無人機」をアフガニスタン・イラク攻撃で初めて実戦に使用した。

「無人機」は開発の歴史も古くさまざまな形態でさまざまな用途に用いられており, UAV (Unmanned Aerial Vehicle) あるいはドローン（Drone) と呼ばれてきたが, 米国が攻撃用「無人機」の情報を秘匿している関係で, 「無人機」,「攻撃用無人機」について, 統一した規定も名称も定まっていない。

ここで登場した「無人機」はゼネラル・アトミックス社が開発した「プレデター（Predator)」で, さまざまな攻撃用ミサイル・爆弾を搭載した無人機を, 地上誘導ステーションで要員が遠隔操作し衛星通信を経て, 攻撃目標に投下・命中させるものである。その後同社がこの航行距離拡大, 監視能力・攻撃能力の強化, 機体の大型化（爆弾の大量搭載）を図った「リーパー（Reaper)」を開発し, 米軍が使用した。しかし米国側がいっさい公表しないので, 戦闘使用実績, 積載弾丸, 破壊実績はすべて不明である。攻撃は広範な地域, テロ集団要人の監視・殺害も可能であり, 殺害の一部は公表されている。「攻撃用無人機」は無人のため攻撃側の人的被害は無いが, 攻撃の巻き添えと誤爆による一般住民の死傷が拡大して, 国際的に問題となっている。

「攻撃用無人機」はこれまでの国際法には該当しないため, 規制もないま

ま，国境を無視して，長らく用いられてきている。テロ掃討が目的であるため，米国は「軍事行動」ではないとし，簡単に出撃を指令しているが，破壊・殺人を目的とする攻撃であり，実質的に国際法に違反する戦闘手段といえる。米国は湾岸戦争以降「自国兵力の損失なき戦争」を軍事戦略の基本に据えたが，対アフガニスタン・対イラク戦争はこれを徹底化していったのであり，「攻撃用無人機」はその最高到達点であった。「攻撃用無人機」攻撃はオバマ政権で格段と拡大される。

### 終わりなき戦争，米国中東戦略の破綻

米国は1980年代中頃，中東に対する政治的・軍事的支配の構築を決定し（→273頁），湾岸戦争で軍事行動を行い，その後も中東への軍事介入によって支配力を拡大してきたのであるが，W.ブッシュは「同時多発テロ」に対して「対テロ戦争」という新たな戦争を始めることによって，中東への軍事介入・戦争を一挙に拡大・長期化し，米国の中東政策をどうにもならない状況に追い込んでいったといえる。

対アフガニスタン・対イラク戦争は超新鋭兵器・「攻撃用無人機」では決して勝利を得られないこと，「テロ」に対する破壊・殺戮は悲しみ，怒り，憎しみを生み，テロ勢力をかえって増幅すること，を世界に示している。

### イラク戦争と金融活動の大膨張の同時進行，景気回復

イラク戦争は米国の財政赤字を一挙に膨大化し，財政赤字は年300〜400億ドル水準となった。イラク戦争のための財政からの支出は2519億ドルに上るが，実際の戦費はこれをはるかに上回る。米議会調査局の戦費（戦争に直接使われた戦費）の報告では，対イラク・対アフガニスタン戦費は8590億ドルで，ベトナム戦争戦費6860億ドル（08年物価水準で調整）をはるかに上回り，第2次大戦戦費に次ぐ第2位である。

> J.E.スティグリッツ，L.J.ビルムズはイラク戦争の戦費合計は3兆ドルと推計している。

第Ⅳ部　冷戦勝利後の世界戦略と米国経済，金融大膨張，金融危機勃発

しかし米国ではイラク戦争が拡大し財政赤字が膨大化していった同じ時期に，強力な景気対策によって，住宅ローン取引の大膨張，「証券の証券化」，「投機的金融活動」の爆発的拡大が進み，資産価値膨張と（借入れによる）大型消費財購入を中心に消費支出は拡大，雇用は増大していった。好景気の頂点の2005年前後，イラク戦争は悪化の途を辿っていたが，国民の多くは住宅資産価値膨張，大型消費支出，好景気を謳歌していた。W. ブッシュが04年末の大統領選挙で再選された背景には，この好景気があった。

## 第2節　景気対策，住宅ローン激増，「金融活動の大膨張」

### 米国の景気対策，異例のFF金利引下げ，住宅ローン金利低下

米国政府の2001年1月の緊急景気対策によりFRB（Federal Reserve Board：連邦準備制度理事会）はFF金利を3.75％へ引き下げ，一般的なFF金利の最低水準としたが，アフガニスタン攻撃により9月には異例の1.8％にまで一挙に引き下げられた。03年7月1.0％とし，これを1年続けた。04年6月1.25％，05年2月2.50％となるがいぜんとして低水準であった。公定歩合も同じく引き下げられた。その後，景気回復と物価上昇・ドル下落の懸念からようやく05年5月3.00％，06年1月4.50％，6月5.25％と引き上げられ，これが07年9月の引下げまで続く。

　　　米国のFF金利（Federal Funds Rate）は，米連邦準備制度（Federal Reserve System）加盟の民間銀行が中央銀行に預けている準備預金＝FF（Federal Funds）から，民間銀行が無担保・短期に調達する際の金利である。FRBの金融政策の誘導目標となっている。FRBのFOMC（Federal Open Market Committee：連邦公開市場委員会，FRB理事と地方連邦準備銀行総裁の代表とで構成）がFF金利，公定歩合を決定する。

　　　公定歩合はFRBが民間銀行に資金を貸し出す際の金利であるが，2003年6月以降，公定歩合はFF金利の1％上乗せとなる。ただし07年8月以降，

第4章　2000年代初めの景気対策，住宅ローン激増・金融大膨張，戦争

金融危機対策で公定歩合はFF金利よりも大幅に引き下げられる。

この異例の金利引下げ・超金融緩和は，政府・FRBが1990年代の経験から，金利の大幅引下げ・超金融緩和によって住宅ローン金利低下，住宅ローン取引の膨大化・住宅建設の拡大，関連土木建設等の拡大，住宅資産価値膨張による住宅ローン借り手の借入れ増大 → 大型消費支出拡大を惹起して，景気回復を図ろうとする政策であった。米国では住宅ローン新規貸付が90年代に増大したとはいえ，2000年代には人口数・世帯数は大幅に拡大を続け，持ち家取得困難世帯はいぜんとして非常に多く，持ち家（ローン）に対する膨大な潜在的需要が存在していたので，このような住宅ローン借入れ拡大を軸とする景気回復策が大きな効果をあげると期待された。

　　　この政策目標は，A. グリーンスパンFRB議長の回顧録（Alan Greenspan, *The Age of Turbulence: Adventures in a New World*, 2008）第11章で明らかである。「2004年CEA年次報告」も住宅ローン借換えによる「キャッシュアウト・リファイナンス」ブームの景気回復効果に大きく期待している。

住宅ローン金利（30年間固定金利）はFF金利の大幅引下げによって2000年8.05%から02年6.54%，03年5.83%へと大幅に低下した。これはデータの比較可能である過去32年間での最低金利である。この低金利が05年末まで続いた。FF金利の異例の引下げ・超金融緩和と住宅ローン金利の大幅低下こそが，2000年代における住宅ローン拡大の「うねり」とCDO激増の「うねり」との重層的な拡大を生み出す起動力であった。

## 住宅ローン拡大と住宅価格上昇・住宅資産価値膨張

超低金利・超金融緩和政策によって，大手組成金融機関はCDO組成・発行の大幅な拡大に踏み切り，傘下「特別目的事業体（SPV）」はCDO組成を激増させるために住宅ローン債権の買取りを急増させ，これを受けて傘下あるいは独立のオリジネーターは「土地付き戸建て住宅」ローン貸付を大幅に拡大していった。GSE 2社も住宅ローン債権の買取りを激増させた。

オリジネーターによる住宅ローン貸付の急増，ローン借入れ勧誘によって

第Ⅳ部　冷戦勝利後の世界戦略と米国経済，金融大膨張，金融危機勃発

住宅ローン借入れは急増した。住宅ローン金利の大幅低下がこれを倍加した。住宅価格が上昇しはじめると，価格上昇前に住宅を購入しようとする（ローン）住宅需要が急増し，（ローン）住宅購入拡大と住宅価格上昇との相互促進が，1990年代をはるかに上回る上昇率と速さで涌き起こった。

住宅ローン新規貸付額は2000年1兆ドルから02年3兆ドル，03年4兆ドル弱と一挙に驚異的な拡大を遂げ，その後06年まで毎年3兆ドル前後を続けた。住宅ローン貸付残高は07年末に約10兆ドルに上った。同時期，住宅ローン債権を証券化したRMBSの発行残高概算は6兆ドルを超えており，住宅ローン残高の約6割が証券化されているといわれている。住宅ローン担保証券市場は米国の国債を凌ぐ規模に拡大していった。

> 住宅ローン残高に比して新規貸付額が多いのは，この時期に増大した「借換え」が新規貸付として計算されるためである。また米国の住宅ローン返済期間は30年であるので，2007年の住宅ローン残高は証券化のなかった時期のものを含んでいる。証券化が進んだ時期に限れば証券化率はよりいっそう高い。
>
> なおCDOはRMBSと多種多様のABSを組み合わせて組成されるうえ，組成方法に差があるので，CDO残高の推移を示す公的資料は存在しない。

住宅価格は2002年中葉以降上昇しはじめ，わずか数年足らずで2倍以上となった。驚異的な高騰である。「S&P／ケース・シラー指数」の「10都市」，「20都市」の住宅価格指数（2000年1月＝100）は，02年7月に135，130と上昇を始め04年4月172，158と急上昇し，06年7月には最高の226，202になる。FHF（連邦住宅金融局）の「FHFA住宅価格指数」（2000年1月＝100）は，02年7月125，04年4月148で最高は07年4月の185である。

> 米国の主要な住宅価格統計である「S&P／ケース・シラー住宅価格指数」は大手格付会社のS&Pと経済学者のカール・ケース，ロバート・シラーが共同開発し1997年から集計された住宅価格指数で，「10都市」（ボストン，シカゴ，デンバー，ラスベガス，ロサンゼルス，マイアミ，ニューヨーク，サンディエゴ，サンフランシスコ，ワシントンDC），および「20都市」（上

にアトランタ，ダラス，デトロイト等の10都市を加える）の住宅価格指数がある。これら都市，とくに「10都市」では2000年代における住宅ローン貸付拡大率，住宅価格上昇率がとくに顕著であるとともに，金融危機勃発後の貸付縮小・住宅価格下落も激しい。

　公的統計である「FHFA住宅価格指数」は，信用力のある借り手の住宅価格を対象としており，変動は緩やかである。


## サブプライム住宅ローンの激増

　2000年代で最も注目されるのは，これまで信用度が劣り住宅ローン貸付が進まなかった「サブプライム」層へのローン貸付が，2003年末から急激かつ大幅な拡大を遂げたことである。住宅ローン新規貸付に占めるサブプライム住宅ローン貸付の比率は03年の8％から05年・06年には20％台にまで上昇した。またこの住宅ローン貸付のうち証券化されたものの比率は01年50％台から06年には80％にまで上昇した。

　すでに強調してきたように，CDOの開発こそが信用リスクの非常に高い「サブプライム住宅ローン債権担保証券」をCDOに組み込むことを可能にし，これを最も安全な最高ランクのトランシェに混ぜ合わせて収益を膨張させる「収益膨張のトリック」を作り出したのである（→316頁）。それゆえにこそ2000年代に大手組成金融機関はCDO組成の激増とともに「サブプライム住宅ローン債権担保証券」需要を膨大化し，これに対応してオリジネーターたちがサブプライム住宅ローン貸付を急激に拡大していったのである。GSE 2社も2000年代には「サブプライム・ローン債権」の買取りを拡大し，RMBSに組み入れていったので，サブプライム住宅ローン貸付拡大を促した。

　米国では，信用度を示す「FICOスコア」の低い「サブプライム」層への住宅ローン金利は平均より高いが，初めの2年ないし3年間は元利返済を緩和し，返済猶予が終わる時に「金利再設定」によって一挙に返済が増大するようになっている（「ペイメント・ショック」）。そしてローン借入れ勧誘の際に，2〜3年後にたとえ返済額が急増しても住宅資産価値が膨張するから

「ローン借換え」を行えば返済負担増にはならないと説明されていた。

2000年代に新しい住宅地帯の開発がコスト増加・環境条件悪化のために困難になったことが，サブプライム・ローン貸付拡大に拍車をかけた。サブプライム住宅ローンの拡大がとくに顕著であったのは，移民，住宅取得困難層の多いフロリダ，カリフォルニアと，世界最大の自動車工業都市のデトロイト，経営不振の五大湖周辺の製造業地帯である。

もっともこのサブプライム住宅ローン新規貸付は激増したとはいえ住宅ローン新規貸付の20％台であったが，しかし注目すべきはこのサブプライム・ローン拡大が全体の住宅価格上昇・住宅資産価値膨張を促す大きな役割を果たしたことである（サブプライム・ローン拡大はまた金融危機深化においてきわめて重要な役割を果たすことになる）。

### 住宅資産価値膨張，「虚（資産価値）」の膨張，消費拡大，収益拡大

2000年代にサブプライム層に対して利便性・環境条件の劣った「土地付き住宅ローン」が大量に貸し付けられていったことは，それよりも利便性・環境条件のより優れた「住宅地帯」での住宅すべての住宅価格を，実際に売買が行われなくとも，サブプライム「住宅地帯」よりもより高い価格水準へと押し上げ，すべての住宅資産価値の膨張・「虚（資産価値）」の膨張を加速させていった。これは上の住宅価格の急騰を加速するきわめて重要な作用を果たした。すでに見たように，「土地付き住宅」では一般財貨のように価格が上昇しても同一のものの生産・供給を拡大できない。「土地付き住宅」取引は利便性・環境条件のほぼ等しい「住宅地帯」それぞれにおいて行われるが，ある「住宅地帯」でより高い価格での住宅取引がある程度進むと，当該地帯の「土地付き住宅」すべての価格・資産価値が，取引されていない部分を含めて押し上げられていく。そればかりでなく，大量の潜在的住宅需要がある以上，この価格上昇は利便性・環境条件のより優れた「住宅地帯」の住宅すべての住宅価格・住宅資産価値を，取引がなんら行われていないにもかかわらず，より高くへと押し上げていく。住宅価格がわずか数年足らずで2

## 第4章　2000年代初めの景気対策，住宅ローン激増・金融大膨張，戦争

倍以上に高騰した所以である。

　住宅価格高騰，住宅資産価値の膨張＝「虚（資産価値）」の膨張が進んだので，住宅ローン借り手は「虚（資産価値）」膨張部分を担保にして「ホームエクイティ・ローン」・「キャッシュアウト・リファイナンス」の利用（借入れ）を拡大した。

　ホームエクイティ・ローン貸付総額は2002年からわずか数年間で約3倍となり，08年3月にはホームエクイティ・ローン融資残高は実に8800億ドルに上った。まさに「虚（資産価値）」の膨大化を表す数字である。「キャッシュアウト・リファイナンス」も01年末から急速に拡大し，若干上下があるが，07年まで急速な拡大を続けた。これもまた「虚（資産価値）」膨張分だけ「借入れ」を拡大し，「借入れ拡大」分を「現金」で受け取るものに他ならない。以上の新たな「借入れ」は自動車，大型耐久電気機器，家具の購入等の大型消費支出と，利子の高い旧債務の返済に当てられた。住宅価格が下落すれば「虚（資産価値）」は減少，消失していき住宅ローン借り手の「借金の増大」だけが残るのではあるが，ローン借り手は住宅価格上昇・住宅資産価値膨張がいつまでも続くという期待＝幻想を持ち続け，2002年以降2戸目の住宅（ローン）購入を急速に拡大していった。

　大手金融機関は住宅ローン借り手に対する貸付激増で収益を膨大化するとともに，ホームエクイティ・ローンのキャッシュフローを引当てにして，資産担保証券（ABS）を発行し，そこからも収益を拡大していった。

　自動車，大型耐久電気機器，大型家具等の大型消費支出の激増は消費市場拡大・生産拡大を促し，米国の景気上昇に貢献した。

　以上，住宅ローン激増，住宅価格高騰，「虚（資産価値）」膨張の「うねり」は，CDO激増の「うねり」によって惹起されたものであるが，同時に以下のCDO激増の「うねり」を支えるものでもあった。

### 大手投資銀行・商業銀行投資事業体の業務の驚異的拡大

　投資銀行の資産総額は1985年から2007までの間に，20倍に激増した。

商業銀行の資産総額はこの間 4.7 倍に拡大した。

　RMBS の発行残高は 2007 年 6 月には 6 兆 6000 億ドルを超え RMBS 市場は米国国債市場を凌ぐようになり，証券化商品（RMBS プラス ABS）発行の残高総額は 06 年 6 月 7 兆 9000 億ドルとなった（FRB 統計）。(SIFMA 統計では証券化商品〔RMBS プラス ABS〕残高総額は 2000 年の 4 兆 6000 億ドルから 06 年 8 兆 6000 億ドルへ増大した。)

>　証券化商品では，株式市場のようなオープンな取引市場・売買価格が存在しないので，新規発行額・残高，証券化商品価格の変化は正確に把握できない。また CDO の推移についての公的統計は無い。

　大手投資銀行はすでに明らかにした伝統的「預金金融機関」の預金・信用創造とは別の，独自の「新しい信用創出メカニズム」によって巨額の資金を調達し，わずかの自己資金で非常に高いレバレッジで膨大な取引を行ってきたが，2000 年代にはこの「新しい信用創出メカニズム」による短期資金調達は格段と膨大化し，レバレッジは異常な高さとなった。

　投資銀行はこれまで SEC（証券取引委員会）の緩い監督下にあり，「ネット・キャピタル・ルール（net capital rule）」によって負債は自己資本の 15 倍までとなっていたが，2004 年 8 月，自己資本 5 億ドル以上の投資銀行については申請すればこの適用が免除されるようになり，投資銀行上位 5 社と（投資銀行的部分を持っていた）シティ・グループ，JP モルガン・チェースの 7 社がこの適用除外を受けた。これによって大手投資銀行がレバレッジを格段と高めていった。「2009 年 CEA 年次報告」は「金融危機以前には大手投資銀行はおよそ 25 倍のレバレッジをかけていた」，また「短期資金に依存するため」「流動性確保の状況によって振り回されている」という。07 年に「シャドウ・バンク」という用語が初めて現れ急速に普及していったのは，かかる現実の反映である。

　大手商業銀行のレバレッジは「約 12 倍」であるという（同「CEA 年次報告」）が，商業銀行は BIS 規制を受けレバレッジが投資銀行より低いのは当然である（BIS 規制は，リスク資産の 8% 以上に当たる自己資本を持つことを求め

ているので，リスク資産保有は自己資本の12.5倍までである）。しかし商業銀行も組織や程度に差はあるが，1990年代に簿外の関連事業体で証券化業務を拡大し，2000年代には1999年の法改正によって証券化業務に本格的に乗り出し，大手投資銀行と激しい競争を展開していた。

　　　なお大手投資銀行，商業銀行は証券化商品取引を簿外取引とし各種の関連事業体と複雑な業務分担を行っている。シンセティックCDOも普及している。したがって自己資本と業務規模の比率・レバレッジ率は調査方法によって左右され，明確なものではない。

### SIV, ABCP の一大膨張

　大手金融機関傘下のSIV（投資専門事業体）がCDO等の運用資金を調達するABCPの発行残高は，2000年代初めの6000億ドル弱から06年のピークの1兆2000億ドルへとわずか数年でほぼ2倍に膨大化した。この間に大企業の短期資金のためのCP市場も拡大したが，06年ABCP市場規模はCP市場とほぼ同じ規模になった。SIV，ヘッジ・ファンドはハイリスク・ハイリターンの「エクイティ」部分のほとんどを保有してハイリターンを享受し続けるとともに，CDO，RMBS等のかなり多くを保有しそれら証券の価格上昇を待って有効な時に「虚（資産価格）」の一部を「現金化」して実際に「現金収入」を膨大化した。大手金融機関はSIVの膨大な収益の一部を受け取っていた。

### 大手金融機関・格付会社・モノラインの「相互補強」・「高い格付け」

　証券化商品取引では株式のような取引市場・取引価格がなく個々のCDOの内容が分からないため，投資家は「格付け」・「金融保証」に全面的に依存しており，ここでは「格付け」がきわめて大きな役割を果たす。

　2000年代，「大手証券組成金融機関」と巨大寡占「格付会社」と巨大寡占「モノライン会社」は相互に支援・補強する体制を一段と強化し，「高い格付け」を主要な証券化商品と関連企業のすべてに拡げていくことによって，証

券化商品市場を驚異的に拡大し自分たちの収入の膨大化・驚異的発展を実現していった。

2000年代,米国の「格付会社」は強力な独占力を持って,激増するCDO等の「格付け」を担い,大手金融機関と結託して「高い(甘い)格付け」を行い,驚異的発展を遂げた。06年「格付業務」でスタンダード・アンド・プアーズ社(S&P)とムーディーズ社の2社が約8割,フィッチ・レーティングス社を合わせると95%強を占め,独占力は歴然としている。2000年代には膨大化した企業年金・公的年金やMMF(公社債投信)の多くが証券化商品への投資を激増させたが,その投資は「高い格付け」が条件となっており,一般家計貯蓄の預託によるMMMFも「高い格付け」の運用を行ったので,「高い格付け」がこれらの証券化商品への投資を拡大する鍵であった。

この「高い格付け」の威力がいかに大きかったかは,後に格付会社が「格下げ」(格付けのランクの引下げ)を行うことによって一目瞭然となる。

他方,金融保証では2000年代初めに,新たに開発されたCDS取引がCDOを中心に爆発的に拡大していった。巨大寡占モノライン会社のアムバック,MBIA,FGIC,FSAが地方債等の公的債券およびCDO・RMBS・ABSに対してCDS取引を急速に拡げていった。遅れて総合保険会社AIG等も加わる。

2006年末,モノラインによる保証残高は全体で実に2兆2000億ドルに達し,そのうち60%が地方債等の公的債券の保証で,証券化商品の保証が26%で6000億ドルに上る。

> CDSは米国企業中心に世界的規模で膨張し,CDS業界団体ISDA資料では,世界のCDS「想定元本」(残高ベース)は2001年度9188億ドルから04年度には8兆4222億ドル,07年度には62兆1732億ドルへと,わずか数年で驚異的な拡大を遂げた。

## 大手金融機関の収益拡大,「虚(資産価格)」の現金化,「原証券」の多様化

2000年代,大手金融機関はCDOの組成における「収益膨張のトリック」

による収益拡大，CDO発行時での販売価格吊上げによる収益拡大のほか，さまざまな形で収益拡大を追求していった。

2000年代には，大手金融機関・関連事業体SIVの保有するCDO等証券の保有総額が激増したことが注目されたが，これは保有するCDO等の価格上昇・「虚（資産価格）」膨張を待って適宜「売却」し，「虚（資産価格）」膨張分を「現金化」し「現金収入」を増大するためであった。GSE2社も買い上げた膨大な住宅ローン債権の多くを保有していた。

しかしそれだけではない。大手金融機関・関連事業体は，他社発行のCDOを購入することによって相互のCDOの価格の上昇，「資産価格」膨張を促し，「虚（資産価格）」の「現金化」・「現金収入」の増大を図った。とくに2000年代にはヘッジ・ファンドや大手金融機関の専門家が，証券化商品の価格を動かす手法を駆使して証券化商品の価格上昇を図ったが，これは「虚（資産価格）」膨張を拡大しその収益を獲得するためであった。

このように大手金融機関・関連事業体が大量のCDOを保有・運用していたからこそ，CDOの価格低下が生じると一挙に経営悪化に追い込まれるのである。

　　　　　発行済CDO・RMBSについては売買実績，取引価格の推移を示す公的統計資料は無い。

また2000年代に注目されたのは，金融工学のリスクの分散・解消の原理に即して，大手組成金融機関がCDOに組み込む「原証券」（RMBS, ABS）の種類の数を格段と増大し，多くの種類を混ぜ合わせて「原証券」価格を上回る価格のCDOを仕立て，「収益膨張」を図ったことである。CDOに組み込まれる「原証券」の種類が100を超えるものも現れた。このため組み込まれる「原証券」が新たに開発されていった。ABSでは，証券化される消費者ローン債権，リース債権，クレジットカード債権，学資ローン債権等のそれぞれにおいて，新しいものが次々と開発され，それぞれの範囲・対象が大幅に拡大した。ホームエクイティ・ローン債権も証券化され急膨張した。CDOに組成されるかどうかを問わず，証券化するための債権が次々と多数

開発され，証券化が急速に拡がっていった。新しい各種ローンが次々と創出され，「知的財産権」の証券化もエンターテイメント事業において始まった。社会のすみずみまで，たんなるキャッシュフローを引当てにした証券化が拡がっていった。

### ヘッジ・ファンドの変化と膨大化

ヘッジ・ファンドの資産規模は2000年の3000億ドル程度からわずか数年後の07年（ピーク時）には2兆2000億ドルへと驚異的拡大を遂げた（ヘッジ・ファンドは情報開示の義務も免れており，正確な統計は無い）。

2000年代にヘッジ・ファンドは注目すべき変化を遂げた。第1は，これまで主に個人の富裕層から巨額の資金を預かって高収益での運用を請け負ってきたのに対し，2000年代には企業年金・公的年金の年金基金，大学基金等からの巨大資金の預託が富裕層からの資金預託の拡大を上回って急増したことである。第2は，ヘッジ・ファンドが運用面において高度な金融技術を駆使して，きわめて高いレバレッジで新しい証券化商品，デリバティブの運用を推進したことである。ここでは高度な技術に基づいた「空売り」等，金融取引市場の変動・混乱を利用する収益獲得手法も拡がったことが注目される。投資銀行で新しい金融技術を駆使してきた専門家のうち独立してヘッジ・ファンドを創設する人が急増し，ヘッジ・ファンドへ移籍する人数も急増した。

2000年代でのさらに大きな変化は，大手投資銀行が傘下に，買収もしくは新設したヘッジ・ファンドを抱え込んでいき，ヘッジ・ファンドとの結付きを深めたことである。商業銀行も1999年の法改正後には傘下簿外機関でヘッジ・ファンドを抱えていった。そして投資銀行・商業銀行簿外機関でもヘッジ・ファンドに倣って高度な金融技術を用いて高収益を一挙に獲得する業務を拡大していった。

投機的金融活動はIMF体制崩壊後の国際的金融市場での絶えざる変動・リスク拡大のもとで，これらの変動・リスクを利用して膨大化するものであ

第4章　2000年代初めの景気対策，住宅ローン激増・金融大膨張，戦争

ったが，2000年代にはそれだけではなく，ヘッジ・ファンドを中心にして，高度な金融技術によってCDO等の証券化商品の価格・需給等の変動・混乱を引き起こして，そこから自らの収益を拡大するようになった。

### PEファンドの膨大化

1990年代に低迷していた「プライベート・エクイティ・ファンド（PEファンド→246頁）」は2000年代に急速に活動を拡大し，06年の投資総額は過去最高の4000億ドルに迫った。2000年代に大規模な製造業等でLBO方式によるM&A&Dが再び活発化した。LBO方式では標的にした被買収企業の資産や将来の期待収益を担保として巨額資金を借り入れて巨大企業を買収し，買収企業の資産の処分（株式の処分と再上場）や運用で借入金を返済し収益をあげるので，わずかの自己資金による異常な高レバレッジである。

### 商業用不動産担保証券の拡大

2000年代には，商業用土地・各種ビル等の商業用不動産を担保とする「商業用不動産担保証券」（Commercial Mortgage-Backed Securities：CMBS）が急激な拡大を遂げ，これに対応して，「商業用不動産」でも価格上昇・資産価値膨張が急速に拡がっていき，「虚（資産価値）」は膨張していった。価格上昇・資産価値膨張による「虚（資産価値）」の膨張部分は，住宅ローン借り手では「売却」して「現金化」できないのに対し，大手金融機関・大手不動産業・一般企業，資産家は，資産価値の膨張した住宅地，商業地，ビル等を売却して「虚（資産価値）」を「現金化」して実際の「現金収入」を膨大化させ，個人所得・企業所得を膨大化できる。大手投資銀行，大手不動産企業は短期の間に不動産の取得・売却を繰り返し，膨張した「虚（資産価値）」の「現金化」とそれによる資産取得を繰り返し，「現金収入」を増大していった。まさに「虚（資産価値）」の膨張による「現金での収入獲得」の増大である。これは2000年代，大手金融機関の収益，経営規模の急速かつ驚異的拡大の主要な柱の1つとなった。

第Ⅳ部　冷戦勝利後の世界戦略と米国経済，金融大膨張，金融危機勃発

## 金融危機要因を孕む大膨張

　以上，2000年代初め，住宅ローンもCDO・CDS，CMBSも大膨張を遂げ景気は好転した。

　「2006年CEA年次報告」（バーナンキ委員長）は05年，米国経済の拡大は連続して4年目で，実質GDPは強力に伸び，05年200万人の雇用を創出し，消費支出は拡大し，また「金融サービスはイノベーションを促進し，経済成長を促す」と，経済の順調な拡大を称えている。

　以上で注目すべきは，米国の景気回復が，経済停滞の克服に基づくものではなく，「金融活動の大膨張」を軸としたものであるということである。それゆえに，景気好転というが2005年末には「賃金・家計収入」増よりも住宅ローン負担額増大がはるかに上回り，家計の債務超過によって住宅ローンの借入れ減少が生じつつあるもとでの好景気であり，またCDOが異常な高レバレッジで膨張を遂げ，わずかの不安の発生でも一挙に売却に転じる危険を孕みつつあるもとでの好景気であった。

　事実，住宅ローン取引，CDOはじめ証券化商品取引が好調の頂点といわれる2006年には，金融危機要因が生れつつあったのである。

# 第5章

# 金融危機の勃発，異例の金融政策，大量失業，克服されない金融危機

## 第1節　金融危機の深化

　2000年代の「金融活動の大膨張」は異例のFF金利引下げ・超金融緩和によって始まったが，政府・FRBは2000年代中頃に景気が一応回復し物価高騰・ドル暴落の懸念が生じたため，超低金利を修正していく。FF金利は05年5月3.00％，06年1月4.50％，6月5.25％と引き上げられ，5.25％が07年9月18日金融不安のため4.75％へと引下げに転じるまで続いた。公定歩合はFF金利に「1％上乗せ」で上昇し06年6月以降6.25％となる。

　「住宅ローン30年金利」はFF金利引上げによって，05年中頃の約5.7％から上昇に転じ，06年中葉には6.7％となった。

**賃金・家計収入による制約——住宅ローン需要減少と「延滞・焦付き」**

　2000年代初めから住宅価格高騰・住宅資産価値膨張と住宅ローン借入れ（2戸目を含む）とが相互促進的に進んでいったが，2000年代中頃にはそれに対する「制約」が現れた。

　住宅価格は2002年中頃以降わずか数年足らずで2倍以上に高騰したが，この間の実質賃金の増加はごくわずかで，実質賃金が上昇したといわれた

06年も対前年比3%である。住宅価格が賃金収入をはるかに上回って高騰したうえ，住宅ローン金利が上昇したのである。このため新しく持ち家を取得しようとする家計にとっては住宅ローン借入れ負担が急増し，可処分所得に対する「住宅ローン元利返済額の比率」は急速に上昇した。家計の負債急増によって新規住宅ローン需要は急速に減退に転じていった。

一般家計では住宅ローン負債に加えてホームエクイティ・ローン，キャッシュアウト・リファイナンスによる借入れが累増した結果，家計（全家計）の債務残高が可処分所得に占める比率は2000年からわずか8年間で40%も上昇し，07年には140%となり家計は大幅の債務超過（赤字構造）となった。住宅ローンを抱える家計だけを調査すれば，債務超過はさらにいっそう高いことは明らかである。2戸目の住宅ローン需要は06年末から減少に転じ，新規ローン借入れ需要の減少を加速した。

この結果，住宅ローン新規借入れは2005年末をピークとして頭打ちとなり，06年中頃以降減少に転じ急速に減少した。住宅価格も05年中頃から上昇率が鈍り，06年中頃に下落に転じた。S&P／ケース・シラー住宅価格指数（2000年1月＝100）の「10都市」，「20都市」指数は，最高の06年7月226，207から下落を始め，07年7月216，199，08年1月196，181となり08年7月には179，165にまで低下する。FHFA住宅価格指数（2000年1月＝100）は最高の07年4月185から低下しはじめ08年7月169へと下落した。

住宅価格の低下と住宅ローン需要の減少の相互促進によって，膨張を続けてきた住宅資産価値・「虚（資産価値）」は一挙に大幅縮小へと転じる。「虚（資産価値）」の減少・消失は住宅ローン借り手が「虚（資産価値）」膨張分で借入れ返済を行うことを不可能にする。住宅価格が住宅取得時点よりも低下すれば「虚（資産価値）」はマイナスとなり，住宅取得者は損失を被る。

以上のもとで2005年以降住宅ローン「延滞率」（90日の延滞もしくは債務不履行の率）が上昇しはじめた。とくにサブプライム住宅ローンでは05年後半以降，「延滞・焦付き」が顕著に増大した。04年初めからサブプライム・ローンで，返済猶予（2年間または3年間）契約の借り手が急増していたため，

第5章　金融危機の勃発，異例の金融政策，大量失業，克服されない金融危機

　ちょうどこれらが06年頃から返済猶予の終了（「金利再設定」）で返済額が一挙に増える「ペイメント・ショック」を迎えたが，住宅価格が下落して，住宅資産価値膨張分で返済を賄うことができないため，「延滞・焦付き」急増となった。07年末の住宅ローン「延滞率」は20％近くで，米国「抵当銀行協会」がデータ収集を開始した1979年以降の最高水準となった。

　サブプライム・ローン貸付を多く扱っていた住宅ローン専門会社大手のピープルズ・チョイス・ホームローンは2007年3月，ニューセンチュリー・フィナンシャルは4月，米連邦破産法第11条に基づく資産保全申請（以下では「破産申請」と略す）を行った。

　しかし注意すべきは，この住宅ローン需要減少・「延滞・焦付き」が直接金融危機を深化させたわけでは決してなかったことである。サブプライム・ローンが激増した時期でもサブプライム・ローンは住宅ローン新規貸付の20％台であって，これだけであれば，金融危機の深化・勃発とはならない。もしこれだけであれば政府・FRBは救済措置で解決できたであろう。真の問題は，「住宅ローン需要減少」・「延滞・焦付き」が，CDOに不安・動揺をもたらし，その「売却と価格崩落の連鎖的拡大」を作動させていくことにある。

　　　　バーナンキFRB議長は2007年7月19日の議会証言でサブプライム・ローン債務不履行による損失は500億ドルから1000億ドルに達するという試算があると述べた。金融当局は債務不履行による損害発生が住宅取引関連における損害の問題だと考えていた。07年3月・4月の大手住宅ローン専門会社の倒産も一部の問題と見なされていた。
　　　　しかしこの2007年6月頃にはすでに，CDOを軸とする証券化商品取引の「うねり」において金融危機を生み出す次のような重要な危険が出現していた。米国金融当局はこの重大な関連に気付いていなかった。


## 「金融活動の大膨張」の行詰り・破綻の始まり

　2000年代，大手投資銀行・商業銀行投資事業体はCDO等を大量発行し「新しい信用創出メカニズム」により膨大な短期資金を調達し，ごくわずか

の自己資金によって異常な高レバレッジで膨大な長期証券・CDO の取引を行ってきたが，このことはひとたびどこかで CDO 等の先行き不安が生じると，ただちに資金調達難に陥ってしまうことを意味するものである。

短期資金調達の繰返しによる資金調達では，どこかで先行き不安が生じると，短期資金調達の繰返しができず，資金調達難に陥ってしまい，自己の保有する CDO 等の売却が余儀なくされる。

また証券化商品取引の多くでは，CDO・ABS の価格低下が生じると，発行・運用機関が「現金差出し」・「担保追加（現金追加）」を行う「取決め」があるので，自己資金がわずかしかない投資銀行は緊急に現金調達に迫られていき，保有する証券化商品等の「売却」を余儀なくされていく。

緊急の現金獲得のための「売却」では，優良な証券・債券をも含めて，安い「処分価格での売却」を余儀なくされる。かかる「売却」は，投資銀行が自らの手で，自らの発行した CDO をはじめ証券化商品すべての価格崩落を生み出し，販売不能を一挙に促す役割を果たす。

2000 年代には，CDO・RMBS 等の発行量が膨大化するとともに，CDO に組み込まれる「原証券」(RMBS, ABS) の種類の数が格段と増大した結果，現金獲得のための「売却」が価格低下・販売不能を惹起していく各種証券の範囲は非常に膨大化していた。そのもとで，「住宅ローン需要減少」・「延滞・焦付き」が生じ，CDO 等証券化商品取引への不安が拡がったのである。

なお「2009 年 CEA 年次報告」は，金融危機勃発について，大手金融機関が「短期資金調達」に依存し高レバレッジであったため，「金融危機以前には，大手投資銀行はおよそ 25 倍のレバレッジを掛けていた」，投資銀行の自己資本はわずか 4％ であり，これでは「資本基盤はわずか 4％ の資産価値下落だけで消えてしまう」と述べ，この高いレバレッジが投資銀行の「脆弱性の基本的要因」だったと批判している。

> だが政府は 2004 年に大手投資銀行に対するレバレッジ規制を緩和した責任がある。また短期資金調達依存と高いレバレッジの危険については，米政府・関係機関は世界を震撼させた 1998 年の LTCM 破綻（救済）において熟

第5章　金融危機の勃発, 異例の金融政策, 大量失業, 克服されない金融危機

知していたのであるから, これらを放置し増強させた責任もある。2006年以降の財務長官 H. ポールソンは1998年当時, 米国最大の投資銀行ゴールドマン・サックスの CEO であった。

## ABCP 発行不能, SIV の危機

実際には危機の重大な発現は ABCP の発行難であった。2007年夏以降, 住宅ローン需要の減少・サブプライム層の「延滞・焦付き」の不安材料が生じたため, ABCP 発行が困難となり, ABCP 残高は07年8月上旬の1兆1800億ドルから同12月下旬には7500億へと大幅に縮小し, ABCP 市場は混乱を深めた。大手金融機関傘下の SIV は CDO・RMBS 運用を ABCP の発行・再発行の繰返しによって短期資金調達を行っていたので, ABCP の発行難はただちに SIV の資金難を惹起し, SIV は現金獲得のため, 保有していた CDO 等の売却, 安い「処分価格での売却」を余儀なくされた。SIV, ヘッジ・ファンドはこれまで CDO のハイリスク・ハイリターンのエクイティ部分を大量に保有しハイリターンを享受していたため, 「優先劣後」で最初に収益受取り不能に陥り巨額の損失を被った。

大手金融機関は傘下の SIV の発行する ABCP に対して損失が生じたばあいには肩代わりをする「バックアップ・ライン」保証を行っていたため, SIV の保有する毀損した CDO, RMBS 等を引き受けることを余儀なくされる。大手金融機関は CDO, RMBS を自分のバランスシートから切り離し, リスクを傘下の SIV に移転したのであるが, SIV に移転したはずのリスクが火を噴き, 自らが巨大損失を被る破目になったのである。

それゆえサブプライム・ローンの「延滞・焦付き」が表面化した2007年の10月15日, 最大手商業銀行のシティ・グループ, バンク・オブ・アメリカ, JP モルガン・チェースは緊急対策として共同で「特別基金 (Master Liquidity Enhancement Conduit: M-LEC)」を設立して国内外から資金を調達し, SIV の保有する CDO・RMBS 等を買い取ってその価格暴落を阻止することを目指した。大手銀行が素早く M-LEC 設立に動いたことは, SIV の破綻が

365

第Ⅳ部　冷戦勝利後の世界戦略と米国経済，金融大膨張，金融危機勃発

生じることが大手銀行にとっていかに深刻なものであったかを示している。財務省・FRBは基金創設を大歓迎したが，国内外の協力が得られず07年末に基金設立の断念が公表された。

　その後大手金融機関は膨大な不良債権を抱えて経営危機を急速に深め，2007年10月中間決算で巨額の損失を発表した。

　　　　　結局，2008年に金融危機が勃発した直後，FRBが慌ててM-LECと同じような「基金」を設置して証券化商品を買い取って大手金融機関を救済することになる。

　2007年末，世界の注目を集めたのは，モルガン・スタンレー，メリルリンチ，シティ・グループが新興諸国の「政府系投資ファンド（Sovereign Wealth Funds：SWF）」から巨額の出資・資金供与（形態はさまざま）を受け入れたことである。もちろんこれは資金難に対する一時的な緩和でしかなかったが。

　　　　　SWFは新興諸国が石油等の資源輸出・貿易収支黒字による膨大な外貨準備を基礎にして，対外投資によって高収益を獲得するために設立したもので，2000年代における米国主導の「投機的金融活動の新展開」に対応して一挙に膨張していった。

　　　　　IMF資料によれば2007年シティ・グループは11月アブダビ投資庁（75億ドル），08年シンガポール投資庁とクウェート投資庁，モルガン・スタンレーは12月中国投資有限責任公司（50億ドル），メリルリンチは12月シンガポール・テマセク（44億ドル）の出資・資金供与を受けた。出資・資金供与の形態はさまざまである。

　　　　　「2009年CEA年次報告書」はSWFが07年1月〜08年7月に世界の金融機関に対して推計920億ドルを投資したという。


### ヘッジ・ファンドの破滅，投資銀行の損失拡大

　ヘッジ・ファンドは2000年代に，高度な金融技術を駆使して，リスクが高いが高収益を見込める新しい分野に乗り出し，きわめて高いレバレッジで金融活動を膨大化していたので，証券化商品の取引条件悪化はさまざまな面

第5章　金融危機の勃発，異例の金融政策，大量失業，克服されない金融危機

からヘッジ・ファンドに大打撃を与えた。ヘッジ・ファンドでは概して，一定限度以上に運用資産の価格が低下するばあい，資金提供側が「追加担保提出」（運用資産減価の保証）を求めることや解約請求を行うことが可能になるという各種の「取決め」があった。「運用資産の売却」を要求できるものもあった。それゆえ証券化商品の価格低下・販売困難が生じると，ヘッジ・ファンドは「追加担保提出」や解約に対する償還金返済を行うため，保有する証券化商品を，優良なものをも含めて即時売却することに迫られ，証券化商品全般の価格低下・販売不能を加速していった。07年以降，ヘッジ・ファンドの解消・破綻が激化し，関連分野に巨額の損失を与えた。

　2000年代には，ヘッジ・ファンドへの資金委託は，私的年金基金・公的年金基金，MMF（公社債投資信託）からの資金委託が富裕層の委託よりも上回って拡大していたので，ヘッジ・ファンドの破綻はこれらの分野に対し巨大な損失をもたらした。

　また2000年代には，大手投資銀行，商業銀行投資事業体がヘッジ・ファンドを傘下に抱え込んだため，ヘッジ・ファンドの経営危機は親元の大手金融機関の経営を悪化させた。07年6月22日には，米投資銀行第5位のベア・スターンズが傘下のヘッジ・ファンド2社に対する32億ドルの資金支援を公表し国内外に衝撃を与えたが，支援は効果をあげず7月31日にこれらの破産申請を行った。この間に「格付会社」が関連する大量の証券化商品（発表はRMBSだが，CDOを含む，以下同じ）の「格下げ」を行い，RMBSの動揺が拡大した。ベア・スターンズは08年3月経営破綻に陥る。

　　　西欧では2007年8月9日，フランスの最大手銀行BNPパリバが傘下の3ファンドを凍結し，英国では住宅ローンで急成長した中堅銀行ノーザン・ロックで約140年ぶりに「預金の取付け騒動」が生じた。


## CDS危機

　CDSでは，一般的に「売り手」のモノライン会社，保険会社，金融機関，ヘッジ・ファンドは，CDO等の価格下落が進むと「買い手」に対し「現金

差出し」の契約がある。「売り手」は「プロテクション支払い」の資金は保有していないので，現金の緊急調達のために借入れと保有証券・保有資産の売却（投売り）に迫られ，経営悪化に陥る。さらに完全な債務不履行による「プロテクション支払い」が必要となると，借入れと保有資産の売却（投売り）はさらに深刻化し，資金繰りが付かずに経営破綻に追い込まれる。自らの手で，自らの保有資産の売却によって，経営破綻を惹起するのは，SIVの破綻と共通している。

CDSは大量の「買い手」と関連しているので，「売り手」の経営危機は「買い手」に対し，損失拡大を一挙に拡大する連鎖を発動していく。

### 「格下げ」の激震——CDO等の価格下落，モノライン危機，地方政府・年金基金の損失

2007年以降，格付会社による「格下げ」（「格付け」ランクの切下げ）が，金融危機の急速かつ連鎖的な拡大を惹起する強大な役割を果たした。

最初に注目された「格下げ」は，2007年6月ベア・スターンズの傘下ヘッジ・ファンド2社の救済公表に対し，直後の7月に大手格付会社のS&Pとムーディーズが非常に多数のRMBS（CDO含む，以下同じ）を「格下げ」したことである。

さらなる激震は，2007年中頃からのモノライン会社に対する「格下げ」とモノラインが保証していた多数の証券に対するいっせい「格下げ」であった。

2008年1月18日，格付会社フィッチはモノライン会社第2位アムバック・ファイナンシャル・グループの「格下げ」を発表し，次いでアムバックが保証していた地方債，証券化商品の「格下げ」を行った。08年にはさらにモノライン会社の「格下げ」を行った。金融保証では，モノライン会社自体が「格下げられた」ときには，金融保証を確実にするために保証相手側に対して「現金差出し」を行う「取決め」があったので，「現金差出し」によってモノライン会社は赤字が急増し，保有証券の売却を余儀なくされ，モノ

ライン会社本体と保証先証券はさらなる「格下げ」に追い込まれていった。07年末〜08年の「モノライン危機」の出現である。

2006年末，モノラインによる保証残高は全体で2兆2000億ドルに上り，そのうち約60％が地方債等の公的債権の保証であった。このためモノライン会社が金融保証した地方債等の公共債が，健全なものまでをも含めて「格下げ」された。発行主体の米国地方政府および地方債を保有する地方金融機関に対して巨額な損失を与えた。多くの地方債発行は困難となった。

また2000年代に企業年金・公的年金基金，MMF（公社債投資信託）が証券化商品投資を激増したが，「格付け」の高い安定的な証券化商品を運用する建て前であったため，保有証券化商品が「格下げ」されるとそれらの「売却」を余儀なくされた。

格付会社による「格下げ」はその後一段と拡大され，金融危機の急速かつ連鎖的な拡大を一挙に深化させる強大な役割を果たした。

これまで大手組成金融機関，格付会社，モノライン会社は，相互補強・相互促進の「高い格付けシステム」を作り上げていたが，CDO等の価格低下・販売不能は「想定外」であって，それについてなんの「取決め」もなかった。ところがCDO等の価格低下・モノラインの経営悪化が生じると，格付会社は「相互補強」を破って一方的に「格下げ」を強行したのである。長期的安定を保証するといわれていた「高い格付け」があっという間に「格下げ」されるという異常な事態が相次いだ。これはこれまでの「格付け」が大手金融機関・寡占格付会社による「甘い格付け」であり，将来の市場でのリスク評価を含んでいなかったこと，「格付け」には理論的根拠がなかったことを明らかにした。このことは，CDOがリスクの精緻な評価とリスクの分散・解消を掲げながら，「格付け」に依存し，「高い格付け」で販売拡大・収益増大を図るというCDOの矛盾の現れである。

それゆえ格付会社による「格下げ」に対し，一般国民，投資家，証券組成金融機関の不満と批判が噴出して一大混乱が拡がった。米当局が格付会社の規制・監督強化に乗り出したが，混乱を収拾できるはずもなかった。

第Ⅳ部　冷戦勝利後の世界戦略と米国経済，金融大膨張，金融危機勃発

　米国では2000年代初めのエンロン事件で，格付会社の格付けに対する疑惑や非難が高まっていたにもかかわらず，2000年代の証券化商品取引の好調な拡大によって，「格付会社」への疑惑・非難は忘れ去られていた。

## 第2節　金融危機の勃発

　2007年以降，米国最大級の投資銀行，GSE 2 社，（金融）保険会社は，価格暴落・販売不能となった大量の証券化商品（不良資産）を抱え，資金難から経営危機に陥っていった。最後は，資金借入れも金融資産売却による現金獲得も不可能となり，資金繰りがつかずに経営破綻に追い込まれた。

### ベア・スターンズの破綻，救済合併

　まず，2008年3月，投資銀行第5位のベア・スターンズが短期資金借入れ不能のために経営危機に陥った。3月14日，ニューヨーク連邦準備銀行（Federal Reserve Bank of New York：FRBNY, FRBで連邦準備銀行の代表的役割を担う）はJPモルガン・チェース商業銀行と連携してベア・スターンズに対して緊急融資を実施したが効果がなく，16日にJPモルガン・チェースがベア・スターンズを買収することになった。FRBはFRBNYを通じ，ベア・スターンズの金融資産を担保にとって290億ドルの特別融資をJPモルガン・チェースに対して実施した。形式は救済合併を行うJPモルガン・チェースに対する特別融資であるが，実質的には投資銀行ベア・スターンズの経営破綻救済のためのものである。FRBが投資銀行救済のために特別融資を行うことはまったく異例のことである。

　6月17日，FRBは投資銀行を含め有力20社からなるプライマリー・ディーラーに対する貸出制度をFRBNYに新設することを決定し，公定歩合を0.25％引き下げた。この決定によって上の特別融資が行われた。

　ベア・スターンズの破綻は国内外に一大衝撃を与えたが，米国関係者には

第5章 金融危機の勃発,異例の金融政策,大量失業,克服されない金融危機

大手金融機関は大きすぎて潰せない (too big to fail),他の金融機関との関係が密接なので潰せない (too interconnected to fail) ので政府が救済支援してくれるという安堵感を与えていた。

### RMBS の崩壊,ファニーメイ・フレディマックの破綻

米国では2008年7月には,もはや一般の住宅ローン債権担保証券RMBSは新規発行不能に陥ってしまっていた。

GSEのファニーメイ,フレディマックは政府の暗黙裡の保証があるという信用によって一応RMBSとGSE債券を発行してはいたが,2000年代にサブプライム住宅ローン債権を大量に購入してRMBSに組み入れ,その多くを保有していたため,07年以降のRMBSの価格低下によって経営危機が深まっていた。08年7月,両社の株暴落によってGSEの危機が火を噴いた。7月11日には株価は前日比50%前後にまで暴落し,国内外に衝撃を与えた。

ファニーメイ,フレディマックが保有する住宅ローン証券・債券の残高は5兆2000億ドルに上り米国の国債発行残高(4兆7000億ドル)を超えていた。両社の発行したGSE債券のうち外国の中央銀行・金融機関等の保有する額は1兆5000億ドルにも上っていた。

米政府・FRBはこの時まで,ファニーメイ,フレディマックの破綻の危機を理解していなかったが,これらに対する救援対策はきわめて迅速であった。7月13日には政府は両社に対する融資枠拡大と公的資金注入を柱とする救済策を緊急発表し,早くも26日,米国議会がこれらの救援と借り手救済の「住宅経済復興法 (Housing and Economic Recovery Act of 2008)」を可決,30日に成立した。この法的措置によって財務省の権限でファニーメイ,フレディマックへの融資枠を無制限に拡大し,かつ財務長官の権限で両社の株式を購入できることになった。ここで国民負担の財政による「公的資金注入」が初めて可能となった。そしてこれまで両社の経営監督に当たっていたOFHEOを廃止し,より強力な権限を持つFHFA (Federal Housing Finance Agency) を設立した。しかしそれでもGSE 2社の経営危機は改善されなか

第Ⅳ部　冷戦勝利後の世界戦略と米国経済，金融大膨張，金融危機勃発

ったため，米政府は9月7日，公的資金最大枠の各社1000億ドル，計2000億ドルを注入して両社の経営を政府の管理下に置くことを決定した。GSE 2社の国有化である。両社の破綻は米国の住宅ローン証券化政策の完全な失敗を示すものであり，政府はこの救済・国有化のために巨額の資金を投じたのである。一般には，住宅ローン証券化の完全なる崩壊といわれている。

しかし注目すべきは，政府が即刻巨額の資金を投じて国有化を実行したのは，これまでの住宅ローン対策＝住宅ローン証券化の基本路線をそのまま継続し，景気対策の柱としていくということの強い意思の現れだったことである。このことはその後の政策から明らかである。

なおGSEの株価が暴落した7月11日，住宅ローン貸付金融機関から地方銀行となった住宅ローン大手のインディマック・バンコープが，米国連邦預金保険公社（FDIC）の業務停止命令を受け，破綻した。9月13日には，「貯蓄金融機関（S&L）」の最大手でサブプライム・ローン担保債券の証券化にも乗り出していたワシントン・ミューチュアルに対し，米国貯蓄金融機関監督局（OTS）が業務改善命令の一歩手前の「業務改善勧告」を行い，9月25日JPモルガン・チェースがこれを買収した。

リーマン・ブラザーズの破綻

2008年9月15日，投資銀行第4位のリーマン・ブラザーズ（以下，リーマンと略）が連邦破産法第11条の適用を申請したという衝撃的事実が発表された。負債総額6130億ドル（当日為替レートで約63兆8000億円），米国史上最大規模の倒産であった。リーマンはそれまで経営危機が囁かれていたが，一般的にtoo big to fail，too interconnected to failなので，政府が救済すると思われていた。それだけにこの発表は公的救済への甘い期待を打ち砕き，深刻な金融危機の勃発を国内外に告知することになった。この15日，大手商業銀行のバンク・オブ・アメリカが投資銀行第3位のメリルリンチを買収すると公表された。H. ポールソン財務長官は，この買収の公表が市場を落ち着かせると期待していたが，しかしこれはかえって大手投資銀行の危機の

深刻さを示し動揺と信用不安を助長することになった。

　リーマンだけを救済しなかったことについては，救済するかしないかの判断基準が不明確だという疑念が残された。リーマンを救済しないという決断を下した財務長官ポールソンは回顧録で，リーマンにはいくら探しても買い手がなかったことと，当時政府には公的資本注入の権限はなく，たとえFRBが融資しても破産は防げなかったことをあげている。

　　　　ポールソン財務長官は，GSE 2 社の破綻・救済，リーマン破綻について，日誌的な回顧録（H. M. Paulson, *On the Brink: Inside the Race to Stop the Collapse of the Global Financial System*, 2010）で詳しく述べている。

　リーマン破綻は金融保証CDSで「損害」支払いを行うべき「CDS売り手」（金融保証機関）に大打撃を与える危険を孕んでいた。これに対してリーマン破綻の翌日，AIG救済が発表される。

### 金融危機勃発，金融市場の機能麻痺

　リーマン破綻の衝撃後，巨額の負債を抱える巨大金融機関は，連鎖倒産の危険に怯え，できるかぎりの資金を手元に集めようと，現金を求めて保有金融資産の売却に走った。

　金融市場は現金を求めてパニックに陥った。ほとんどのCDO，RMBSは暴落し販売不能となった。CDO・RMBSの暴落・販売不能・紙屑化は，大手組成金融機関・関連事業体が，実体経済から離れてCDO・RMBSを大量に発行し続け，それらCDO・RMBSの価格上昇による「虚（資産価格）」の膨張，その「現金化」によって現金収入を膨大化していった挙句の果てのCDO・RMBSの暴落・販売不能・紙屑化であった。

　それゆえ大手金融機関・関連事業体の抱える販売不能のCDO・RMBSは大量であった。巨額損失は各種の証券投資家に拡がった。株式市場では投資家の株売却・資金引揚げ急増で株価は急落した。とくに大手金融機関の株価は2007年以降低下傾向にあったが，ここで一挙に暴落した。米国の一般家計に広く普及していたMMMFはリーマン破綻直後から額面割れとなり一般

家計による解約が殺到し，一般家計にも直接損害が及んだ。MMMF 発行母体による資産売却・MMMF の廃止によって MMMF 残高は一挙に激減し，MMMF によって支えられてきた広汎な分野に衝撃を与えた。ABCP 市場は崩壊し，一般 CP 市場でも，CP 新規発行不能が拡がり，金利の高騰が拡がった。あらゆる分野で資金難・資金不足による経営破綻・決済不能が連鎖的に拡がり，決済システム全体が麻痺していった。

米国金融市場は文字どおり機能麻痺に陥った。すでにあらゆる金融機関において進んでいた経営危機が，リーマン破綻によっていっせいに火を噴いたのである。

世界中に株価の大暴落，為替相場の激動が一挙に拡がって，これらが金融機関，投資家の損害を倍加していった。

実体経済から離れた「証券の証券化」の一大膨脹，「投機的金融活動の新展開」によって惹起された，資本主義の歴史で経験したことのない世界的金融危機の勃発であった。米国実体経済は，金融関連での大量解雇，失業発生，消費市場の一挙収縮によって大打撃を受け，実体経済の停滞・大量失業の深刻化は必至であった。

リーマン破綻は，金融保証 CDS で「損害」支払いを行うべき「CDS 売り手」（金融保証機関）に対して大打撃を与える危険を持っていた。

### AIG の破綻・政府救済

リーマン破綻の翌 9 月 16 日，FRB は AIG（American International Group）が経営危機に陥ったのに対し，最大枠 850 億ドルの緊急資金融資（2 年間）を行い，同社の株式の 79.9% を取得して政府の管理下に置くことを公表した。リーマン破綻・AIG 破綻（救済）は CDS の不安・危機を国内外に拡げたが，AIG 救済によってひとまず米国内での金融保証をめぐる危機拡大は食い止められた。

AIG は米国最大の保険会社で，2007 年従業員は 11 万 6000 人に上り，多くの分野にわたって国際的に保険業務を展開しており，2000 年代にきわめ

第5章　金融危機の勃発，異例の金融政策，大量失業，克服されない金融危機

て大量の CDS を契約していた。

　AIG は契約対象の RMBS，CDO 等の価格低下が進んだばあいには，CDS「買い手」に対して「現金差出し」を行う「取決め」をしていたので，RMBS，CDO の価格低下の拡がりによって「現金差出し」の必要性が急増したが，しかし CDS 売り手の AIG は「プロテクション＝権利」の裏付け（資金）を持っていなかったため，資金繰りが付かず，経営破綻に追い込まれたのである。CDS の抱える内在的な矛盾（→325 頁）の発現そのものである。

　「2009 年 CEA 年次報告」は，AIG が「RMBS の価格低下に伴って契約相手に対して現金担保を収める」契約であったが，巨額の「現金担保を収める現金を保有しておらず，AIG は流動性危機に見舞われた」とし，AIG が RMBS に関する「CDS 契約から数十億ドルに上る損失を被った」という。

　政府は AIG 危機に対し急遽，財政からの公的資金による不良資産買取りを柱とする「緊急経済安定化法」を提出し，その成立後に AIG 等から不良資産を買い上げていくことになる。


### 大投資銀行の消滅

　リーマン破綻の 9 月 15 日に大手商業銀行のバンク・オブ・アメリカが投資銀行第 3 位のメリルリンチを買収すると発表した。

　9 月 21 日，FRB は投資銀行第 1 位のゴールドマン・サックスと第 2 位モルガン・スタンレーが銀行持株会社へ移行することを容認したと発表した。公的資金注入が可能となる銀行持株会社への移行であった。政府・FRB が両投資銀行を実質的に存続させる強い意思を持っていることの表れであった。

　こうして 1990 年代以降，米国の投機的金融活動，証券の証券化をリードし，巨大な勢力となった米国大手投資銀行はすべて消滅した。リーマンの破綻とともに巨大投資銀行の消滅は，90 年代以降，さらに 2000 年代に熱狂的な拡大を遂げた「証券の証券化」，「投機的金融活動の新展開」の破綻を示すものであった。しかし「投機的金融活動」が終わったわけでは決してない。

第6節で見るように，金融危機勃発の後，投機的金融活動は新たに活発な展開を遂げていくのである。

米国政府・FRB は金融市場の機能麻痺に対してただちにこれまで例のない強力な対策を打ち出すとともに，米国主導の国際的協調によって，金融危機の連鎖的拡大を抑えたので，金融市場の一大混乱はなんとか収拾されていく（→次節）。

## （補）「世界的金融危機の勃発」と規定する理由

マルクス経済学には以上の金融危機勃発を「金融恐慌」とする見解があるが，著者は「金融恐慌」ではなく，世界的「金融危機の勃発」とする。

マルクスは過剰生産恐慌に付随して「貨幣恐慌, Geldkrise」または「信用恐慌, Kreditkrise」が生じるという。社会的再生産が，設備投資群生を軸にして，狭隘な消費の制約を無視し，市場の枠を超えて大膨張を遂げ，過剰生産恐慌が勃発し，これに付随して，「貨幣恐慌」，「信用恐慌」が生じるというのである。なおマルクスはそれとは異って「自立的に」生じる「独自の貨幣恐慌」があるというが，分析されてはいない。

マルクス経済学では，上のマルクスの主張に依拠して，今回の金融危機勃発を「恐慌」・「金融恐慌」と呼ぶ見解がある。しかし大戦後の資本主義経済は大きく変質しており，今回の金融危機の深化・勃発は，社会的再生産の大膨張の後に，過剰生産恐慌に付随して生じたわけでは決してない。それゆえ，この金融危機勃発を「恐慌」・「金融恐慌」と呼ぶことは，理論的混乱を招く。

また著者が「金融恐慌」と呼ばないのは，次節で見るように，国家の強力な金融救済策が金融危機の連鎖的拡大を阻止し，金融市場の機能を回復させたからである。ここでは過剰資本を破壊する恐慌本来の作用は働かない。ここでの問題は国家の金融救済策の長期持続によって，深刻な経済停滞が長期化するとともに金融危機の基礎が温存されることである。

マルクス経済学では「恐慌」・「金融恐慌」と呼ぶことで，矛盾を強調するという傾向があるが，しかし著者は以上の「実体経済」から独立した投機的金融活動の激増と金融危機の勃発，克服されない経済停滞，金融危機の存続は，国民生活にとって，より深刻な矛盾の発現である，と考えている。

## 第3節　国家の未曾有の金融救済策とその長期化

　金融危機対策についてまず指摘したいのは，金ドル交換停止・IMF体制崩壊によって通貨膨張，信用膨張，財政赤字に対する歯止めがなくなったため，政府・中央銀行の恐慌を阻止する「力」がきわめて強まったことである（→189頁）。とくに事実上の基軸通貨国である米国は対外決済の面からの歯止めも免れていた。2008年以降，米国が金融危機に対して，史上初めての強力な対策を長期にわたって続けることができた根拠である。

　2008年以降の米国の対策は，資本主義の歴史で経験したことのない強大な国家の「力」の発動であった。中央銀行は本来経済の安定・発展のため通貨価値の安定，金融制度の安定を確保するという課題を担い，そのために「最後の貸し手（Lender of Last Resort）」として金融機関に資金供給を行うことができるが，FRBはFF金利を2008年12月16日，米国史上初めてのゼロ金利状態とし，本来の金利政策の働かないゼロ金利状態のもとで，未経験の領域に踏み込んで，各種の強力な対策を打ち出していった。政府・財務省もまた赤字財政によって驚異的な規模で異例の金融市場対策・金融機関救済に乗り出していった。

　ここでは政府・FRBは「政策原理」も「長期計画」もないまま，「中央銀行の独立性」も「政府と中央銀行との垣根」も捨て去って，次々と現れる金融危機に対し「場当たり的」「その場凌ぎ的」対策を打ち出し拡張していったのである。これらは後に長期戦略の完遂であったように語られるが，事実の推移を見れば「場当たり的」「その場凌ぎ的」対策の反復・拡張であった

ことは明白である。「大恐慌を阻止するため」という大義名分で強行された国家の「力」の発動であった。

第3節の課題は国家の金融救済策の解明であり，金融危機勃発と国家対策によって米国経済がいかなる難題を抱え込んでいったかは第4節の課題とする。

### FF金利引下げ～ゼロ金利と国際協調的利下げ

FRBはFOMC（連邦公開市場委員会）で，2007年9月18日以降，FF金利をそれまでの5.25%から引き下げて08年4月30日に2.00%にしたが，リーマン破綻後にはさらに10月9日1.50%，29日1.0%と連続的に引き下げ，12月16日にはついに0.00～0.25%に引き下げた。中央銀行がもはや金利による政策をとることのできない史上初のゼロ金利の出現である。公定歩合も低下を続け12月16日に0.5%となる。FRBはゼロ金利という未経験領域のもとで次々と異例の対策を打ち出していく。

> もっとも日本は例外的で，1997年来の経済停滞の深刻化，北海道拓殖銀行，日本長期信用銀行等の破綻に対し，日本銀行が99年2月に政策金利を0.15%とし「ゼロ金利政策」と呼んだ。

米国はリーマン破綻直後の10月9日，FF金利引下げとともに，米欧6ヵ国の中央銀行（米国FRB，ユーロ圏ECB，英国BOEの他，カナダ，スウェーデン，スイス）の協調利下げの合意を取り付けた（日銀はその後協調して利下げを実施）。米国の始めた超低金利はその後先進諸国においても長期間続く。

この後「非伝統的手段（Unconventional Measures）」，「非伝統的政策」という用語が拡がるが，明確な定義はない。

2004年バーナンキ（FRB理事，06年2月FRB議長就任）は短期金利が非常に低いときの金融政策を伝統的ではない金融政策とした（Bernanke and Reinhart, 2004）。ただし金利2%のときのことである。

一般的に「非伝統的な金融政策」は超低金利によって本来の金利政策が不可能となった後，これに代わって現れた政策という意味で使われており，流

第5章　金融危機の勃発,異例の金融政策,大量失業,克服されない金融危機

通する通貨供給量の増大を重視する「(狭義の)量的緩和(Quantitative Easing)」政策と,各種の不良資産・証券等の買上げや信用保証を行う「信用緩和(Credit Easing)」政策があるというが,明確な理論的規定はない。

ただ「非伝統的政策」をたんにゼロ金利下で不可能となった金利政策に代わって現れた政策と把握しただけでは,その後FRBの対策が多岐にわたって,政府・財務省の政策と絡み合い,「中央銀行の独立性」,「政府と中央銀行との垣根」を破って遂行されていく原因もその特質も明確にできない。著者は一応「非伝統的」対策と呼ぶが,その内容は,政府・中央銀行がこれまで経験したことのない領域に踏み込んで,「中央銀行の独立性」も「政府と中央銀行との垣根」も捨て去って,各種の対策を強行していったという意味においてである。

### 米国と欧日のドル供給制度

リーマン破綻による金融危機勃発に対し,主要諸国の中央銀行もただちに自国金融市場に緊急資金供給を行ったが,米国国内での流動性逼迫によって各国ではドルの不足が深刻であった。このため,9月18日,6大中央銀行(FRB,ECB,BOE,スイス,カナダ,日本)は,FRBとの間で事前に取り決めたレートで自国通貨をドルと交換してドルを自国の金融機関に貸し付ける包括的制度(総額1800億ドル)を史上初めて設立した(直後にオーストリア,スウェーデンが参加)。ドル不足の深刻化が続いたため,9月30日に総額を6200億ドルに拡大,10月23日には上限が撤廃された。

同時に米国主導で国際協調が進められ,10月10日G7が「行動計画」を発表,金融システム安定化のため主要金融機関の支援・資本増強,信用市場・金融市場の機能回復等が盛り込まれた。

　　　　11月8日,ワシントンで中国,インド等の新興国を加えたG20が開催され,14・15日に「第1回20ヵ国・地域首脳会合(別称G20金融サミット)」が開催された。世界の注目を集めたが,具体的成果は乏しく,米国が国際的協調を訴えるにとどまった。

第Ⅳ部　冷戦勝利後の世界戦略と米国経済，金融大膨張，金融危機勃発

## FRB による CP および特定証券の買取り

　FRB はリーマン破綻による金融機関破綻の連鎖波及を阻止するため，2008 年 10 月 7 日，コマーシャル・ペーパー（ABCP を含む）を直接買い取る「CPFF 制度（Commercial Paper Funding Facility）」を創設して即刻買取りを実施した。同 21 日には MMMF の破綻の連鎖波及を阻止するため，MMMF から対象資産の買取りを行う民間機関に対して貸出を行う MMIFF 制度（Money Market Investor Funding Facility，貸出規模最大 5400 億ドル）を創設し，09 年 1 月 7 日にはその拡張を公表した。以上の政策は危機の連鎖的波及を食い止め，金融市場を落ち着かせるうえに大きな役割を果たした。

　FRB は 11 月には自動車ローン，クレジットカード・ローン，学資ローン等を担保にして発行された各種 ABS（資産担保証券）の保有者（金融機関）に対して最大 2000 億ドルの貸付を行う「TALF 制度（Term Asset-Backed Securities Loan Facility）」を創設した（後に対象・役割を拡張）。11 月 25 日に最大 8000 億ドルに上る「追加資金対策」を決めた。

## 財務省の FRB への資金支援，財務省と FRB の融合

　財務省は 9 月 17 日に早くも，財務省短期証券（国債）を臨時発行し FRB への資金供給を行うと発表した。通常の資金需要を上回る国債の発行追加によって FRB を支援するのは異例なことであるが，この後この「補完的資金調達プログラム（Supplementary Financing Program：SFP）」が FRB の金融救済策を支えていき，政府・財務省と FRB との融合が進む。

## 政府・財務省の緊急対策

　政府・財務省の対策も迅速果敢であった。2008 年 10 月 3 日，「緊急経済安定化法（Emergency Economic Stabilization Act of 2008，別称金融安定化法）」が成立し，金融機関から不良資産を買い取るための 7000 億ドルに上る「不良資産救済措置（Troubled Asset Relief Program：TARP）」が決まり，このうち 3500 億ドルは議会の承認なしに使用できるとされた。この 7000 億ドルが

第5章　金融危機の勃発，異例の金融政策，大量失業，克服されない金融危機

いかに巨額であるかは07年度連邦財政歳出総額＝2兆729億ドルと比べれば明らかであろう。最初この資金は不良資産買上げを予定していたが予定を変更して，財務省は急遽2500億ドルを大手金融機関救済の資本注入に当てることにし，TARPから大手9金融機関に公的資金注入を実施した。その後TARPから経営危機の続くシティ・グループ，バンク・オブ・アメリカに資本注入を追加し，またGMの金融子会社GMACおよび事業法人のGM，クライスラー社に対しても資本注入を実施した。救済したAIGへも400億ドルの資本注入を行った。

### オバマ政権下における金融救済策の強化・拡大

2009年1月，民主党のオバマが大統領に就任した。オバマは金融危機対策では，W. ブッシュ政権でのFRB議長バーナンキを留任させたので，バーナンキ議長はガイトナー新財務長官とともにこれまでの路線を継承し，それをさらに格段と強化していった。

財務省は2月10日「金融安定化計画（Financial Stability Plan）」を公表し，具体的内容を2月末〜3月に発表した。その第1の柱は「監督資本評価計画（Supervisory Capital Assessment Program：SCAP，別称ストレス・テスト）」によって保有総資産1000億ドル以上の金融機関（19行）に対して財務状況を検査し，必要な金融機関に資本注入を行うことである。第2は5000億ドル（1兆ドルに拡大可）に上る不良資産買取りの「官民投資計画（Public-Private Investment Program：PPIP）」である。財務省と民間資本が同額出資する「官民投資ファンド（Public-Private Investment Fund）」が創設され，FDIC（連邦預金保険公社）が官民出資額に対して総計の最大6倍までの債務保証を行うとした。

さらに不良証券買上げのTALF（FRB管轄）の対象をABS（資産担保証券）からさらにRMBS（住宅ローン担保証券），CMBS（商業用不動産担保証券）にまで拡張し，総額を最大2000億ドルから1兆ドルに拡大した。

このほか「住宅対策（Homeowner Affordability and Stability Plan）」があるが，

381

中心は国家管理下の GSE への支援を軸にした住宅ローン借換え・住宅ローン金利引下げの支援であって，差押え防止等が加わったにすぎない。

FRB は独自に 3 月 18 日，今後 6 ヵ月間で 3000 億ドルに上る長期国債の「買切り」（売戻し条件なし）を行うと発表したが，このような長期国債の膨大な「買切り」もまた異例の措置であった。

### オバマの「景気対策」と金融危機認識

オバマ大統領は就任直後の 2009 年 2 月 13 日，総額 7872 億ドルに上る過去最大規模の景気対策「米国再生・再投資法（American Recovery and Reinvestment Act of 2009）」を成立させた。主な目標は 350 万人以上の雇用の創出・維持，経済の活性化（jump-start），将来の成長力引上げであり，環境・エネルギー対策，道路・橋梁の近代化や高速道路投資等多くの計画が盛り込まれ，10 年 9 月には 5500 億ドルの追加景気対策が発表された。ただしこの景気対策は早期に頓挫し，内容が変化していくので，第 5 節で取り上げる。

だがオバマについて指摘しておきたいのは，オバマがこの「景気対策」において同じ時期にガイトナー財務長官の公表した「金融安定化計画」には言及せず，金融危機に対する見解を示していないことである。オバマは 2010 年 2 月の最初の「大統領経済報告」で，就任以来 1 年余に毎月平均 70 万人の職が奪われ家計の富が 1 兆 3000 億ドル喪失したといい，その原因として「投機」，ウォール・ストリートの「ギャンブル」を厳しく非難し，前政権下で成立した立法の権限を行使せざるを得なかったという。しかし自らの政権がなぜ W. ブッシュ政権の金融対策を継承するのかという肝心のことにはまったく言及していない。その後もオバマは自らの金融危機への見解も，自らの政権の強大な金融救済策の正当性も明らかにしていない。

### 国家の金融救済政策の限界，その長期化

政府・財務省，FRB の未曾有の対策によって 2009 年前半には金融市場は一応落ち着きを見せた。リーマン以外の大手金融機関は姿を変えて残存し，

第5章　金融危機の勃発,異例の金融政策,大量失業,克服されない金融危機

経営悪化の度に巨額の救済を受けた。

しかし国家の金融救済策は金融危機を解決できず,惨憺たる状況が続き,金融救済策は長期化を余儀なくされた。

### 銀行の大量破綻の長期化,「連邦預金保険公社」等の危機

米国の銀行（預金業務を行う銀行・貯蓄金融機関）の破綻は2007年は3件であったが,リーマン破綻以降08年25件,09年140件,10年157件,11年92件へと驚異的な拡大を続け,12年にも51件に上っている（FDIC発表）。銀行破綻の1年間の件数では1980年代末以降の（住宅貯蓄貸付組合の）S&L危機を下回るが,しかし2008年以降の銀行破綻の特質の第1は大規模銀行の破綻が多いことであり,第2は銀行破綻がリーマン破綻後から長期にわたって拡がり続けていることである。

この結果,「連邦預金保険公社（FDIC）」の危機が生じた。FDICは1933年グラス＝スティーガル法とともに創設され（→234頁）,加盟銀行に対して銀行破綻の際の預金保険を提供し続けてきたが,リーマン破綻後の大規模な銀行破綻によって保険金給付が急増した。さらにオバマ政権でのTARPによる大手金融機関に対する資金注入の際,大手金融機関の「損失」に対しFDIC資金を提供していた。このためFDICの資金は2009年後半には残高はマイナス83億ドルとなった。FDIC資金のマイナスは財政で補われるであろうが,目に見えぬ形での国民負担増の拡大である。

他方,1934年に創設された政府機関「連邦住宅局（FHA）」は主として低所得者向け住宅ローン保証業務を行ってきたが,住宅ローンの長期延滞率が高まり,2012年末にはFHAの資金はマイナスとなる。これは議会承認で財政資金を受け取ることができるが,財政支援はFHA設立後初めてのことである。これも目に見えぬ国民負担増大である。

### FRBの「量的金融緩和」のさらなる拡大,QE2,QE3

2010年春頃から米欧諸国では,金融危機勃発に対する異例の政策・「非常

時の政策」を「平時の政策」に戻す「出口戦略（exit strategy）」が検討されはじめた。米国ではFRBの緊急対策は大体10年3月までに終わり，「出口戦略」の開始の時期が注目を呼んでいた。

　　　　「出口戦略（exit strategy）」という用語は，敗色の濃くなったベトナム戦争末期に撤退について米国国防総省で使用されたものが，この時期以降政府・中央銀行の政策を「平時の政策へ戻す」ことに使われた。

　ところがFRBは経済回復の鈍化，デフレ・リスク懸念が生じたといい，2010年8月のFOMCで再び金融緩和に転じ，RMBSの元本償還分を買い上げ，長期国債を翌11年6月末までに6000億ドル買い取ることを発表した。これは「QE 2」（第2次「量的金融緩和：Quantitative Easing」）と呼ばれ，先の08年11月以降のものは「QE 1」と呼ばれるようになる。

　さらにまたFRBは2012年夏以降，生産状況・労働市場状況に懸念が生じたといい，9月のFOMCでRMBSを毎月400億ドルのペースで追加購入することを決定，12月には長期国債を毎月450億ドルのペースで購入することを決定した。このQE 3はこれまでよりも徹底したもので，「量的金融緩和」を「労働市場の見通しが著しく改善するまで」続けるとし，RMBSと長期国債の購入期限も最終買上げ額も明示していない。また同じ9月にFRBは異例に低いFF金利を引き上げる時期の予想を，前の発表よりもさらに遅らせて「15年半ばまで」とした。

　FRBの長期にわたる際限のないQEの追加・拡大であり，「出口戦略」の先送りである。

## GSE支援・住宅ローン証券化維持政策とその破綻

　民間金融機関による住宅ローン担保証券（RMBS）の発行はリーマン破綻直前の2008年夏にはすでにゼロになってしまい，その後現在に至るまで民間金融機関のRMBS発行による住宅ローン供給は行き詰まったままである。11年RMBSの新規組成・発行の内訳は，国家管理下のGSE 2社（ファニーメイ，フレディマック）が72％，政府機関ジニーメイが26％で，民間はわず

第5章　金融危機の勃発，異例の金融政策，大量失業，克服されない金融危機

か2％にすぎない。なお住宅ローンの80％以上が証券化されている。

一般では2012年頃には住宅ローン市場は回復傾向にあるといわれたが，その実態は莫大な公的資金によるGSEとジニーメイの住宅ローンであった。

米国政府は破綻したGSE2社を巨額の資金を用いて国家管理のもとに置き，政府・財務省とFRBとが莫大な資金を投入してGSEのRMBS発行を支え，住宅ローン市場を支えてきたのである。GSEへの公的資金注入は「無制限」で（2012年に上限設定），政府は12年までに1875億ドルに上る公的資金を投入してきた。FRBの「量的金融緩和」の内実はもっぱらRMBSと長期国債の買上げであるが，リーマン破綻直後の買上げの後には大半がGSEのRMBSのはずである。FRBが買い上げて保有しているRMBS総額は14年4月実に1兆6000億ドルとなっている。

このGSEからの買上げについて注目すべきは，この買上げがGSE保有の既発行の不良証券・金融保証だけではないということである。FRB・財務省は，GSEが「新規に発行するRMBS」を毎回大量に買い上げたのであり，FRB・財務省がGSE-RMBSの新規発行・販売を支え，住宅ローン供給を支えてきたのである。

　　　なおGSE2社はその優先株を80％保有する財務省に対して配当を支払うが，配当支払いは650億ドルに止まる。FRBは買い上げたRMBSの金利を受け取っているが超低金利である。

GSE2社の経営はいっこうに改善されず公的負担が膨大化し続けたので，財務省は2011年以降GSE2社を段階的に縮小・廃止する案を作成したがその実現の見通しはまったくない。この動きのもとで，GSEは12年末経営を黒字としたが，経営建直しの見通しはない。

住宅ローン借り手の損失は救済されないで，貸し手の金融機関GSEへは莫大な公的資金が投入されることに対して国民の不満が高まった。

米国政府は住宅供給を政府主導の「住宅ローンの証券化」によって実現し，住宅ローン市場・住宅ローン証券市場の膨大化を景気拡大の柱としてきたが，かかる政策の破綻であった。

第Ⅳ部　冷戦勝利後の世界戦略と米国経済，金融大膨張，金融危機勃発

## 財政赤字の膨大化・債務残高の累増

　米国の連邦政府財政収支はクリントン政権下に約30年ぶりに黒字になり4年間黒字を続けたが，2001年以降の経済停滞の深刻化と01年以降のアフガニスタン侵攻・対イラク戦争の長期化による国防支出膨大化と同期間での消費減税措置によって，財政は02年度赤字に転落，財政赤字は一挙に300～400億ドル水準となった。対イラク戦争の長期化のうえに，金融危機の深化・勃発が加わった。歳入は金融危機の深化～勃発によって大幅に減少し，政府の未曾有の財政出動によって歳出は激増，財政赤字は格段と膨大化していった。これに高齢化と医療制度改善による医療・社会保障関連費用の長期的増加が加わった。

　財政赤字は2008年度（07年10月～08年9月），過去最大の4548億ドルとなった後，翌09年度には1兆4171億ドル，10年度1兆2941億ドルと約3倍に激増し，その後減少するとはいえ4年連続で1兆ドルを超える赤字が続いた。

　財政赤字の累増によって「連邦政府債務残高（民間保有分）」は一挙に膨大化し，2009年度7兆5593億ドル，11年度に14兆ドルを超え，12年度に16兆ドルを超えていった。政府は毎年莫大な債務残高が「法定上限」に達してしまうという事態に苦しむことになる。

>　米国では「連邦政府債務残高」に「法定上限」が設定されており，債務残高がそれを超えると国債の新規発行が不可能になる。ブッシュ政権は債務残高急増に対し，歳出削減を条件に「法定上限」を引き上げる法的措置を繰り返しており，オバマ政権も11年に「法定上限」を14兆2940億ドルから16兆4000億ドルに引き上げたが，12年末にはこの「法定上限」に達してしまった。

　2012年に債務残高が「法定上限」に達したことをめぐりオバマと議会との対立が激化し13年3月になっても新たな予算が成立しない事態が生じたが，政府は歳出削減を踏まえて13年2月に「法定上限」を定めた法律の適用停止措置をとり，14年2月に「債務上限の適用期限」を15年3月15日

第5章　金融危機の勃発，異例の金融政策，大量失業，克服されない金融危機

まで延期する法案（同日まで「債務上限」なし）を成立させた。

　財政赤字は景気回復によって2014年以降改善されるといわれているが，はたして財政赤字と実体経済の停滞・大量失業との悪循環を克服できるかどうかは疑問であるし，財政赤字持続はインフレ期待を孕んでおり，インフレ動向や米国の戦争の展開によって左右されるので予断はできない。ここでは長期にわたる戦争，および金融危機勃発と莫大な金融救済策が国家債務を膨大化させ，対イラク戦争・金融危機に何の責任もない国民の負担が急増したことを指摘しておく。

### 中央銀行の資産膨大化・資産劣化

　FRBが長期にわたるQE 1，QE 2，QE 3によって「量的金融緩和」を拡大し続け，大量の長期国債とGSEのRMBSの大量買上げを拡大し続けたため，FRBの「資産＝負債（バランスシート）」はリーマン破綻直前の2008年9月10日の9000億ドルから12年11月末には2兆9000億ドルへと3.1倍に拡大し，14年4月には4兆3000億ドルへと膨大化した。増大したFRB「資産」は米国債が約2兆6000億ドル，RMBSが約1兆6000億ドルであり，バランスシートではこの買上げ資金が「負債」となっている。この激増した「資産」RMBSは不良証券か新規発行証券かであるが，買上げ価格での売却不能のリスクが大きい。長期国債も売却には市場を攪乱するリスクがあって容易ではない。2014年FRBNYのレポートはFRBの保有国債・RMBSの評価損は530億ドルと推計している。FRBの「異常な」資産膨張が「資産劣化」といわれるのはこのためである。

　FRBは本来証券の運用を行わないので，保有証券の評価損を"認識する必要はない"建て前になっており，バーナンキはFRBの異常な資産膨張・資産劣化について発言していない。しかし実際には保有証券・長期国債の処分において損失・混乱は避けられない。

　バーナンキは最初のRMBS，長期国債の大量買上げの際は，その対策によって物価安定・景気回復が実現したときに売却することを期待していたは

ずである。しかし，莫大な対策を続けても景気回復，労働市場改善の効果があがらなかったので，その後「政策効果」の検証も長期計画もないまま，景気悪化・労働市場悪化が懸念されるたびに，いわばずるずるとQE 2，QE 3を進めバランスシート膨大化を続けてきたのである。

バーナンキは2014年5月19日，FRBのバランスシートは「正常化する必要はない」，「現在の水準を維持することが可能である」と主張しており，FRB資産が膨大化したことの責任も，「出口戦略」を先延ばしにしてきた責任もまったく認めていない。しかしバーナンキの理論は，量的緩和による資金供給が金融危機発現を抑えるということであって，量的緩和によってFRBのバランスシートが膨大化していっても支障はないということ，バランスシートが膨大化してもその後の資産処分で解決できるということはなんら明らかにしていないはずである。

## 第4節　大戦後最大の長期失業，家計債務増大，消費の冷込み

### 大戦終了後最大の失業発生とその長期化

金融危機勃発が生み出した最も深刻な問題は，米国史上例のない大量失業の長期化である。

生産活動は2007年12月をピークに減少に転じて08年後半から09年6月まで大幅減少を続け，6月に底を打った後も回復は鈍かった。製造業の設備稼働率は同じく08年後半以降大幅に低下，09年4月には65.7％と，1948年の統計開始以来最低となり，とくに自動車産業では09年1月に37.8％となる（政府の自動車買替支援策出動）。

だが金融危機勃発後の特徴は，生産活動の縮小・低迷よりもはるかに深刻な雇用削減＝失業が生じ，国家の金融機関救済策が長引くもとで，大戦後最大規模の失業が長期化したことである。

第5章　金融危機の勃発，異例の金融政策，大量失業，克服されない金融危機

　米国の非農業雇用者総数は2003年以降の「証券の証券化」・投機的金融活動の爆発的拡大・景気回復のもとで拡大を続け，03年の1億2982万人から07年12月には1億3795万人と613万人増加した。

　金融危機勃発はこの非農業雇用者を2008年の1年間で一挙に574万人減少させたが，この1年間での雇用者減少は，第2次世界大戦が終了し軍需工場が閉鎖された1945年の275万人減少をはるかに超えるものであった。しかも雇用者減少数は2008年1月から09年12月まで拡大し，09年12月には失業者は1526万7000人に達し，失業率は同年10月10.1％となる。この失業率は1983年6月の10.1％以来の高さであるが，これは大戦後最長といわれた83年での雇用減少継続17ヵ月間よりもはるかに長く続いた。今回の失業は金融危機が深化した2007年末から増大を始めて危機勃発の08年後半に激増したうえ，その後09年末まで増大を続けたのであり，その後減少したとはいえ，13年現在まで失業は1000万人台を続けているのである。米国史上例のない大量失業の長期化といわれる所以である。

　一方，時間当たり実質賃金は，1980年代〜90年代の「リストラクチュアリング」の延長線上に，2000年代の景気回復〜好景気においても年上昇率はほぼ1％と低迷を続け，07年にわずかに上昇しただけで，好景気になっても賃金が上昇しないことが注目されていた。したがって金融危機勃発〜経営危機に対し，企業は賃金切下げよりはまずもって雇用の大量削減を行ったのである。そしてその後に雇用を増大する際にはより低廉な従業員を採用してコスト削減を図った。時間当たり実質賃金上昇率は08年から低下し10年にはマイナスになった。

　今回の大量解雇で注目されるのは，解雇の中心が非現業部門のいわゆるホワイトカラーであったこと，とくに相対的に高収入の「専門・技術職，中間管理職」が真っ先に解雇されたことである。企業は先の「リストラクチュアリング」・「アウトソーシング化」において，技術力を備えた「専門・技術職，中間管理職」を整備して経営効率化の体制を固めたが，金融危機勃発による経営悪化ではそのことを省みる余裕もないまま，まず相対的に高収入のこれ

389

らの削減（＝解雇）を進めていった。金融業・保険業では倒産・合併によって専門・技術を持ち金融商品の組成・販売を担ってきた高収入のエキスパートが一挙に職を失った。非現業部門の専門・技術者の多くは転職困難なうえ，近年では専門・技術の陳腐化が速いため，企業はその後の景気回復の際には新しい技術者・作業員を採用する傾向が強いので，解雇された者は長期失業を余儀なくされた。また「リストラクチュアリング」のもとで，1990年代以降専門・技術力のある「人材派遣サービス」就業者の利用が急激に増大し，90年代初めにはごくわずかであったこれらが2007年には260万人に達していたが，「人材派遣サービス」就業者は07年末から09年6月までの間に83万人余が削減された。ただし低コストのこれら就業者は雇用の拡大しはじめる09年末には他に先んじて雇用された。

　以上のような大量失業の長期化によって「27週以上仕事のない長期失業者数」が2007年12月の131万人から09年4月には4.2倍の559万人に拡大し過去最大となり，「失業者」全体に占めるその比率は26.8％で，この「統計の始まった1948年」以降最高となった。このうち「52週以上仕事のない」者（新統計）は296万人である。

　このため米国の多くの州の「失業保険給付期間」26週ではとうてい不充分となり（「給付期間」は州により異なる），政府は2008年11月「失業補償延長法（Unemployment Compensation Extension Act）」を制定し，09年11月には「給付期間」は最高で99週となった。政府は10年3月に失業保険給付期間の延長とともに，総額176億ドル規模の「雇用促進法（Hiring Incentives to Restore Employment Act）」によって長期失業者を採用した企業に対して税制優遇を行うことにしたが，いずれも部分的対応である。「失業保険給付期間」を過ぎても就業できない労働者は大量に上った。

　米国ではかつて先任権によって再雇用されるレイオフ制が定着していたが，これはレーガン政権下で崩れていき1990年代にほとんど無くなっていた。労働組合の組織率は60年代の20％台後半から2009年には10％前半まで低下しており，労働契約では「生計費条項」を含むものは少なくなり，労働契

## 第5章　金融危機の勃発，異例の金融政策，大量失業，克服されない金融危機

約有効期間は短縮され，雇用状態が悪化すると雇用主側に有利なものに更新される傾向にあった。とくに新たに躍進した投資銀行，ヘッジ・ファンド等の金融機関では労働協約も不充分なまま，即日解雇が多発した。

失業の長期化・就職難によって，就業を希望しながらも就職活動を諦める者が増大し，失業者の「非労働力人口化」として注目された。またフルタイムを希望しながらも収入の必要のためパートタイマーとなっている者も増大した。このため就職活動を止めたが就業を希望し職があればすぐ就業できる「縁辺労働者」と，余儀なくパートタイマーとなっている者を失業者に加えた「U6失業率」は2009年10月には17.4％にも上っている。この「縁辺労働者」と余儀なくされたパートタイマーは長期雇用先があればただちにフルタイムで就職しようとするので，就職活動をしていない間も，働く従業者の賃金・労働条件を引き下げる圧力となっている。このため米国の失業問題は「U6」の失業者・「U6失業率」を抜きにしては論じられなくなっている。

> 米国労働省の定める失業率は6ランクある。ILOの定める世界共通の失業率は「U3失業率」で，一般的に「失業率」といわれているものである。「縁辺労働者（Marginally Attached Workers）」とは就業を希望し仕事があればすぐ就業でき，過去1年間に求職活動を行っていたが，過去4週間求職活動を止めていたため失業者とはならない者である。「U6失業率」は失業者に「縁辺労働者」およびフルタイムを希望しながら収入が必要なためパートタイマーとなっている者を加えた合計の，「労働力人口プラス縁辺労働者」に占める比率である。米国では近年「U6失業率」の上昇が注目を集めており，イエレン新FRB議長は「出口戦略」検討においてこの「U6失業率」を重視している。

米国では2013年現在，非農林業雇用者総数自体はリーマン破綻前の水準近くにまで回復し，一般には雇用状況は改善されたといわれているが，しかし雇用・失業状況の改善は今なお進んでいない。13年，失業者はいぜんとして1046万人を数え，失業率（「U3失業率」）は6.7％，「U6失業率」は12.6％であり，「27週以上仕事の無い長期失業者数」はいぜんとして387万人で失業者の3分の1を占めている。そして「失業補償延長法」は13年末

で失効となる（議会で検討中）。時間当たり実質賃金上昇率は 10 年にマイナスになった後若干の改善と低下を繰り返しており，13 年なお金融危機勃発前の状態には戻っていない。雇用者増加の際により安い賃金の従業者を採用しているため，時間当たり賃金の伸びが低く抑えられている。

雇用減少の注目される産業について，金融危機前の①2000～06 年の変化，②金融危機爆発前後の 06～09 年の変化を示し，参考に 12 年の雇用者数を補足する。

・「建設業」①110 万人増大，②190 万人減少，(564 万人)
・「金融業」①100 万人増大，②90 万人減少，(779 万人)
・「製造業」①310 万人減少，②230 万人減少，(1194 万人)

製造業雇用者だけが 2000 年以降，景気回復下でも大幅に減少し，金融危機勃発でさらに減少しているのが注目される。

以上に反し「教育医療サービス」では 1990 年代初めの 1511 万人から一貫して拡大を続け，金融危機勃発後も拡大し，2012 年には 2032 万人となる。「政府」雇用総数は 2079 万人から拡大を続け，金融危機勃発後も連邦政府・地方政府ともに財政赤字急増のためかなりの職員削減を行ったが，それでも高水準を続け 12 年 2192 万人である。雇用比重の高い「教育医療サービス」，「政府」の雇用拡大がなければ，金融危機による雇用の縮小，大戦後最大級の失業発生が格段と厳しくなったことは明白である。

以上の結果，金融危機勃発は大量失業の長期化を通じて膨大な「貧困層」を生み出していった。「貧困レベル」以下の世帯の割合は 2008 年以降上昇し10 年以降 13％ 近傍で横這いである。また低所得者向け「補完的栄養支援プログラム（Supplemental Nutrition Assistance Program：SNAP，別称フード・スタンプ制）」の受給者数は 2010 年 3 月に 4000 万人を超えて過去最高を更新し，13 年には 4730 万人と増大している。

> 「貧困レベル」は毎年見直されるが 2012 年 18 歳以下の子供 2 人の 4 人世帯で年収 2 万 3282 ドル以下である。SNAP は 1964 年にジョンソン大統領の貧困対策で設けられたがあまり注目されなかった。2008 年 SNAP 需要急

増に対応してこれを拡大する法案が提出されたのに対し，W. ブッシュ大統領が異議を唱え拒否権を発動して注目されたが，下院で拒否権を覆す大差で可決された。オバマはこの拡大を進めた。SNAP は農務省管轄だが，受給基準や運用は州によって異なる。だいたい 4 人家族月収 2500 ドルを下回ると受給され，給付月額は 08 年 1 人当たり 101 ドルという。

2013 年，景気回復，雇用状況改善が進みつつあるといわれるが，これは長期失業者の厳しい状況，「貧困層」拡大の存続のもとでのことである。

金融危機勃発が，なんの責任もない一般国民の生活に及ぼした苦悩はあまりにも大きいものであった。

### 住宅ローン借り手の状況悪化，家計債務増大

2006 年 7 月から始まった住宅価格下落・住宅資産価値減少は，金融危機深化～勃発によって一挙に進んだが，このことは 2000 年代に激増した住宅ローン借り手に対し，きわめて深刻な衝撃を与えた。

すでに見たように，住宅ローン借り手（2 戸目を含む）は，住宅価格上昇・住宅資産価値膨張に基づいたホームエクイティ・ローンおよびキャッシュアウト・リファイナンスによって借入れを拡大して大型消費支出を拡大し続け，この借入れによる大型消費支出拡大が米国の 2000 年代の景気回復の大きな支えとなっていた。08 年 3 月ホームエクイティ・ローンの融資残高は 8800 億ドルに上っていた。

だが一般家計では巨額の住宅ローン負債に加えてホームエクイティ・ローン，キャッシュアウト・リファイナンスによって債務が膨大化し，債務残高が可処分所得に占める「債務比率」（全国家計）は 2000 年からわずか 8 年間で 40％ も上昇し，07 年には 140％ となり家計は大幅の債務超過（家計赤字構造）となっていた。住宅ローンを抱える家計だけを調査すれば債務超過はさらにいっそう高いはずである。元利返済額が可処分所得に占める「返済比率」も上昇を続けた。

これまで住宅ローン借り手は債務拡大・「債務比率」上昇が進んでも，住

第Ⅳ部　冷戦勝利後の世界戦略と米国経済，金融大膨張，金融危機勃発

宅ローン，ホームエクイティ・ローン等の借入れは，住宅価格上昇・住宅資産価値膨張によって解消されると安心してきたのであるが，しかし住宅価格下落・住宅資産価値減少はかかる期待を根底から打ち砕いた。ホームエクイティ・ローン，キャッシュアウト・リファイナンスの拡大は不可能になり，借り手の返済延滞，債務不履行が増大した。貸し手の金融機関は借り手の返済延滞，債務不履行増大に対し，これら貸付を厳しくした。なお金融機関がホームエクイティ・ローン返済金に基づいて発行してきたホームエクイティ担保証券（ABS）の新規発行は08年ほぼゼロとなった。ホームエクイティ・ローン制の崩壊である。

しかも住宅資産価値減少の進行によって，持ち家（ローン）の現在価格が住宅ローン残高を下回る「ネガティブ・エクイティ」が2008年には1400万件近くに達した。住宅ローン返済延滞率が上昇し，08年末財務省通貨監督局は金融機関に対して貸倒引当金の増大を促した。ネガティブ・エクイティは12年以降の住宅価格上昇によって減少するが，13年末にもなお650万件存在している。

いまや住宅ローン借り手は，住宅ローンもホームエクイティ・ローン等の借入れも，自分の勤労所得によって支払わなければならない債務となった。

こうしたもとで元利返済不能による住宅差押え件数が増大を続けた。しかも金融機関は一刻も早く返済不能・差押え物件を売却し現金化しようとした。2010年，正式の売却手続き書類に猛スピードでサインする「ロボ・サイナー」問題が発覚して社会的非難が沸き起こり，金融機関の住宅差押えが一時停止に追い込まれる大問題が発生した。

> 「ロボ・サイナー」は差押えの物件の売却手続き書類にロボットのような猛スピードで署名することを指す。大手商業銀行のウェルズ・ファーゴをはじめ問題となり法廷に持ち込まれ，大手金融機関は差押え物件の売却の停止に追い込まれた。

また支払能力があっても取得（ローン）持ち家を放棄してローン返済義務から逃れることを選ぶ「戦略的デフォルト（Strategic Default）」が増大した。

## 第5章　金融危機の勃発，異例の金融政策，大量失業，克服されない金融危機

　最近，2014年第4四半期の「持ち家比率（季節調整済）」が63.9%と1994年以来20年ぶりの低水準になったという商務省発表が注目を集めている。「持ち家比率」上昇はかねてからの米国政府の主要政策課題であり，2004年ピーク時に69.4%に上昇していたが，近年の政府の住宅取得優遇措置にもかかわらず1戸建持ち家（ローン）を新規取得できない者が増大している。住宅ローン借り手の惨憺たる状況は，将来不安により（ローン）住宅の新規取得にブレーキをかけている。米国政府の持ち家政策の行詰りである。最近では賃貸の共同住宅への需要が増大しており，住宅建設でも従来大勢を占めていた「1戸建住宅」が停滞し共同住宅が増大している。

　近年，政府当局および一般報道では2013年以降，株価の大幅上昇と住宅価格回復・住宅資産価値回復で資産価格が上昇し，雇用拡大で可処分所得が増大したため，家計の債務比率（全国家計）は改善されたといわれている。しかし住宅価格回復・住宅資産価値回復はGSE支援を軸としたものであるし，この（全国）家計の債務比率改善には雇用拡大による（全国家計の）可処分所得回復が大きいうえ，住宅ローン新規需要の大幅減少，ホームエクイティ・ローン等の停止・縮小，借り手のローン返済開始による債務縮小が含まれているのである。したがって上に見た個々の住宅ローン借り手家計の厳しい状況が改善されたわけでは決してない。

　さらにまたその他ローンでも返済困難が大きな社会問題となっている。「クレジットカード・ローン」は米国で最も一般的な無担保ローンで2007年全米家計の73%が保有しているが，08年後半以降返済困難が拡がり返済延滞率上昇が顕著になった。金融機関はこれに対して金利引上げ，利用限度額引下げ，一部カード口座閉鎖を進めたため，クレジットカード・ローン利用額は大幅に減少していった。また金融危機勃発以後，「学資ローン」返済不能が社会問題化している。米国では年間約1200万人の学生が大手金融機関等からの借入れ（学資ローン）で大学生活を過ごし卒業後返済するが，リーマン破綻後の景気悪化・就職難のため就職できない者，就職条件が劣悪の者が急増し，返済滞納，返済不履行が激増したのである。ニューヨーク連銀に

よれば「学資ローン」残高の総額は1兆1000万ドルに上る。

「金融活動の大膨張」の後の金融危機勃発が生み出した深刻な債務返済難である。

### 消費支出縮小の長期化

米国の2003年以降の景気回復は住宅(ローン)市場の膨大化,ホームエクイティ・ローン,キャッシュアウト・リファイナンスに基づく大型消費支出拡大によって支えられてきたのであるから,以上のような大量失業の長期化と住宅ローン借り手の惨憺たる状況では個人消費が冷え込むのは当然の帰結であった。さらにその他の債務返済困難が個人消費冷込みを倍加した。

個人消費支出は2007年末以降減少しはじめ,08年2月の政府による「個人への戻し減税」(08年7月中旬まで918億ドル還付)で一時的に回復するものの,08年6月以降大幅減少となる。とくに自動車,家具・住宅設備という大型消費の減少が顕著であった。2000年代,自動車・トラックの新車販売は年平均1700万台であったが,08年には1310万台,09年1000万台を下回るようになり,家具・住宅設備も住宅販売の減少とともに08年末以降減少を続けた。政府は09年8月「自動車販売奨励金制度(Car Allowance Rebate System：CARS,通称 Cash for Clunkers)」制定によって,古い乗用車,トラックをより新しい低燃費車に買い替えると値引き(リベート)をする制度を発足させたが,わずか1週間で当初10億ドルの財源は枯渇し,財源を30億ドルに増額したがこれもすぐ払底した。これも弾みになって自動車販売は10年後半から拡大しはじめた。

そして金融危機勃発以降の消費支出回復について注目すべきことは,家計所得の格差がいっそう拡大し,いわゆる「富裕層」の所得の顕著な所得拡大・消費支出拡大が消費の回復を先導し牽引したことである。消費が回復しはじめた2010年には,上位20%の富裕層の消費支出が所得による消費支出全体の38.0%を占め,消費支出回復を先導している。10年〜13年の期間では家計所得は平均で約4%上昇したが所得の拡大は「富裕層」に集中し,上

位3％の富裕層が所得全体に占める比率は54.4％に上昇した。この間株価上昇，消費財価格低下も加わって，「富裕層」の消費が急速に拡大し，この「富裕層」消費が消費拡大を牽引するという構図であった。

最後に金融危機勃発後の消費回復で注目されることは，ここでの消費回復が生産活動の低迷・実体経済の落込みを防ぐ作用を果たしたとはいえ，2000年代初めのように消費拡大によって景気回復を牽引するものでは決してなかったということである。もっとも資本主義経済では，再生産活動の活発化・景気好転を生み出すのは基本的には生産方法革新・新部門開発をめぐる生産設備の群生であって，大幅の消費拡大が景気好転をもたらす2000年代のほうが，異例なことではあるが。

## 第5節　オバマの景気対策，産学官軍の結集・「先端製造」開発，克服されない経済停滞

オバマは就任直後の2009年2月13日，過去最大規模の7872億ドルに上る景気対策「米国再生・再投資法」を打ち出した（→382頁）。オバマはこれが1929年大恐慌後のニュー・ディール以来初めての景気対策で，ニュー・ディールに匹敵するものだと述べていたが，早期に頓挫し，大きく変更されていく。

### 「米国再生・再投資法」の骨子

① **「道路・高速鉄道等の公共投資」**――「公共投資」が「米国再生・再投資法」の重要な柱であり，2009年9月「公共投資」と「企業の税制優遇措置」のため1800億ドルの景気対策が追加された。「公共投資」は15万マイル（約24万キロ）の道路補修・拡張，4000マイル（約6400キロ）の鉄道建設，150マイル（約240キロ）の航空滑走路改修・再建設等である。高速鉄道

を陸上輸送プログラムと一体的に整備し，これによって大量の雇用を創出するという広大な構想であった。

② 「環境・エネルギー」改善支援——当該分野に580億ドルが当てられ，太陽光発電等のクリーン・エネルギー，「再生可能エネルギー」の促進，建物・住宅の省エネ対策，送電網の近代化等が盛り込まれ，高騰する石油の輸入依存率の引下げ，$CO_2$排出量の削減が意図された。

> 「クリーン・エネルギー（Clean energy）」「再生可能エネルギー（Renewable energy）」は明確に規定されてはいない。「クリーン・エネルギー」は二酸化炭素・窒素酸化物等の有害物質を排出しない（または僅少）という意味で太陽光発電，風力発電，地熱等である。「再生可能エネルギー」は石油のようにエネルギー源が枯渇しないで永久的に再生できるという意味で，上の太陽光発電，風力発電やバイオマス発電（植物や動物排泄物等の有機物を利用した発電）を指す。公的にも一般でも，両者は明確に規定されずに，ほとんど同じように使われている。

③ 「イノベーション」促進——中心は「バイオ関連」，「情報技術・IT」，「クリーン・エネルギー技術」のイノベーションである。

④ 「輸出倍増戦略」——オバマは2010年1月の「一般教書演説」において今後5年間で輸出を倍増させ200万人の雇用を創出する「国家輸出戦略（National Export Initiative：NEI）」を打ち出した。09年の米国の輸出総額は1兆5531億ドルだから14年に3兆ドルを超える必要があった。09年の輸出のうち，財の輸出が1兆456億ドル，サービス輸出が5075億ドルだが，財の輸入が巨額のため，財貿易収支は5170億ドルの赤字であるが，サービス貿易収支は1363億ドルもの黒字である。NEIではこのサービスの輸出拡大・貿易収支黒字拡大に重点が置かれた。

金融危機勃発の後，消費主導の成長が不可能になったため，輸出拡大による成長が追求されたといえる。

⑥ 特許法の整備——2011年9月「特許法改正案」の成立によって，米国特許を国際的制度に合わせて，最も早く出願した者に特許を付与する「先願制」とし特許権侵害に対する対処も明らかにし，国際的取引の基礎を整備

第5章　金融危機の勃発，異例の金融政策，大量失業，克服されない金融危機

した。これとともに特許関連サービス業も増大，米国企業の特許取得，特許関連の対外進出が急速に進められ，特許関連の各種サービス業務が顕著に拡張していった。

### オバマ最初の景気対策の限界

　米国の製造業は，レーガン政権によって衰退が深刻化し，基軸産業に基づいて生産・固定設備投資を相互誘発しつつ再生産全体を拡大させる再生産の構造はなくなっていた（→227・228頁）。したがってオバマが大規模な公共投資政策を打ち出しても，全体の再生産を押し上げる効果は乏しかった。

　事実「道路・高速鉄道」投資は，建設・土木業の拡大・雇用の拡大をもたらしたが，当局推計では鋼材等の大量輸入が誘発されることになった。また，この公共投資計画は各州政府がかなりの財源を負担して実施するものであったが，金融危機勃発による地方政府の財政危機・財政破綻によって計画は頓挫し，連邦政府財政赤字も急増したため，公共投資計画は発足早々に大幅縮小を余儀なくされた。その他，大規模なクリーン・エネルギー政策も直接生産を拡大するだけで，関連分野の生産活動・設備投資を誘発する力は鈍かった。

　ところが米国では2000年代のいわゆる「シェール革命」が金融危機勃発後の米国経済，オバマを救う役割を果たした。シェール・ガス（天然ガス）は06年から生産拡大が顕著になり，天然ガス全生産額に占めるシェール・ガスの比率は12年に約40.4％に上昇し，40年には50％を超える見通しという（「米国エネルギー情報局」資料）。シェール・オイル（原油）生産は10年以降激増するが，ガスとは異なって年間生産額は19年をピークにして減少するという。これら増産はオイル（鉱業）・ガス（製造業）の設備投資拡大を促した。また対外貿易では，天然ガスは18年を境に純輸出国に転換し，原油は依然として輸入依存度が高いが，それでも05年60％から35年に36％に低下するという。これらは高騰する原油価格を抑え，産業全般および家計に好影響を与えた。

第Ⅳ部　冷戦勝利後の世界戦略と米国経済，金融大膨張，金融危機勃発

オバマの景気対策の変更――産学官軍の結集，「先端製造」技術研究開発

　オバマは 2011 年 6 月 24 日，産学官が結集して「先端製造」技術の研究開発・製造技術向上を遂行するために「先端製造パートナーシップ（Advanced Manufacturing Partnership：AMP）」を創設すると発表したが，これは同日発表された「大統領科学技術諮問会議（President's Council of Advisors on Science and Technology：PCAST）」の提言によるものである。なお産学官の中に軍も含まれている。オバマはこの計画のために「米国再生・再投資法」の資金を割り当てていった。このオバマの政策の「変更」はきわめて重要な「変更」であるが，一般にこの「変更」は看過されている。

　AMP の最初の重点対象は次のもので，その後新たに追加されていく。

◎「**安全保障関係**」――安全保障に係る重要製品の国内製造能力向上・革新的技術開発というが，内容は明示されない。

◎「**材料ゲノム・イニシァティブ**（Materials Genome Initiatives：MGI）」――ゲノムをはじめ先端材料の発見・開発・製造である。ゲノム（遺伝子情報）はバイオテクノロジー（Biotechnology）研究の中核をなすものであるから，ここには新しいバイオテクノロジー研究も入っている。この後，バイオテクノロジー研究は独立プロジェクトとなる。

◎「**次世代ロボティクス**（Robotics）」――これはセンサー技術，機械機構学等を総合してロボットの設計・制作・運転を開発する研究であるが，この開発は，人間の頭脳と同じように周囲の環境・情報を認識・処理する「人工知能（Artificial Intelligence：AI）」研究と結合しており，AI 研究を含んでいる。AI 技術は広汎に応用されるものであるので，近く独立した重点プロジェクトとなるであろう。

◎「**革新的な製造過程と材料の開発**」――製造コストとエネルギー消費量の削減のための開発。

　その後に追加されたもの。

◎「**ビッグ・データ・イニシアティブ**」（2012 年）――「ビッグ・データ」研究開発は，インターネット，次世代携帯電話等の普及によって驚異的に拡

第5章　金融危機の勃発，異例の金融政策，大量失業，克服されない金融危機

大したデジタル文書・写真・動画等の情報について，それらの収集・保存・蓄積と各種計算処理だけではなく，未来を予測し，将来の仮定（条件）に対応する情報の抽出・評価を行う研究開発である。まだ「ビッグ・データ」等の明確な規定もなく，「未来の価値の創造」といわれる内容も不明確である。だが製造業・金融・農業での応用と販売支援，医療・健康管理，機械翻訳，道路交通情報・災害情報，各種軍事と広汎な分野での開発・普及が始まっており，かつてのインターネット登場に匹敵する劇的影響力を経済全体，社会全体に及ぼすといわれている。

◎「3Dプリンター技術」（2013年）——立体物を輪切りにしたコンピュータ上での3次元データに基づいて，紙・樹脂等の薄い層を積み重ねて任意の立体物を製造する「積層造形技術」の開発である。2012年には「積層造形技術」促進の産学官連携の研究拠点（National Additive Manufacturing Innovation Institute：NAMII）が各地に設立された。

オバマはこの政策の変更，その意義について明らかにしていないが，しかしこの産学官軍による「先端製造」技術研究開発への変更は，きわめて重要な意義を持っている。それゆえオバマの重点政策の内容が変わったことを確認し，新しい政策の内容に注目することは，米国の景気対策・米国経済の考察において不可欠である。

### 「先端製造」技術研究開発政策の特質と危険の拡大

産学官軍の結集した「先端製造」の開発に対して莫大な景気対策資金が供給された結果，「技術開発ブーム」が巻き起こった。

ここでの技術開発の特質は，いずれもが高度インターネット技術，ICT技術，コンピュータ技術，センサー技術を活用したものであって，各種技術が相互に連携し相互に発展を促進しあっていること，したがって多種多様の超革新的な技術開発・製造開発が経済全体，社会全体にわたって普及し，そして経済，社会を変えつつあること，である。これらは文字どおり革新的な

技術開発であって，人間生活，地球環境に対してさまざまな進歩をもたらすが，しかし同時に，さまざまな未体験の危険を孕むものであった。

まず，遺伝子の組換え・融合を進めるバイオテクノロジーでは，たとえば米国の多国籍バイオ化学メーカー・モンサント社が完全独占に近い独占的支配力を持って，とうもろこしの種子の生命を1年に限定し，肥料含有，害虫駆除力を持つ種子に改変して販売市場を激増したが，これらは人間や動物，環境に与える有害性を不問にしたまま普及している。さらにヒトゲノム（人間の全遺伝子情報）の研究開発・進化は，遺伝子操作によって食品・医薬品，医療を変革するだけではなく，「遺伝的に同一の個体や細胞の集合」である「クローン（Clone，生物学用語）」を複製しクローン羊（1996年イギリスで最初のクローン羊「ドリー」作成）を生み出す技術が開発・普及し，「クローン人間」作成の技術も現れて人間の生命倫理を脅かす危険も差し迫っている。

他方，人工知能・AI研究は人間の脳に近づき，人間の知覚，認識，判断力と同じものを持ったAIが，人間に代わって活動することを目指しているが，それらはAIの未経験の誤作動の危険，および人間の知覚，認識，判断力を歪めていく危険を孕んでいる。このままでは危険に満ちた恐ろしい世界が生み出されていく。

さらに注目されるのは，国防総省・関連軍事機関が以上の「先端技術」開発プロジェクトに積極的に乗り出していることである。とくに大統領と国防長官の直轄の「国防高等研究計画局（DARPA，先のARPAの後継機関）」はこれまでGPS（全地球測位システム），ARPANET（インターネットの原型）を開発してきたが（→282・284頁），ここでも主要プロジェクトを担当している。本来，軍事（技術）は大量殺戮・大量破壊を目的としているものである。政府と軍が一体となって先端（軍事）技術を開発することは，大戦以降の米国の技術開発の基本的特徴であって，そこには科学技術発展の歪み・危険が含まれていたのであるが，ここでは未経験の人間・環境に有害な危険を内包する技術開発を，軍機関が担うのである。湾岸戦争以来，「自国兵力の損失の無い攻撃」が求められてきたので，人工知能・AIが人間に代わって行動＝

攻撃を行うために広汎に導入される可能性が高いが，ここには未体験の誤作動によって殺戮・破壊が行われる危険が含まれている．このままでは「無人航空機」，人工知能・AIの攻撃によりこれまでとは異なる戦争が拡がる危険がある．

オバマは2011年年末，イラク駐留米軍の撤退を行ったが，14年8月，イラク（イスラム過激派）に対して空爆を再開し，「無人航空機」攻撃はW. ブッシュ政権下よりも格段と拡充され，以上の危険発生が懸念される．

以上，「先端製造」技術研究開発政策は，超先端技術の研究開発・製造化のブームを惹起し，一部の生産拡大・雇用拡大を促したが，再生産全体を押し上げ拡大軌道に乗せることはとうていできなかった．シェール・ガス，シェール・オイルの幸運があったほか，生産拠点を移した米国企業が移転先の新興諸国の経済危機・米国の労働コスト低下によって生産拠点を本国に回帰させる動きが一部見られるが，しかし製造業では本格的な固定設備投資群生はほとんど現れなかった．2013年末，製造業の生産・雇用は拡大するが，金融危機勃発前の水準には回復しなかった．またオバマの輸出倍増計画は，計画終了の14年での輸出が約1.5倍増で，実現されなかった．

それゆえ政府は超先端技術を特許で守ってこれらの輸出と特許関連取引を拡大することを緊急課題としていった．政府はその最優先地域をアジア太平洋地域とし，「環太平洋パートナーシップ協定（Trans-Pacific Partnership：TPP）」締結にきわめて積極的に乗り出していき，TPP交渉権限を大統領に委ねる法案の成立を急いでいる（2015年6月成立）．

## 第6節　「金融規制改革法」，克服されない金融危機

オバマは2010年，金融規制改革の「Dodd-Frank Wall Street Reform and Consumer Protection Act（別称 Dodd-Frank Act）」を制定し，この「規制」

によってこれまでの金融の危機は「2度と起こりはしないだろう」という(12年「大統領経済報告」ほか)。以下では「金融規制改革法」とする。

### 「金融規制改革法」の特徴と限界

「金融規制改革法」の骨子の第1は，監督の強化である。監督の一元化のため，トップに「金融安定監督会議（Financial Stability Oversight Council：FSOC）」（財務長官およびFRB, OCC, FDIC, SEC, CFTC等の長）を創設し，まずは「重要な金融機関（総資産500億ドル以上の銀行持株会社，FSOC指定のノンバンク金融会社）」をFRBの厳しい監督下に置いた。それまでの「too big to fail（大きすぎて潰せない）」を終わらせ，「重要な金融機関」に対して自己資本比率維持規制，レバレッジ規制等を守らせるようにした。

第2のとくに重要な規制は，預金保険制度の保護を受けている銀行，銀行持株会社・その子会社が，「自己勘定」で証券や証券関連のデリバティブ，商品先物等を売買することを禁止したこと，またこれら金融機関がヘッジ・ファンド，PEファンドへの投資やファンドのパートナー，マネージャー，スポンサーの役割を果たすことを禁止したこと，である。オバマは法案の審議中にこの規制を「ボルカー・ルール」と呼ぶことにした。この規制には反対が多く，上の銀行業務の禁止・制約について「容認される業務」（除外規定）が設けられ，ヘッジ・ファンドとの関連や売買禁止等が緩和され曖昧になった。2013年12月「ボルカー・ルール」の最終規制が発表されたが不明確な点が少なくない。

> P. ボルカーは，カーター政権・レーガン政権下でのFRB議長で，銀行の公共性を重んじ，投資銀行による新しい金融活動に対し，またグラス＝スティーガル法を廃棄していく金融取引の自由化に対し，批判的立場をとっており，商業銀行と投資銀行的業務の分離を提唱していた。

第3は規制対象を拡大し，デリバティブ，ヘッジ・ファンドおよび格付会社に対して情報開示を義務付け，SEC, FSOCの規制が及ぶようにした。なお店頭デリバティブ取引を新設「取引所」で行う措置を図った。

第5章　金融危機の勃発，異例の金融政策，大量失業，克服されない金融危機

　第4に「金融規制改革法」はこの改革によって資金の借り手である消費者を保護することをも目指しており，FRB内に「消費者金融保護局（Bureau of Consumer Financial Protection）」を創設した。

　以上の「金融規制改革法」の措置は適切な各種措置を含んでいるが，しかし金融危機を抑止し金融システムを安定化させるという点から見ると，「改革法」は基本的に不充分なものである。商業銀行・金融持株会社の業務から投資銀行的業務を分離するというが，分離だけで，投資銀行的業務を直接抑制・禁止したわけでは決してない。だが金融危機の深化・勃発の根源を断って金融システムを安定化させるためには，1990年代以降に爆発的拡張を遂げ金融危機を醸成していった投資銀行の業務内容を検討しその抑制・禁止を図ることこそが不可欠であったのである。ところが「改革法」ではヘッジ・ファンド，PEファンドやCDSはそのままである。GSEも放任された。「シャドウ・バンキング」（著者の「新しい信用創出メカニズム」）も手付かずであった。この後にシャドウ・バンキングに対する国際的批判の高まりに対して米国当局がようやく調査を始めるという状態である。

　オバマはこの「金融規制改革」が1929年恐慌後の「規制改革」以来の大改革で，金融危機を解決したというが，ここにはオバマの金融危機理解の限界が露呈している。グラス＝スティーガル法が制定された1930年代初めには証券業・証券会社の業務の中心は有価証券の新規発行の引受け・仲介および企業の合併・買収等に関する助言であり，近年のような投資銀行業務は存在していなかった。それゆえルーズヴェルトはグラス＝スティーガル法で商業銀行と証券業務を分離し，相互の兼業・連携を禁止することによって，金融システムの安定，投機の抑制を実現できたのである。これに反し，今日では大手金融機関は各種の証券化業務，投機的金融活動，膨大な資金の調達を行っているのであるから，上のような商業銀行の業務と投資銀行的業務を分離しただけでは，金融危機を克服することはできない。

　しかもグラス＝スティーガル法廃止以降，大手商業銀行も金融持株会社も，本来の商業銀行業務と投資銀行的業務を併せて行っているので，上の分離措

置がどのように実施されるかも曖昧であるが，これは遅れている法の実施を見て判断するほかない。

### 投機的金融活動の再燃・拡大，克服されない金融危機

金融危機の深化～勃発によって，各種金融機関は大打撃を受け，投機的金融活動は消滅寸前の状態に陥っていたが，生き残ったヘッジ・ファンドや大手PEファンド等はわずか1年余りで立ち直り，大量の余剰資金が各種の投機的取引に向かい，投機的金融活動が急激な拡大を遂げていった。

財務省・FRBが一体となって国債・証券の買上げ，公的資本注入によって莫大な資金を供給し続けたことが，巨大金融機関が抱える膨大な販売不能の証券化商品の「紙屑」化を防いで金融機関たちが辛うじて生き残ることを許し，「投機的金融活動の再燃・拡大の温床」を創り出したのである。しかも金融救済策による莫大な資金供給はドル安を生み，ドル安とゼロ金利政策のもとでの資金供給であったので，膨大な資金は投機的金融活動による高収益獲得に殺到した。まさに財政・FRBの長期にわたる莫大な資金供給の産物であった。

>ただし財政・FRBの供給した莫大な資金がどのようなルートでどこに流れていったかに関する公的資料は発表されていないので，詳しい分析は後日を期し，以下では現実の動向の指摘によって投機的金融活動の再燃を示すにとどまる。

まず金融危機勃発の後，膨大な資金は怒濤の勢いで新興諸国の通貨，株式等の証券投資，資源獲得に向かい，新興諸国の通貨高，株価高，資源高騰を惹起し，インフレ，輸出競争力減退を促した。新興諸国は，これらは米国の量的緩和政策による資金供給の膨大化によって生じたとして米国に対する不満と怒りを募らせた。

また米国内では金融危機勃発前から始まっていた「金」・「金ETF（上場投資信託）」の投機が，危機勃発後の信用不安とドル安懸念によって加速された。2000年代初めには1オンス＝250ドル前後であった金価格は2011年9

第5章　金融危機の勃発，異例の金融政策，大量失業，克服されない金融危機

月には史上最高値の1923ドルとなり，その後かなり下落したところで変動を繰り返している。このほか各種の穀物，資源，石油等をめぐり投機と価格高騰が拡がった。また米国の株価はリーマン破綻による暴落の後に急速に回復し，ダウ平均は12年末には早くも07年中頃の水準に回復，S&P 500株価指数（年末終値）は12年には2000年代での最高の07年を超え，14年には1.4倍になった。これら金，各種商品，株式の間では投機的資金が移動しており，これらは概して価格の大幅上昇が続いた後にかなりの変動に晒されている。

他方，投機的活動を行う側のヘッジ・ファンドは，金融危機勃発で大打撃を受け，解散・消滅で将来を危ぶむ声も多かったが，2年余で再び勢いを盛り返し国内外にわたって活動を拡大していった。また米国の買収ファンドであるPEファンドの大手KKR，ブラックストーン等は2008年の打撃から早期に立ち直り，買収活動も見直し急激に活動を拡大していき，KKRは10年にニューヨーク証券取引所に上場した（ブラックストーンは上場済み）。さらにまた「格付け」が「BB」以下で信用リスクは高いが高い利回りの見込める「ハイ・イールド債券（High Yield Bond）」発行が驚異的な拡大を続けた。FRBが長期にわたってゼロ金利のもとで莫大な資金を供給し続けたことが，巨額の資金を高リスクでも利回りの良い投資に向かわせ，投機的取引を拡大させていったのである。イエレンFRB議長は14年7月の議会証言で，行き過ぎた「ハイ・イールド債」発行に懸念を表明している。

外国為替市場の為替取引量1日平均は2007年の3兆3240億ドルに対し10年にこれを若干超え，13年には5兆3450億ドルへと激増した（BIS統計）。13年の世界貿易額1日平均取引額（輸出・輸入合計）は約1000億ドルであるので，為替取引の世界貿易額に対する倍率もこれまでよりはるかに高くなった。

投機的活動は多様な分野，さまざまな先物取引を生み出し，相互に不安定要因を生み出しつつ各種の投機取引の間を移り歩き，投機的金融活動の規模を一段と膨張させていった。各国通貨も各種資源・商品も取引の膨大化とと

もに絶えざる変動に晒され，激しい価格変動が恒常化した。

他方住宅ローン関連では，民間金融機関による証券化（RMBS, CDO）は金融危機勃発前からほとんど行われなくなっており，RMBS 組成は政府が国家管理下に置いた GSE 組成の RMBS 大量買取りによって支えてきたが，財政・FRB の負担累増により GSE 改組に迫られている。政府がいかなる証券化を推進するかは未定であるが，民間の証券化を進めるかぎり投機要因の発生は避けられないであろう。民間諸金融機関が住宅ローン関連の証券化に再度乗り出そうという意欲は強い。これまで元利返済不能で差し押さえられ競売に付せられた住宅の大半は資産運用会社が買い取っており，その一部は賃貸用に運用され，この賃貸料収入を裏付けにして新しい証券（REO-to-rental 債）の発行が始まっている。また「出口戦略」の開始によって政府・FRB の保有する膨大な RMBS・CDO の市中売却が始まるのに対し，民間金融機関は購入戦略を検討中といわれており，市中売却が実際に始まれば大量の資金が殺到し，新しい形のさまざまな投機的取引が拡がる可能性がある。

なお「出口戦略」については，これまですでに各種金融機関が「出口戦略」実施による証券売却・証券価格の変動の拡がり，金利やドルの変動を予想し，収益獲得のための戦略・資金調達の計画を検討・準備しており，これまでの FRB の「出口戦略」発表前後には情報が飛び交って「出口戦略」の前に取引と価格等の変動が見られた。今後「出口戦略」が開始されればそれらをめぐって各種の投機的活動が一挙に拡大する可能性が大きい。FRB が「出口戦略」を長らく先送りしているのは，これらに対する危惧によるものと思われる。

### 金融活動が実体経済を動かす「転倒した経済」，克服されない経済停滞，克服されない金融危機

2000 年代初めの「金融活動の大膨張」は，深刻な経済停滞に対する超低金利・超金融緩和政策のもとで，「証券の証券化」，CDO・CDS の躍進を軸にした「投機的金融活動の新展開」によって惹起されたものであった。ここ

## 第5章 金融危機の勃発,異例の金融政策,大量失業,克服されない金融危機

で注目されるのは,この金融活動拡大が「実体経済の領域(実体経済のための金融活動を含む)」から離れ,それをはるかに上回って膨大化していくことである。この進展は,景気回復,実体経済の拡大をもたらすが,それはかかる金融活動の膨大化と住宅資産の「虚(資産価値)」の膨張に基づく消費拡大によって実現されるものであって,経済停滞を克服した景気回復ではなかった。これまでの資本主義経済では経験しなかった「異質の」経済拡大であり,景気回復であった。

それゆえにこそ,金融危機勃発は異常に膨大化した金融活動の一挙破壊の連鎖拡大となって現れるのであり,これによって,実体経済が大打撃を受け,史上最大の長期失業が発生するのである。

資本主義経済では本来金融は実体経済のために,実体経済を支えるものであるが,ここでは金融活動は実体経済から離れ,金融活動が実体経済を動かすという「転倒した経済」・「歪んだ経済」となっているのである。金融危機の深化〜勃発によって生産の大縮小・大量失業の長期化が生じ,経済停滞が深化していくのである。資本主義の歴史では経験しなかったことである。

米国政府はIMF体制崩壊の後,国際金融の安定化システムの構築の努力も,自国の実体経済の建直しの努力も払わずに,絶えざる変動・リスクに晒される「変動相場(制)」に移行し,金融重視の経済政策をとったのである。米国政府・FRBは2000年代初めの深刻な経済停滞に対しても,実体経済の建直しを行わずに,超低金利・超金融緩和による景気対策をとったのであり,金融危機勃発に対しては,異例の金融救済策によって莫大な資金供給を続けたため,大手金融機関が不良証券・不良金融資産を抱えたまま生き残り,「投機的金融活動の温床」が創られたのである。

したがって,金融危機を生み出す投機的金融活動は姿を変えて拡がり,投機的金融活動の規模はかえって拡大し,このままでは金融危機の深化・勃発は繰り返され,経済停滞・長期失業は克服されないのである。

著者が,2000年代における金融危機の深化・勃発が庶民の生活に対し,資本主義の歴史で例を見ない深刻な打撃を与えるという所以である。

第Ⅳ部　冷戦勝利後の世界戦略と米国経済，金融大膨張，金融危機勃発

## 追補　EU，ユーロ圏への波及・ギリシャ危機

　EU・ユーロ圏では，2000年代初めの米国金融の大膨張において「金融立国を目指す」という英国，スペイン，アイルランドが米国CDO等証券化商品の取引を膨大化するとともに，EU・ユーロ圏内での投機的金融取引を活発化し，自国内での住宅・不動産の投機的取引を活発化していった。その結果，米国での金融危機勃発，CDO等証券化商品の暴落はこれら「金融立国」を直撃し，EU・ユーロ圏全体をも震撼させた。2008年8～10月，主要銀行（ロイヤルバンク・オブ・スコットランド，アングロ・アイリッシュ，スペイン貯蓄銀行カハルース等）が破綻し，土地投機も破綻し，EU諸国は程度の差はあれ深刻な不況・大量失業に陥っていた。

　EU，ユーロ圏の危機の発端はギリシャ危機であった。2009年10月，ギリシャの政権交代でそれまでの財政赤字粉飾が発覚，財政赤字上方修正が公表されたため，ギリシャ国債への信用低下，格付け会社による「格下げ」が進み，10年3月ギリシャを端緒に「ソブリン・リスク（sovereign risk）」（国家の債務返済不能の懸念）が火を噴いた。5月EUとIMFはギリシャへの総額1100億ユーロ（当時の為替レートで約13兆円）の支援と財政破綻国の支援のための「欧州金融安定化メカニズム（European Financial Stability Mechanism：EFSM）」（最大7500億ユーロ枠）の創設を決め，ECB（欧州中央銀行）は危険な国債の買取りを始めた。しかしギリシャ危機は沈静化しないばかりか，「ソブリン・リスク」はアイルランド，ポルトガル，スペインへと拡がり，さらにEU・ユーロ圏全体にユーロ・英ポンドの急落，株価暴落，国債不安が拡がり，"EU危機"，"ユーロ危機"と呼ばれる事態となった（2013年，EU加盟国は28ヵ国，このうちユーロ圏は17ヵ国である）。

　この「ソブリン・リスク」は一見したところ，当該国の放漫財政や実体経済悪化による財政危機が爆発し，EU・ユーロ圏が支援に奔走していることのように見える。たしかに放漫財政で財政赤字を累増した当該国の責任は大

第5章　金融危機の勃発，異例の金融政策，大量失業，克服されない金融危機

きいが，しかしこのことが「ソブリン・リスク」の根源では決してない。

　ユーロ設立によって，「為替リスクなし」で南欧諸国への投資が可能となったため，2000年代初め，EU主要国の金融機関は有利な南欧諸国，アイルランド等に向かって巨額の国債・公債をはじめ莫大な投資を続け，不動産の投機的買占めを拡大し，主要金融機関のそれら諸国への投資残高は膨大化した。とくにドイツ，フランスの巨大金融機関・関連事業体はこれら諸国への国債等各種の投資に邁進し，これら諸国に対する投資残高は群を抜いていた。

　「ソブリン・リスク」発生時，EU主要国，とくにドイツ，フランスの金融機関はこれら国債を大量に保有し巨額の投資残高を抱えていたのである。それゆえ，EU，IMFによるギリシャ等の救済支援は，巨額のギリシャ等の国債と投資残高を抱える投資主要国の金融機関に対する救済支援でもあったのである。

　さらに注目されるのは，「ソブリン・リスク」が表面化しEUが支援を始めた後において，この危険な国々の国債等の投機的取引，CDS取引が非常に拡大し，CDSの信用リスクの大きさを示すCDSスプレッド（→324頁）は急上昇し，これが国債の信用リスクを倍加したことである。格付け会社の「格付け」「格下げ」が国債の信用を動かし，CDS取引を倍加し，これら両者が危機を煽る作用を果たした（投機的金融活動の作用である）。

　こうしたことが無ければ「ソブリン・リスク」国が財政赤字のもとで国債発行を累増させ，GDPを上回る債務残高を出すようなことはとうてい不可能であった。

　ECBはギリシャ危機発現の際，ただちに国債等の取引を凍結して抜本的な解決を検討すべきであったが，たんに資金供与，国債一部買上げの救済支援を行うのみで，金融機関の金融取引を放置していた（2012年末になってようやく現物国債保有の裏付けの無いCDS取引の禁止措置がとられたが，あまりにも遅くかつ部分的なものである）。ユーロ体制が金融危機を予想もせず，それに対する抑制対策を検討・規制することもなかった安易で理論的に「無理」な体制であった（→302頁）ことの表れである。

EU・IMFは「ソブリン・リスク」国の支援の条件として年金等の福祉削減等による財政健全化を要求していったが，実体経済の拡大は進まず国民の不満が昂じ，ギリシャでは政権交代が繰り返されている。

EU，ユーロ圏が金融危機の対策に追われているもとで，EU，ユーロ圏全体にわたって深刻な経済停滞・大量失業が続いているが，経済停滞・大量失業を解決することなしには金融危機の克服はあり得ない。EU28ヵ国では経済活動は低迷，失業率は2012年7月10.5%，13年7月11.0%と高く，とくに若年層の失業率の高さが注目されている（EU統計局）。

しかもそのうえ，米国による戦争の拡がりによって，テロの脅威，戦闘の拡大と難民の殺到等が，EU，ユーロ圏を揺るがしている。

## （補）中国の躍進と米中対決

2000年代，中国が驚異的な躍進を遂げ今や米国の世界（軍事・経済）戦略に対抗する存在となった。中国分析は本書の課題ではないが，本書の分析との関連で重要と思う点のみを指摘しておく。

中国では鄧小平が米国の規制緩和・市場開放の要求を受け入れ，それを利用する形で「改革開放」政策を採り（→265頁），1992年「改革開放の強化」「社会主義市場経済」を提唱し，米国・日本からの近代的技術導入，企業の中国直接進出を促しつつ経済発展を遂げていった。2001年にはWTOに加盟，03年胡錦濤・温家宝政権が中国経済の著しい遅れを一挙に克服し，輸出拡大に基づく経済発展を実現する強力な政策を打ち出した。全国規模での高速鉄道，高速道路，情報・通信（網），港湾，空路等のインフラ整備を実施，米日欧からの近代的技術の導入，米日欧企業の中国直接投資誘致を強化しつつ，中枢基幹産業において独占力を持つ巨大国有企業（中央企業）の近代化のため莫大な資金と国有地利用等の特権を与えた。また周辺産業での民営企業の発展をも推進した。他方，政府は地方政府による農民の「土地使用権の有償譲渡」を容認した。地方政府は多数の農民から「土地使用権」を安く買

第5章　金融危機の勃発，異例の金融政策，大量失業，克服されない金融危機

い上げることによって開発業者への販売や独自に地方開発を進め，巨額の収益を獲得した。わずかな額で使用権を譲渡した大量の農民は都市・工業地帯で労働者となることを余儀なくされた。地方開発のもとで農村からの出稼ぎ労働者も激増した。これら膨大な農民の労働者への「転換」が都市・工業の急速な発展を支えたが，この「転換」は容易ではなく失業，劣悪労働，生活困窮が拡がった。

　中国政府は以上とともに厳しい外貨管理と積極的な為替市場介入による人民元の対ドル・レートの安定化政策を続けた。これら政策のもとで（対米中心に）輸出は急激に拡大し，経済は実質 GDP 2 桁上昇を続けた。輸出総額は 2004 年日本を，07 年米国を，09 年ドイツを抜いて世界一となった。外貨準備高は 03 年以降ドル買い介入，対中国直接投資による大膨張に貿易黒字拡大，短期的投機資金流入が加わって，06 年には日本を抜いて世界一となり，米国財務省証券保有も世界一となる。為替介入において中央銀行・中国人民銀行が人民銀行債発行を拡大（国有商業銀行の引受け），巨額の人民元が市中に放出され（人民元吸収＝不胎化が不充分），インフレ要因を孕みつつ開発を倍加する構図である。

　中国では 2007 年 9 月，膨大化する外貨準備の 2000 億ドルを原資とし，対外投資戦略を実施し投資収益を得るため，「政府系投資ファンド（SWF）」の「中国投資責任公司（China Investment Company Ltd.：CIC）」が設立され，CIC は急激な拡大を遂げていく。

　そして米国のリーマン破綻の 2008 年は，中国経済の躍進の画期となる。世界的金融危機勃発の損失は中国では米欧諸国に比べはるかに軽かったが，中国政府は 08 年 11 月，内需拡大・経済成長維持のために実に 4 兆元（約 57 兆円）に上る「緊急対策」を発表して世界を驚かせた。中国政府は，世界的金融危機をいわば利用する形で，膨大な財政出動と中央銀行・国有商業銀行 4 行による驚異的な資金供給拡大によって，中国経済の近代化を一挙に実現する巨大政策を強行した。各種インフラ整備を格段と強化し，中枢基幹産業の各種電力・原子力発電，石油・石油化学，鉄鋼，コンピュータ等での近代

413

技術の大規模設備投資を促進した。

　近代化・開発政策により大都市から地方に拡がった土地価格の高騰は，2008年開催の北京オリンピック準備，08年「緊急対策」によって一段と加速した。ここでは国有地，地方政府保有地の異常な地価高騰で「虚（資産価値）」が膨大化し，中央政府・地方政府がこの「虚（資産価値）」を現金化しその収益を開発に当ててさらなる地価高騰・「虚（資産価値）」膨大化，収益膨大化を進めるという構図である。この過程で不動産・都市開発関連を中心に巨大富裕層が創出され，富裕層は投機的金融活動をも展開していった。

　リーマン・ショック後，中国だけが早期に衝撃から脱却し急速な経済発展を遂げていった所以である。この内容・内在矛盾はここでは取り上げないが，著者が注目する問題点のみを指摘しておく。

　第1，中国の「改革開放」，WTO加盟以降の経済発展は，米国の世界経済戦略を受け入れそれを利用して，米国経済に対するいわば同質の「力」を拡大するという形で進められてきたが，これは2008年以降とくに顕著となる。中国の財政赤字と金融機関による膨大な資金供給拡大による発展は，米国の2000年代初めからの超低金利・超金融緩和による景気対策，リーマン破綻以降の米国政府の未曾有のゼロ金利，財政膨張，異常な金融緩和持続に対応し，そのもとで強行されたものであって，中国だけであればかかる経済拡大政策はとうてい不可能であった。

　中国はこのような政策ゆえに驚異的な経済発展を遂げたが，しかしそれゆえに中国は米国と同じ枠組みのもとで，同じ質の「経済力」・「軍事力」を競い，米国・先進諸国と同じように，財政赤字・金融膨脹に依存する経済の歪み・矛盾を抱えていくことになった。13年現在，中国は生産能力過剰化，都市開発の行詰り，インフレ台頭，国民消費の低迷により経済成長破綻の危険に直面している。中央政府と地方政府との軋轢，都市と農村との軋轢をも抱えている。

　第2，中国は2000年代の経済発展とともに，米国に対抗するべく軍事力強化・軍事費拡大に驀進し，軍事費はとくに06年以降急増し，12年1660

億ドル，14年2160億ドルとなり，14年米国の6100億ドルに次いで世界第2位となった（ストックホルム国際平和研究所〔SIPRRI〕報告）。05年最新鋭兵器は輸入から国内生産中心に転換し（同報告），戦闘機，潜水艦，長距離ミサイルの国内生産を進め，スペース・シャトル打上げも準備している。世界各地で米国と中国との軍事的・政治的対立・衝突が拡がりつつある。

　第3，中国は2013年「アジアインフラ投資銀行（Asian Infrastructure Investment Bank：AIIB)」の設立を呼びかけ，15年1月発足したが，これは膨大な外貨準備，CIC資金と過剰化する生産能力を抱えた中国がこれらを活用して中国主導の国際機関を創設し米国・ドルに対抗しようとするものといえる。

　しかし現在の変動相場（制）における国際通貨の不安定性，投機的金融活動の膨大化のもとで，米国・ドルに対抗する「同質の経済力・金融力」を強化し，米国に対抗して軍事力を強化することは，自国経済自体をいっそう歪めるとともに，現在の世界の終わりなき金融危機，終わりなき戦争をさらに推進することになる。

　中国は現在，これまでの経済発展に内在した矛盾の発現によって政策の転換を迫られているが，政府・国民が人民共和国建国の理念に立ち返って自国経済を建て直し，世界の平和と経済安定化のための政策を選択するよう期待するほかはない。

# 終わりに

　第2次世界大戦終了から70年を経た現在，資本主義経済は経済停滞の定着，投機的金融活動，終わりなき金融危機，終わりなき戦争のもとで，混沌を極めている。
　世界の人々が大戦による多大の犠牲と戦禍に耐え営々と努力してきたことを顧みれば，70年間の努力は何だったのだろうかという思いが深まる。

　著者は本書で第2次世界大戦を通じて新しい覇権国となった「米国の大戦後の世界経済戦略」を基軸として，大戦後資本主義の変質と展開を解明しようとしてきた。著者は大戦後の資本主義を「新しい段階の資本主義」と規定し，この「新しい段階」である所以を，「軍事と経済の新たな関連」と「実体経済と金融の新たな関連」の2つにあるとして分析を進めてきた。
　現在の深刻な事態は資本主義の歴史で例を見ないものであるが，これらが米国の「大戦後世界経済戦略」の実施によって規定され，大戦後の新しい「軍事と経済の関連」・「実体経済と金融の関連」によって生成されたことは明らかであろう。

　軍事技術開発は止めどもなく進み，「自国兵士の損失の無い破壊兵器」，人工頭脳による攻撃をも生み出し，米国の軍事介入・戦争は中東にまで及び，国内経済では軍需生産と民需生産との結合（軍産複合体）が拡がっている。経済停滞に対する景気政策は，SDI「戦略防衛構想」（レーガン），先端軍事技術の民間応用（クリントン），産学官軍の「先端製造」技術研究開発（オバマ）を柱にして，軍事との関連をもって進められた。また米国の対アフガニスタン・対イラク戦争によって「対テロ戦争」と呼ばれる「新しい戦争」が

始まり，この戦争はオバマの2014年のイラク空爆再開によって米国史上最長の戦争となりつつある。テロと対テロ戦闘，憎しみと報復の連鎖が拡がり，米国の対中東介入・湾岸戦争に始まる戦争は，終わりなき戦争となっている。

また「実体経済と金融の関連」では，IMF体制崩壊，変動相場（制）での絶えざる変動・リスクのもとで，「実体経済から離れた投機的金融活動」の本格化，住宅ローンの証券化，証券の証券化＝CDO・CDS，「新しい信用創出メカニズム」が拡がっていき，2000年代初めにはついに「金融活動の大膨張」の後，金融危機が勃発した。しかも米国政府・FRBの異例の金融救済策によって，金融危機の沈静化の後にさらなる投機的金融活動が拡がり，経済停滞と金融危機が続くことになった。

金融活動が実体経済を動かしていき，金融危機勃発によって実体経済の一挙縮小・大量失業が惹起されるという「転倒した経済」となった。製造業は衰退，実体経済は衰退しただけではなく歪みを深めていった。短期間での巨額の収益をあげる金融活動，一挙に進むM＆Aのもとで，非金融産業の巨大企業は本業以外の投機的金融活動に乗り出し，本業では被買収対策の株価引上げ，不採算部門の切捨てと成長部門企業の安易な買収を進めた。地球環境の破壊が進んでいるが，先進諸国の政府・経営者側の対策は遅れに遅れている。

また投機的金融活動が短期間で巨額の収益を獲得し，各種の金融資産価値の膨張が進んだ結果，投機的金融活動への参加の有無，金融資産保有の有無によって，深刻な「所得格差」「保有資産格差」が生まれている。

他方，1980年代以降，競争市場原理の徹底化のもとで，リストラクチュアリング・雇用削減が進み，労働者保護の削減・自助の強要，「レイオフ制」等の労働慣行の廃止，各種の派遣労働・一時的雇用の拡大等が進んだ。雇用側は旧い労働者を斥け新技術に対応できる低コストの労働者，派遣労働者を採用する体制を確立し，これは「労働市場の流動性」確立という「進歩」だ

といわれた。

　そのうえ，金融危機勃発により大戦後最大の失業の長期化，貧困層の拡大が進み，かつてない生活不安・将来不安が社会のすみずみにまで拡がっていった。

　さらに2000年代に注目されるのは，中国が米国と同じ枠組みで，同じ質の「軍事力」を競い，同じ質の投機的金融活動を競い「アジアインフラ投資銀行」を設立したことである。この結果，世界の軍事力も投機的金融活動も格段と膨大化していった。このままでは世界は，米国と中国の軍事力拡大と投機的金融活動拡張とによって振り回され，それへの対応に追われることになろう。
　また中東，アフリカでは，テロと「対テロ」戦闘，憎しみと報復の連鎖が急速に拡大しており，このままでは破壊と殺戮が拡がっていく。

　第2次世界大戦を想起し，破壊，殺戮を行う「狂気」，破壊・殺戮の悲しみは，第2次大戦で終わりにすべきである。
　もはやどうすることもできないような現状ではあるが，しかしそれだけにこの動きを抑止することが強く求められている。1人ひとりがこの現状を直視し，経済のあるべき姿，世界のあるべき姿を模索し，世界の人々と連帯して平和で安定した経済・社会を創り出すことが求められているのではなかろうか。
　大戦後70年についての本書の分析が少しでも役立つことがあれば，と心から願っている。

## 本書で言及・引用した文献

(米国政府関係は U に纏める)

アメリカ学会訳編『原典アメリカ史(第6巻)』(1981年, 岩波書店)(雇用法の訳)

Bank for International Settlements, *60th Annual Report*, 1990.(東京銀行調査部訳『BIS 国際金融レポート '90』1990年, 日本評論社)(デリバティブの役割)

Bernanke, Ben S., and Reinhart, V. R., "Conducting Monetary Policy at Very Low Short-Term Interest Rates," *American Economic Review*, Vol. 94, No. 2, 2004.(量的金融緩和)

Chancellor, Edward, *Devil Take The Hindmost: A History of Financial Speculation*, Farrer. Straus and Giroux, 1999.(山岡洋一訳／E. チャンセラー『バブルの歴史——チューリップ恐慌からインターネット投機へ』2000年, 日経 BP 社)

Dertouzos, Michael L., Lester, Richard K., Solow, Robert M., and the MIT Commission on Industrial Productivity, *Made in America: Regaining the Productive Edge*, MIT Press. 1989.(依田直也訳／MIT 産業生産性調査委員会, M. L. ダートウゾス = R. K. レスター = R. M. ソロー『Made in America——アメリカ再生のための米日欧産業比較』1990年, 草思社)。

Eisenhower, Dwight D., "Atoms for Peace," Dec. 1953.(アイゼンハワーの核エネルギー平和利用の提言, 国連総会演説)

Eisenhower, Dwight D., "Farewell Address to the Nation," Jan. 17, 1966.(アイゼンハワー退任演説, 軍産複合体に言及)

Financial Stability Board, "Shadow Banking: Scoping the Issues: A Background Note of the Financial Stability Board," April 2011.(FSB のシャドウ・バンキングに関する最初の報告書)

Friedman, Milton, *Dollars and Deficits: Living with America's Economic Problems*, Prentice-Hall, 1968.(同日出版されたペーパーバック版のサブタイトルは "Inflation, Monetary Policy and the Balance of Payments")(新開陽一訳／M. フリードマン『インフレーションとドル危機』1970年, 日本経済新聞社)

Galbraith, John K., *A Short History of Financial Euphoria: Financial Genius is Be-

*fore the Fall*, Whittle Books, 1990.（鈴木哲太郎訳／J. K. ガルブレイス『バブルの物語——暴落の前に天才がいる』1991 年，ダイヤモンド社）．

Greenspan, Alan, *The Age of Turbulence: Adventures in a New World*, Penguin Press, 2007.（山岡洋一＝高遠裕子訳／A. グリーンスパン『波乱の時代——わが半生と FRB（上）』2007 年，日本経済新聞出版社）

井村喜代子『恐慌・産業循環の理論』（1973 年，有斐閣）

井村喜代子『現代日本経済論——敗戦から「経済大国」を経て』（1993 年，有斐閣）

井村喜代子『現代日本経済論（新版）——戦後復興，「経済大国」，90 年代大不況』（2000 年，有斐閣）（第 4 章までは旧版のまま．第 5 章 IMF 体制崩壊以降を改正・加筆）

井村喜代子『世界的金融危機の構図』（2010 年，勁草書房）

井村喜代子＝北原勇「湾岸戦争と『新世界秩序』」（1991 年，経済理論学会有志『湾岸戦争を問う』勁草出版サービスセンター）

Kindleberger, Charles P., *Manias, Panics and Crashes: A History of Financial Crises* (Fourth Ed.), John Wiley & Sons, 1978.（吉野俊彦＝八木甫訳／C. P. キンドルバーガー『熱狂，恐慌，崩壊——金融恐慌の歴史』（原著第 4 版）2004 年，日本経済新聞社）．

北原　勇『独占資本主義の理論』（1977 年，有斐閣）

北原　勇『現代資本主義における所有と決定』〈1984 年，岩波書店〉

Marx, Karl, *Das Kapital: Kritik der politischen Ökonomie*.（「マルクス＝エンゲルス全集刊行委員会訳『資本論』〔大月書店〕，社会科学研究所監修・資本論翻訳委員会訳『資本論』〔新日本出版社〕等〉

McCulley, Paul, "Saving Capitalistic Banking," PIMCO, Global Central Bank Focus, Feb. 2009.（2007 年の「影の銀行」命名の記述）

McNamara, Robert S., with VanDeMark, Brian, *In Retrospect: The Tragedy and Lessons of Vietnam*, Times Books, 1995.（仲晃訳／R. S. マクナマラ『マクナマラ回顧録——ベトナムの悲劇と教訓』1997 年，共同通信社）

McNamara, Robert S. et al., *Argument without End: In Search of Answers to the Vietnam Tragedy*, Public Affairs, 1999.（仲晃訳／R. S. マクナマラ〔編著〕『果てしなき論争——ベトナム戦争の悲劇を繰り返さないために』2003 年，共同通信社）

Paulson, Jr., Henry M., *On the Bank: Inside the Race to Stop the Collapse of the Global Financial System*, Business Plus, 2010.（有賀裕子訳／H. ポールソン『ポールソン回顧録』2010 年，日本経済新聞出版社）

Sloan, Alfred P., Jr., *My Years with General Motors,* Doubleday & Company, 1963, （田中融二＝狩野貞子＝石川博友訳／A. P. スローン, Jr.『GM とともに——世界最大企業の経営哲学と成長戦略』1967 年, ダイヤモンド社）

Stiglitz, Joseph E., and Bilmes, Linda J., *The Three Trillion Dollar War: The True Cost of the Iraq Conflict,* W. W. Norton & Company, 2008.（楡井浩一訳／ジョセフ・E. スティグリッツ＝リンダ・ビルムズ『世界を不幸にするアメリカの戦争経済——イラク戦費3兆ドルの衝撃』2008 年, 徳間書店）

髙田太久吉『マルクス経済学と金融化論——金融資本主義をどう分析するか』(2015 年, 新日本出版社)

『通商白書（総論）（各論）』(1968 年, 1969 年)（ベトナム戦争下の日本貿易）

Wheal, Elizabeth-Anne, Pope, Stephen, and Taylor, James, *A Dictionary of the Second World War,* Peter Bedrick Books, 1989.（石川好美ほか訳／E.-A. ホイール＝S. ポープ＝J. テイラー『第二次世界大戦事典』1991 年, 朝日ソノラマ）

（米国政府関係）

① State of the Union Address（大統領一般教書）
② The Budget Message of the President（予算教書）
③ Economic Report of the President（『大統領経済報告』）
　③＊ The Annual Report of the Council of Economic Advisers（『経済諮問委員会年次報告』）
　③と③＊はともに議会に提出される。日本では両方は「米国経済白書」と呼ばれる（近年の訳は『米国経済白書』週刊エコノミスト臨時増刊〔毎日新聞社〕, 2014 年以降は蒼天社）

Executive Office of the President, President's Council of Advisors on Science and Technology, "Report to the President on Ensuring American Leadership in Advanced Manufacturing," June 2011.（オバマ大統領に「先端製造」開発の内容を提示したリポート）

The Report of President's Commission on Industrial Competitiveness: Global Competition: The New Reality, 2Vols, Jan. 1985.（第1部, 工業技術院技術調査課訳『週刊エコノミスト』1985 年 6 月 3 日号）

U. S. Commission on International Trade and Investment Policy, "U. S. International Economic Policy in an Interdependent World: Report to the United States President Submitted by the Commission on International Trade and Investment Policy," July 1971. (通称ウイリアムズ報告)(竹内書店出版部監訳／アメリカ合衆国国際貿易投資政策委員会『相互依存の世界における米国の国際経済政策——国際貿易投資政策委員会報告』1972年, 竹内書店)

U. S. Dept. of Commerce, "International Trade Administration; An Assessment of U. S. Competitiveness in High Technology Industries," Feb. 1983. (週刊ダイヤモンド編集部訳／米国商務省編『ジャパンハイテク産業の脅威——米国商務省「日米欧競争力比較」レポート』1983年, ダイヤモンド社)

U. S. Dept. of Office of the Historian, "About the Foreign Relations of the United States Series: Documents of the National Security Council." (NSCの公開資料)

U. S. Dept. of the Treasury, "Maintaining the Strength of the United States Dollar in a Strong Free World Economy," 1968. (海老沢道進ほか訳／アメリカ合衆国財務省『ドル防衛白書——自由世界経済におけるドル価値の堅持』1968年, ペリカン社)

U. S. Dept. of the Treasury, "Report of the President Task Force on Market Mechanisms," Jan. 1988. (通称ブレディ報告, ブラック・マンデー報告書)

　　紙数が制限され, 本書の主題が理論的解明であるので, 事実の資料出所, 参考文献は省略した。

## 欧文略語一覧

| 略　語 | フルネーム | 邦　語 |
|---|---|---|
| ABCP | Asset Backed Commercial Paper | 資産担保コマーシャル・ペーパー |
| ABS | Asset-Backed Securities | 資産担保証券 |
| AI | Artificial Intelligence | 人工知能 |
| AIIB | Asian Infrastructure Investment Bank | アジアインフラ投資銀行 |
| AMP | Advanced Manufacturing Partnership | 先端製造パートナーシップ |
| ARPA -NET | Advanced Research Project Agency ARPA Network | 高等研究計画局→DARPA |
| B-17 | Boeing B-17 (Flying Fortress) | B-17（空の要塞） |
| B-29 | Boeing B-29 (Super Fortress) | B-29（超・空の要塞） |
| B-52 | Boeing B-52 (Strato Fortress) | B-52（成層圏の要塞） |
| CALS | Computer-Aided Acquisition and Logistics Support | 軍事物資調達の電子後方支援（キャルス） |
| CDO | Collateralized Debt Obligation | CDO，本文313頁参照 |
| CDS | Credit Default Swap | CDS，本文324頁参照 |
| CEA | Council of Economic Advisers | 大統領経済諮問委員会 |
| CIA | Central Intelligence Agency | 中央情報局 |
| CIC | China Investment Company Ltd. | 中国投資責任公司 |
| CMBS | Commercial Mortgage-Backed Securities | 商業用不動産担保証券 |
| CME | Chicago Mercantile Exchange | シカゴ・マーカンタイル取引所 |
| CNC | Computer Numerical Control | コンピュータ数値制御 |
| COLA | Cost of Living Adjustment | 生計費調整 |
| CP | Commercial Paper | コマーシャル・ペーパー |

| 略　語 | フルネーム | 邦　語 |
|---|---|---|
| DARPA | Defence Advanced Research Projects Agency | 国防高等研究計画局 →ARPA |
| DoD | U.S. Department of Defence | 国防総省（ペンタゴン） |
| Dodd-Frank Act | Dodd-Frank Wall Street Reform and Consumer Protection Act | 金融規制改革法 （ドッド＝フランク法） |
| DPC | Defence Plant Corporation | 国防施設公社 |
| DUT | Dual-Use Technologies | 軍産両用技術 |
| ECA | Economic Cooperation Administration | 経済協力局 |
| ECB | European Central Bank | 欧州中央銀行 |
| ECSC | European Coal and Steel Community | 欧州石炭鉄鋼共同体 |
| EEC | European Economic Community | 欧州経済共同体 |
| EFSM | European Financial Stability Mechanism | 欧州金融安定化メカニズム |
| ERP | European Recovery Program | 欧州復興援助計画 （マーシャル・プラン） |
| EU | European Union | 欧州連合 |
| FCC | Federal Communications Commission | 連邦通信委員会 |
| FDIC | Federal Deposit Insurance Corporation | 連邦預金保険公社 |
| FF-Rate | Federal Funds Rate | FF金利 |
| FHA | Federal Housing Administration | 連邦住宅局 |
| FHF | Federal Housing Finance Agency | 連邦住宅金融局 |
| FHLMC | Federal Home Loan Mortgage Corporation | 連邦住宅金融貸付公社 （フレディマック） |
| FNMA | Federal National Mortgage Association | 連邦住宅抵当金庫 （ファニーメイ） |
| FOMC | Federal Open Market Committee | 連邦公開市場委員会 |
| FRB | Board of Governors of the Federal Reserve System／Federal Reserve Board | 連邦準備制度理事会 |

| 略　語 | フルネーム | 邦　語 |
|---|---|---|
| FSLIC | Federal Savings and Loan Insurance Corporation | 連邦貯蓄貸付保険公社 |
| G5 (G7), (G20) | Conference of Ministers and Governors of the Group of Five | 先進5ヵ国蔵相・中央銀行総裁会議 |
| GATT | General Agreement on Tariffs and Trade | 関税・貿易に関する一般協定 |
| GII | Global Information Infrastructure | グローバル情報インフラストラクチャー計画 |
| GLB Act | Gramm-Leach-Bliley Act | グラム＝リーチ＝ブライリー法 |
| GNMA | Government National Mortgage Association | 政府抵当金庫（ジニーメイ） |
| GPS | Global Positioning System | 全地球測位システム |
| GS Act | Glass-Steagall Act | グラス＝スティーガル法, GS法 |
| GSE | Government-Sponsored Enterprises | 政府支援機関 |
| HPCC Program | High Performance Computing and Communications Program | 高性能電算処理通信計画 |
| IBF | International Banking Facilities | ニューヨーク・オフショア市場 |
| IBRD | International Bank for Reconstruction and Development | 国際復興開発銀行（世界銀行） |
| IC | Integrated Circuit | 集積回路 |
| ICBM | Intercontinental Ballistic Missile | 大陸間弾道ミサイル |
| ICT | Information and Communication Technology | 情報通信技術 |
| IMF | International Monetary Fund | 国際通貨基金, 崩壊後内容は異なる |
| IMM | International Monetary Market | 国際通貨先物市場 |

| 略　語 | フルネーム | 邦　語 |
|---|---|---|
| LBO | Leveraged Buyout | 買収予定企業の資産を担保にした M&A |
| LTCM | Long-Term Capital Management | 米国ヘッジ・ファンド名 |
| M&A | Mergers and Acquisions | 企業合併・買収 |
| ME | Microelectronics | マイクロエレクトロニクス |
| M-LEC | Master Liquidity Enhancement Conduit | 特別基金〔CDO 等買入れ〕 |
| MMF | Money Management Fund | 公社債投資信託 |
| MMMF | Money Market Mutual Fund | 小口預金型投資信託 |
| MPU | Microprocessor Unit | マイクロプロセッサー |
| MSA | Mutual Security Act | 相互安全保障法 |
| NASA | National Aeronautics and Space Administration | 米国航空宇宙局 |
| NATO | North Atlantic Treaty Organization | 北大西洋条約機構 |
| NEC | National Economic Council | 国家経済会議 |
| NII | National Information Infrastructure | 全国情報インフラストラクチャー計画 |
| NRSRO | Nationally Recognized Statistical Rating Organization | 全米で認定された格付機関 |
| NSC | National Security Council | 国家安全保障会議 |
| NSTC | National Science and Technology Council | 国家科学技術会議 |
| OEEC | Organization for European Economic Co-operation | 欧州経済協力機構 |
| OAPEC | Organization of Arab Petroleum Exporting Countries | アラブ石油輸出国機構 |
| OPEC | Organization of Petroleum Exporting Countries | 石油輸出国機構 |
| PEF | Private Equity Fund | PE ファンド |
| PPIF | Public-Private Investment Fund | 官民投資ファンド |

| 略　語 | フルネーム | 邦　語 |
|---|---|---|
| QE | Quantitative Easing | 量的金融緩和 |
| R&D | Research and Development | 研究・開発 |
| RMBS | Residential Mortgage-Backed Securities | 住宅ローン債権担保証券 |
| S&L | Savings and Loan Association | 住宅貯蓄貸付組合 |
| SEMA-TECH | Semiconductor Manufacturing Technology | 半導体製造技術研究組合 |
| SDR | Special Drawing Rights | IMFの特別引出権 |
| SEATO | Southeast Asia Treaty Organization | 東南アジア条約機構 |
| SEC | Securities and Exchange Commission | 証券取引委員会 |
| SFP | Supplementary Financing Program | 補完的資金調達プログラム |
| SIV | Structured Investment Vehicle | 投資専門事業体 |
| SPV | Special Purpose Vehicle | 特別目的事業体 |
| SWF | Sovereign Wealth Funds | 政府系投資ファンド |
| TALF | Term Asset-Backed Security Loan Facility | ABS〔保有者〕向け貸付制度 |
| TARP | Troubled Asset Relief Program | 不良資産救済措置 |
| TOB | Take-Over Bid | 株式公開買付 |
| TPP | Trans-Pacific Partnership | 環太平洋連携協定 |
| TRIPS | Trade-Related Aspects of Intellectual Property Rights | 貿易関連知的所有権 |
| UAV | Unmanned Aerial Vehicle | 無人航空機 |
| UN | United Nations | 連合国―第2次大戦中，国際連合 |
| UNCTAD | United Nations Conference on Trade and Development | 国連貿易開発会議 |

（注）本書で用いた重要なものに限定。邦文の（　）は，別称，愛称。

# 索　引

## 【事　項】

### ● Alphabet

ABCP　319, 332, 355, 365, 374
ABS　258, 307, 311, 357
AEC　46, 60, 98
AI　400, 402
AIG　374, 375, 381
AIIB　415
AMP　400, 401
ARPA　99, 161, 284
ARPANET　99, 284, 402
AWRE　109, 119
B-17（空の要塞）　40, 93
B-29（超・空の要塞）　24, 26, 41, 93, 169
B-52（成層圏の要塞）　169
BIS　192
　——規制　192, 256, 319, 322, 354
BNPパリバ　367
CAD　285
CALS　282, 284, 285, 296
CAM　285
CDO　258, 270, 303, 310, 312-15, 330, 338, 351, 357
　——の虚（資産価格）　315-18
　——のサブプライム住宅ローン開発　315, 316
　——の収益膨張の仕組み　315-17
　——販売の特徴　318, 319
CDS　244, 270, 303, 322-30, 356, 367, 411
CEA（仏）　109
CEA年次報告　103

CIM　221
CIA　46, 61
CIC　412, 413
CIS　264
CMA　248
CME　189, 243
CNBS　359
CNC　163, 221
COLA　175, 205, 219
CP　319, 332
　——市場　355, 374
CPFF制度　380
CPU　162
DARPA　161, 402
DoD　46, 60
Dodd-Frank Act（ドッド゠フランク法）　403-05
DPC　35, 43, 88
DRAM　161, 222
DUT　279, 282, 287
EC　301
ECA　113
ECB　301, 410, 411
ECSC　55, 124, 300
EEC　86, 124, 300
EFSM　410
EMS　301
ENI　115
ENIAC　95
ERM　246, 301
ERP　107
EU　125, 301, 410
Euratom　→　ユーラトム
FCC　281

430

索　　引

FDIC　　15, 234, 253, 381, 383
FF金利　　348, 349, 361, 377, 378
FHA　　234, 254, 383
FHF　　350
FHFA　　371
　　──住宅価格指数　　305, 350, 362
FHLMC（フレディマック）　　256, 257, 331, 371, 384
FICOスコア　　316, 351
FNMA（ファニメイ）　　254, 256, 257, 321, 371, 384
FOMC　　384
FRB　　234, 348, 370, 377, 380, 384, 387, 407
　　──の国際協調利下げ　　378
　　──の資産膨大化　　387
　　──の資産劣化　　387, 388
　　──の出口戦略　　384, 388, 391, 408
　　──の対欧日ドル供給制度　　379
FRBNY　　370
FSB　　333
FSLIC　　234, 253
G5　　260
G10　　185
G20金融サミット　　379
GATS　　286
GATT　　83-86, 288
　　──11条国　　84
GE　　98
GII　　269, 280, 288
GLB Act　　239
GM　　96, 381
GNMA（ジニーメイ）　　256, 257, 384
GPS　　99, 269, 282, 284, 402
GRH Act　　261
GSE　　256, 257, 321, 351, 371, 384
　　──の経営破綻　　371, 372
　　──の国有化　　372
　　──への公的資金注入　　385

GS法　　15, 232, 234, 238
High Yield Bond → ハイ・イールド債
HPCC　　279
IAEA　　343
IBF　　235
IBRD　　30, 68, 69
IC　　95, 162
ICBM　　64
ICT　　164, 281
　　──革新　　281, 285-90, 295
IMF　　30, 67-82
　　──協定　　30, 67, 69
　　──の基本的矛盾　　70-78
　　──の成立　　68-70
　　──の内在的矛盾　　75-81
　　──の崩壊　　146, 180-90
　　──8条国　　70, 74, 126
　　──14条国　　74, 84
IMM　　189, 243
ITO　　83
JPモルガン・チェース社　　354, 365, 370
KKR　　247, 407
LBO　　224, 225, 246, 251, 359
LSI　　162
M&A　　223, 225, 228
M&A&D　　224, 359
ME　　95, 161-64
　　──技術革新　　147, 163, 164, 220
M-LEC　　365
MMDA　　238, 248
MMF　　356, 369
MMIFF　　380
MMMF　　248, 332, 335, 356, 373, 380
MPU　　162, 163, 287
MSA　　65, 113, 121, 134
MS-DOS　　287
NACA　　161
NASA　　161
NASDAQ　　289

431

NATO   51, 65, 115
NEC   269, 278, 288
NII   269, 279, 288
NRSRO   314, 335
NSC   46, 60, 216, 269, 278, 288
NSFNET   284
NSTC   279, 280
OAPEC   197, 272
OECD   141
OEEC   51, 65, 69, 112
OFHEO   322, 371
OPEC   196, 272
PCAST   400
PEファンド   359, 406, 407
PPIF   381
QE   378, 379, 381
　　バーナンキと——   378, 379, 388
QE 1   383, 384, 387
QE 2   383, 384, 387
QE 3   384, 387
R&D   279
repo   332
RMBS   255, 303, 311, 312, 351, 354, 357, 368, 384
　　——の新規発行不能   371
　　——の発行残高   304, 350, 354
S&L   253, 254
　　——危機   253, 290, 383
S&P   314, 356, 368
S&P／ケース・シラー住宅価格指数   305, 350, 362
SCAP   381
SDI   213, 216, 259, 262
SDR   182
SEATO   57
SEC   234, 354
SEMATECH（セマテック）   231, 287
SFP   380
SIV   319, 320, 355, 365

SNAP   392
SPV   312, 349
SWF   332, 366, 413
TALF   380, 381
TARP   380, 383
TOB   225, 247
TPP   403
TRIPS   286
U 3 失業率   391
U 6 失業率   391
UAV   346
UNCTAD   85
USCENTCOM   273
U. S. スチール社   90, 96
WTO   269, 286

● あ 行

アウトソーシング   218, 293, 295, 389
アジア・アフリカ会議　→　バンドン会議
アジアインフラ投資銀行　→　AIIB
アジア戦略（米）   56, 127, 128, 166
　　新しい——   57, 127, 131
アジア通貨危機   246
新しい信用創出メカニズム   270, 331-33, 354, 363
新しい段階の資本主義   1, 3, 211
アフガニスタン攻撃   342
アラブ石油輸出国機構　→　OAPEC
アラムコ社   54
アルコア社   43, 90
いざなぎ景気   180, 228
偉大な社会（政策）   155, 169, 174, 175
イラク戦争   345, 347, 386
イラン・イラク戦争   273
イラン革命   200, 273
インターネット   284
インテル社   287
インドシナ戦争（第 1 次）   55, 57, 134, 135, 167

索　引

インドネシア共和国　55
インフレーション　175, 176, 186, 203, 205, 206, 212
　　——加速　175, 177
　　——加速体質　205, 206
　　——期待　387
　　——的価格上昇　175-77
　　——の輸入　186
　　固定相場制の——抑制　72, 189
　　忍び寄る——　155
　　調整——政策　186, 204-06
　　マイルド・——　155
ウィンドスケール・アンド・コールダー研究所（英・原子力発電所）　119
ウェルズ・ファーゴ（商業銀行）　394
請負会社派遣労働者　297
宇宙開発　64
ウルグアイ・ラウンド　286
英ポンドの交換性回復　125
エクイティ　307, 313, 355
遠距離高速通信法　281
縁辺労働者　391
エンロン事件　369
オイル・ダラー（マネー）　199
欧州共同体　→　EU
欧州金融安定化メカニズム　→　EFSM
欧州経済共同体　→　EEC
欧州経済協力機構　→　OEEC
欧州原子力共同体　→　ユーラトム
欧州石炭鉄鋼共同体　→　ECSC
欧州中央銀行　→　ECB
欧州通貨制度　→　EMS
欧州復興援助計画　→　マーシャル・プラン
欧州連合　→　EU
大手（証券）組成金融機関　311, 312, 320, 331, 355
オスロ条約　345
オフショア市場　235

オフバランス　→　簿外取引
オリジネーター　255, 312, 349, 351

● か 行

改革開放（中国）　265, 412, 414
介入通貨　72
開発途上国　85
価格上昇と賃金上昇の悪循環　206
格下げ　338, 339, 356, 367, 368
学資ローン　357, 395
格付け　314, 318, 329, 335, 355
　　高い——システム　335, 338, 395, 396
格付会社　314, 355, 356, 404
確定拠出型退職貯蓄プラン　→　401(k)
家計の債務比率　395
過剰流動性　334
カーナビゲーション　284
株価インデックス裁定取引　252
株式公開買付　→　TOB
空売り　358
借換え　307, 320
枯葉剤　170, 145
為替相場メカニズム　→　ERM
環境・エネルギー改善　398
関税・貿易に関する一般協定　→　GATT
完全雇用　29, 102
　　——財政余剰　154
　　——法（案）　29, 162
環太平洋パートナーシップ協定　→　TPP
監督資本評価計画（ストレス・テスト）　→　SCAP
官民投資ファンド　→　PPIF
企業年金・公的年金基金　356, 369
基軸通貨　71, 77
規制緩和　211, 212, 217, 224, 229, 262
北大西洋条約機構　→　NATO
キャッシュアウト・リファイナンス　307, 337, 353, 362, 393, 394, 396
キャピタル・ゲイン　336

433

キャルス → CALS
虚(資産価格) 315-18, 332, 339, 357
　　──の現金化 317, 318, 373
虚(資産価値) 309, 310, 337, 352, 355, 359, 409
　　──の現金化 310, 311, 359
　　──を担保とするローン貸付 337, 338, 352, 353
恐慌 13, 189, 190
競争市場原理 211-13, 217, 224
協調利下げ 378
共同フロート 187
ギリシャ危機 410, 411
金 71
　　──とドルとの関係 70-73, 75-77
　　──の二重価格 171, 180, 181
金価格 79-82
　　──高騰 81, 149, 151, 180
金貨本位制 14
金為替本位制 14
緊急経済安定化法 375, 380, 381
キングストン体制 190
銀行業と証券業との分離 233, 238, 405
銀行持株会社 375
金地金本位制 14
金準備額(米) 148, 149
金準備法 76
金投機 180
金ドル交換 73, 77-79, 81, 126, 148
　　──停止 146, 172, 183-90, 204
金プール制 79, 151, 152, 180
　　──崩壊 180
金ブロック 17
金本位制の崩壊 13, 14
金融安定化法 → 緊急経済安定化法
金融安定監督会議 404
金融活動の大膨張 303, 330-36, 349-60
金融危機 336-40, 361-70
　　──勃発 338-40, 370-77

克服されない── 403, 406, 408
金融救済策 337, 381
　　──の長期化 189, 190, 377-87
金融規制改革法 → Dodd-Frank Act
金融工学 303, 310, 315, 321, 324, 357
金融重視の経済政策 213
金融の規制緩和・国際化 213, 246
金融の変質 339
金融派生商品 → デリバティブ
金融保証 322, 323, 335, 355
金融立国 302, 410
金利平衡税 150
空洞化 226
クライスラー社 381
グラス＝スティーガル法 → GS法
クラスター爆弾 179, 345
　　──禁止条約(オスロ条約) 345
グラム＝ラドマン＝ホリングス法
　　→ GRH Act
グラム＝リーチ＝ブライリー法 → GLB Act
繰延べ需要 90, 98, 153
クリミア会談 → ヤルタ会談
クリーン・エネルギー 398
クレジットカード・ローン 395
クレジット・デフォルト・スワップ
　　→ CDS
グローバル情報インフラストラクチャー計画 → GII
軍産複合体 101
軍産両用技術 → DUT
軍事技術の民間応用(政策) 283-85
軍事と経済の新しい関係 2, 417
軍事サービス輸出 292
軍事取引(収支) 292, 293
軍需産業 98
軍需生産 44
　　──の民需「再転換」政策 87, 88, 98, 105

索　引

経済協力開発機構　→　OECD
経済協力局　→　ECA
経済再生計画（レーガン）　212
経済停滞　228
　　克服されない——　338-40
　　大恐慌後の——　11-17
　　多国籍企業と——　157-60
　　再生産構造解体と——　227
経常取引　73, 195
　　——の規制撤廃・自由化　10, 73
月面着陸　147, 162, 188
ケネディの経済成長政策　155
原価加算方式（軍需品契約）　100
現金差出し　364, 367, 368, 375
原子爆弾　7, 24, 26, 36, 58
　　ソ連の——実験　53, 61, 62, 130
　　米国の——独占　7, 24, 26, 36, 58, 59
原子兵器研究所（英）　→　AWRE
原子力委員会（米）　→　AEC
原子力発電　64, 65, 119
原子力平和利用　65
現地子会社　159
減量経営（日）　207, 221
高オクタン価ガソリン　43, 92
広義軍需　177, 178
広義特需　174, 179
公共住宅政策（英）　118
公定歩合（米）　348, 362, 370, 378
公的資金注入　371, 375, 381, 406
高等研究計画局　→　ARPA
国際安定基金案（ホワイト案）　30, 68
国際協調利下げ　378
国際決済銀行　→　BIS
国際原子力機関　→　IAEA
国際資本移動の国家管理　73, 74, 192
国際収支（米）　148
　　——赤字　63, 78, 141, 146, 174, 180
国際清算同盟案（ケインズ案）　30, 68
国際通貨基金　→　IMF

国際通貨先物市場（シカゴ）　→　IMM
国際取引表　195
国際復興開発銀行（世界銀行）　→　IBRD
国際貿易機構　→　ITO
国際連合　32
　　——憲章　32, 59
　　——安全保障常任理事国　32
国法銀行　234
国防高等研究計画局　→　DARPA
国防施設公社　→　DPC
国防総省（ペンタゴン）　→　DoD
国民保険サービス法　118
国民保険法　118
国連監視検証・査察委員会　343
国連軍　130, 272, 276
国連貿易開発会議　→　UNCTAD
コスト上昇分価格上乗せ方式　175, 205, 206
国家安全保障会議　→　NSC
国家安全保障法　46, 60
国家科学技術会議　279
国家経済会議　→　NEC
国家の恒常的経済政策　103, 104, 106
固定相場制　71, 76, 235, 289
コマーシャル・ペーパー　→　CP
コミンフォルム　51
雇用　294
　　——促進法　390
　　——法　30, 87, 88, 102, 104-06
ゴールドマン・サックス　363, 375
コングロマリット　223, 225
コンピュータ数値制御　→　CNC

● さ　行

最後の貸し手　377
再雇用条件なしの解雇　219, 220, 296
財・サービス収支　63
財政赤字　175, 189, 237, 347, 386, 387
再生産構造の解体（米）　227, 228

435

裁定取引　241
債務超過　337, 393
　　家計の——　360, 362, 393
債務不履行リスク　314
材料ゲノム・イニシアティブ　400
先物取引　243
サービス産業　290, 294
サービス消費支出　291
サービス貿易（収支）　292, 293, 298
サービス貿易に関する一般協定　286
サービス輸出（輸入）　292, 293
サブプライム　316, 362, 363
サブプライム（住宅）ローン　308, 316, 351, 352, 362
　　——の延滞・焦付き　338, 360, 362-65
サブプライム住宅ローン債権担保証券　316, 351
　　CDOによる——の開発　315, 316
産業生産性調査委員会　230
産業ロボット　221
サンフランシスコ会議　32
ジェット旅客機　93
シェール・オイル　399, 403
シェール・ガス　399, 403
シカゴ・マーカンタイル取引所　→　CME
自国兵力の損失なき戦争　276, 347
自己資本比率　244, 256, 319, 322
自己資本比率維持規制　→　BIS規制
資産担保コマーシャル・ペーパー
　　→　ABCP
資産担保証券　→　ABS
自社株買戻し　225, 251
市場金利連動型普通預金　→　MMDA
市場リスク　314, 321
次世代ロボティクス　400
失　業　388
　　——の長期化　388-92, 409
　　　金融危機勃発後の——　388-92
　　　1929年大恐慌後の——　11, 17

　　　第2次世界大戦終了後の——　11-17
失業補償延長法　390, 391
失業率　389, 391
実質賃金　298, 361
実需取引　192, 185
実体経済から離れた投機的金融活動　232, 239, 242, 250, 252, 303, 330, 334, 339
　　——の実体経済による制約　330, 337
実体経済重視の経済政策　214
実体経済と金融の新しい関係　2, 418
シティ・グループ　354, 365, 381
ジニーメイ　→　GNMA
資本取引　195
　　——の規制緩和　156, 188
社会保険　28, 104
社会保障　28
シャドウ・バンキング　333, 405
シャドウ・バンク　270, 333, 354
ジャンク・ボンド　225, 247, 253
自由金市場　80
集積回路　→　IC
住宅価格の上昇　308, 350
住宅経済復興法　371
住宅資産価値膨張　308, 352
　　住宅価格上昇・——　308, 336, 337, 349, 361
住宅地帯　308
住宅貯蓄貸付組合　→　S&L
住宅ローン　303
　　——延滞率　362, 363
　　——貸付残高　304, 350
　　——金利　349, 350, 361-63
　　——新規貸付額　303, 304, 350
　　——専門会社　312, 363
　　——の延滞・焦付き　361-65
　　——の需要減退　361-65
　　——の証券化　253, 304
　　——の年元利返済比率　336
住宅ローン債権担保証券　→　RMBS

索引

集団的自衛権　65
柔軟反応戦略　151, 168
州法銀行　234
ジュネーブ協定　57, 101, 135, 167
シューマン・プラン　124
主要国首脳会議（サミット）　195
純債権国・純債務国　237
商業銀行　234
商業用不動産担保証券　→　CMBS
証券化　329, 357
証券化商品　319, 354, 355, 358, 363, 364
証券市場メーデー　189
証券取扱い金融機関　332
証券取引委員会　234, 354
証券の証券化（CDOも参照）　300, 303, 310-32, 341, 342, 348
証拠金　243
情報処理機器・ソフトウェア　289, 290
情報操作　277
情報通信技術　→　ICT
常用雇用者　297
乗用車生産　94, 110
植民地独立　7, 55, 134
ジョブレス・リカバリー　294
新原子力エネルギー法　65
人工衛星スプートニク1号打上げ成功　64, 161
人工知能　→　AI
人材派遣サービス　390
新自由主義（的経済政策）　10, 211, 246, 259, 260, 262, 269
　　──の破綻　262, 269
新世界秩序　269, 272
シンセティックCDO　328, 329, 355
新通商政策　228, 261
信用リスク　311, 314, 320, 321, 323, 324, 326, 329
水素爆弾製造　62
枢軸国　17

スタグフレーション　147, 176, 202-04, 207
スタンダード・アンド・プアーズ社　314, 356
ストレス・テスト　→　SCAP
スーパー301条　229
スプートニク・ショック　64, 161
スマート爆弾　164, 170, 345
スミソニアン体制　183, 185, 186, 206
　　──崩壊　187
3Dプリンター技術（積層造形技術）　401
スワップ　243
　　──協定　192
生計費調整　175, 205, 219, 300
政府系投資ファンド　→　SWF
政府抵当金庫　→　GNMA（ジニーメイ）
政府と中央銀行との垣根　377, 379
世界銀行　→　IBRD
世界同時不況（1974・75年）　201-03, 207
世界平和と協力の推進に関する宣言　135
世界貿易機関　→　WTO
石油化学産業　43, 55, 91, 92
石油危機（第1次）　196, 198, 200, 205, 272
石油輸出国機構　→　OPEC
セブン・シスターズ　54
セマテック　→　SEMATECH
ゼロ金利（政策）　377, 378, 406
1929年大恐慌　13
全国情報インフラストラクチャー計画　→　NII
全国情報スーパーハイウェー　280
先進5ヵ国蔵相・中央銀行総裁会議（G5）　260
先進10ヵ国蔵相・中央銀行総裁会議（G10）　185
先端製造技術研究開発　400-03
先端製造パートナーシップ　→　AMP

437

全地球測位システム → GPS
先任権　390
全般的過剰生産恐慌　12, 240, 376
全米科学財団　284
戦略的デフォルト　394
戦略防衛構想　213
相互安全保障法 → MSA
総需要抑制政策　202, 204
想定元本　243, 325, 326
ソーカル　54
即時大量報復作戦　64, 101, 150
ソブリン・リスク　410, 411
ソ連　264
　──の崩壊　263-66, 277
損失支払い　323, 326, 327
　──を受け取る権利　324

●た 行

対外援助法　112
対外軍事支出　63, 150, 292
対外直接投資（米）　237
対外投資収益収支　237
対外投融資規制　149, 150
　──の廃止　188
大規模集積回路 → LSI
大西洋憲章（米英共同宣言）　18, 27, 28
大戦後資本主義経済　2, 3, 376
　──の行詰り　145, 202, 208, 212
　──の一大変貌　211, 212, 259
　──の再生　1, 46, 145
大統領科学技術諮問会議　400
大統領経済諮問委員会 → CEA
大統領経済報告　103
大陸間弾道ミサイル → ICBM
ダウ平均　407
多国籍企業　150, 155-57, 159, 218
　──の本国経済への打撃　157-60
多国籍銀行　158
多国籍軍　274, 275, 343

タックス・ヘイブン（租税回避地）　245, 332
知的所有権　286
　──保護　230
中央演算処理装置 → CPU
中央銀行の独立性　377, 379, 380
中華人民共和国　56, 127, 129, 130, 173
中華民国（台湾）　57, 129, 131, 173
中国投資責任公司（CIC）　413
中東介入（米）　273
中東戦争　56, 197
超LSI技術研究組合　222
朝鮮戦争　56, 62, 120, 127, 129, 130
追加担保提出　367
通貨先物取引　189
通貨の交換性回復　156
通商法301条　228, 229
出口戦略 → FRBの出口戦略
デフレ・リスク懸念　384
デリバティブ　243, 244, 322-24, 358, 406
ドイツの無条件降伏　7
ドイツ民主共和国（東ドイツ）　53, 117
ドイツ連邦共和国（西ドイツ）　53, 117
東欧社会主義国　52, 263, 264, 272
投機　192-94, 239, 240, 340, 407
　──の本質　242
投機的金融活動　194, 213, 223-25, 232, 240-44, 259, 340, 358, 375, 407, 409, 411, 414
　──の新展開　270, 300, 331, 342, 374, 408
投機的金融取引　10, 190, 410
投資会社法　245
投資銀行　234, 249, 354
投資専門事業体 → SIV
同時多発テロ　342, 347
東南アジア条約機構 → SEATO
特需　137
　広義の──　179

索 引

独占資本主義　12, 13, 16
独占的価格設定　12, 13, 154, 200, 205
　　多国籍企業の――　157, 158
特別基金　→　M-LEC
特別目的事業体　→　SPV
土地付き戸建て住宅　305
特許権使用料およびライセンス料　292
特許法改正案　398
ドミノ理論　101, 134, 166, 167
トランジスタ　95, 139, 165, 221
トランスファー・マシン　40, 94, 164
ドル（金も参照）　71
　　――信認の失墜　149, 151, 152, 171, 108-2
　　――防衛策　149-51, 158
　　基軸通貨としての――　71, 73, 75-78
トルーマン・ドクトリン　50, 52, 107, 112
ドローン　346

● な 行

投売り　368
ナスダック　299
南海泡沫事件　239, 340
南北問題　85
ニクソン・ショック　183, 185
ニクソン声明　191
ニクソン・ドクトリン　172
2戸目住宅ローン借入れ　307, 353
日独伊3国同盟　19
日米安全保障条約　57, 66, 132
日米開戦　19
日米行政協定　132
日本国とアメリカ合衆国との間の安全保障
　条約　→　日米安全保障条約
日本国と中華民国との平和条約　133
日本国との平和（講和）条約　57, 66, 132
日本の対米貿易　178, 223
ニュー・エコノミー　298
ニュー・ディール　15, 397

ニューヨーク・オフショア市場　213, 235
ニューヨーク連邦準備銀行　370
ニュー・ルック戦略　64, 150
ネガティブ・エクイティ　394
ネット・キャピタル・ルール　354

● は 行

バイ・アメリカン　150, 160, 177-79
ハイ・イールド債　407
バイオテクノロジー　400, 402
買収ファンド　225, 247
ハイテク（ハイテクノロジー）産業　215, 216, 229
ハイリスク・ハイリターン　313, 355, 365
派遣労働者　295-97
破産申請　363
バックアップ・ライン　320, 365
発展途上国　85
パートタイマー　297, 391
バブル　340, 341
パリバ・ショック　302
パリ和平協定　173
バンク・オブ・アメリカ　365, 372, 375, 381
半導体　95
半導体製造技術研究組合　→　SEMATECH
バンドン会議（アジア・アフリカ会議）　135, 156, 167
ハンフォード・サイト　60, 98
ビジネス・専門・技術サービス　292, 293
ビッグ・スリー　37, 39, 93, 94
ビッグ・データ・イニシアティブ　400
ビックバン　262
非適格証券（業務）　233, 238
非伝統的手段　378, 379
非伝統的な金融政策　378
ヒトゲノム　402
ビナイン・ネグレクト　187
ひも付き輸出　160

439

非労働力人口化　391
貧困層　392
貧困レベル　392
ファニーメイ　→　FNMA
フィスカル・ポリシー　103
フォード社　38, 40
フォルクスワーゲン社　111
武器貸与法　21, 45
武器販売・軍事サービス供与　150
武器輸出　283, 292
　　クリントンの――政策　283, 288
不況下での価格の下方硬直性　154, 175
双子の赤字　237, 250
フード・スタンプ制　392
プライベート・エクイティ・ファンド
　　→　PEファンド
プライム　316
プライム・レート　236
プラザ合意　251, 260
ブラックストーン社　247, 407
ブラック・マンデー　250, 251, 261
不良資産買取り　381
不良資産救済措置　→　TARP
ブレディ・レポート　252
フレディマック　→　FHLMC
ブレトン・ウッズ会議　30, 67-69, 83
プレビッシュ報告　86
ブロック経済化　16
プロテクション　324-26, 375
　　――支払い　368
ベア・スターンズ社　367, 370
米英共同宣言　→　大西洋憲章
米国航空宇宙局　→　NASA
米国再生・再投資法　382, 397, 400
米国中央情報局　→　CIA
兵站後方支援システム　269
ペイメント・ショック　304, 351, 352, 363
平和10原則　135, 167
ベヴァリッジ報告　28, 106, 118

ヘッジ取引　193, 242
ヘッジ・ファンド　244-46, 299, 300, 332, 355, 358, 365, 366, 404, 406, 407
　　――の破綻　367
ベトナム援助軍司令部（米）　136
ベトナム共和国（南ベトナム）　135, 167
ベトナム社会主義共和国　173
ベトナム周辺地域への軍事支出　178, 179
ベトナム戦争　146, 166
　　――での軍需（広義軍需）　174-78
ベトナムにおける戦争終結と平和回復に関する協定　173
ベトナム民主共和国（北ベトナム）　55, 134, 168
ベルリン封鎖　51, 53, 117
ペンタゴン　→　DoD
ベンチャー企業　299
変動相場（制）　191-95, 240, 241, 300, 409
　　――での「実需取引」と「投機的取引」　192-94
　　――「理論」　191-95
　　管理された――　192-94
　　クリーンな――　191
　　汚れた――　191
貿易関連知的所有権協定　286
貿易収支（米）　292
　　――赤字　174, 177, 184, 186, 218, 226, 230, 261
包括通商競争力強化法　229, 261
薄外取引　244, 312, 319, 355
補完的栄養支援プログラム　392
補完的資金調達プログラム　→　SFP
ポツダム会談　31, 116, 129
ポツダム宣言　25, 31
ポートフォリオ・インシュアランス　252
ホームエクイティ・ローン　291, 306, 307, 337, 353, 362, 393, 394, 396
　　――制の崩壊　394
ボルカー・ルール　404

索引

ボール爆弾　170, 345

● ま 行

マイクロエレクトロニクス → ME
マイクロコンピュータ（マイコン）　162, 163
マイクロソフト社　287
マイクロプロセッサー → MPU
マイコン　162
マイナス成長　203
マーシャル援助　50, 53, 112, 113, 119, 121, 122
マーシャル・プラン　50, 107, 112
マーストリヒト条約　301
マルチライン　322
マンハッタン計画　36, 60, 108
ミサイル・ギャップ論　161
南ベトナム解放民族戦線　168, 171
ミューチュアル・ファンド　248
民間資本収支　237
民間（非住宅）投資　289
民需「再転換」（政策）　89, 227
民需生産　98
　──と軍需生産の結合　2
　──の軍需生産への転換　33, 98
無差別（絨毯）爆撃　24-26, 41, 169
無人航空機　346, 347, 403
ムーディーズ社　314, 356, 368
メジャー　54, 196
　──の支配体制の崩壊　198
メッシナ宣言　124
メリルリンチ社　366, 372, 375
モーゲージ担保証券　255
持ち家願望　304
持ち家政策　254-58
持ち家比率　304, 395
モネ構想　124
モネ・プラン　109
もの作り　110, 140

モノライン（会社）　322, 323, 355, 356
　──の格下げ　368
モノライン危機　369
モルガン・スタンレー社　366, 375

● や 行

ヤルタ会談　25, 31, 48
ヤング・レポート　230
有志連合　343, 344
誘導爆弾　164, 170
輸入課徴金　185
ユーラトム（Euratom）　125, 300
ユーロカレンシー　81, 82
ユーロ危機　410
ユーロ圏　301
ユーロダラー　81, 82
ユーロ単一通貨　301, 302
預金金利規制の撤廃　238
預金保険公社 → FDIC
401(k)　249

● ら〜わ 行

リスク　313-16, 320-30
　──の金融保証　327
リスク回避　244
リスク評価　313-15, 326
リストラクチュアリング　295, 389, 390
リーマン・ブラザーズ　372
　──の破綻　372-74
リヤド協定　198
量的（金融）緩和 → QE
ルーブル合意　252, 261
レイオフ　219, 296, 390
冷戦　49-53, 66, 121
　──勝利　265
　──ドクトリン　50, 52, 112
レギュレーションQ　233
レーダー　39, 41, 95
劣化ウラン弾　277, 345, 346

441

レバレッジ　241, 243, 245, 320, 329, 354, 358, 359, 364, 404
レポ市場　332
連合国　17
　――共同宣言　20, 26
　――通貨金融会議　30, 67, 68, 83
連邦公開市場委員会 → FOMC
連邦住宅局 → FHA
連邦住宅金融貸付公社 → FHLMC（フレディマック）
連邦住宅金融局 → FHF
連邦住宅公社監督局　322
連邦住宅抵当金庫 → FNMA（ファニーメイ）
連邦準備制度理事会 → FRB
連邦政府債務残高　386
　――の法的上限　386
連邦貯蓄貸付保険公社 → FSLIC
連邦通信委員会 → FCC
連邦預金保険公社 → FDIC
ロイヤル声明　132
労働慣行の廃棄　219
労働市場のフレキシビリティ　298
労働分配率　298
ロシア通貨危機　246
ロボ・サイナー問題　394
ローマ条約　125
ロンドン（the City）　79, 126, 232
ロンドン自由金市場　79-81, 126, 148, 149
ワッセナー協定　283
ワルシャワ相互援助条約　52, 66
湾岸戦争　264, 269, 272, 275-57, 343

## 【人　名】

アイゼンハワー（Eisenhower, Dwight David）　7, 21, 22, 49, 51, 64, 65, 79, 81, 100, 101, 116, 134, 149, 150, 154, 161, 167
アトリー（Atlle, Clement Richard）　28, 31
イエレン（Yellen, Janet Louise）　391, 407
井村喜代子　59, 140, 228, 339, 340
ウィルソン（Wilson, Charles E.）　101
エリツィン（Yeltsin, Boris Nikolayevich）　264
オサマ・ビン・ラーディン（Osama bin Ladin）　276
オバマ（Obama, Barack Hussein）　271, 381, 382, 393, 397-401, 403, 405, 418
ガイトナー（Geithner, Timothy Franz）　381, 382
カーター（Carter, James Earl）　404
カルザイ（Karzai, Hamid）　344
北原勇　13
クヌードセン（Knudsen, William Signius）　101
グリーンスパン（Greenspan, Alan）　252, 349
クリントン（Clinton, William Jefferson "Bill"）　269, 278-83, 286, 288, 292, 295, 298, 300, 303, 386, 417
ケインズ（Keynes, John Maynard）　30, 68
ケネディ（Kennedy, John Fitzgerald）　106, 149, 150, 151, 154, 155, 168, 171
ゴア（Gore, Al）　279, 280, 282
ゴ・ジン・ジェム（Ngo Dinh Diem）　135, 167, 168
ゴルバチョフ（Gorbachyov, Mikhail Sergeevich）　263, 264

# 索　引

サッチャー（Thatcher, Margaret Hilda）　211, 246, 262, 263
ジスカール・デスタン（Giscard d'Estaing, Valéry）　195
周恩来　135
シュワルツコフ（Schwarzkopf, H. Norman）　273, 277
蔣介石　19, 56, 129
ジョンソン（Johnson, Lyndon Baine）　150, 151, 155, 168, 169, 171, 173, 175, 181, 185, 393
ジョリオ-キュリー（Joliot-Curie, Jean Frédéric）　110
スカルノ（Sukarno, Achmad）　135, 136
スターリン（Stalin, Vissairionovich Joseph）　21, 31, 48, 264
スティグリッツ（Stiglitz, Joseph Eugene）　347
スハルト（Suharto）　136
スローン（Sloan, Alfred Pritchard, Jr.）　93
ソロス（Soros, George）　245, 301
高田太久吉　333
田中角栄　204
ダレス（Dulles, John Foster）　64, 133, 134, 167
チャーチル（Churchill, Winston）　18, 21, 27, 28, 31, 48, 49, 274
鄧小平　265, 412
ド・ゴール（De Gaulle, Charles André Joseph Marie）　22, 109, 111
トルーマン（Truman, Harry S.）　31, 46, 50, 53, 58-60, 62, 107, 130
ナセル（Nasser, Gamal Ardel）　135
ニクソン（Nixon, Richard Milhous）　57, 131, 171, 172, 183, 185, 187

ネール（Nehru, Jawaharlal）　135
バーナンキ（Bernanke, Benjamin Shalom）　360, 363, 378, 381, 387, 388
ヒトラー（Hitler, Adolf）　16, 22, 33, 111
ビルムズ（Bilmes, Linda J.）　347
フーヴァー（Hoover, Herbert Clark）　15
ブッシュ（Bush, George Herbert Walker）（父）　263, 269, 272, 274, 275
ブッシュ（Bush, George Walker）（子）　342-45, 347, 348, 393
フリードマン（Friedman, Milton）　191, 243
ホメイニ（Khomeini, Ayatollah Ruhollah）　273
ボルカー（Volcker, Paul A.）　404
ポールソン（Paulson, Henry Merritt）　365, 372
マクナマラ（McNamara, Robert Strange）　102, 171
マーシャル（Marshall, George Catlett）　50
マッカーサー（MacArthur, Douglas）　23, 56, 130
マルクス（Marx, Kark Heinrich）　3, 376
ムッソリーニ（Mussolini, Benito Amilcare Andrea）　21, 110
毛沢東　265
モネ（Monnet, Jean）　109
吉田茂　133
ルーズヴェルト（Roosevelt, Franklin Delano）　15, 18, 20, 27, 29-31, 33-36, 39, 48, 101, 105, 129, 233, 234, 254, 281, 405
レーガン（Reagan, Ronald Wilson）　211-19, 227-29, 232, 235-38, 246, 250, 259-63, 265, 266, 277, 281, 295, 298, 390

（注）人名項目の英語表記は，主として *The Cambridge Biographical Encyclopedia*, David Crystal (ed.), 1994, Cambridge University Press. によっている。

## あ と が き

　敗戦後70年の2015年末，10年余りかかった本書をなんとか完成することができた。

　2000年代初め，米国では「証券の証券化」CDO，CDSに基づいて異常な金融活動の膨大化の後に金融危機が勃発し，その後経済停滞の長期化，終わりなき投機的金融活動・金融危機，終わりなき戦争が世界に拡がり，世界は混沌を極めている。本書はこれらの根源を明らかにするためには，第2次世界大戦にまで遡って資本主義経済の変質（「新しい段階の資本主義」）を明らかにしたうえで，資本主義の展開を分析しなければならないという考えで纏めたものである。本書を書き終えた今，改めて世界大戦の多大の犠牲と悲哀，惨害から希望を求めて出発した世界がこのような歴史を辿ったことへの慙愧の思いと，戦争の破壊，殺戮，狂気は第2次大戦で終わりにしなければならないという思いを深めている。

　私たちの原点は戦争にあった。井村は女学校3年（現在の中学3年）から敗戦までの1年余り，北陸の航空機製造工場に動員され，尾翼の板金加工・鋲打ちで懸命に働いていた。北原は中学3年生の4月13日，東京大空襲で家を焼かれ深夜逃げ惑い，学校の校舎も動員先の工場も全焼してしまった。

　敗戦の後，自分の目で，戦争を起こしたもの，戦争とは，原爆とはなんであったのか，原爆はなぜ大戦後も存続するのか，を明らかにしたいと，経済学の勉強に向かった。

　私たちは同じ大学の大学院時代から討論を重ね，その後生活を共にし，研究を支えあってきた。私たちは旧くから，資本主義経済が大戦後大きく変質したという認識を持っていたが，私たちが苦しみ悩んだのは，大戦後の「新しい段階の資本主義経済の理論的解明」はいかなるもので，いかにして可能

なのかということであった．大戦後資本主義の理論研究・経済学のあり方であった．

井村は資本主義一般の理論研究の後に，大戦後の日本経済を米国の世界経済戦略との関連で分析することを通じて，大戦後の米国の原爆・軍事力保有の役割とともに，IMF体制崩壊〜変動相場（制）移行によって通貨膨張・信用膨張に歯止めが無くなり投機的金融活動が本格化することを一応明らかにした（『現代日本経済論——敗戦から「経済大国」を経て』1993年，『同・新版——戦後復興，「経済大国」，90年代大不況』2000年）。北原は『独占資本主義の理論』（1977年）刊行の後，大戦後の資本主義において独占資本主義，独占資本主義固有の経済停滞化がいかに変質するかに取り組んでいた．

2000年代初め，私たちは米国の世界経済戦略によって規定された大戦後資本主義経済を，大戦後の「軍事と経済との関連」，「実体経済と金融との関連」を軸として解明する立場を確定して，執筆を始めた．最初に井村が原稿を書きそれを踏み台にして討論し原稿を何度も書き直し仕上げていった．文字通り共同研究であった．しかし考えるのはそれぞれ個人であって，頭脳が一体化するわけではないので，著書の内容すべてを共同で責任をとる共同著作ということはできず，著者，協力者とした．

本書は大戦後資本主義の理論研究の新しい挑戦であり，問題提起である．本書はなお不充分なものではあるが，この挑戦・問題提起が多くの検討，批判を通じて大戦後資本主義経済の理論研究を深める契機となることを切望している．


現在，世界は克服できない経済停滞，失業・貧困，各種格差，投機的金融活動・金融危機，憎しみの連鎖，戦闘・戦争の拡大のもとで，どうにもならないような状況にある．日本ではそのほかに，日本独自の問題として今なお続く原爆被害者の苦悩，沖縄軍事基地，福島原子力発電所爆発等の問題がある．

どうにもならないような厳しい現実ではあるが，しかしそれだけにこれら

の状況を克服していくことが強く求められている。世界の1人ひとりが，第2次大戦を振り返るとともに厳しい現状を直視し，平和で安定した経済・社会を求めて，連帯していくことが肝要ではなかろうか。私たちの著書がそのために少しでも役立つことがあればと心から願っている。

　最後になったが，本書完成にあたり，大学時代の講義やゼミナールで優れた学生たちに恵まれ緊張感をもって講義やゼミナールを続けることができたことに感謝を述べたい。学会，研究会で議論を重ねてきた多くの研究者の方々に感謝を申し上げる。とりわけ大学院時代から学外の研究者数人と理論研究と現状分析をなんとか両立したいと始めた研究会「理研」（「理論経済学研究会」，旧メンバーからメンバーは変化）の皆さん，井村ゼミOB・北原ゼミOBで実社会において活動する有志の研究会「美土代研究会」の皆さんに，感謝を申し上げる。

　また本書刊行では今回もまた有斐閣（元）の鹿島則雄氏のお世話になった。長い間の原稿の遅れ，予定を超えた長さ，提出原稿の訂正等にもかかわらず，私たちの希望を受け入れ，本書の構成や用語等について貴重な助言をしていただき，索引作成の労もとっていただいた。本書完成が遅れ鹿島氏の退職時に過大なご苦労をおかけした。鹿島氏に心からの感謝を申し上げる。また元有斐閣勤務で井村ゼミOBの天城敏彦氏には今回もまた構成や用語に関し貴重な助言をしてもらい，煩わしい校正をしてもらった。本当に有難うございました。

　印刷関係の方々には，さまざまのご苦労をおかけした。私たちのささやかな仕事のために苦労を共にしていただいた方々にお礼を申し上げる。

　　　2016年2月

　　　　　　　　　　　　　　　　　　　　　　　　　　　　井村喜代子
　　　　　　　　　　　　　　　　　　　　　　　　　　　　北原　勇

著　者

**井村喜代子**（いむらきよこ）

　　1930 年　金沢市に生まれる
　　慶應義塾大学名誉教授
　　経済学博士

協力者

**北　原　　勇**（きたはらいさむ）

　　1931 年　東京に生まれる
　　慶應義塾大学名誉教授
　　経済学博士


大戦後資本主義の変質と展開
　　米国の世界経済戦略のもとで
*Changes and Evolutions of the Capitalism after the World War II
　Under the U.S. Strategies on Global Economy*

2016 年 5 月 25 日　初版第 1 刷発行
2017 年 2 月 15 日　初版第 2 刷発行

| | | |
|---|---|---|
| 著　者 | 井　村　喜代子 | |
| 発行者 | 江　草　貞　治 | |
| 発行所 | 株式会社 有　斐　閣 | |

郵便番号 101-0051
東京都千代田区神田神保町 2-17
電話 (03)3264-1315〔編集〕
　　 (03)3265-6811〔営業〕
http://www.yuhikaku.co.jp/

制作・株式会社有斐閣アカデミア
印刷・大日本法令印刷株式会社／製本・大口製本印刷株式会社
© 2016, Kiyoko IMURA. Printed in Japan
落丁・乱丁本はお取替えいたします。
★定価はカバーに表示してあります。
ISBN 978-4-641-16453-6

JCOPY　本書の無断複写（コピー）は、著作権法上の例外を除き、禁じられています。複写される場合は、そのつど事前に、(社)出版者著作権管理機構（電話03-3513-6969, FAX03-3513-6979, e-mail:info@jcopy.or.jp）の許諾を得てください。